中国乡村社会大调查 CRSS 项目系列成果

民族地区中国式现代化调查研究丛书　何　明　主编

中国式现代化与云南乡村文化振兴

中国乡村社会大调查
乡村文化振兴专题调研报告

胡洪斌　杨曦　郭茂灿　等　著

China's Modernization and Cultural Revitalization
in Yunnan Rural Areas

A Special Report on Rural Cultural Revitalization
Based on the China Rural Social Survey

社会科学文献出版社
SOCIAL SCIENCES ACADEMIC PRESS (CHINA)

中国乡村社会大调查(CRSS)云南样本县分布图

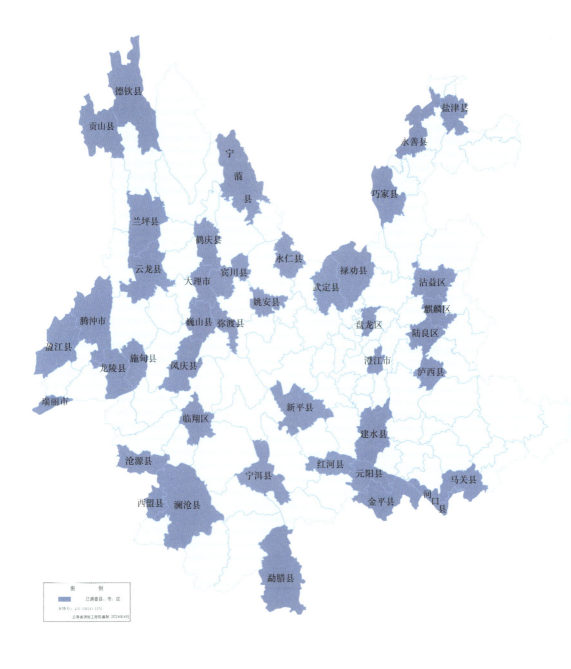

德钦县

贡山县

盐津县

永善县

宁蒗县

巧家县

兰坪县

鹤庆县

永仁县

禄劝县

沾益区

云龙县

宾川县

大理市

姚安县

武定县

麒麟区

腾冲市

巍山县 弥渡县

盐龙区

陆良区

盈江县

施甸县

龙陵县 凤庆县

澄江市

泸西县

瑞丽市

临翔区

新平县

建水县

沧源县

宁洱县

红河县

元阳县

马关县

西盟县 澜沧县

金平县

河口县

勐腊县

图   例

已调查县、市、区

审图号：云S（2024112号）

云南省测绘工程院编制 2024年4月

主要编撰者简介

谢寿光　中国社会学会学术委员会副主任，中国出版协会副理事长，中国社会科学院大学教授，云南大学特聘教授。统揽全书设计，合作撰写绪论、第一章，统筹全书撰写工作，并负责统稿定稿。

胡洪斌　云南大学民族学与社会学学院副院长、教授，云南大学国家文化和旅游研究基地副主任，中国社会学会常务理事。合作撰写第一章、第二章、第四章、第六章、第七章、第八章，负责全书统稿工作。

郭茂灿　云南大学民族学与社会学学院副教授，东陆青年学者，哈佛大学社会学博士。合作撰写第一章、第二章，协助全书统筹，参与统稿工作。

杨　曦　郑州大学政治与公共管理学院副教授，中国社会科学院大学社会学博士。撰写结语，合作撰写绪论、第一章，协助全书统筹，参与统稿工作。

柯尊清　云南大学民族学与社会学学院助理研究员，云南大学管理学博士，撰写第五章，合作撰写第六章、第七章、第八章，协助全书统筹，参与统稿工作。

姚　红　中央民族大学民族学与社会学学院副教授，香港大学哲学博士。撰写第十一章，合作撰写绪论、第二章。

王海宇　北京航空航天大学马克思主义学院讲师，清华大学社会学博士。合作撰写第十章。

蒲威东　中央民族大学社会学博士研究生。撰写第三章。

王誉梓　清华大学社会学博士研究生。撰写第九章。

江 宇 云南大学民族学博士研究生。合作撰写第六章，参与统稿工作。

吴浩然 云南大学民俗学硕士研究生。合作撰写第七章。

山鑫垚 云南大学民俗学硕士研究生。合作撰写第八章。

黄天祺 硕士毕业于云南大学民俗学专业。合作撰写第四章，参与统稿工作。

王燊嵘 清华大学公共管理学博士研究生。合作撰写第八章。

於京天 北京航空航天大学马克思主义学院硕士研究生。合作撰写第十章。

中国乡村社会大调查学术指导委员会

总　序

中国近代的现代化进程，如果把发轫追溯到 1840 年鸦片战争催生的国民警醒，已有一百多年的历史。从近百年中国乡村研究的学术史看，我国学界很早就清醒地认识到，中国走向现代化的最大难题是乡村发展。在这一进程中，通过社会调查来深入了解现代化背景下中国乡村发展的道路和难题，一直是中国社会学、民族学、人类学的学科使命。事实上，自 20 世纪我国著名社会学家陶孟和首倡实地社会调查以来，几代学人通过开展乡村社会调查，对中国乡村社会的发展进程进行了长时间、跨地域的动态记录与分析。这已经成为中国社会学、民族学、人类学"从实求知"、认识国情和改造社会的重要组成部分。

云南大学作为中国社会学、民族学和人类学的起源地之一，为丰富中国社会的乡村调查传统做出了持续性的贡献。80 多年前，国难当头之际，以吴文藻、费孝通为代表的一批富有学术报国情怀的青年学者，对云南乡村社会展开了实地调研，取得了丰硕的学术成果，留下了"报国情怀、社会担当、扎根田野、自由讨论、团队精神、传承创新"的"魁阁精神"。中华人民共和国成立之后，云南大学全面参与了民族识别和民族大调查的工作，推动云南各民族融入中华民族大家庭的进程，积累了大量民族志资料。21 世纪初，云南大学又组织开展了覆盖全国 55 个少数民族的"中国民族村寨调查"，真实书写了中国少数民族半个世纪的发展历程及文化变迁。

党的二十大报告强调，"全面建设社会主义现代化国家，最艰巨最繁重的任务仍然在农村"。"仍然在农村"的认识，一方面是指，在我国人多地少的基本国情下，振兴乡村成为一个难题由来已久；另一方面也是指，乡村振兴的问题至今还没有得到根本解决，城乡发展的差距仍然较大，农业、农村和农民发展的"三农"问题仍然是中国实现现代化的艰巨任务。所以说，在我国经济社会发展的新阶段，调查乡村、认识乡村、发展乡村、振兴乡村，仍是推进中国式现代化的重中之重。

2022 年，为了服务国家"全面推进乡村振兴"和"铸牢中华民族共同体意识"的大局，落实中央《关于在全党大兴调查研究的工作方案》的文件精神，赓续魁阁先辈学术报国之志，云南大学又启动和实施了"中国乡村社会大调查"（CRSS）这一"双一流"建设重大项目。

本次云南大学推动的"中国乡村社会大调查"项目是针对云南省乡村居民的大规模综合社会调查。该调查以县域研究为视角，通过概率抽样的方式，围绕"产业振兴、人才振兴、文化振兴、生态振兴、组织振兴"以及铸牢中华民族共同体意识等主题对云南省 42 个样本区县进行了定量和定性相结合的调查。该调查以云南大学为主体，联合中国社会科学院、北京大学、复旦大学、华东师范大学、上海大学、西南大学、贵州省社会科学院、贵州财经大学、云南师范大学、玉溪师范学院、昭通学院等 15 家高校和研究机构，组成了 875 名师生参与的 42 个调查组，深入云南省 42 个区县的 348 个行政村、696 个自然村进行问卷调查和田野访谈工作。调查团队最终行程 7 万余公里，收集了 348 份目标村居问卷和 9048 份目标个人问卷，访谈地方相关部门成员、村干部和村民累计近千次。

在实际组织过程中，本次调查采用了"以项目为驱动、以问题为导向、以专家为引领"的政学研协同方式，不仅建立了省校之间的紧密合作关系，还设立了由我和云南大学原党委书记林文勋教授担任主任的学术指导委员会。委员均为来自北京大学、清华大学、中国社会科学院等高校和研究机构的社会学家、民族学家和人类学家，直接参与了调查方案设计、专题研讨以及预调研工作，充分保障了调查支持体系的运行。中国社会学会原秘书长谢寿光，卸任社会科学文献出版社社长后，受聘为云南大学特聘教授，以其多年组织全国性社会调查的经验，作为本次调查执行领导小组的负责人，具体组织实施了调查和成果出版工作。此外，为了便利后续的跟踪调查，更好地将学校小课堂延伸到社会大课堂、更好地服务于地方发展，本次调查还创建了面向国内外的永久性调查基地，并在此基础上全面推进全域调查基地建设、全面打造师生学习共同体，这一点在以往大型社会调查中是不多见的。

本次调查在方法设计方面也有一些值得关注的特色。首先，过去的许多大型社会调查以量化问卷调查为主，但这次调查着重强调了混合方法在大型调查中的应用，特别是质性田野调查和社会工作服务如何与量化问卷调查相结合。其次，这次调查非常重视实验设计在大型调查中的应用，对抽样过程中的匹配实验、问卷工具中的调查实验和社会工作实践中的干预实验都进行了有针对性的设计，这在国内的社会调查中是一个值得关注的方向。再次，与很多以往调查不同，本次调查的专题数据库建设与调查同步进行，从而能够及时地存储和整合调查中收集到的各种数据，包括但不限于问卷调查数据、田野访谈录音、官方数据、政策文件、实践案例、地理信息、照片、视频、村志等多种文本和非文本数据，提高了数据的共享程度、丰富程度和可视化程度。最后，本次调查在专题数据库建设过程中，开创性地引入了以 ChatGPT 为代表的人工智能技术，并开发研制了"数据分析与文本生成系统"（DATGS），在智能混合分析和智能文本生成方面进行了深入探索，这无疑有助于充分挖掘数据潜力。

本次调查的成果定名为"民族地区中国式现代化调查研究丛书"，这一定名全面地体现了本次调查的特色与价值，也体现了云南大学百年来在乡村社会调查中的优良传统，标志着云南大学乡村社会调查传统的赓续进入一个新的阶段。丛书约有 50 种，包括调查总报告、若干专题研究报告以及 42 部县域视角下的针对所调查区县的专门研究。作为一项庞大而系统的学术探索，本丛书聚焦于民族地区乡村社会的多个层面，翔实而深入地记录和分析了当代中国民族地区在迈向现代化的进程中所经历的变迁和挑战，描述和揭示了这一进程的真实面貌和内在逻辑，同时也为相关战略、政策的制定和实施提供了科学依据和理论支持。

本丛书研究成果的陆续推出，将有助于我们更加全面而深入地理解我

国民族地区乡村社会转型和发展的多样性和复杂性，为民族学和社会学的
发展注入新活力、新思想。期待本丛书成为推动中国社会学和民族学发展
一个重要里程碑。

2023 年 10 月 31 日于北京

目　录

上　编
中国式现代化背景下的云南乡村文化振兴

下　编

乡村文化振兴的云南实践

序 云南"一体多元"的乡村文化振兴实践

　　乡村文化振兴是实现乡村全面振兴和中国式现代化的重要抓手和基本任务。乡村文化是中华优秀传统文化的基础和底色，在市场经济和城市化快速发展的背景下，振兴乡村文化是实现中华优秀传统文化创造性转化、创新性发展，建设中国式现代化新文化形态的基本任务之一。

　　为了从省级中观层面及时、准确把握我国从胜利完成脱贫攻坚、全面建成小康社会后适时推进的乡村振兴进程，云南大学根据"十四五"时期"双一流"学科建设布局，于2023年初设立"中国乡村社会大调查"（CRSS）项目，以县域为视角，从全省抽取不同类型的42个县（市、区）348个行政村，入户调查了9000多个农户家庭，获取有效样本9144份。与此同时，根据乡村振兴的五大方面（产业、人才、文化、生态、组织）和云南作为少数民族大省的特色，设立了十几项专题调研。全部调查研究成果以"民族地区中国式现代化调查研究丛书"为名正式出版。这部《中国式现代化与云南乡村文化振兴——中国乡村社会大调查乡村文化振兴专题调研报告》就是"中国乡村社会大调查"的专题调研成果之一。

　　作为本次"中国乡村社会大调查"项目的执行责任人，我有幸指导云南大学胡洪斌教授领衔的"云南乡村文化振兴"专题调研团队，全程跟踪指导了从调研设计到实地考察再到报告写作及最后修改定稿的过程。早在2023年初，专题调研组的绝大多数成员就分别参与了以云南县域为视角（昆明市盘龙区、大理白族自治州鹤庆县和红河哈尼族彝族自治州建水县）的乡村振兴调查，并于2023年9月完成了大调查首批成果《水源保护区乡村如何振兴——来自云南昆明市盘龙区的调研报告》一书。随后，调研组开始梳理分析"中国乡村社会大调查"数据库中有关云南乡村文化振兴的定量数据和质性调查资料，并深入学习理解党的二十大关于中国式现代化的精神，特别是习近平总书记 2023 年 6 月 2 日在文化传承发展座谈会上关于"两个结合"中第二个结合即马克思主义与中华优秀传统文化相结合的深刻含义。从而，确定以"中国式现代化与云南乡村文化振兴"为专题调研的主题，从文化社会学的学科视野出发，以历史和现实的角度，对地处西南边疆少数民族聚居的云南省在推动中国式现代化宏观背景下推动乡村五大振兴中的文化振兴方面做深入考察研究，总结经验，发掘发展中的困难和问题并提出相关对策建议。

2024 年初，胡洪斌教授组织专题调研团队在昆明集结，召开云南乡村文化振兴专题专家咨询会，随即下沉到澜沧拉祜族自治县、石屏县、建水县、蒙自市等地开展实地考察，部分成员春节前后先后去保山市、临沧市、西双版纳傣族自治州和文山壮族苗族自治州当地调研乡村节庆及民族文化。调研组在实地考察的基础上，根据大调查数据资料讨论确定了写作提纲和细目，随后分章将相关数据、资料"投喂到"由我指导北京法雨科技有限公司研发的社会科学"数据分析与文本生成系统"（DATGS），经过人机互动在前后不到两个月的时间内完成全部写作工作。从 4 月中旬起，用一个半月的时间对各章进行反复讨论修改，到 5 月底基本定稿，6 月 6 日在云南省临沧市召开专家评审会，邀请著名社会学家、中国社会科学院学部委员李培林教授，社会变迁研究会会长、上海大学李友梅教授，清华大学王天夫教授，北京大学周飞舟教授，华东师范大学文军教授，中国社会科学院李春玲研究员，上海大学张海东教授等，对全书做最终评审，调研组最终概括评审专家意见修改完善后于 2024 年 7 月正式提交出版社。

这部以《中国式现代化与云南乡村文化振兴——中国乡村社会大调查乡村文化振兴专题调研报告》为书名的专题调研报告，通过大量调查所得的数据和鲜活的经验事实，从省级层面呈现了云南乡村在实现全面小康后推动乡村文化振兴的样貌，分析说明了地处中国西南边疆、自然生态多样、少数民族多元交融、乡村文化异彩纷呈的云南，如何以乡村文化振兴促进和赋能乡村全面振兴，不断推动实现中国式现代化的生动实践，书中总结概括了云南乡村文化振兴所取得的一系列进展，在乡村文化产业的创新性发展，乡村人文经济的创造性转化、农耕和少数民族文化遗产的传承创新，乡村文化促进乡村治理、边境乡村“国门文化”带动周边国家友好交流，乡村特色文化赋能“一带一路”人文交流等方面，云南开创建设了许多具有示范意义的样本。基于自然、生态的少数民族社会、文化多样性和深厚的历史文化积淀，云南乡村文化振兴以县域为平台，以激发内生动力为基本着力点，从而使各地乡村文化振兴各具特色，实现了文化与生态共生发展、现代特色农业转化成现代特色农业文化、传统民族手工艺传承创新、特色小镇与民族民俗节庆有机融合，这一切均构建了各地、各民族文化特色凸显的七彩云南，促进了多元相交、相互辉映的中华民族一体共生的新文化形态的转型，创造出一种国际国内高度关注的“有一种叫云南的生活”。

这部专题调研报告，是胡洪斌教授领衔的青年社会学研究团队利用生成式人工智能技术所做的一种智能社会科学研究尝试，书稿肯定有不少不足和疏漏之处，对此我很乐于承担指导责任，敬请读者批评指正。

是为序。

中国出版协会副理事长、中国社会学会学术委员会副主任、

云南大学特聘教授

谢寿光

2024 年 7 月

绪论　中国式现代化背景下的云南乡村文化振兴

　　中国正处于社会主义现代化的发展进程中，实现中华民族伟大复兴需要以现代化为载体。近代以来的中国现代化探索实践证明，中国的现代化道路既不能照搬西方以资本逻辑为核心的现代化，也不同于传统社会主义国家的现代化道路。"中国式现代化"是在深刻总结中国共产党领导的多年革命、建设和改革实践经验的基础上，结合中国历史、文化和国情，形成的一套具有中国特色的社会主义现代化理论体系。其中乡村的振兴，是中国特色社会主义现代化国家建设的核心任务和关键议题，"没有农业农村的现代化，就没有国家的现代化"[①]，实施乡村振兴战略，是实现中华民族伟大复兴的必然要求。而文化是乡村社会的深层根基，乡村文化振兴是乡村振兴战略的灵魂，是推进乡村全面振兴的内生动力，是对中国传统优秀乡土文化的继承与创新，是实现中华优秀传统文化走向复兴的伟大举措。如何使中华优秀传统文化与时代同步，怎样融入社会主义核心价值观塑造之中，使之成为推动乡村振兴和中华民族伟大复兴的思想基础、行动指南和智力支撑，是我国当前面临的一个重要时代议题。

　　中华优秀传统文化扎根于乡村，其主体是乡土文化，其底色是农耕文化。中华文明之所以能绵延不绝数千年，根本原因是将乡村作为文化的载体，乡土文化也滋养着乡土社会，承载了巨大的文化韧性。因此，乡土文化是中国式现代化和乡村现代化最核心的切入点，乡土文化的创新性发展和创造性转化也是中国式现代化的重要目标。中国现阶段推行的农业现代化和新型城镇化，依旧要立足于中国乡村的土壤之中。但近年来大规模农民

---

① 《十九大以来重要文献选编》（上），中央文献出版社，2019，第157页。

工进城务工，农村常住人口锐减，出现大量的"空心村"，乡村文化遭遇主体缺失的巨大危机，传统乡村文化在与现代城市文化的交流与碰撞中日益式微、渐趋衰落。从资本逻辑来看，乡村振兴一定程度上与资本的逐利性相违背。但中国式现代化超越了以资本主义逻辑为核心的西方现代性的局限，提出了一种更加全面、均衡、可持续的现代化路径，不仅追求物质文明的丰富，更追求精神文明的提升。因此，乡村振兴必定以文化振兴为重要根基和目标。中华文化的根脉在乡村，优秀传统文化是实现中国式现代化的丰厚养分和内在基础。从历史的维度看，中华文化一脉相承，是世界上唯一没有断绝的历经数千年依旧蓬勃发展的优秀文化。乡土文化蕴含着巨大的价值，具有深层的感召力和凝聚力，能够持续赋能乡村产业、生态、组织和人才的发展，同时能起到一种精神层面的整合作用，是基层社会治理的重要力量。从现实的维度看，党的十八大以来，在脱贫攻坚的进程中，乡村文化得到了一定程度的发展，文化扶贫取得了重要成果，文化基础设施得到大大改善。在完成脱贫攻坚任务后，进入乡村振兴阶段，乡村文化振兴是不可或缺的、基础性的环节和举措。因此，关于乡村文化振兴的理论和实践研究具有非常高的时代价值和较强的紧迫性，是社会科学研究者亟待关注的重要议题。

云南省是全国世居少数民族最多、特有民族最多、自治地方及实行区域自治的民族最多的省份，不仅是中国边疆地区的重要门户，也是一个融汇多民族文化、传承历史遗产的宝地。云南乡村各民族聚居交融的状态充分体现了费孝通先生提出的中华民族"多元一体"格局，各民族文化既具有中华文化的共性，同时也具有本民族的特性，呈现"各美其美、美美与共"和高度"文化自觉"的显著特点。为了更好地反映云南省乡村振兴的状况，总结优良经验，云南大学组织开展了"中国乡村社会大调查"，从五大振兴和铸牢中华民族共同体意识这六个方面，系统、全面地开展调查研究，其中文化振兴是此次调查的重点和亮点。作为民族文化大省、强省，近年来，云南乡村文化振兴取得了一系列成果，在文化产业的创新发展，文化遗产的传承创新，文化与基层治理，文化的国际化传播，人文经济与乡村文化创造性转化，农民文化主体性觉醒等方面，都积累了较典型的案例。云南乡村文化振兴在助推地方经济文化转型发展，助力边疆民族地区脱贫致富，激发城乡一体内生动力，促进云南民族地区团结进步方面的经验，具有典型示范意义和很强的可推广价值。因此，通过对云南乡村文化振兴的研究，描述云南乡村文化建设的现状和基本经验，可以很好地反映出乡村文化振兴在乡村现代化发展中的定位和作用，探索乡村文化在中国式现代化进程中的重要价值，总结优秀传统文化进行现代性转化的重要实践经验，不仅可以为云南省乡村现代化提供决策支撑，也为我国其他地区乡村振兴和农村现代化发展提供云南样本、云南智慧。

城乡一体是未来中国现代化的图景之一，无论身居何地，每一个中国人都有平等享受现代文明的权利，因此要构建人与自然和谐共生的新的文明形态，促进"各美其美、美美与共"的多元文化交融。实现乡村振兴，既要回归乡土文化、增强"文化自觉"，又要在中国式现代化之下超越"乡土中国"。

一　中国式现代化与乡村文化振兴

（一）中国式现代化与乡土文化

党的十八大以来，中国特色社会主义进入了新时代。中国的社会主义现代化建设正处在一个新的历史节点，国际国内形势的瞬息万变和社会主要矛盾的最新变化对中国的现代化理论发展提出了更为迫切的要求。中国共产党在科学分析国内外发展形势的基础上，在中国的社会主义现代化发展关键时期，创造性地提出了诸多关于中国式现代化道路的重大论断。[①]习近平总书记指出："当代中国的伟大社会变革，不是简单延续我国历史文化的母版，不是简单套用马克思主义经典作家设想的模板，不是其他国家社会主义实践的再版，也不是国外现代化发展的翻版。"[②] 习近平总书记关于"中国式现代化"的论述站在大历史观、全球观的高度，既立足实际，又胸怀天下，既是中国的，又是世界的。它不仅重新定义了"现代化"概

[①]　王先俊、苗笛：《习近平对中国式现代化的系统阐释》，《学术界》2022 年第 11 期。

[②]　《习近平谈治国理政》第 2 卷，外文出版社，2017，第 344 页。

念,深刻揭示了世界现代化的共性和普遍性,而且深刻阐明了中国式现代化的个性和特殊性,是对"西方中心主义""资本主义"现代化理论体系、知识体系、话语体系的创新和超越,不仅追求物质文明的富足,更追求精神文明的富有。因此中国式现代化必然扎根于中华优秀传统文化,必然需要将马克思主义同中华优秀传统文化相结合。

中国自古就是一个农业大国,泱泱五千年历史积淀出了浓厚的乡土文化,它是中华优秀传统文化的根脉,是中华民族精神的源泉,是广大乡村群众赖以生存的精神养分。中国特色社会主义核心价值观是中华优秀传统文化和人类文明成果在新时代的价值体现,是对中国乡土文化基因的一脉相承。费孝通先生曾指出,"从基层上看去,中国社会是乡土性的"。[1]"中华文化的根脉在乡村,我们常说乡土、乡景、乡情、乡音、乡邻、乡德等等,构成中国乡土文化,也使其成为中华优秀传统文化的基本内核。"[2] 乡村孕育并发展了中国传统文化,是中国传统文化的根基和源头,"原来中国社会是以乡村为基础,并以乡村为主体的,所有文化,多半是从乡村而来,又为乡村而设——法制、礼俗、工商业等莫不如是"。[3] 在传统农业社会里,农业是社会的主导产业,农村是主要的活动区域,农民则是社会的主体成员,以农耕文明为基础、以农村为主要生存空间的乡村文化就构成了中国文化的主体,中国传统优秀文化从本质上来说,就是"乡土文化"。[4]

"乡土文化"的具体概念可以界定为:生活在乡村这一地理空间中的人们长期以来形成的特有而相对稳定的生产生活方式与观念体系的总称。包括物态文化层面上的乡村山水风貌、乡村聚落、乡村建筑、民族民间工艺等;行为文化层面上的生活习惯、传统文艺表演、传统节日等;制度文化层面上的生产生活组织方式、社会规范、乡规民约等以及精神文化层面上的孝文化、宗族家族文化、宗教文化等。[5] 横山宁夫将文化分成三个层次,

---

① 费孝通:《乡土中国·生育制度·乡土重建》,商务印书馆,2011。
② 范建华:《乡村振兴战略的理论与实践》,《思想战线》2018 年第 3 期。
③ 梁漱溟:《乡村建设理论》,上海人民出版社,2011。
④ 范建华、秦会朵:《关于乡村文化振兴的若干思考》,《思想战线》2019 年第 4 期。
⑤ 范建华、秦会朵:《关于乡村文化振兴的若干思考》,《思想战线》2019 年第 4 期。

认为就文化变迁的内在进程而言，往往始于物质文化，随后进入制度与精神文化。在这一过程中，物质文化往往最先变化，最容易被人们接受。而精神文化由于需经过人们长期的生活、生产的变迁、认同、接纳这一过程方能形成，因此变化最为困难，但影响也最为深远。①

西方式的现代化，随着工业化和城市化的发展，必然会带来乡土文化和乡村社会的衰落。近代以来，乡村衰落可以归纳为"英国式"和"拉美式"两种表现形式或路径。英国式的乡村衰落源于工业化的迅速扩张，尤其是羊毛生产使资本家获得了巨大的利润。为了获得充足的劳动力和市场空间，他们将农田变成牧场，强迫农民进城转化为工人，这一现象被称为"羊吃人"。可以说英国农村和乡村文化被工业化"消灭"了。拉美式的乡村衰落主要由过度城市化和超前城市化所导致。拉丁美洲国家在独立后大力推进城市化，城市化的规模与工业化水平并不匹配，甚至存在无工业化的城市化。失去乡村后的拉美国家，经济变得愈加脆弱，由于缺少乡村托底，经济复苏乏力，不少国家陷入"中等收入陷阱"。大量农村人口涌入城市，也导致了城市拥挤，不能为居民提供充分就业机会和必要生活条件，出现脏乱差的"贫民窟"，犯罪高发难以治理，政府和农民自己都抛弃了乡村，致使乡村严重衰落破败，乡村文化的精神内核丧失殆尽，"城市病"严重影响了拉美国家的现代化进程。②

随着中国现代化步伐加快，乡村文化的生存土壤经历了剧烈变动，尤其是人与土地的联系日益疏远，这促使传统农业生活模式发生转变。这种转变不仅影响了乡村的居住布局和建筑风格，还触及了民间艺术、农事节日、组织结构、乡村规范和价值观念等多个文化层面。同时，中国农业和农村发展正遭遇环境污染、资源匮乏、人口流失以及乡土文化空间被压缩等一系列挑战，"空心村"现象已经成为一个严峻的现实问题。然而传统文化体系在乡村发展的过程中并非"落后过时"，作为"一种特殊的精神生活

---

① 闫惠惠、郝书翠：《背离与共建：现代性视阈下乡村文化的危机与重建》，《湖北大学学报》（哲学社会科学版）2016年第1期。

② 范建华：《乡村振兴战略的理论与实践》，《思想战线》2018年第3期。

方式",乡土文化在经济、社会、文化的共同发展过程中具有建构性和整合性的作用。[①] 对此云南西双版纳地区的稻作文化就提供了一个非常典型的案例,人们虽然没有直接以保护生物多样性为目标,却能通过文化的构建,包括技术和知识的传承,来维护社会生活中的多样性,从而促进生态多样性。稻作文化体系表明传统乡土文化具有社会系统整合的功能,面临现代化带来的环境、生态挑战和价值困惑,传统文化对农业保护和恢复至关重要。中国现代性的探索是传统文化与现代性相互作用、共同发展的过程。现代性促进了传统农村社会和文化的变革,而传统乡村文化并非单纯地适应变化,它也积极地指引现代性模式的发展。

当乡村文化在市场经济的冲击下被扣上"落后""过时""无用"的帽子沦为边缘事物后,以"先进"文化自居的城市文化真的是完美的吗?现实给出的答案是否定的。城市文化反映出的诸多问题,不得不让人冷静地重新思考文化价值的判断标准。乡村文化价值判断不应完全以"市场需求""产业效益"为导向,乡村文化的根源性、整体性、人文关怀等都是文化本质的价值体现。文化传承与发展是不断变化的,乡村文化在与现代城市文化的互动中会经历不同程度的变革,这是文化演进的常态。尽管如此,这也并不意味着乡村文化在与现代城市的接触中注定消亡。实际上,乡村文化承载着深厚的历史遗产、集体智慧和创新潜力。

(二)中国式现代化下的乡村文化振兴

实现乡村振兴,是中华民族伟大复兴的必然要求,习近平总书记强调,"没有农业农村现代化,就没有整个国家现代化"[②],民族要复兴,乡村必振兴。实施乡村振兴战略,是中国特色社会主义现代化国家建设的核心任务和关键议题,农业强不强、农村美不美、农民富不富,决定着亿万农民的获得感和幸福感的强弱,决定着我国全面建成小康社会的成色和社会主义现代化质量的高低。习近平总书记用三个"必然要求"来概括乡村振兴战

---

① 闫惠惠、郝书翠:《背离与共建:现代性视阈下乡村文化的危机与重建》,《湖北大学学报》(哲学社会科学版)2016年第1期。
② 《习近平谈治国理政》第3卷,外文出版社,2020,第255页。

略的定位和基本内涵，即实施乡村振兴战略，是解决人民日益增长的美好生活需要和不平衡不充分的发展之间矛盾的必然要求，是实现"两个一百年"奋斗目标的必然要求，是实现全体人民共同富裕的必然要求。①

在乡村振兴的五大核心内容里，文化振兴是根基，处于非常特殊的地位。习近平总书记非常关注文化振兴，他强调"实施乡村振兴战略要物质文明和精神文明一起抓"，并指出，"要推动乡村文化振兴，加强农村思想道德建设和公共文化建设，以社会主义核心价值观为引领，深入挖掘优秀传统农耕文化蕴含的思想观念、人文精神、道德规范，培育挖掘乡土文化人才，弘扬主旋律和社会正气，培育文明乡风、良好家风、淳朴民风，改善农民精神风貌，提高乡村社会文明程度，焕发乡村文明新气象"。② 此外，习近平总书记还尤其关注"乡愁的呼唤"，他在中央城镇化工作会议上指出："可以依托现有山水脉络等独特风光，让居民望得见山、看得见水、记得住乡愁。"此外还指出："完全可以保留村庄原始风貌，慎砍树、不填湖、少拆房，尽可能在原有村庄形态上改善居民生活条件。"要"传承文化。发展有历史记忆、地域特色、民族特点的美丽城镇"。③

乡村文化振兴是正确处理社会主义先进文化与中华优秀传统文化关系的文化振兴。习近平文化思想闪烁着"两个结合"的智慧，在对乡村文化振兴进行科学阐释时，明确了乡村文化振兴既要弘扬社会主义先进文化，筑牢社会主义意识形态防线，也要传承创新中华优秀传统文化，赓续中华文脉。这实际上规定了乡村文化振兴必须是社会主义先进文化大力弘扬、中华优秀传统文化广泛传播的文化振兴。④

---

① 习近平：《决胜全面建成小康社会 夺取新时代中国特色社会主义伟大胜利——在中国共产党第十九次全国代表大会上的报告》，新华网，2017 年 10 月 27 日，http://www.xinhuanet.com/politics/19cpcnc/2017-10/27/c_1121867529.htm。

② 方宁：《数字化让乡村文化焕发盎然生机（思想纵横）》，人民网，2022 年 8 月 2 日，http://finance.people.com.cn/n1/2022/0802/c1004-32491595.html。

③ 《习近平在中央城镇化工作会议上发表重要讲话》，新华网，2013 年 12 月 14 日，http://www.xinhuanet.com/photo/2013-12/14/c_125859827.htm。

④ 王丹竹、杨玉萍：《论习近平文化思想对推进乡村文化振兴的重大意义和实践要求》，《西北农林科技大学学报》（社会科学版）2024 年第 1 期。

　　中国文化深深根植于乡村，由乡土风情、景色、情感、方言、邻里关系和道德观念等共同构成了中国特有的乡土文化，这也是中华文化优秀传统的基本内核。乡村振兴战略不仅是推广中华优秀传统文化的关键策略，也是重塑中国乡土文化的重要举措。中国社会的根基在乡村，这是因为中国是一个历史悠久的农业大国。从文化角度来看，中国是一个具有浓厚乡土色彩的农业国家，其文化基础建立在对乡土的依恋之上，而村庄则是这一文化的主要承载者。当前中国正在推进的乡村振兴战略和新型城镇化进程，必须建立在乡土文化的基础上。乡村振兴的实质在于重返乡土中国的同时，在现代化的背景下实现对乡土中国的超越。

　　正视现状，我们注意到乡土文化正逐渐衰落。自 20 世纪 50 年代起，乡村经历了农村土地改革、农业集体化、家庭联产承包责任制推行以及市场经济的转型，从而使得原本封闭、静态的"熟人社会"逐渐转变为开放、流动的"陌生人社会"。21 世纪以来，在工业化和城镇化的推动下，我国出现了大规模人口离乡现象，导致乡村出现众多"空心村"，乡村文化的主体面临严重的缺失，其生存和发展的基础以及文化生态遭到破坏。随着年轻的乡村人口涌入城市，他们不仅将传统乡村文化推向边缘，还带回了现代化的城市文化，这进一步挤压了乡村传统文化的空间，使其在与现代城市文化的互动中逐渐衰微。乡土社会的传统结构正在解体，曾经的差序格局逐渐解体，人际关系变得淡薄，邻里、宗族和代际的联系日渐减少。在风俗习惯上，本土文化逐渐衰退，被国家公共文化所取代，传统节日和礼仪习俗要么变异，要么只剩形式空壳，而现代化的生活模式越来越普遍。在价值观念上，乡村居民的身份认同感减弱，对乡土的情感依恋减少，传统的节俭消费观被扭曲，人们更倾向于离开乡村，而不是回归。离乡成为一种追求而回乡只是短暂停留。

　　"振兴"与"衰落"是一对反义词。提出"振兴"必然是以"衰落"的出现为前提的。[①] 在与现代城市文化的互动中，传统乡村文化正逐渐衰退

---

① 范建华：《乡村振兴战略的理论与实践》，《思想战线》2018 年第 3 期。

并趋于边缘,其文化生态系统也受到损害。乡村文化的振兴是对其衰退的自觉反应和应对策略,是展现文化自信的应有之义。推动乡村文化振兴意味着继承和振兴乡村的优良传统,摒弃文化中的糟粕,旨在重塑乡村文化空间,丰富文化内涵,提高文化品质,满足乡村居民的文化需求,并增强乡村文化的自信心。

在乡村振兴战略中,文化振兴扮演着不可或缺的角色。文化如同乡村振兴的"黏合剂",激发乡村文化的活力,能够唤起民众的热情,汇聚力量,促进乡村的共同发展。乡土文化也是乡村治理的"地基",乡村文化中的伦理道德是塑造乡村风貌的关键,良好的乡风、家风和民风对提升治理效率和完善自治体系至关重要。乡土文化在乡村振兴中起到引领作用,为美丽乡村建设提供价值观指导,推动形成绿色生产方式和生活方式,促进生态振兴。同时,文化更是乡村振兴的财富源泉,乡村丰富多彩、历史悠久的文化遗产是促进产业振兴的重要资源;此外,乡土文化还是乡村振兴的"人才磁石",为乡村人才提供发展环境,吸引人才留在乡村。[①]

在全面推进乡村振兴的过程中,文化振兴占据了核心地位,并发挥了关键作用,是乡村振兴的智慧源泉和动力。文化振兴建立在产业振兴基础之上,同时推动和引领产业发展的融合。文化振兴与人才振兴关联密切,通过文化可以培养乡村的新时代人才,为人才提供成长的智慧环境。文化振兴强调传统生态文化,为构建宜居生态环境提供智慧支持。文化振兴还强调民主自治的伦理文化,保障乡村社会的有效治理。此外,文化振兴是对乡村文化衰退的积极回应,满足乡村居民对美好生活的文化需求,是解决城乡文化发展不平衡问题的关键措施。在乡村振兴战略的实施中,文化振兴扮演了极为重要的角色,其不仅是乡村振兴的关键部分,也是乡村振兴的思想基础和智慧来源。

总的来说,文化振兴是乡村振兴战略的核心,为全面振兴乡村提供了内在动力。文化振兴对于解决产业、生态、组织和人才振兴过程中的问题

---

① 范建华、秦会朵:《关于乡村文化振兴的若干思考》,《思想战线》2019 年第 4 期。

至关重要，能够唤醒乡村居民的主体意识。文化振兴是推动社会主义核心价值观融入村民文化思想和价值观念的有效手段，也是实现中华优秀传统文化复兴的重大行动。如何科学、系统和全面地实现乡村文化振兴，不仅是一个理论性的学术问题，也是一个迫切需要解决的现实问题。

二 云南乡村文化振兴的文化机理和价值发现

（一）云南乡村文化机理与特点

云南不同地域不同民族的文化七彩斑斓、灿烂多姿，呈现典型的多元性特征，费孝通先生提出的文化"多元一体"论，似乎在云南体现得淋漓尽致。但对于云南来说，"多元"是建立在"一体"的基础之上的，这里的"一体"即中华优秀传统文化，只有对中华优秀传统文化的认同，才能生发出丰富多彩的多元民族文化，只有中华文化的"一体"，才能建构出中华民族共同体。因此，在谈及云南乡村文化的特点与机理时，必须首先强调云南文化的"一体性"，以往人们更多关注云南多彩多样的文化，而忽视了"多元"的基础保障是中华民族文化的"一体性"。在"一体多元"的理论映照下，课题组通过实地调研和历史资料梳理，采访了云南研究文化的相关专家，如范建华教授、李炎教授，经过系统的整理，总结归纳出云南文化的特点和机理如下。

1. 一体多元性

中华文化在云南不断融合与创新发展，在封建王朝时期，汉文化的引入与本土少数民族文化相互影响，使云南成为一个既有中华文化认同又存在文化多样性和丰富性的地区。汉文化在云南的发展主要体现在元、明、清三代的大规模移民过程中。随着中原移民的进入，汉文化逐渐与云南本土文化相融合。例如，汉族的传统节日如春节、中秋节等在云南广泛存在，并融入了当地的独特风俗习惯。儒家思想作为中华文化的重要组成部分，通过书院、科举制度等途径在云南传播。明清时期，云南出现了许多书院和私塾，儒家经典成为教育的重要内容，昆明的云台书院、玉溪的红塔书院等，都是当时传播儒家文化的重要场所，培养了大批本地知识分子。儒家思想在地方治理、家族伦理等方面对云南产生了深远影响。地方志的编纂是儒家文化在地方传播的重要形式。云南各地在明清时期编纂了大量的地方志，这些地方志不仅记录了当地的地理、历史和社会状况，还包含了丰富的儒家文化内容。例如，地方志中对本地著名学者、书院、儒学活动等的记载，都是儒家文化传播的重要证据。儒家文化在云南的发展过程中，与本土少数民族文化产生了广泛的融合。例如，纳西族的东巴文化与儒家文化在某些方面相互影响，共同构成了丰富多彩的文化景观。儒家思想中的伦理道德观念，也与本土文化中的某些传统观念相契合，从而促进了儒家文化的本土化发展。中华文化的交融在云南的文学艺术和建筑工艺中也得到充分体现。唐宋以来，许多文人墨客曾游历云南，留下了大量诗文作品。云南本土的文学艺术也受到中原文化的启发，如在滇剧、白剧等戏曲形式中，汉文化元素与本地文化相互交融，形成了独特的艺术风格。汉族传统的建筑风格与当地少数民族的建筑风格相结合，形成了云南独特的建筑形式。例如，在大理的白族民居和丽江的纳西古城中，均能看到中原建筑风格的影子。同时，云南的工艺品如铜器、陶器等，也受到汉文化的影响，在设计和工艺上融合了中原文化的精髓。中华文化在云南的发展不是单向的传播，而是与本土文化的双向互动。各民族在长期的交往中，相互影响、相互借鉴，共同构建了云南丰富多彩的文化景观。例如，纳西族的东巴文化和彝族的火把节，既保留了自身的独特性，又融入了汉文化的元素。进入新时期，随着中国特色社会主义的全面发展，中华文化多元融合的趋势将继续推动云南文化的繁荣和进步。在中华文化"一体性"的基础上，云南文化亦呈现多样性特征。

（1）云南地理的多样性

云南省，位于中国西南边陲，地处东经 97°31′~106°11′，北纬 21°8′~29°15′，东临贵州、广西，北接四川，西北连藏，南毗老挝和越南，西南与缅甸接壤。云南地形地貌复杂多变，气候类型丰富。由于印度板块与欧亚板块的持续碰撞和相互作用，云南的地貌呈现从西北向东南的自然梯度变化，覆盖横断山脉、云贵高原，以及滇东南丘陵区等多个地理区域。这一地质结构塑造了云南独特的气候特征，形成"一山有四季，十里不同天"的现象，同时为众多珍稀、特有生物提供了一个天然栖息地。得益于这一地质和气候的复合效应，云南省成为中国生物多样性的重要集中地，这里拥有国内 50% 以上的高等植物、50% 以上的高等动物、80% 以上的微生物类型以及 90% 以上的植被及其生态系统类型，因此也被称为"植物王国"、"动物王国"和"生物基因库"。

作为中国河流密集度最高的省份，云南汇集了金沙江、澜沧江、怒江等多条重要的国际河流。这些水脉贯穿省内多样的地理景观，孕育出丰富的河谷生态系统，并成为连接多元文化的桥梁，支撑着云南独特的文化生命力。白族、纳西族、傣族、哈尼族等少数民族代代沿河而居，共同形塑了与河流紧密相连的独特文化和生活方式，诸如哈尼族依山就势修建的梯田，傣族盛大而独特的泼水节庆典，以及侗族精巧的风雨桥建筑，都是与地理和水文特征紧密相关的文化象征。

云南多元的地理环境对其农业种植模式、民族聚居分布以及经济发展方式产生了深远影响。从高山梯田到河谷农耕，不同的地形地貌和气候类型催生了多元的农业种植模式，孕育了多样的农业种植方式和特色经济作物，如高原地区的冷水鱼养殖、亚热带高原的茶叶种植以及热带地区的咖啡和香蕉种植等。"坝子"是云南特有的一种由特殊地质构造运动形成的内陆盆地，因其平坦的地形和适宜的气候条件，成为云南农业发展和民族文化交融的重要基地。各民族根据各自居住地的地理环境发展出了特色鲜明的农耕文化，进而形成了云南独特的乡村文化。由地理环境塑造的文化和经济格局，让云南的多元文化具有鲜明的地域特色和民族特色。

（2）云南人口与民族的多样性

云南省的人口构成、演变特征及其历史演进过程深受地理位置、历史传统、文化交融及政策导向等多方面因素的影响。在历史长河中，云南的人口结构经历了从远古时代的部落社会到封建时代的诸侯割据，再到近现代民族融合的动态变化过程。在部落社会时期，云南各地区人口主要由当地的各民族构成，这些民族在长期的生产与生活中逐步发展出了各自独特的文化和社会组织结构。随着历史的推移，尤其是丝绸之路的贯通，云南地区的地缘战略重要性日益凸显，成为各民族文化交流的重要枢纽。这一时期，各种民族间的交流与贸易活动促进了云南人口结构的多样化。历史上的战争和政权的更替对云南的人口构成也产生了深刻影响。进入现代后，随着国家的统一和民族政策的实施，云南的人口格局逐渐趋于稳定，并形成了多民族和谐共存的局面。各民族不仅保持着各自的文化特色，还在语言、宗教、习俗等方面实现了广泛的交流和融合。值得一提的是，外来文化与宗教对云南文化和人口结构的影响同样深远，尤其是佛教和伊斯兰教的传入，不仅丰富了部分民族的信仰体系，也对社会风俗和生活习惯产生了持久影响。2023 年云南人口变动情况抽样调查揭示了这一地区人口的最新态势：云南省常住人口总数达到 4673 万人，其中城镇常住人口 2473 万人，乡村常住人口 2200 万人，城镇化率为 52.92%。人口年龄结构的多元化特征明显，0~15 岁人口占比 19.62%，16~59 岁人口占比 63.43%，60 岁及以上人口占比 16.95%。

　　云南自古以来便是多民族交汇之地，其人口组成结构兼具复杂性与多元性。全省辖昆明、曲靖、昭通、玉溪、普洱、临沧、保山、丽江 8 个地级市和红河、大理、文山、楚雄、德宏、西双版纳、迪庆、怒江 8 个自治州①，共有 129 个县级行政区划单位。每一个地级市、自治州都有其独特的民族组成和人口结构。汉族作为人口数量最多的民族，主要分布在云南的中部和东部地区，尤其是在昆明、曲靖、玉溪等地。而云南 25 个少数民族的分布主要呈现"大杂居、小聚居、交错杂居"的特点，各民族根据各自的生活习惯和环境条件，在云南形成了多样的居住模式和文化特征，如傣族和壮族主要居住在河谷地区，回族、满族、白族、纳西族、布依族和水族主要聚居在坝区，哈尼族、拉祜族、佤族、景颇族和基诺族大多居住在半山区，而苗族、傈僳族、怒族、独龙族、藏族以及普米族主要聚居在高山区。这种人口分布特征不仅体现了云南独特的地理环境对民族分布的影

---

　　①　本书在论述云南各自治州、县时，统一用简称，如大理白族自治州简称为"大理"或"大理州"，屏边苗族自治县简称为"屏边"或"屏边县"。

响,也反映了云南人口多样性的深层次结构。云南的多民族融合模式和人口结构的复杂性,为中国乃至全球的民族学、社会学、人口学等学科提供了丰富的实证材料和独特的研究视角。

(3)云南文化的多样性

毗邻缅甸、老挝、越南的云南,是全国民族数量最多的省份,这一地缘特性使其成为历史上东亚与南亚东南亚文化交流的重要通道,同时也见证了东西方文化的交汇和融合。古代的"南方丝绸之路"和"茶马古道"不仅加强了中国与周边国家及地区的物质文化交换,更促进了不同文化之间的深度互鉴与理解,孕育并发展出具有独特开放性特质和边疆色彩的文化形态,使云南成为多元文化交融、共生共荣的生动范例。

云南的文化多样性体现在多个层面。首先,不同民族之间的互嵌现象尤为突出。多民族在长期的共生过程中,通过婚姻、经济、文化等多方面的交往,相互影响、相互融合,形成了独具特色的互嵌式社会结构。云南文化的多样性不仅体现为众多民族的和谐共存,也镌刻在其悠久的历史进程中。从史前"元谋猿人"遗址到滇池青铜文化,再到东巴文化、毕摩文化、贝叶文化以及南诏大理文化等一系列历史文明的更迭,云南在历史的长河中积累了深厚的文化内涵,塑造了一座横跨古今的文化艺术宝库。在现代,云南省通过制定一系列文化发展战略和政策,不仅强调保护和传承丰富的民族文化,还着力于发展文化产业,推动文化"走出去",加强与周边国家的文化交流合作,以文化推动地区的和平与发展。这些战略和政策的实施,让云南的文化更加繁荣,也使云南在全球文化交流中发挥了重要作用。

语言和宗教信仰也是云南文化多样性的重要组成部分。作为民族文化大省,云南的语言文化多样性在全国无出其右。据统计,全省至少涵盖了13种语系,超过20种语族的语言得到了使用和传承,这些语言不仅是交流的工具,更是各民族文化、智慧和精神世界的载体。得益于国家与地方政府的支持,彝族、哈尼族、傣族等13个民族的语言和文字得到了创新与标准化,至今已有22种民族文字得到广泛使用。其中,傣族语言的藏缅语系归属及其与泰语的共性映射出云南与东南亚之间深层次的文化交织与相互渗透；而专门服务于宗教仪式的东巴象形文字，也为研究古代人类社会的象形文字使用提供了珍贵的实例。此外，双语现象在云南少数民族中普遍存在，这不仅是各民族历史发展的必然结果，也是适应社会进步和生存需求的一种文化借用方式。双语现象有效地促进了本民族文化的传承和发展，同时也为不同民族文化的交流提供了便利。

从早期社会的原始宗教信仰，到后期随着历史进程和社会发展逐渐形成的多元宗教格局，云南宗教文化的历史演变充分展现了民族与宗教之间相互交融、相互影响的复杂过程。佛教、道教、伊斯兰教、基督教、天主教等宗教的传入与本土化过程，不仅丰富了云南的宗教文化内涵，也对云南边疆少数民族的信仰体系和社会生活产生了深远的影响。此外，云南的节日和民俗文化极为丰富，几乎每个民族都有自己的传统节日。例如，傣族的泼水节、白族的三月街、彝族的火把节等，这些节日不仅是民族文化传承的重要形式，也成了促进民族团结和文化交流的平台。

2. 族群性

（1）云南民族的多元性

云南省以其独特的地理位置和丰富的自然资源，孕育了众多民族的独特文化。这里是全国世居少数民族最多的省份，拥有 25 个世居少数民族，其中 15 个民族为云南所特有，构成了云南多元文化的核心。根据 2020 年第七次全国人口普查数据，云南的少数民族人口达到了 1563.6 万人，占全省人口总数的 33.12%，形成了 8 个民族自治州和 29 个自治县的民族分布格局。在这些民族中，彝族、哈尼族、白族等 6 个少数民族人口均超过百万，凸显了云南民族的多元与繁荣。

云南的民族多样性源于其悠久的历史和复杂的地理环境。从族源上讲，云南的 26 个民族主要源自中国古代四大族系：氐羌、百越、百濮和苗瑶。这些民族在生产方式、社会组织、文学艺术和宗教礼仪等方面展现出各自鲜明的特色。例如，彝族的火把节、傣族的泼水节等，不仅是民族文化的展示，也是民族认同的象征。这些文化在与其他民族的交流中，不仅没有被同化，反而更加鲜明和突出。

云南的民族文化多样性，非但未成为不同民族之间相互联系的阻力，反而成为增进相互了解的潜在资源与内在动力。这种多元文化的共生状态，不仅丰富了云南的社会生活，也为该省的社会发展和生态文明建设提供了强大的内在动力，成为云南实现社会和谐的重要基础。云南的目标是通过保护和繁荣发展其文化多样性，为世界提供有说服力的范例，彰显云南各民族文化的共同繁荣及其对社会和谐的促进作用。

此外，云南利用其少数民族区域特点和民族特性来发展经济，促进了农民增收、农业发展和农村繁荣。云南的文化多样性对其社会经济发展产生了深远的影响。文化旅游因其独特的文化魅力吸引了大量国内外游客，成为推动经济发展的重要力量。同时，文化多样性也促进了社会和谐，增进了不同民族之间的相互理解，为构建和谐社会奠定了坚实的文化基础。通过不断的交流与融合，云南的各民族共同绘制出了一幅和谐共生、多元一体的美好图景。

（2）云南民族的交融性

云南省作为中国多民族聚居的地区，其民族交融的历史源远流长。从古代南诏、大理国的兴衰更迭，到明清时期土司制度的实施，再到近现代民族迁徙与滇西抗战时期的共同抗争，历史的每一个阶段都为不同民族间的交流与融合提供了契机。特别是滇西抗战时期，20多个民族如傣族、白族、回族等共同为保卫家园而战，这种共同的历史经历极大地加深了民族间的情感联系，为今后的民族交融奠定了坚实的基础。

云南特有的"大杂居、小聚居"民族分布格局，促成了多民族互嵌共生的独特模式。在这种模式下，各民族在保持自身文化特色的同时，也在语言、宗教、习俗等方面实现了融合。例如，云南的"山坝结构"不仅反映了民族分布的特点，而且随着山区民族向坝区的搬迁，多种形式的文化交流和融合得以实现。此外，云南少数民族传统文化的圆融性特点，也在精神、生活、审美和价值评价等多个领域展现出共同性和互动性。

云南省政府在推动民族共生共融方面采取了一系列政策措施。其通过制定"一族一策""一山一策"等特殊政策，不仅促进了民族团结，也改善了民生，推动了民族地区的经济社会发展。云南省委、省政府的创新示范机制和示范工程，进一步增进了民族团结，加快了民族地区和谐、可持续的发展步伐。云南省还积极探索与周边国家的跨境民族文化交流互动，通过建立"民族团结进步创建联盟"，推动了区域内的民族团结和共同繁荣发展。这种区域联动的方式，不仅为云南的民族团结进步示范区建设提供了新的实践范本，也为全国其他地区开展民族团结进步创建工作提供了借鉴。云南民族的交融性不仅体现在深厚的历史背景和独特的民族分布格局上，更在政策推动和区域联动中得到了进一步的加强和发展。这种多民族共生共融的局面，不仅为云南的和谐稳定做出了重要贡献，也为全国的民族团结进步提供了宝贵的经验和启示。

3. 乡土性

（1）云南乡村的完好性

乡土社会在其漫长的历史演进中，孕育了向内的闭合性与向外的开放性两种显著特性，这两种特性在云南乡村社会中表现得尤为明显，它们共同塑造了乡村社会的完好性，并为其持续发展奠定了坚实的基础。

云南乡村社会闭合性的特质，源自对传统生产生活方式和价值观念的坚守。它在物质文化层面体现为对传统农耕、手工艺的传承，在精神文化层面则表现为对宗教信仰、风俗习惯和道德规范的维系。闭合性为云南乡村社会提供了稳定的社会结构和文化身份，使其在外部环境快速变化中保持连续性和一致性。与此同时，云南乡村社会开放性的特质随着全球化和现代化的推进而日益显著。它主要表现为物质和文化交流的加强，乡村社区积极吸纳外来生产技术和经济模式，与外界建立紧密联系。开放性不仅促进了物质富裕和生活便捷，也为乡村文化的发展注入了新活力，推动乡土社会在传承与发展间找到新平衡。

云南乡村的闭合性与开放性，根植于其独特的地理位置、历史背景和多元文化的深厚积淀。云南省的地理环境，以其多样性和复杂性，为该地区的独特社会文化特性提供了天然的土壤。山脉的峻峭、峡谷的深邃、热带雨林的繁茂以及高原草甸的广袤，共同构成了一个生态多样性极为丰富的自然体系。这样的地理特征不仅孕育了云南独特的生物群落，也促成了一个相对封闭的生态和社会空间，从而赋予了云南乡村社会一种固有的内向性特质。在这种相对隔离的环境中，各民族得以保持其传统的生活方式和文化习俗，形成了各自独特的文化标识。然而，云南省的多民族共居特性并非仅仅体现了内向性，它同样也是开放性的生动展现。多民族之间的共生关系促进了文化的交流与互动，这种交流不仅丰富了云南的文化遗产，还加强了不同文化之间的理解和借鉴。这种文化的互动与融合，使得云南乡村社会在保持各自文化特色的同时，也能够吸收外来文化的优秀成分，形成了一种开放而包容的文化氛围。在全球化的大背景下，云南的开放性得到了进一步的增强。云南省不仅继续发挥其作为中国与东南亚、南亚交流的桥梁作用，还积极参与到国际经济合作和文化交流中，展现出更加开放的姿态。这种开放性不仅推动了云南乡村社区的物质发展和生活水平的提高，也为乡村文化的创新和发展注入了新的活力。

云南乡村社会的完好性，不仅体现为自然生态的原始风貌，更体现为文化传统的完整保存和社会结构的稳定性。在乡村振兴的大背景下，如何保持云南乡村的完好性成为一个值得深入探讨的课题。云南通过发展生态旅游等方式，让外界了解其生态文化，形成保护与发展并重的良性循环。乡村旅游的独特性，源自其丰富的自然与文化资源，以及乡土社会的特有结构——闭合性与开放性的有机融合。这种融合促进了地方经济的发展，也为文化遗产保护注入了新活力。截至2023年，云南具有一定游客接待规模的旅游特色村超过1000个，这不仅显现了云南乡土社会闭合性与开放性相互作用的成果，也表明特色旅游的发展强调生态保护和文化传承。云南的实践表明，生态文明建设和乡村振兴战略能够有效推进生物多样性的保护与文化遗产的传承。通过构建生态文明的理念，推动生态保护与经济发展相结合，云南在保护自然资源的同时，也激发了乡村社区的活力，实现了经济、社会和环境的和谐发展。

（2）云南乡村自组织性

云南乡村自组织性的形成与发展，植根于其独特的地理环境、丰富的民族文化及特殊的社会经济结构。云南地处中国西南边陲，多山的地形和多样的气候条件孕育了丰富的自然资源与生物多样性，这为乡村社区提供了独特的生计方式和资源管理的挑战。同时，云南是中国少数民族最为集中的省份之一，各民族之间的文化差异和互动，形成了独特的社会文化景观。在这样的背景下，云南乡村社区在历史长河中逐渐形成了一套适应本地特性的自组织管理模式。

云南乡村自组织性的背后逻辑，在于其对内源性发展模式的探索和实践。内源性发展模式强调利用和发挥社区内部的资源和优势，以社区居民为主体，通过自助和互助实现可持续发展。云南乡村社区在政府的引导和支持下，依托自身的民族文化、传统知识和地方资源，发展了一系列自组织形式，如民族民间工艺合作社、生态旅游协会、农业互助组等，这些组织不仅促进了经济增长，还促进了文化传承，增强了社会凝聚力。云南乡村自组织性的特色在于其深厚的文化根基和生态智慧。与其他地区相比，云南乡村自组织性更加注重民族文化的保护和发展，将传统知识和现代管理相结合，形成了具有地方特色的经济发展模式。例如，云南的少数民族村寨通过自组织形式保护和传承了梯田农耕、民族手工艺等传统生产方式，同时，通过生态旅游等方式，将这些文化资源转化为经济发展的新动力。此外，云南乡村自组织性还体现在其对生态环境的重视上，通过自下而上的生态保护项目，如水源林保护、生物多样性恢复等，实现了经济发展与生态保护的双赢。

云南乡村自组织性的实践成果表现在多个方面。云南乡村自组织性在经济发展方面的作用不仅体现在收入的增加上，更重要的是它们通过创新和适应性策略，增强了当地经济的多样性并提高了其抗风险能力。例如，一些乡村通过自组织形式发展了多元化的农业模式，如传统梯田种植与生态旅游的结合模式，不仅保护了珍贵的农业文化遗产，还开辟了新的收入来源。这种模式的实施，使当地农民在面对市场波动时有了更多的选择和保障，减少了对单一收入来源的依赖。在文化传承方面，自组织活动不是对传统文化的简单保护，而是通过活化利用，使文化成为社区发展的动力。

例如，一些村落通过自组织成立了文化传承中心，不仅保存了民族语言、服饰、音乐等文化遗产，还通过开展文化体验活动和手工艺品制作，将文化资源转化为经济增长点，增强了村民的文化自豪感和社区凝聚力。在生态保护方面，云南乡村自组织性的成效体现为社区对环境问题的积极响应和有效管理。例如，一些乡村通过自组织建立了生态监测网络，及时发现并处理污染问题，保护了当地的水资源和生物多样性，促进可持续的资源利用和生态旅游的发展。

云南乡村自组织性的实践表明，通过内源性的发展模式，乡村社区可以有效地利用自身的资源和优势，实现经济、文化和社会的全面发展。这种自下而上的发展路径，为其他地区的乡村发展提供了宝贵的经验和启示。

4. 边地性

（1）作为边地的云南：独特性与战略定位

云南的独特性在于其在地缘政治、文化交流以及经济发展中的多重角色。一方面，云南被视为连接中国与南亚、东南亚经济走廊的关键节点，对于促进区域经济一体化具有重要意义。另一方面，云南丰富的文化资源和独特的民族文化成为推动文化"走出去"的重要力量。通过加强与周边国家的人文交流，云南正逐步成为全球文化交流的重要窗口。

云南省与越南、老挝、缅甸三国接壤，边境线总长达 4060 公里，覆盖 8 个州市，其中，市建制的城市共有 13 个，包括 3 个地级市（保山市、临沧市、普洱市）以及 10 个县级市（泸水市、腾冲市、瑞丽市、芒市、景洪市、蒙自市、个旧市、开远市、弥勒市、文山市）。在 1949~1978 年的发展初期，云南边境城市主要以农业为基础，工业基础薄弱，经济发展缓慢。该阶段的边境城市，功能定位主要为边防安全和基本的物资交流。进入 1978~2012 年的开放发展期，随着改革开放政策的实施，云南边境城市开始向对外开放和经济发展转型，边境贸易逐步活跃，跨境经济合作开始兴起，边境城市的经济社会得到了显著发展。到了 2012~2019 年的深化改革加速发展期，云南边境城市进一步加强与周边国家的经济合作和文化交流，成为推动"一带一路"倡议实施和区域经济一体化的重要力量。特别是瑞丽市、腾冲市等地，其借助独特的地理位置和丰富的跨境资源，发展成为对外开放和区域经济合作的重要窗口。

近年来，云南作为中国西南地区对外开放的门户，在推动区域经济一体化、维护国家边疆安全、促进民族团结以及实施有效减贫战略中发挥了核心作用。作为中国连接东南亚和南亚的桥梁，云南通过积极参与"一带一路"倡议和《区域全面经济伙伴关系协定》（RCEP）等国际多边合作机制，进一步加强了与周边国家的文化交流与合作，推动了跨境经济合作区和自由贸易区的建设，其战略定位经历了从边陲的守护者到开放的先锋的转变。在维护国家边疆安全与民族团结方面，云南省也采取了一系列有效措施。通过加强边境地区的基础设施建设，提高了边防管控能力，同时，通过建立民族团结进步示范区，强化民族团结教育，云南省成功地将边疆地区的稳定与和谐转化为社会经济发展的动力。云南省丰富的民族文化资源，如大理白族的三月街、红河哈尼族的火把节等文化节庆活动，不仅展现了民族文化的多样性，也成了增进民族团结、促进文化交流的重要平台。在减贫战略与实践方面，云南省通过实施精准扶贫、精准脱贫策略，大力发展特色农业、旅游业和跨境电商等产业，有效提高了贫困地区的自我发展能力和居民收入。例如，怒江州通过发展特色农业和乡村旅游，有效带动了当地经济发展，减少了贫困人口。云南省还积极推动教育扶贫、健康扶贫，提高了边境地区居民的生活质量，为实现全面建成小康社会目标做出了重要贡献。

云南省的战略定位和实践，展现了其在中国乃至亚洲地区不可替代的战略地位。通过一系列具体的实例和措施，云南省不仅为中国的地区发展提供了宝贵经验，也为全球的区域合作与发展提供了有益的借鉴。云南省的发展实践证明了其在国家战略中的重要性，其在推动区域经济一体化、维护国家边疆安全、促进民族团结以及实施有效减贫战略中的作用不容忽视。

（2）作为边地的云南：中央与地方关系

作为边地的云南，其既是中国的边疆，也是连接南亚、东南亚的重要门户。其与中央的关系，不仅反映了中央政权的治理策略，也体现了多民族融合的复杂过程。云南作为中国历史上的边疆地区，其与中央的关系经历了从边缘化到一体化的演变过程。早在元代，云南就被正式纳入中央政府的行省体系中，这标志着云南从"外地"转变为国家统一治理的"内地"。明清时期，通过设置土司制度，中央政府进一步加强了对云南地区的控制，同时也给予了地方一定的自主权，以适应云南多民族和复杂地形的特点。进入现代，特别是改革开放以来，云南的发展战略更加突出其作为中国对外开放的前沿阵地和区域合作的重要平台。共建"一带一路"倡议为云南带来了前所未有的发展机遇，云南正借助这一倡议加强与周边国家的经济文化交流，推动地区共同发展。

在中央政府的政策支持下，云南正加速融入国家的新发展战略中。国务院已明确支持云南省加快建设成为面向西南开放的重要桥头堡，这表明中央对云南在对外开放、文化交流、经济发展等领域的支持和期望。同时，云南省也展现出较高的自主权，特别是在文化产业发展、自由贸易试验区建设等方面，云南能够根据自身实际情况和需求进行探索和实践。云南与周边国家的跨境合作日益深化。例如，云南通过实施对外援助项目，如援布隆迪胡济巴济水电站项目和援老挝皮瓦中学项目，不仅惠及当地民众，也促进了云南与这些国家的经济合作。此外，《区域全面经济伙伴关系协定》的实施和中老铁路的通车，为云南与东盟国家带来了更广阔的合作空间。这些都表明，云南作为边地的战略定位正逐渐转化为实际行动，推动与周边国家的合作与共同发展。

在中央与地方的互动中，云南展现了其独特性。一方面，中央政府通过政策支持和资源配置，促进云南的经济社会发展和边疆稳定；另一方面，云南也利用自身的地理和文化优势，为中国的对外开放和区域合作做出贡献，形成了中央政策指导与地方特色发展相结合的模式。这种中央政策指导与地方特色发展相结合的模式，不仅为云南省的繁荣稳定奠定了坚实基础，也为其他边疆地区的发展提供了可借鉴的经验。云南省在保持自身特色的同时，积极融入国家的发展战略展现出了地方的主动性和创造性。

　　总体来看，云南省与中央政府的关系体现了中央行政体制与地方自治的有机结合。中央政府通过政策引导和资源支持，确保了国家战略的顺利实施，同时赋予云南省足够的自主权，使其能够根据自身的特色和优势，推动经济社会的全面发展。云南省的这种战略定位和实际行动，不仅对自身的发展起到了积极作用，也为中国与周边国家的合作与发展做出了重要贡献，成为推动区域合作与交流的重要力量。

（二）云南乡村文化的当代价值发现

1. 民族文化大省：乡村文化的价值发现

　　云南省是全国世居少数民族最多、跨境民族最多、特有民族最多、人口较少民族最多、自治地方及实行区域自治的民族最多的省份。云南 25 个世居少数民族中，哈尼族、白族、傣族、傈僳族、拉祜族、佤族、纳西族、景颇族、布朗族、普米族、阿昌族、怒族、基诺、德昂族、独龙族 15 个少数民族为特有少数民族。2020 年第七次全国人口普查数据显示，全省 4720.9 万人中，汉族人口 3157.3 万人，占总人口的 66.88%；少数民族人口 1563.6 万人，占总人口的 33.12%。作为中国的多民族大省，多民族聚居的现状，带来了多种文化的交汇融合，孕育了包括民族特色建筑、服饰、节庆、歌舞、饮食、工艺品等绚丽多彩的民族文化资源，云南省的乡村文化在当代社会扮演着重要角色。除了民族文化之外，云南独特的气候和环境造就了东部岩溶地貌、西部三江并流、北部雪山冰川、南部热带雨林、中部高原湖泊等丰富多样的高品位自然风光；大量的古生物古人类化石、历史文物古迹和近现代革命遗址，构成了包括遗产文化、边地文化、古道文化、红色文化、抗战文化、宗教文化、生态文化、农耕文化等悠久多元的历史文化资源。可以看出，云南的乡村文化，尤其是其独特的乡村民族文化，构成了中国乃至全世界文化多样性的重要组成部分。

　　随着中国社会经济的快速发展，乡村地区面临着前所未有的变革。云南省作为民族文化大省，其乡村文化在新时代中的定位，是保护和传承民族文化遗产，同时促进乡村振兴和可持续发展。在新时代背景下，云南乡村文化不仅是民族认同和文化自信的体现，也是推动社会经济发展的重要资源。一方面，云南乡村文化的保护和传承更加受到重视。这不仅涉及语言、艺术、宗教和传统习俗的保护，还包括生态环境和传统村落的保护。通过建立文化生态保护区、非物质文化遗产传承基地等方式，为云南乡村文化提供一个可持续发展的环境。云南乡村文化的重要性体现在其对生态保护和可持续发展的贡献上。云南的许多民族长期以来形成了与自然和谐共生的生态文化和生活方式，这些都为当代社会提供了重要的生态智慧和可持续发展的模式。在全球面临生态危机和文化同质化的今天，云南乡村文化的保护和传承，不仅对于保护地球的生物多样性具有重要意义，也为全人类的可持续发展提供了宝贵的参考。

另一方面，云南乡村文化在推动当地经济发展方面发挥着越来越重要的作用。借助独特的民族文化资源，云南大力发展文化旅游、手工艺品等产业，不仅为当地居民提供了就业机会，也促进了文化的创新和发展，使得文化旅游成为乡村振兴的重要推手。云南省积极推进文旅融合发展，截至 2024 年 6 月，全省共有 5 个国家级、60 个省级文化和旅游公共服务机构功能融合试点单位，探索形成了系列文旅融合经验，并在全省广泛推广。例如"彩云之南等你来"夜间群众文艺演出活动，成为云南文旅融合特色和亮点。2022 年全省共开展"彩云之南等你来"夜间群众文艺演出活动11711 场次，服务群众 650 万人次，并评选出 6 个最受群众游客欢迎的演出地。"彩云之南等你来"夜间群众文艺演出活动加快推进公共文化和旅游融合发展步伐，丰富公共文化服务内容，打造了夜间文旅品牌，满足了群众和游客多层次、多样化的文化和旅游消费需求。

总之，云南乡村文化的价值在于其独特的文化多样性和生态文化系统，各民族的语言、宗教、风俗习惯等在长期的历史进程中形成了丰富多彩的文化景观。这种文化多样性不仅是研究中国乃至世界文化多样性的重要窗口，也是促进人类文化交流和理解的宝贵资源。云南乡村文化在新时代的定位是多方面的。它既是民族文化遗产的保护对象，也是促进经济社会发展的重要资源。云南乡村文化的价值和重要性，在于其独特的文化多样性、生态文化系统以及对可持续发展的贡献。保护和传承云南乡村文化，不仅是对中国文化多样性的维护，也是对全人类文化遗产的贡献。

2. 民族文化强省：乡村文化的传承创新

近年来，云南乡村文化的传承创新体现在以下几个方面。首先是对传统节庆活动的保护与发展。云南少数民族节庆活动丰富多彩，如傣族的泼水节、彝族的火把节等，节庆活动不仅是民族文化传承的重要载体，也是吸引游客、推动乡村旅游的重要资源。云南省通过政府引导和民间组织的努力，对传统节庆活动进行了适度的商业化开发和创新，既保留了节庆的传统文化内核，又赋予了其新的社会和经济价值。其次是传统手工艺的保护与现代化转型。云南的民族手工艺品种繁多，如白族的扎染、彝族的银饰、纳西族的东巴纸等。文化手工艺品不仅是民族智慧的结晶，也是乡村文化传承的重要内容。云南省通过建立手工艺传承基地、开展手工艺技能培训、推动手工艺品市场化等措施，使这些传统手工艺得以有效保护和合理利用，同时也为乡村经济发展注入了新的活力。再次是对传统村落和民居的保护与利用。云南省拥有众多具有民族特色的传统村落和民居，这不仅是乡村文化的物理载体，也是民族文化传承的重要空间。云南省通过实施传统村落保护工程、开展乡村旅游、发展文化创意产业等方式，使这些传统村落和民居得到了有效保护和合理利用，同时也为乡村振兴提供了新的发展路径。又次是对民族语言和文字的保护与传播。少数民族语言和文字是民族文化传承的重要工具，也是民族身份和文化自信的重要标志。云南省通过开展民族语言文字教育、编纂民族语言文字工具书、利用现代传媒手段传播民族语言文字等方式，使这些珍贵的语言文字资源得到了有效保护和广泛传播。最后是民族文化的现代表达和国际交流。通过举办各种民族文化节、艺术展览、学术交流等活动，将云南的民族文化推向全国乃至世界舞台。丰富多彩的文化活动不仅展示了云南乡村文化的独特魅力，也促进了云南乡村文化的现代表达和国际交流，提升了云南乡村文化的国际影响力。

非物质文化遗产是乡村文化传承创新的关键内容。截至 2024 年 6 月，云南省共认定国家级非遗代表性项目 127 项、省级非遗代表性项目 686 项、州（市）级非遗代表性项目 3015 项、县（市、区）级非遗代表性项目 7766

项，这些项目涵盖了丰富多样的文化形式，包括民间文学，传统音乐，传统舞蹈，传统戏剧，曲艺，传统体育、游艺与杂技，传统美术，传统技艺，传统医药，民俗 10 个大门类，遍布 16 个州（市）。其中傣族剪纸、藏族史诗《格萨尔》、中国传统制茶技艺及相关习俗 3 个项目被列入联合国教科文组织"人类非物质文化遗产代表作名录"。目前，云南省有国家级非遗代表性传承人 125 人、省级非遗代表性传承人 1419 人、州（市）级非遗代表性传承人 3568 人、县（市、区）级非遗代表性传承人 12563 人，形成了自上而下的保护体系。在开展非物质文化遗产系统性保护的同时，云南省探索出"非遗+景区""非遗+基地""非遗+文创""非遗+演艺"等非遗与旅游融合发展的新路径。如红河州依托国家级非遗代表性项目"建水紫陶"，布局"紫陶文创+田园度假+观光体验"西庄紫陶小镇，植入相关商业业态，建设紫陶创意园、紫陶博物馆、蚁工坊文创艺术空间等，成功创建"国家级文化产业示范园区"。大理州依托国家级非遗代表性项目"白族扎染"，建设"大理市璞真白族扎染博物馆"，打造集展、产、研、学、售于一体的非遗体验 3A 级旅游新景区，吸引大批游客参观、体验和购物。

云南乡村文化的传承和创新离不开民族文化的教育与研究。云南省拥有丰富的民族文化教育资源，包括民族语言文字、民族历史、民族艺术等。通过建立民族文化教育基地、开展民族文化进校园活动、编写民族文化教材等方式，云南省加强了民族文化的教育和传承。同时，云南省的高校和研究机构积极开展民族文化的研究工作，为乡村文化的发展创新提供了理论支持和智力支持。

在新时代背景下，云南的非遗保护不仅聚焦于文化传承，同时也注重对文化生态的保护，例如迪庆和大理被指定为国家级文化生态保护实验区。在经济领域，云南通过建立国家级非遗扶贫工坊等措施，实现了非遗保护与地方经济发展的互利共赢。同时，云南也通过非遗主题旅游路线和各类文化活动，推动了非遗资源的有效共享与应用，充分展现了非物质文化遗产在生活和社会服务中的重要作用。云南的乡村文化传承与创新直接关系到地方经济的发展和乡村振兴的实现。作为中国最具文化多元性的省份之一，云南省的乡村文化传承创新，不仅关乎民族文化的保护，更是推动乡村振兴的关键所在。云南的乡村文化创新对于增强民族认同感和社会凝聚力具有重要作用，各民族的文化传统和习俗在乡村生活中扮演着核心角色。通过有效的传承与创新，不仅可以保持民族文化的连续性，还能加强各民族之间的相互理解和尊重，从而促进社会和谐与稳定。

3. 文化产业战略：乡村经济的转型发展

在探讨云南乡村文化对于乡村经济转型发展的贡献时，必须从云南这一多民族文化融合的特殊背景出发。云南省的乡村文化融合了汉族以及彝族、傣族、白族等多个民族的文化特色，形成了独特的文化生态系统。这一多元文化背景不仅赋予了云南乡村文化以独特的吸引力，也为乡村经济的转型发展提供了丰富的资源和可能性。

云南文化产业发展呈现出多元化、融合化、集群化的特点，通过政府的大力扶持和市场的积极推动，文化产业已成为云南省经济社会发展的重要支柱。首先，云南的乡村旅游业成为乡村文化产业的重要组成部分。云南省拥有得天独厚的自然景观和人文景观，吸引了大量国内外游客。乡村旅游业的发展，不仅带动了当地住宿、餐饮、交通等相关产业的发展，而且为当地民族文化的展示和传播提供了平台。云南省通过打造特色乡村旅游品牌、提升旅游服务质量、加强旅游基础设施建设等措施，推动了乡村旅游业的快速发展。截至2022年，全省创建云南旅游名村213个，推出全国乡村旅游精品线路21条、省级乡村旅游精品线路50余条。2022年，全省乡村旅游接待游客3.93亿人次，实现收入1888.76亿元。其次，云南省的乡村手工艺产业发展迅速。云南各民族都有悠久的手工艺制作传统，如彝族的刺绣、白族的扎染、傣族的竹编等。云南省通过扶持手工艺合作社、建立手工艺产业园区、开展手工艺技能培训等措施，促进了手工艺产业的规模化、市场化发展。同时，通过电子商务平台的推广，云南的手工艺品得以更广泛地进入国内外市场，为乡村经济发展注入了新的活力。此外，云南的民族表演艺术也在乡村文化产业中占据了重要地位。云南省的少数民族音乐、舞蹈、戏剧等表演艺术丰富多彩，具有很高的艺术价值和观赏价值。各地举办各种民族艺术节、民族歌舞晚会、民族戏剧展演等活动，并与旅游、影视、网络等产业的结合，使民族表演艺术产业得到了更广泛的发展和更大的市场空间。

云南省作为民族文化强省，在新时代背景下，通过打造旅游文化产业园区、改造提升旅游文化街区、培育推广旅游文化品牌、建设民族文化生态保护区、推进红色文化旅游、传承创新民族文化节事、加强民族文化的教育、扩大民族文化的国际传播与合作等多方面的努力，不仅保护和传承了民族文化，也推动了文化产业的发展和创新。近年来，云南省全面深化改革，完善文化管理体制，构建文化产业体系，健全文化市场体系，推动国有文化企业建立健全有文化特色的现代企业制度，不断激发文化发展活力。通过发挥云南优势，突出云南特色，推动转型升级，促进融合发展，云南打造出了新闻传媒业、出版发行印刷业、歌舞演艺业、文化信息传输业、影视音像业、文化创意和设计服务业、文化休闲娱乐业、会展业、"金木土石布"民族民间工艺品业、珠宝玉石业等十大主导文化产业。云南主动服务和融入国家发展战略，充分发挥自身在共建"一带一路"中的门户与枢纽功能，加快文化产业"走出去"步伐，不断扩大对外文化贸易和服务。同时，云南围绕"文化+"和"互联网+"发展新型文化业态，拓展文化产业发展新空间，注重整体策划，加强人才培养，推进品牌打造，完善配套政策，实现了思路项目化、项目工程化、工程数字化，提升了文化产业集约化专业化规模化水平，增强了自身文化产业整体实力和竞争力。

4. 文化与治理：乡村社会的现代治理

乡村文化与乡村社会的现代治理之间存在密切的联系。云南的乡村治理模式利用丰富的民族文化资源来促进社会的和谐发展。这种治理模式不仅强调经济发展和环境保护，还注重文化传承与创新，体现了文化与治理相结合的先进理念。

首先，云南省的乡村治理体现了一种独特的以人为本、文化先行的理念。在这一治理模式中，乡村文化不仅是社会发展的重要内容，也是促进乡村治理现代化的重要手段。云南的多民族文化为乡村社会治理提供了丰富的资源和灵感。例如，各民族的传统智慧和乡规民约，能够在处理社区事务、解决社会矛盾等方面发挥独特的作用。此外，云南的乡村治理还注重文化传承与创新，通过举办各种文化活动、节庆活动，增强了乡村社区的凝聚力和文化自信，为乡村社会的和谐稳定奠定了坚实的基础。

其次，在云南省的乡村治理现代化过程中，文化资源的应用展现了多样化的趋势。一方面，传统的民族文化资源被赋予了新的社会功能。例如，传统的民间调解机制在现代乡村治理中被重新利用，成为解决冲突和矛盾的有效手段。另一方面，文化资源的开发与利用也成为推动乡村经济发展的新动力。云南各地通过文化旅游、特色手工艺品等，将文化资源转化为经济增长点，同时也为乡村治理提供了更多的经济支撑和社会活力。

最后，云南的乡村治理实践还展现了文化在促进民族团结和社会和谐中的重要作用。在治理过程中，云南重视保护和发展各民族文化，尊重和保障少数民族的传统习俗和宗教信仰，通过文化交流和融合活动促进不同民族之间的相互理解和尊重。这种以文化为纽带的治理方式，不仅加强了民族团结，也促进了社会和谐与稳定；同时通过铸牢边疆民族地区的中华民族共同体意识，也促进了国家认同和民族融合。这种实践体现在几个方面。一是对"国门文化"的宣传和推广。"国门文化"作为边疆地区特有的文化现象，其核心是培育边疆民众的国家认同感和爱国情怀，同时展现出开放包容的国家形象。云南各民族乡村通过举办各种文化活动和节庆，强调中华文化的共同价值和多元一体的民族文化特色，有效地增强了居民的国家认同感和民族团结。二是通过教育和文化传播，加深了边疆民族地区对中华文化的理解和认同。云南的学校教育和社会文化活动，注重对中华优秀传统文化的教育和传承，使得边疆民族地区的居民能够更好地认识到自己是中华民族大家庭的一部分，从而铸牢中华民族共同体意识。

概言之，云南乡村文化与乡村社会的现代治理紧密相连，文化在促进社会和谐、推动经济发展、创新治理模式中发挥着不可替代的作用。通过深入挖掘和合理利用丰富的民族文化资源，云南的乡村治理实现了文化传承与经济社会发展的双赢。在未来，云南的乡村治理更加注重文化与治理的深度融合，不断探索符合云南特色的现代乡村治理新路径，为构建和谐美丽新乡村提供有力支撑。

三　云南乡村文化振兴的关键问题和研究方法

（一）云南乡村文化振兴的关键问题

云南地理环境与民族的多样性塑造了其独特的文化机理。云南多山地，各少数民族在深山密林中选择适合生存的空间，居住较为分散，交通极为不便，文化习俗也存在非常大的差异，各有一套生活方式，哪怕同一个民族，在不同的生活区域，其文化表征也各有不同。例如云南的苗族有花苗、青苗、白苗、红苗、绿苗、汉苗等支系，这些支系各自所处的环境条件不同，长期处于封闭状态，因而文化习俗各异，且语言差异较大，很多支系相互之间不能直接对话交流。但总体上来说，云南各民族之间能够和谐共处，交流顺畅，互相交融，而不是产生矛盾，互不往来，甚至互相贬低歧视，这种和谐性和包容性是云南作为民族大省的一个典型特征。在同样的民族政策之下，云南各民族之间的关系似乎更融洽、民族交流交融的程度更高，为什么会出现这样的状况？云南各民族"一体多元"的经验是什么？文化上的"一体多元"是否促进了云南的乡村振兴？

早在几十年前，费孝通先生在《中华民族多元一体格局》一书中就提出了他一直思考的问题：导致民族融合和中华民族凝聚的核心要素到底是什么？费先生最早认为这个核心要素是农业经济，他强调土地是中国文化的根本特征，游牧民族只要进入精耕细作的农业社会，就一定会融入农业文明，产生族群融合。后来费先生意识到农业生产只是表面的原因，并非深层的推动力，于是其将"方块字"作为中华民族凝聚力的主要因素，认为汉族通过语言不断吸收和融合其他民族成为当今世界上人口最多的民族，同时语言文字还起着巩固中华民族多元一体格局的作用。[①] 到1992年费先生参观山东曲阜孔庙孔林，写下《孔林片思》一文时，其开始在以儒学为

---

① 费孝通：《中华民族多元一体格局》，中央民族学院出版社，1989。

核心的中国文化中寻找民族凝聚力的答案。① 费孝通认为中国传统文化里面
有一种力量，其具有很强的包容性和凝聚力，这种力量可以总结为四个字，
即"和而不同"，"'和而不同'就是'多元互补'。'多元互补'是中华文
化融合力的表现，也是中华文化得以连绵延续不断发展的原因之一。在中
华文化的发展过程中，多元的文化形态在相互接触中相互影响，相互吸收，
相互融合，共同形成中华民族'和而不同'的传统文化"。② "中华民族在
漫长的'分分合合'的历程中，终于由许许多多分散孤立的族群，形成了
一个'你来我去、我来你去、我中有你、你中有我，而又各具个性的多元
一体'。"③ 由此，费孝通从"社会实体论"转向"文化心态论"，"多元一
体"的关键是要有"文化自觉"，要对自己所处的文化环境有清晰的自我
认识，从而亦能认识异己的文化，并以包容的心态对待"我族文化"与
"他族文化"，做到和而不同。"文化自觉"的意义在于"反对经济学和社
会学研究中将东、西方关系看作是'传统'和'现代'关系的单线进化论
思路"，避免"跌入以欧美为中心的文化霸权主义的陷阱"。由此，基于对
中国乡土文化的"文化自觉"，中国农村现代化的道路注定与西方"终结乡
村"不同。

　　云南的乡村文化振兴与费先生提出的"多元一体"的民族格局和民族
文化紧密关联。通过调查发现，尽管云南的地理环境、民族、文化呈现出
多元化特点，但实际上云南真正的发展优势在于"一体"，具体来说，就是
在"多元"基础上的"一体"，此处的"一体"主要指的是中华优秀传统
文化。如果没有中华文化认同的"一体"来统摄"多元"，云南的多元性在
某种程度上很难形成一种发展优势。也恰恰是因为云南在文化"一体"方
面有足够的基础，所以以往大家的关注点更多地集中在云南民族、文化、

---

① 周飞舟：《从"志在富民"到"文化自觉"：费孝通先生晚年的思想转向》，《社会》2017
　年第 4 期。
② 费孝通：《从反思到文化自觉和交流》，载《费孝通全集（1997—1999）》第 16 卷，内蒙古
　人民出版社，2009。
③ 费孝通：《"美美与共"和人类文明》（2004 年），载《费孝通全集（2000—2004）》第 17
　卷，内蒙古人民出版社，2009。

生态的多元性上，某种程度上忽略了云南文化的"一体性"是其文化自信的重要保障。云南文化的"多元"之间长期有着内聚力、向心力与基本共识，这是云南各民族交往、交流、交融，建立共生共荣关系的前提；而"一体"也能够为长期的"多元性"发展提供滋养和保障，限制"多元"之间的无序状态，从整体上规范其发展方向。"一体"就是中华优秀传统文化，在对中华文化认同的基础上铸牢中华民族共同体意识，建设中华民族共有的精神家园，这是中国式现代化的关键内容和重要方向，进入新时期，中华文化的"一体"更是习近平新时代中国特色社会主义思想指导下的"一体"。因此，本书不仅关注云南"多元"文化之下的乡村振兴，更关注云南文化的"一体性"是如何实现的，在"一体多元"的基础上如何实现乡村振兴与乡村现代化发展，以及如何与中国式现代化的发展理念和方向交相辉映。由此，本书所要探讨的关键问题是：文化振兴在中国式现代化、中华民族文明新形态建构过程中的作用是什么？文化振兴与产业、生态、组织、人才几大振兴及铸牢中华民族共同体意识的关系是什么？基于"一体多元"和"文化自觉"，云南乡村文化振兴的经验是什么？

（二）社会学如何开展文化研究

本书主要以社会学视角来总结云南乡村文化振兴的经验，那么社会学如何通过调查来研究文化？从社会学的视角立论，文化是一个价值体系，它是由理念价值、规范价值、实用价值（道德理想、典章制度、器物行为）三个层面共同构成的统一整体，同时文化是一个由表意符号组成的世界，它非常容易在不同系统中传播，文化在任何时候都是一个动态的、开放的、不断变化着的系统，它的发展、壮大永远离不开与其他文化的交流、沟通和传播。从现实的角度来看，文化是一个民族国家"自我证成的根本特征"。[①]

在中国社会学发展史中，"魁阁"时代是最具光芒、对后世影响最大的时期，"魁阁"学术团体所在地在云南昆明，主要的实地调查研究工作也在

---

① 苏国勋：《社会学与文化自觉——学习费孝通"文化自觉"概念的一些体会》，《社会学研究》2006年第2期。

云南展开。"魁阁"的前身是云南大学—燕京大学实地调查工作站,于 1939年成立,为躲避日军轰炸,在 1940 年 10 月,工作站迁移到昆明主城区外的一座古建筑,名为"魁阁",为祭祀主宰文章兴衰的"神魁星"而建,社会学界遂将"魁阁"作为该调查工作站的代称。魁阁以吴文藻先生倡导的"社区研究"为中心开展调查研究工作,在社区研究中,文化是核心,吴文藻认为,"明白了文化,便是了解了社会",希望以功能学派的理论和方法,对不同的地区、社会进行调查比较研究,并将其研究成果用来帮助解决各种社会和文化问题。[①] 1940 年,吴文藻先生到重庆任职,魁阁便主要由费孝通先生主持。魁阁学者们对农村社区开展了一系列基于分类的实地研究,当时费孝通希望通过对中国农村社会的调查,发现中国社会的基本特点,以此来设计中国迈向现代化的道路,"农村调查是达到我们认识中国社会,解决中国问题的最基本的手段和途径"。[②] 魁阁学术团体采用参与观察的方法,深入到农村或工厂之中,逐步收集研究资料,经过共同讨论,形成了一系列富有影响力的学术研究成果,如费孝通的《禄村农田》、张之毅的《易村手工业》、史国衡的《昆厂劳工》、谷苞的《化城镇的基层研究》、田汝康的《内地女工》、许烺光的《祖荫下》等。"魁阁"时代的成果对社会学的中国化做出了突出的贡献,发展了社会学调查研究的方法,为深度分析中国农村的社会结构和文化结构打下了基础,费孝通在社会学领域关于文化研究的著名理论,如差序格局、社会继替,就是以"魁阁"时代的实地调查为基础的。20 世纪末到 21 世纪初,云南大学秉承"魁阁"精神和传统,开展了"跨世纪云南少数民族村寨调查"和"中国少数民族村寨调查",出版了"云南民族村寨调查丛书"和"中国民族村寨调查丛书"。

费孝通先生是"魁阁"时代的灵魂人物,他对文化尤其是中国乡土文化的研究,经历了从"社会实体论"到"文化心态论"的转向,切合了当

---

① 周美林:《费孝通与魁阁研究室》,《江苏社会科学》1993 年第 2 期。
② 费孝通:《社会调查自白》,知识出版社,1985。

代社会学从外在客体向内外综合转换的发展趋势。① 费孝通早期的研究，如《乡土中国》中著名的差序格局、《皇权与绅权》中的双轨政治，主要关注社会事实，从中国的社会制度和社会结构中寻找现象背后的答案。这与他早年所受的教育有关，费孝通从启蒙阶段开始，一直接受的都是西方文化影响下的"新学"教育，后来去英国留学，更是接受了严格的西方学术训练。费孝通晚年发现，乡村工业、民族和边区的发展都不只是经济社会政策的问题，甚至也不是经济和社会结构的问题，而是和其背后"只能意会、不能言传"的心态和文化有关②，而如果以西方社会理论来观察中国社会，不容易发现社会现象背后的深层原因。在 20 世纪 90 年代之前，费孝通对宋明理学尚无好感，后来在 2003 年的《试谈扩展社会学的传统界限》一文中，费孝通反而将理学作为突破社会学界限的关键所在，并且希望社会学能够与理学开展具有实际意义的对话。费孝通晚年的"思想转向"，不仅是作为一个具有责任感的知识分子的文化观念的"超越"或者"回归"③，更是一个社会科学研究者长期学术实践的结果，与费孝通对社会学、人类学研究方法"从实求知"的反思密切相关，由此，费孝通认为社会学就是通往"文化自觉"的关键学科。

作为一门使人"自觉"的学科，以社会学的田野调查来研究云南乡土文化与乡村文化振兴，是在中国式现代化背景下的一次理论与思想实践，有助于借由"文化自觉"来寻找云南乡村文化振兴的经验性解释与内在动力，并从中发展出具有普适性的中国乡村现代化的经验和话语。改革开放四十余年，中国已经取得了举世瞩目的成就，再一次崛起于世界民族之林，进入新时期，中国的脱贫攻坚事业取得巨大成功，并继续开启乡村振兴的宏伟战略。中国崛起和乡村脱贫的事实不能简单地表述为经济现象，需要

---

① 苏国勋：《社会学与文化自觉——学习费孝通"文化自觉"概念的一些体会》，《社会学研究》2006 年第 2 期。
② 周飞舟：《从"志在富民"到"文化自觉"：费孝通先生晚年的思想转向》，《社会》2017 年第 4 期。
③ 李友梅：《文化主体性及其困境——费孝通文化观的社会学分析》，《社会学研究》2010 年第 4 期。

以"文化自觉"为起点发掘深层次文化生态上的内生动力和主体性因素，探寻费孝通提出的"中国社会的生长能力"源泉，对西方中心主义的学术路径展开反思，以中国的经验话语来解释中国的发展道路。由此，本书传承"魁阁"时代的调查研究传统，秉持社会学"文化自觉"的基本理念和学科视角，以"从实求知"的学术态度，开展云南乡村文化振兴的调查研究，尝试"管中窥豹"地回应中国式现代化进程中"中华民族文化该怎么办"的问题。

（三）研究方法

本书对云南乡村文化振兴的研究，主要依托"中国乡村社会大调查"的数据资料。"中国乡村社会大调查"采用了创新的"定量+定性"混合研究方法，旨在更全面和深入地理解云南乡村社会的现状。具体而言，大调查关注了云南地区的民族认同、民族交往与交融、民众的观念态度、土地、农民合作社、数字乡村以及其他相关问题。通过问卷调查和质性访谈的结合，不仅从量化数据中获取信息，还通过深入访谈和观察，捕捉受访者在自然对话中的表情、流露出的情绪，以及感想、体悟等，更全面地理解乡村社会的复杂性和多样性，为乡村振兴提供有力的支持。

在定量调查方面，本书采用了多阶段混合抽样（multi-stage composed sampling）方法，在区县、行政村、自然村、家庭户、入户五个维度上都进行了随机抽样，涉及云南省 42 个县（市、区）348 个行政村，总行程超过7 万公里，最终采集到了 9144 个有效个体样本。调查不仅关注脱贫攻坚的成就和乡村振兴的实践，还涵盖了产业振兴、人才振兴、文化振兴、生态振兴和组织振兴等多个方面。在文化振兴方面，调查内容包括文化产业发展、民族文化遗产保护、民族认同、社区各类文化组织参与、乡村特色文化、民俗节日、文化基础服务设施等。

在质性研究方面，"中国乡村社会大调查"设计了一系列质性访谈工具，包括对区县行政部门的访谈提纲、对村干部的访谈提纲和对村民个人的访谈提纲。其中，对区县行政部门的访谈提纲补充了村居问卷中没有过多涉及的关于政府部门实际运作过程的信息，对村干部的访谈提纲则弥补了村居问卷在村级管理和日常实际运作模式、存在的问题及其解决方法等方面问题的缺失。同样，对村民个人的访谈提纲与个人问卷相辅相成，质性访谈更能深入了解他们的内心感受、生活困境、存在的需求和期望。通过与村民的深度对话，研究者能够更加细致地理解乡村社会的复杂性、动态性和多样性。针对文体部门的访谈内容特别关注农村地区文化发展的多个方面，涵盖了传统文化产业与科技融合、公共文化空间建设、非遗传承等问题，并着重关注了传统文化产业与科技融合的情况。此外，深度访谈还关注了各地在公共文化空间建设方面的尝试、对传统手工艺和非遗的传承措施、将本地特色文化产品发展成产业的路径，以及在文旅融合和多元业态发展上的创新。

本次调查研究在传统数据分析方法的基础上，融合了人工智能辅助数据分析的方法。借助社会科学专项大模型开展定性和定量数据的分析及自动撰写。项目组借助社会科学"数据分析与文本生成系统"（Data Analysis and Text Generation System，DATGS）开展了云南文化振兴的专项研究。DATGS是社会科学研究领域的专项大模型中台系统，旨在为社会科学特定学科或研究领域提供更加专业的知识整合、文本自动撰写和数据分析服务。这一系统以先进的机器学习和自然语言处理技术为基础，能够对集成的多种数据进行高效、精准的储存和分析，为研究者提供有力的研究支持。需要特别说明的是，DATGS主要采用自建知识库的方式，所使用的本地资料绝大部分来源于"中国乡村社会大调查"项目资料以及云南大学以往所收集的材料，不存在知识产权问题，并严格遵守学术研究和人工智能使用的伦理规范。通过DATGS的帮助，研究者能够更加高效地处理和分析数据，从而深入理解云南乡村文化发展的现状和趋势。此外，DATGS的自动撰写功能还能够根据研究需求，自动生成研究报告、论文摘要、政策建议所需要的文本内容，为研究者节省了大量的时间和精力，提高了研究效率。

在本书的相关研究中，项目组利用DATGS对多种类型的数据进行了整合，包括问卷调查数据、田野访谈记录、官方统计数据等。这些数据不仅来源于本书调研团队的实地调查，还包括云南大学历次大型调查的历史资料，以及通过网络爬虫获取的文本数据等。通过 DATGS 的智能对话和知识库问答功能，研究者可以便捷地访问和理解这些数据，从而有助于发现新的研究视角。同时，DATGS 的量化分析功能可以帮助研究者完成描述性统计，进而从数据中挖掘出潜在的规律和模式。截至 2024 年 5 月 7 日，DATGS 共为云南乡村文化振兴建立了 9 个专项大模型知识库，包括文化振兴总库、文化振兴背景、乡村公共文化建设与实践、特色农业、"国门文化"、民族民间工艺、民俗、民间节日、特色文化小镇。共加载 20 个模型，知识库累计文档数为 4450 份，知识库索引总数为 675958 次，问答会话次数为 22025 次。研究者可以通过调整参数来实现人机互动和知识生产。这种"技术+人工"的研究方法，不仅发挥了人工智能技术在处理大量数据方面的效率优势，也融合了研究团队的学术品位，为云南乡村文化振兴提供了全面和深入的研究成果。

在篇章结构的设计上，全书分为上下两编，上编是"中国式现代化背景下的云南乡村文化振兴"，主要论述云南乡村文化振兴的概况、经验和理论发现。第一章论述了云南乡村文化振兴的时代背景，梳理了云南乡村脱贫攻坚的历史脉络，第二章对乡村大调查的设计、过程和相关数据结果做了系统的描述和阐释，第三章对云南乡村文化振兴的内生动力进行了深度分析，第四章和第五章分别从经济和社会两个维度，重点从产业和公共文化服务的角度对云南乡村文化振兴做了重点阐述和经验概括。下编以"乡村文化振兴的云南实践"为主题，以中国式现代化、一体多元和内生动力为理论基础，从生态共生、特色农业赋能、传统手工艺、乡村文化治理、特色小镇建设、乡村民俗文化六个方面，呈现云南乡村文化振兴的典型案例和特色模式。全书从时间维度和空间维度，以中国式现代化为时代背景和方向，兼顾县域发展的视角，以社会学的科学方法，对云南乡村文化的整体状况做了全面、系统的梳理，发掘云南乡村文化振兴的基本经验，为我国乡村振兴和农村现代化发展提供重要参考。

上　编

中国式现代化背景下的
云南乡村文化振兴

第一章　云南乡村文化振兴的历史概况
与时代语境

　　在中国式现代化的背景下，乡村振兴战略是推动农业现代化和农村经济社会发展的重要举措。在这一战略中，文化振兴占据了极其重要的地位，它不仅关乎乡村的精神面貌和文化自信，更是乡村可持续发展的内在动力和灵魂。云南省作为中国多民族聚居的地区，其独特的地理位置和丰富的文化遗产，使得其在乡村振兴中扮演着尤为重要的角色。

　　云南乡村文化振兴的历史与文化机理，不仅体现了中国乡村振兴战略的深远意义，更是在全球化和现代化的大背景下，展现了中国乡村文化的独特魅力和价值。通过保护和传承优秀的传统农耕文明，云南的文化振兴工作不仅推动了民族文化的创新发展，增进了民族文化认同和自信，还为乡村的发展注入了深厚的文化底蕴和持久的精神力量。在乡村振兴战略的推动下，云南省凭借其丰富的文化资源和旅游资源，在全球化时代背景下展现了其独特的魅力。通过深入挖掘和传承民族文化，发展旅游产业和文化产业，云南不仅推动了地区的经济和社会发展，帮助旅游产业加快转型，也为中国的文化体制改革和乡村文化振兴贡献了自己的力量。特别是，云南乡村文化的多元性、族群性、乡土性和边地性，共同构成了云南乡村文化振兴的丰富内涵和独特优势。

　　当前，云南乡村文化振兴正站在一个新的历史节点上，既面临巨大的机遇，也面对着诸多挑战。随着国家对乡村振兴战略的深入推进，云南的独特民族文化和丰富的自然资源为其文化的振兴提供了无与伦比的条件。正是在这一背景下，2023 年，云南大学开展了"中国乡村社会大调查"，为云南的乡村振兴特别是乡村文化振兴提供了扎实的数据和经典的案例。这项调查深入分析了云南乡村社会结构、民众生活方式以及文化传承现状，揭示了乡村文化在现代化进程中的发展规律和潜在问题，为政策制定者和学术研究提供了宝贵的第一手资料。通过这些翔实的数据支持，云南可以更精准地把握乡村文化发展的方向，制定更有针对性的措施，推动乡村文化的创造性转化和创新性发展。

第一节 云南乡村文化振兴概况

一 云南乡村振兴的背景

云南省位于中国西南边陲，地形地势复杂，地貌多样，形成了多样化的生态资源，其经济社会发展与地理文化息息相关。从地理环境上看，根据云南省第三次全国国土调查主要数据，云南省的山地面积占全省总面积的 84%，适宜耕作的土地仅占 13.8%，这些耕地多为旱地，主要分布于坡度较高、土层较薄的山区和半山区。长期以来，由于分割的生活生产方式，云南农民靠山吃山、靠水吃水，形成了一种以县城和乡镇为中心的经济和文化结构，呈现大杂居、小聚居、交错杂居的特点。

另外，云南省是中国民族数量最多的省份，第七次全国人口普查数据显示，云南汉族人口 3157.3 万人，占总人口的 66.88%；少数民族人口 1563.6 万人，占总人口的 33.12%。包括哈尼族、傣族、白族、傈僳族、拉祜族、纳西族、佤族、景颇族、布朗族、阿昌族、普米族、怒族、基诺族、德昂族、独龙族等 15 个特有民族在内的 25 个世居少数民族，共同缔造了该省的民族多样性，为该地孕育了包括民族特色建筑、服饰、节庆、歌舞、饮食、工艺品等绚丽多彩的民族文化资源，如何将文化资源进行有效地传承和保护，是防止脱贫户返贫、帮助农民增收、刺激文旅产业融合发展的题中之义。

云南较早认识到全球化时代民族文化多样性与生态文化多样性的重要价值，率先将旅游产业和文化产业作为推动地区发展的核心动力。早在

1996 年，云南省便着手规划民族文化的繁荣发展。2000 年通过的《云南民族文化大省建设纲要》明确并细化了其文化强省的战略目标。这些举措不仅为云南在中国文化体制改革进程中开创了新局面，也奠定了其在中国西部地区乃至全国的重要地位。

在文化资源方面，云南的人文资源尤为丰富。这里拥有 708 个中国传统村落和 11 个中国历史文化名村，是云南省深厚文化积淀的见证。此外，云南还拥有两个国家级文化生态保护（实验）区，8 个国家历史文化名城，为文化遗产的保护和传承提供了有力支持。在非物质文化遗产方面，截至 2024 年 12 月，云南拥有 170 个国家重点文物保护单位，145 项国家级非物质文化遗产，以及 592 项省级非物质文化遗产，构成了包括遗产文化、边地文化、古道文化、红色文化、抗战文化、宗教文化、生态文化、农耕文化等在内的悠久多元的历史文化资源。同时，云南还有 7 个省级历史文化街区，125 位国家级非物质文化遗产代表性传承人，以及 5 个国家级非遗生产性保护示范基地，为文化的传承和发展提供了坚实的基础。

在旅游资源方面，云南同样表现出色。这里拥有 114 个 4A 级旅游景区和 9 个 5A 级旅游景区，其中，丽江古城于 1997 年被确定为世界文化遗产，哈尼梯田于 2013 年被列为世界文化景观遗产。此外，云南的自然遗产也同样令人瞩目，三江并流、喀斯特地貌以及澄江化石地等自然景观，体现出云南丰富多样的高品位自然风光。云南省的文化资源大多数集中于乡村地区，与东部地区不同，云南的文化呈整体化发展趋势：文化建设范围区域广，旅游革命成效显著，有效提高了当地脱贫攻坚工作实施效率。总体而言，云南凭借其丰富的文化资源和旅游资源，在全球化时代背景下展现了其独特的魅力。通过深入挖掘和传承民族文化，发展旅游产业和文化产业，云南不仅推动了地区的经济和社会发展，帮助旅游产业加快转型，也为中国的文化体制改革和乡村文化振兴贡献了自己的独特性价值。

二　云南乡村文化振兴的发展历程

1998 年，文化部下发《关于进一步加强农村文化建设的意见》，提出

"进一步加强农村文化工作，促进农村社会主义物质文明和精神文明的协调发展"，从此，农村文化建设在国家政策层面开始得到重视，文化在政策牵引下开始重构。

乡村振兴战略由习近平总书记在党的十九大报告中提出。报告指出，农业、农村和农民问题是关系到国家经济和人民生活的根本性问题，必须始终将解决好"三农"问题作为全党的重要工作，推动乡村振兴战略的实施。① 乡村全面振兴涵盖五个方面的内容：产业振兴、人才振兴、文化振兴、生态振兴和组织振兴。② 同时，党的十九大报告明确指出："文化自信是一个国家、一个民族发展中更基本、更深沉、更持久的力量。"③ 2018 年 3 月 8 日，习近平总书记在参加十三届全国人大一次会议山东代表团审议时指出，文化振兴是乡村振兴的核心任务和追求，它既能为乡村的全面发展提供滋养和支持，也是实现乡村全面进步的关键途径和手段。④ 2021 年，习近平总书记在中央民族工作会议上强调，铸牢中华民族共同体意识，是全党全国的一件大事。无论民族地区还是其他地区，都必须将这一工作摆在重要议程上，并将其纳入"五位一体"总体布局和"四个全面"战略部署中进行统筹规划。⑤ 乡村文化振兴工作的实施对云南省的民族文化传承与铸牢中华民族共同体意识有着重要意义。

迄今为止，云南乡村文化振兴已经取得一定的成就，云南省作为乡村振兴、脱贫攻坚工作的重要大省，是实施脱贫攻坚、乡村文化振兴工作的重点地区，是党和国家监测脱贫返贫工作的重要对象。其多样化的民族文

---

① 习近平：《坚持把解决好"三农"问题作为全党工作重中之重 举全党全社会之力推动乡村振兴》，司法部网站，2022 年 3 月 31 日，https://www.moj.gov.cn/pub/sfbgw/gwxw/ttxw/202203/t20220331_451933.html。
② 《推动"五个振兴"全力打造乡村振兴齐鲁样板》，求是网，2018 年 5 月 31 日，http://www.qstheory.cn/dukan/qs/2018-05/31/c_1122897571.htm。
③ 《让新时代的乡村文化绽放瑰丽华彩——农业农村部农村社会事业促进司司长唐珂就"大地流彩——全国乡村文化振兴在行动"答记者问》，农民日报电子版，2024 年 3 月 2 日，https://szb.farmer.com.cn/2024/20240302/20240302_004/20240302_004_1.htm。
④ 谭鑫、谭嘉辉：《以乡村文化振兴推动乡村全面振兴》，《社会主义论坛》2021 年第 11 期。
⑤ 马喜梅：《乡村文化振兴铸牢中华民族共同体意识的实现路径》，《民族学刊》2023 年第 1 期。

化资源是中华民族传统文化的重要组成部分，其以文化为基底的文旅产业拥有巨大的发展潜力，其文化资源的传承与保护也为全国各地的乡村文化振兴工作做出了榜样。

（一）云南"十二五"期间的乡村文化振兴工作

云南省委、省政府高度重视扶贫工作，"十二五"期间，脱贫攻坚、乡村文化振兴取得了显著成效。"十二五"期间，全省农村贫困人口数量从2010年的1468万人减少至2015年的471万人，五年间累计脱贫997万人，减贫率达到67.9%。贫困地区农村常住居民人均可支配收入从2010年的3251元增加到7070元，累计增加达1.17倍。[1] 文化产业营业收入从440亿元增至900亿元，年均增长率达15.4%。旅游文化产业增加值达到1288.31亿元，占全省生产总值的9%，直接和间接带动就业人数达567万人。全省共有规模以上文化企业464家，从业人员数量达到6.69万人，累计实现营业收入515.03亿元。以上成绩既为全省经济社会发展做出了积极贡献，也为"十三五"发展奠定了良好产业基础。

在文化艺术事业方面，2011～2015年，云南表演团体从161个增加到276个，艺术表演场馆由27个增至40个，文化站从1371个增至1416个。在群众文化活动方面，展览数量从0.32万个提升到0.52万个，培训人次从85.94万人次增至135.21万人次。文化培训活动有效地培养了文化传承人才，为传统文化的传承与发展注入了新的活力。

（二）云南"十三五"期间的乡村文化振兴工作

跨进"十三五"，云南的扶贫开发依旧是其发展的头等大事和第一民生工程。2016年，云南省人民政府办公厅发布《云南省旅游文化产业发展规划（2016—2020年）》，提出结合全省"五网"建设，加快建设一批连接旅游文化景区、旅游文化城镇、民族文化旅游特色村的专线公路和环线，解

---

[1] 《云南省人民政府关于印发云南省脱贫攻坚规划（2016—2020年）的通知》，云南省人民政府网站，2017年8月15日，https://www.yn.gov.cn/zwgk/zcwj/zxwj/201708/t20170814_142279.html。

决"最后一公里"断头路问题,全面提升旅游道路的通达能力。① 打造以国际化、高端化、特色化为发展方向的文化旅游产业,努力将云南建设成为国家文旅融合发展示范区。

2017年,中共中央办公厅和国务院办公厅印发了《国家"十三五"时期文化发展改革规划纲要》,要求与国家脱贫攻坚战略相结合,推动老少边穷地区的公共文化跨越式发展。该规划纲要提出要实施一批公共文化设施建设项目,加强少数民族语言频率频道和涉农节目的建设,为贫困地区配备或更新多功能流动文化服务车,支持少数民族电影事业的发展,加大文化扶贫力度,建立健全"结对子、种文化"工作机制。云南省人民政府印发《云南省脱贫攻坚规划(2016—2020年)》,并将其作为"十三五"规划期间脱贫工作的行动指南,该规划明确指出乡村旅游产品开发,应以贫困地区重点景区为核心,构建文化观光游、自然景观游、度假区休闲体验游、乡村生态民俗游等产品体系,以及建设历史文化、民族文化、红色文化、乡土文化、非物质文化遗产旅游区,打造旅游节庆品牌和演艺精品,丰富乡村旅游产品。同时推进公共文化体系建设,组织开展"春雨工程"——全国文化志愿者边疆行活动,推进贫困村综合文体场所、文化活动室等建设,配备文化活动器材。公共文化的基础建设是开展乡村特色文化活动的基础平台和有效保证,有助于加快乡村文化振兴与现代化的结合。

"十三五"规划期间,云南文化艺术创作进一步繁荣。云南围绕全面建成小康社会、脱贫攻坚和乡村振兴等主题,创作了20余部少数民族题材作品,其中舞剧《诺玛阿美》和白剧《数西调》入选中国艺术节并参评"文华大奖"②;傣剧《刀安仁》入选第五届全国少数民族文艺会演剧目;维西县傈僳族的《瓦器器》获得第十七届全国"群星奖"。云南省共有20个地区被评为"中国民间文化艺术之乡",26个地区被命名为"云南民间文化艺术之乡"。"傣族剪纸"和"藏族史诗《格萨尔》"两个项目被列入联合

---

① 李保玉:《滇中五州市旅游一体化发展模式探索》,《曲靖师范学院学报》2017年第5期。

② 《云南:齐心协力绘就跨越发展新宏图》,光明网,2021年5月31日,https://news.gmw.cn/2021-05/31/content_34886721.htm。

国教科文组织"人类非物质文化遗产代表作名录"。此外，4 项传统技艺入选第一批国家传统工艺振兴项目，85 个省级民族传统文化生态保护区得以公布并启动建设，两个国家级文化生态保护区也成功创建。①

在群众文化活动方面，云南展览数量从 0.53 万个增加到 0.59 万个，培训人次从 144.03 万人次提升至 152.32 万人次。文化培训活动有效地培养了文化传承人才，为传统文化的传承与发展注入了新的活力。在文物保护方面，云南完成了 15 个独有少数民族多媒体资源库、傣族文献信息专题数据库、东巴文献专题资源库等特色数字资源建设。抢救性修复了 14080 余页彝文古籍、2285 页藏经、490 页东巴古籍以及 441 张拓片②，为少数民族文化传承提供了强力保障。在博物馆群建设计划方面，五年来云南新建成并备案的博物馆（纪念馆）达到 49 家，总数增至 157 个，其中包括 18 家民族类博物馆。在经济发展方面，云南省文旅产业增加值从 1288.31 亿元增长到 3430.97 亿元，年均增长 27.7%，完成了"十三五"规划目标的 107.22%。其中，文化产业增加值达到 672.17 亿元，完成了"十三五"规划目标的 96.02%。③

（三）云南"十四五"时期乡村振兴的规划和展望

2022 年，云南省人民政府发布了《云南省"十四五"文化和旅游发展规划》，为云南建设文化和旅游"双强省"提供了行动指南。"十四五"规划是我国在全面建成小康社会的基础上，开启全面建设社会主义现代化国家新征程的第一个五年规划，也是推进社会主义文化强国建设和创造光耀时代、光耀世界的中华文化的关键时期。同样在 2022 年，中共中央办公厅、国务院办公厅印发了《"十四五"文化发展规划》，强调充分发挥文化传承功能，全面推进乡村文化振兴，推动乡村成为文明和谐、物心俱丰、美丽宜居的空间，并为促进城乡区域文化协调发展确立了明确目标。该规划要

① 王俊：《七十年云南文化建设的主要成就》，《社会主义论坛》2019 年第 10 期。
② 《云南：齐心协力绘就跨越发展新宏图》，光明网，2021 年 5 月 31 日，https://news.gmw.cn/2021-05/31/content_34886721.htm。
③ 《云南文旅总收入破万亿元 提前完成"十三五"规划目标》，云南省人民政府网站，2020 年 11 月 26 日，https://www.yn.gov.cn/sjfb/sjyw/202011/t20201126_213744.html。

求加强农耕文化的保护与传承，通过支持建设村史馆、修编村史村志、开展村情教育等措施，帮助保留乡村的历史记忆和文化底蕴。为激发乡村文化的活力，该规划探索将优秀文化资源转化为乡村永续发展的优质资产，推动乡村文化建设与经济社会发展的良性互动。另外，为提高乡村文化的传播力和影响力，该规划提出要开展"互联网+中华文明"行动计划，利用数字化手段推动文化资源进乡村。

2024年，根据中央农村工作会议、中央一号文件部署和《乡村文化振兴工作指引（试行）》要求，农业农村部、中国文联联合开展"大地流彩——全国乡村文化振兴在行动"，以打造"有影响力传播力的管用平台"为抓手，按照文化铸魂、文化培根、文化养德、文化兴业进行系统谋划，提出了十二项重点活动，将《乡村文化振兴工作指引（试行）》中相关任务项目化、具体化，重在能实施、可落地。云南在此契机之下，坚持守正创新，通过教育引导、实践养成、制度保障，重点在农村精神文明建设、推进移风易俗、保护传承优秀农耕文化、繁荣发展乡村文化产业、推动乡村文化数字化等方面着力。同时，云南积极促进乡村文化创造性转化和创新性发展。中华文化正处于守正创新、固本清源的时代，要坚持保护第一，在保护中发展，在发展中保护。要深入挖掘乡村文化的丰富宝藏，开发利用其市场价值，构建可持续发展的文化产业化模式，进而推动文化产业集群创新，将沉睡的文化资源转化为现实效能，以文化赋能乡村振兴。

第二节　云南乡村文化振兴的时代语境

云南以独特的地理位置和多元的民族文化而著称，是中国文化多样性的地区代表。云南的乡村文化不仅包含丰富的物质文化，如建筑、手工艺品等，更蕴含着深厚的非物质文化，包括民族音乐、舞蹈、节庆等。这些文化遗产是乡村社会记忆和身份认同的重要组成部分，对于增强民族自豪感、维护社会稳定具有不可估量的价值。因此，文化振兴在促进云南乡村经济发展中居于举足轻重的地位。通过发展文化旅游、手工艺品制作等产业，文化振兴成为带动乡村经济转型的关键力量。这种经济转型不仅提高了乡村居民的生活水平，更有助于激发乡村社会的创新活力和可持续发展能力。

云南乡村文化振兴在乡村振兴战略中扮演着关键角色，其价值不仅在于对文化本身的传承与发展，更在于其本身就是乡村全面发展的核心驱动力。习近平总书记强调，通过推动产业、人才、文化、生态和组织五大领域的振兴，可以全面实现乡村振兴战略。这五大振兴领域相互促进、相互支撑，形成了乡村发展的综合体系。乡村文化振兴作为这一体系的纽带和动力源泉，对其他四个领域的振兴具有引领作用。文化振兴不仅丰富了乡村的精神生活，也为乡村经济、社会、生态和政治建设提供了内在动力和创新支持，确保了乡村振兴战略的协调推进和可持续发展。① 在这一过程中，文化振兴与产业、人才、生态、组织振兴相互交织，共同构成乡村振兴的五大支柱。这种关系不是线性的单向影响，而是一个复杂的、动态的互动系统。

云南乡村文化振兴的时代语境要求我们不仅注重文化的保护和传承，更注重文化的创新和发展。文化振兴作为乡村振兴的核心指标和有机组成部分，需要与时俱进，超越传统的"乡土中国"观念，以更加开放和创新的姿态，促进云南乡村文化的全面振兴和可持续发展。

在云南文化振兴的众多时代语境中，工业化和市场化对于生产方式的重构产生了深远影响，这为云南乡村文化振兴带来了新的挑战和机遇。工业化进程带来了生产力的显著提升和生活方式的根本变化，而市场化则促进了资源的有效配置和经济活动的多样化。这些变化在重塑云南乡村社会经济结构的同时，也为乡村文化的保护、传承和发展提供了新的平台和路径。

云南乡村文化振兴的现代意义，在于它不仅是对传统"乡土中国"的保守性回顾，而且能在传承中创新，在保护中发展乡村文化。这意味着，云南乡村文化振兴需要适应工业化、全球化的大背景，找到传统文化与现

---

① 范建华、秦会朵：《关于乡村文化振兴的若干思考》，《思想战线》2019年第4期。

代社会需求之间的契合点。例如，通过现代科技手段保护和传播非物质文化遗产，开发符合市场需求的文化产品和服务，以及在国际交流中推广云南乡村文化，让世界了解云南，让云南走向世界。

在推动乡村振兴战略的过程中，习近平总书记特别强调了乡村文化建设的核心地位，提出要坚定文化自信，深植文化的根基，巩固文化的灵魂。在这一理念指导下，乡村文化振兴的重要性越发凸显。云南的乡村文化在历史长河中不断发展演化，形成了独特的机理和显著的特点。作为一个多民族地区，云南的民族乡村文化的保护、传承、创新和发展一直是学术界和社会广泛关注的话题。① 在当前这个全球化、市场化与城镇化快速推进的时代，云南乡村文化也面临着独特的挑战与机遇。因此，深入探讨这些宏观背景对云南乡村文化的影响，并探索在现代化浪潮中如何有效保护和继承这些无价的文化遗产变得尤为迫切。同时，也需寻求新的方法，以推动其可持续发展，使云南的乡村文化在新的时代语境下焕发出新的生机与活力。

一　现代化进程带来的生产方式的重构

在过去几个世纪的现代化进程中，世界范围内经历了从农业社会向工业社会的转型，这一过程不仅体现在技术革新上，更深刻地影响了文化、社会结构和价值观念的全面变革。党的十九大报告强调，加快农业农村现代化是必要的，这要求我们利用现代手段超越传统农业的局限，促进农业和农村的多元发展，实现整体的现代化。② 特别是在云南乡村地区，现代化浪潮推动了其生产方式从传统农耕到现代农业技术的转变，不仅改革了物质生产模式，也深刻影响了乡村的文化和社会结构，催生了文化创造性转化的新机遇。

在生产方式上，机械化和自动化取代了人力，提高了农业生产的效率

---

① 于良楠、李炎：《乡村振兴战略背景下云南民族文化传承创新研究与思考》，《民族艺术研究》2021 年第 5 期。
② 肖露等：《欠发达地区农业农村现代化发展与阻碍因素分析——以云南省为例》，《农业现代化研究》2022 年第 5 期。

和质量，促进了资源的可持续利用。现代农业技术如高效灌溉、生物技术和信息技术，使得精准管理成为可能。随着生产方式的更新，乡村的生产关系也发生了深刻变化，农户由小规模自给自足转向市场经济中的大规模生产，合作社和家庭农场等新型农业经营主体应运而生，改变了农业生产的组织方式和经营理念。而互联网和电子商务的发展，推动了"互联网+农业"模式的出现，改变了传统销售模式，提高了农民收入水平，促进了乡村经济发展。

随着生产方式的转变、工业化的加速和市场经济的蓬勃发展，乡土社会的人口流动性增强，生活方式逐渐趋向城市化。这种变化对传统乡土社会结构造成了显著冲击。土地不再能够完全满足人们的生存需求，导致大量农民离开乡村，涌入城市，社会结构从依赖土地的"乡土"模式转变为以流动为特征的"离土"状态。这导致乡村地区出现了人口老龄化、文化衰退的现象，乡村的活力和文化传承面临挑战。① 工业化带来的生产方式的变革，对云南乡村文化产生了深刻影响。一方面，传统手工艺和农耕文化面临着巨大的挑战，许多依赖传统技艺的生产活动逐渐被机械化、自动化的生产方式所取代。这不仅影响了传统文化的传承，也改变了乡村的社会结构和经济模式。然而，工业化也为乡村文化提供了新的物质基础和发展空间。利用现代工业产品和技术，云南的传统文化得以以新的形式呈现和传播，如利用现代设计理念和技术重新诠释传统手工艺，使其既保留了传统韵味，又符合现代审美和市场需求。市场化为云南乡村文化的振兴带来了前所未有的机遇。市场经济促使文化产品和服务的价值得以在市场中充分体现，云南丰富的文化资源因此获得了更广泛的认知和利用。乡村文化通过市场化途径"走出去"，通过旅游、文化产品、网络平台等多种渠道接触到更多的受众。同时，市场化也促进了文化产业的专业化、多元化发展，云南的民族音乐、舞蹈、手工艺等成为具有特色的文化产品，不仅增强了乡村的经济实力，也提升了其文化自信。

---

① 曹立、石以涛：《乡村文化振兴内涵及其价值探析》，《南京农业大学学报》（社会科学版）2021年第6期。

生产方式的变革，也往往伴随着农村居民价值观念和文化认同的更新。现代化不仅带来了物质生产的丰富，更重要的是引发了对传统文化的深思和创新。乡村居民更加重视教育、科技和个人发展，乡村文化在继承传统的基础上，融入了更多现代元素，展现出新的生命力。得益于互联网和电子商务的广泛应用，云南的乡村文化获得了展现自我的空前机会。云南少数民族的传统手工艺，如纺织、染织和雕刻工艺，借助网络平台被推向全国甚至全球市场，实现了传统技艺的保护与传承；作为多民族和传统文化集聚区，云南乡村逐渐成为人们追寻的文化旅游胜地。文化旅游的发展不仅让云南乡村文化在更宽广的舞台上绽放光彩，还搭建了一座连接传统与现代、农村与城市的桥梁。与此同时，面对民众对健康生活方式的追求和对生态环境的关注，云南乡村利用其丰富的自然资源发展起特色生态农业，不仅保护了生态环境，也增强了农业发展的可持续性。

当然，现代化带来的不仅是机遇，也有挑战。首先，随着全球化和信息化的加速发展，外来文化的冲击使得云南乡村的独特文化面临着同质化的风险。年轻一代可能更容易接触和接受外来文化，从而忽视或淡化自身的传统文化。这种文化价值观的转变，对乡村文化的长远传承构成了挑战。其次，追求经济效益可能导致一些乡村过度商业化，这不仅会破坏自然环境和社会结构，还会影响传统的生活方式和文化景观。再次，现代化引入的技术和生产方式虽然提高了生产效率，但也可能使传统手工艺衰退，这些手工艺不仅是文化遗产，也是乡村社区认同和凝聚力的重要组成部分。最后，环境污染和生态破坏是现代化进程中不能忽视的挑战。云南以其独特的自然景观和生物多样性为荣，这些都是乡村文化不可或缺的一部分，但不合理的开发和污染问题严重破坏了乡村的自然环境，也影响了乡村文化的生态基础。

面对工业化和市场化的双重影响，云南乡村文化振兴的关键在于创造性转化和创新性发展。这要求我们既要保护和传承传统文化的核心价值，也要勇于创新，寻找传统文化与现代生活方式、现代市场的结合点。云南可以依托其独特的文化资源和地理优势，开发出符合现代消费者需求的文化旅游产品、文化创意产品，同时也可以利用现代科技手段，如数字化、虚拟现实等，为传统文化的传播和体验提供新的平台和形式。

在当今时代背景下，云南乡村文化振兴正处于一个特殊的历史节点，这个节点被工业化和市场化深远地影响着。工业化不仅改变了传统的生产方式，也重塑了乡村的生活方式和文化表达，而市场化则重新定义了文化的价值和传播方式。这两大力量共同作用于云南乡村文化的振兴，促使其走向一条创造性转化和创新性发展的道路。因此，如何在现代化的进程中既保护和传承乡村文化的独特性，又能让其与时俱进，引导乡村社会健康、可持续发展，是云南乡村面临的重要课题。在这一过程中，文化振兴不仅要注重物质文化的保存和传承，更要关注非物质文化遗产的活化利用，以及乡村居民身份认同和文化自信的建立。

二 "一带一路"背景下的乡村文化价值凸显

随着我国乡村振兴战略的实施，我们必须重新审视并重塑乡村文化价值，特别是在全球化背景下，乡村文化已不再局限于传统农耕文化的框架，人们开始把目光投向乡村文化所具有的丰富多元的内涵。不可忽视的是，乡村文化作为人类历史和民族文化的重要组成部分，是全人类共有的文化遗产。

与此同时，乡村文化是反映乡土中国特色、风物人情的重要载体，涵盖了乡土信仰、宗族关系、传统礼度、风俗习惯以及民间艺术等多方面内容，深深植根于农耕社会的生产生活方式之中，具有深厚的历史积淀和鲜明的地方特色。无论是对于塑造乡村社群的身份认同，还是对于传承民族文化，乃至乡村文化产业的发展，乡村文化的价值都在不断凸显。在当今时代，乡村和民族地区正在不断发展其独特的民族文化和地方文化，通过创造和发明具有地方特征的文化标志，激发地方人群的身份意识。[1] 总的来说，乡村文化的影响力远不局限于本地，它能够触动人心，甚至跨越国界，

---

[1] 艾菊红：《现代性语境下的民族文化传承与发展》，《吉首大学学报》（社会科学版）2019年第 1 期。

在全球舞台上通过多种途径展现其独特魅力。

　　随着信息技术的发展和人们对文化多样性认识的加深，云南得以借助各种现代化的平台，如网络媒体、国际文化交流活动等，将其丰富的民族文化、传统手工艺、民族音乐和舞蹈等呈现给全世界。这样的跨文化交流不仅为云南乡村文化的传承与发展开辟了新路径，也增强了全球对文化多样性保护的关注与支持。然而，乡村文化面临的挑战也不容忽视：一方面，农村劳动力的流失对乡村文化的传递和维护造成了压力；另一方面，现代生活方式和消费观念的渗透，使得部分乡村的传统文化面临着被抛弃的危险。在这样的背景下，如何平衡保护传统乡村文化与引入新的文化元素之间的关系，是时代给予我们的任务。

　　"一带一路"倡议是中国对外开放战略的重要组成部分，为云南乡村文化的国际传播提供了广阔的舞台。云南利用其地理优势，加强与共建国家的文化交流和合作，通过举办国际文化节、艺术展览、民族音乐会等活动，向世界展示了云南丰富多彩的民族文化和独特的乡村风貌。这种文化的国际展示不仅提升了云南文化的国际知名度，也促进了文化旅游和相关产业的发展，为乡村经济振兴注入了新的活力。在"一带一路"倡议下，云南乡村文化振兴与国际交流的结合，不仅为云南的文化"走出去"提供了历史性的机遇，同时也为推动文化多样性和文明互鉴开辟了新的路径。云南乡村文化在"一带一路"倡议下的"走出去"，不仅是简单的文化展示，更是深层次的文化交流和互鉴。通过与共建国家的文化机构、艺术团体和学术组织开展合作，云南的乡村文化与世界各地的文化精粹进行碰撞和融合，实现了创造性转化和创新性发展。这种深入的文化交流活动，扩大了云南乡村文化的国际影响力，同时也丰富了云南自身的文化内涵，促进了其文化多样性的保护和发展。

　　在"一带一路"倡议的推动下，云南乡村文化的国际合作不断深化。云南与共建国家共同探索文化遗产保护、非物质文化遗产传承等方面的合作模式，共同开展文化遗产保护项目和文化交流活动。这种跨国界的合作，不仅有助于云南乡村文化的保护和传承，也为共建国家的文化交流和互鉴提供了新的平台和机遇。"一带一路"倡议为云南乡村文化振兴提供了新的发展契机，通过国际交流和合作，云南乡村文化不仅走向了世界，也实现了与全球文化的互动和融合。这种文化的国际传播和交流，不仅扩大了云南文化的全球影响力，也为促进全球文化多样性和人类文明的共同发展做出了贡献。未来，云南应继续利用其地理和文化优势，深化国际合作，推动乡村文化的进一步振兴和发展，为构建人类命运共同体贡献力量。

　　总之，为了让云南乡村文化的价值在全球范围内被有效地传播和认可，需要用更开放的思维来审视和创新乡村文化。同时，善于利用现代科技手段进行传播，尤其是通过信息技术，可以让全球观众更广泛地感受到乡村中国的独特魅力。随着乡村振兴战略和"一带一路"倡议的推进，云南民族文化的传承、创新和发展正面临新的挑战与机遇。唤醒沉睡的民族文化资源、讲述本民族的生活故事，不仅能凸显乡村文化振兴的价值和意义，也将为云南民族地区乡村振兴绘制一幅美好的蓝图。

三　从乡土中国到城乡中国新文明

　　随着时代的发展，乡村文化的振兴已不再是单纯的文化复兴，而是一种文明的进步和转型。从乡土中国到城乡中国新文明的呼唤，是对传统乡村文化价值的重新认识和定位，也是对乡村未来发展方向的深刻思考。这一转型不仅是地理和经济结构的变化，更是一场深刻的文化变革。云南作为多民族聚居的地区，其丰富多彩且独特的乡村文化，在这场变革中显得尤为珍贵。

　　改革开放以来，中国的城市化进程不断加深加快，随着城乡融合发展的不断推进，现代化与城市化给云南乡村文化带来了前所未有的挑战，大规模人口流动使得乡村地区面临人才和劳动力的缺失，特别是年轻一代的迁出，使得传统文化的传承者日益减少。这种断代现象直接威胁到了云南独有的民族文化及其传统知识的存续，许多与农耕、民俗和手工艺相关的文化实践面临消失的危险。此外，随着城市生活方式和消费模式的渗透，乡村地区的生活方式发生了显著变化，这种变化不仅表现在物质层面，更深层次地影响到了乡村社会的价值观念和文化认同。城市化带来的现代化设施和新技术的引入，虽然提高了乡村地区的生活水平，但同时也冲击着传统乡村文化的基础，导致文化同质化的问题。

尽管挑战重重，但城市化进程为云南乡村文化振兴提供了新的发展机遇。首先，城市化带动的经济发展为乡村文化的保护和传承提供了资金和市场支持。云南独特的民族文化和自然景观产生了大量的旅游资源，乡村文化通过旅游业的发展获得了新的生命力，成为推动经济发展的重要因素。其次，城市化促进了信息技术的普及，为乡村文化的记录、保护和传播提供了新手段。互联网和移动通信技术的应用使得乡村文化能够跨越空间界限，接触到更广泛的受众群体。通过数字化手段，云南的乡村文化得以在全球范围内展示其独特魅力，促进了文化交流和多元文化的相互理解。进入新时期，云南乡村文化也迎来了其新的时代价值，现代化和城市化进程既带来了经济上的发展机遇，也为乡村文化的传播与发展提供了全新的平台和空间。这一过程中，云南的传统文化和艺术得到了更广泛的传播和认可，城乡之间的互动得到加强，激发出新的创造性活力，从而为文化的保护、传承与创新注入了强大的动力和开辟了广阔的市场。

云南的乡村文化振兴正站在十字路口上。随着城市化的加速推进，乡村面临着众多挑战，如人口流失，传统生活方式遭受冲击，传统技艺的衰退及文化的同质化，以及过度商业化和旅游开发所导致的文化失真和异化的风险。这些因素严重威胁到乡村文化的保护与传承。与此同时，乡村振兴战略的推进为乡村文化带来了前所未有的新机遇，开启了传承、创新和发展的新篇章。乡村成为投资和发展的热点，吸引了大量人才和资本的涌入，为乡村文化的保护与创新注入了新的活力。然而，这一进程也伴随着挑战，特别是如何在保护传统文化的同时引入创新机制，以及如何在促进经济发展的同时确保乡村文化本质不被破坏。

在这样的背景下，如何在保护与发展、传承与创新之间找到平衡，成为云南乡村文化面临的重要课题。一方面，需要加强对云南乡村文化遗产的保护工作，利用现代科技手段记录和保存那些濒临消失的文化形态和技艺，同时，通过教育和社区活动，激发乡村青年对传统文化的兴趣和传承意识，加强乡村社区的文化教育和身份认同建设，通过教育增强年轻一代对传统文化的认知和尊重意识，激发他们对文化传承的兴趣和责任感。另一方面，云南乡村文化的发展不能仅仅局限于基本保护，还应当积极探索文化创新的路径，将传统文化元素与现代生活方式相结合，创造出既有传统韵味又符合现代审美和生活需求的新文化产品和服务；建立起乡村文化与现代经济发展相结合的机制，利用市场经济的力量来推动文化的创新和发展。

从乡土中国到城乡中国的转型，为云南乡村文化提供了一个展示其独特魅力和价值的宽广舞台。在新文明的呼唤下，云南乡村文化既是一块文化瑰宝，也是一份沉甸甸的责任，需要我们共同去探索、保护和传承，使之成为连接过去与未来、乡村与城市的生动桥梁，在新时代能够继续发挥其独特的作用。

四　国家乡村振兴语境下的社会民众自觉

在国家推进乡村振兴战略的背景之下，云南省凭借其独特的自然环境和丰富的文化遗产，迎来了乡村文化振兴的新机遇。这一战略不仅引导了经济和社会发展，也深刻影响了文化领域，尤其是在激发社会公众，特别是当地居民的自发参与方面展现出了显著效果。公众的积极参与成为推动云南乡村文化振兴的关键动力，这一进程既充满潜力，也伴随着诸多考验。

在云南乡村文化振兴的进程中，农民文化主体性的觉醒起到了决定性的作用。在这一过程中，非物质文化遗产的传承尤为关键，它不仅是文化振兴的重要内容，更是农民主体性觉醒的显著标志。云南的乡村文化振兴策略，正是在这样的背景下，强调将农民置于文化传承与创新的中心位置，激发其主体性，以促进文化与经济的共生共荣。

农民文化主体性的觉醒，体现在农民对自身文化价值的重新认识和评价上。在云南，这种觉醒不仅是文化自信的增强，更是农民主动参与文化传承与发展的过程。随着云南乡村振兴战略的深入推进，农民开始意识到，乡村文化不仅是一种精神财富，也是促进经济发展的重要资源。尤其是非物质文化遗产，如民间音乐、舞蹈、手工艺等，它们是民族文化的瑰宝，也是乡村旅游和文化产业发展的宝贵资料。非遗传承在云南乡村文化振兴中占据了核心地位，而农民则是这一传承过程的主要承载者。通过对非遗项目的保护和传承，不仅可以保存和弘扬传统文化，更重要的是可以激发农民参与文化活动的热情，提高他们的文化创造力。在传承过程中，农民通过学习和实践，不仅掌握了传统技艺，也培养了对文化的深厚感情和独到见解，这种文化自觉和自信是乡村文化振兴不可或缺的动力。通过重视农民在非物质文化遗产传承中的核心作用，激发其主体性和创造力，云南的乡村文化不仅得到了有效保护和传承，还实现了与现代经济的有效结合，为乡村振兴提供了强有力的文化支撑。

云南的乡村文化振兴不仅意味着经济增长和生活水平的提升，还更深层次地涉及文化的保护、传承和创新。云南拥有丰富多元的文化资源，包括传统民俗、历史遗迹、自然景观以及各种非物质文化遗产，这些都为乡村文化的振兴奠定了坚实的基础。乡村居民的自觉参与，为传统文化的活态保护和创新性传承提供了强大的内生动力。通过各种形式如民间艺术、传统节庆活动、特色手工艺品制作等，居民们将传统文化与现代生活方式紧密结合，使文化既保留了根本性的特征，又展现出新时代的活力，推动了文化的活态传承。

然而，这一过程并非没有挑战。尽管云南乡村文化振兴在民众中激发了新的活力，但文化传承断裂的问题依然存在。与此同时，虽然公众对于参与文化传承的意识逐渐增强，但如何进一步激发更多人尤其是年轻人的参与热情，并促使他们将创新能力与传统文化有效结合，仍是一大挑战。此外，文化振兴的途径不应仅限于硬件设施的建设，如文化馆、影视城等，更应关注如何通过这些设施激发文化活动的生机，提高乡村文化建设的软实力，丰富文化内容，并探索其多样化发展形式。以峨山彝族花鼓舞为例，它无须复杂的设备条件，却深受农村民众喜爱，这说明与村民精神需求相适应的文化发展方式，是乡村文化产业发展的有效路径。因此，如何实现软硬兼施，即在硬件设施建设的同时激活其文化功能，进而激发民众特别是年轻一代的积极参与，成为推动乡村文化振兴的关键。

综合来看，云南乡村文化在国家乡村振兴战略的推动下，既迎来了历史性的发展机遇，也面临着前所未有的挑战。通过政府的引导和政策支持，加上社会各界特别是年轻一代的积极参与，云南乡村文化不仅能得到有效的保护和传承，还能在新时代的语境下彰显出永恒的魅力。

五　人文经济促进乡村文化创造性转化

在当今云南乡村文化振兴的背景下，人文经济的崛起为乡村文化的创造性转化提供了丰富的土壤和广阔的舞台。人文经济，强调的是以人的文化需求为核心的经济发展模式，它不仅重视物质财富的创造，更加注重精神文化生活的丰富和提升。云南的乡村文化，凭借其独特的民族特色、丰富的非物质文化遗产以及美丽的自然风光，正逐渐成为人文经济发展中的一个亮点，通过创造性的转化和创新性的发展，能够赋予乡村文化新的生命力和经济价值。云南的乡村文化产业并不简单局限于农家乐、农家生态游，其与乡村文化建设、经济和社会的发展都有着密切的联系，是一个关联性、渗透性和带动性都很强的新兴产业。[①] 在当前以经济发展为主导的社会环境中，推动乡村文化实现创造性转化极为重要。这些文化，尤其是体现地域特色和历史积淀的乡村文化，不仅是当地社区之间相互联系的纽带，更具有无可替代的经济和社会价值。

在云南人文经济的推动下，云南的乡村文化正在经历一场创造性的变革。这种转化不仅涉及建筑、手工艺品等物质文化领域的创新和市场化，更深入地促进了民俗、传统技艺、地方节庆等非物质文化精神的传承与创新。以人文经济为支点的云南乡村文化创造性转化体现在多个方面。首先是文化资源的创新性开发。传统的民族文化和乡村生活方式，通过现代设计和营销手段的加工提炼，可以转化为符合市场需求的文化产品和服务。

---

① 王佳：《传统民族民间艺术：乡村文化产业发展的核心资源——对云南峨山县彝族花鼓舞的考察》，《民族艺术研究》2009 年第 3 期。

例如，将民族音乐、舞蹈、手工艺融入现代旅游产品设计中，创造出独特的文化旅游体验项目，既保留了文化的原生态，又满足了现代人对于文化休闲和旅游探索的需求。其次，云南乡村文化在艺术创作和文化传播方面也实现了创造性的转化。通过现代艺术手段对传统文化进行再创造，传统文化不仅得以在现代社会中广泛传播，也为艺术家和文化工作者提供了无限的创作灵感和表现空间。利用数字媒体和互联网平台，将云南的乡村文化呈现给全世界，使文化交流和文化共享成为可能。最后，借助现代技术和市场的力量，乡村文化不仅在地方层面焕发生机，而且可以更容易被市场接受的方式最大化其经济与社会价值。以云南为例，其丰富的民族文化和历史文化经过创意设计和市场化包装，能转变为极具吸引力的文化产品，既促进了乡村经济的发展，也实现了乡村文化的自我更新与传承。

云南乡村文化产业的发展，成功激发了民族文化符号转化为文化资本和经济资本，如石林县阿着底彝族村、剑川县狮河白族村等民族村寨，它们以传统手工技艺和民族文化为基础，将文化资本化作发展动力，实现了经济增长模式的创新。这些村寨展示了一条非传统工业化的经济转型道路，即通过文化资本推动经济发展。在此过程中，乡村农产品转化为文化产品、产业结构发生转变，以单一农业产业向以乡村文化产业为主导的复合型产业结构转变，既展现了民族村寨经济转型的新路径，也带来了乡村文化创意转化的巨大潜力。①

然而，这一创造性转化过程也面临着挑战，即如何在保持乡村文化核心价值的同时，引入现代经济发展理念，使乡村文化既保持传统魅力又符合现代消费者的需求和审美。此外，乡村文化在市场经济的大潮中如何寻找自我更新的路径，也是我们需要回答的问题。云南乡村文化的创造性转化，需要找到历史与现代、传统与创新之间的平衡点，以实现文化的活力和经济社会价值的双重提升，从而为乡村全面振兴注入新的动力。

云南乡村文化创造性转化的过程体现了文化传统与市场经济、现代消

---

① 刘从水：《乡村文化产业：云南民族村寨经济转型的新动力》，《思想战线》2013 年第 2 期。

费需求之间的有机融合和相互影响。在市场经济的推动下，乡村文化不断探索"生存"之道，在保留传统文化特色的同时，适应现代消费者的需求和审美期待。这一过程促使乡村文化在历史、传统与现代之间找到新的平衡点，展现了其广泛的公共价值。因此，在人文经济的推动下，云南乡村文化的创造性转化不仅是对经济动力的一种增强，也是对文化价值的重新发现和创造。人文经济的发展，为云南乡村文化的创造性转化提供了强大的促进作用。随着社会对于精神文化生活需求的提升，人们更加重视文化的内涵和价值，对于具有独特文化背景和艺术特色的产品和服务需求日益增长。这为云南的乡村文化开发和利用提供了广阔的市场空间和发展机遇。在人文经济的大背景下，云南乡村文化振兴面临着前所未有的机遇。通过对乡村文化进行创造性的转化和创新性的发展，不仅可以有效地保护和传承云南丰富的乡村文化遗产，还可以将其转化为推动社会经济发展的重要资源。

在这一过程中，乡村不仅需要坚守其文化的核心，同时也要积极引入现代经济发展理念，使乡村文化在这一创造性转化中焕发新的活力，从而推动乡村经济的发展和全面振兴。同时，云南乡村文化振兴需要坚持以人为本的发展理念，加深对传统文化的理解与尊重，同时，利用现代科技，尤其是数字化技术，为文化遗产保护与传承开辟新途径。此外，加强青年文化教育和激发他们对传统文化的热爱，对保障文化的持续活力发挥着决定性作用。加强教育引导、实践养成、制度保障，并重点在农村精神文明建设、推进移风易俗、保护传承优秀农耕文化、繁荣发展乡村文化产业、推动乡村文化数字化等方面着力，这样的全面规划和行动，将有助于云南乡村文化在新的时代背景下实现更加全面和深入的振兴，为地区乃至全国的乡村振兴提供可借鉴的经验和模式。未来，云南乡村文化振兴需要进一步探索与人文经济相结合的新模式、新机制，以实现文化与经济的双赢。

第二章 云南乡村文化振兴的整体图景

　　云南省作为中国西南地区的重要省份，其乡村文化振兴不仅关系到地方经济的可持续发展，更是中国式现代化背景下民族文化传承与创新的重要载体。本章基于云南省的文化发展数据和"中国乡村社会大调查"数据，从量化分析的角度，探讨云南省乡村文化的振兴现状及其发展趋势，重点关注县域视角下的乡村文化发展。

　　本章的核心在于利用统计分析的方法，突出文化数据的分析与应用价值，从而映射出云南乡村文化的独特机理与特点。我们将以县（市、区）为单位，综合分析各县（市、区）的文化资源状况、文化产业和文化事业发展状况以及文化发展理念的演变，并从宏观和微观两个层面，对乡村文化振兴策略和云南的文化类型进行定位与评估。这种以数据驱动的研究不仅可以量化地描绘云南文化资源的富集程度和空间分布，展示其文化振兴的地域特色，还强调了在全省范围内进行文化资源整合与优化配置的重要性，为文化产业与乡村振兴之间的互动关系提供有效洞察。

第一节　云南乡村振兴背景下的文化资源状况

一　云南文化资源禀赋的指标体系设计

　　在探讨云南乡村振兴中的文化资源状况时，文化资源禀赋是一个核心概念。[①] 文化资源禀赋不仅包括物质文化遗产资源，还包括非物质文化遗产

---

　　① 李炎、杨永海：《资源禀赋与地方文化产业发展研究》，《中国名城》2018年第7期。

资源、文化智能资源、文化设施资源等。① 这些资源的丰富度和质量直接影响到文化产业的发展水平和区域的竞争力。

关于文化资源禀赋的指标体系，目前的研究主要集中于资源的总量、质量和类型组合等方面。在资源总量方面，林存文和吕庆华提出了衡量文化资源丰裕度的三个指标：地区文化资源的总拥有量、地区文化资源与人口比，以及地区文化资源占全国总量的比重。②

在资源质量方面，孙剑锋等构建了"文化资源丰度"和"文化资源等级"两个一级指标。③ 其中，文化资源丰度涉及文化资源的总量和密度，而优质文化资源则包括国家级、省级和市县级文化资源。在资源组合类型方面，江瑶和高长春选取了世界文化自然遗产、历史文化名城等 5 个具体的文化资源类型，以体现地区历史文化资源的丰富性。④ 此外，韩春鲜提出了一个综合性的测量指标，将旅游文化资源的类型、数量和品质优势结合起来，提出了旅游文化资源优势度概念。⑤ 该指标反映了区域旅游文化资源类型与品质的优势程度，由资源丰度和资源品位度共同决定。

综合以上研究，结合云南省文化资源状况，本章构建"文化资源类型""文化资源丰度""文化资源等级"三个一级指标，以全面评价云南省的文化资源禀赋特征。具体指标体系的构建如表 2-1 所示。

其中，"文化资源类型"来自林存文和吕庆华对"文化历史资源"和"文化现实资源"做出的区分⑥，分别用"物质文化遗产资源"和"非物质文化遗产资源"来表示"文化历史资源"，又用"文化旅游资源"来表示

---

① 林存文、吕庆华：《文化资源禀赋对文化产业发展的影响——基于资源异质的研究视角》，《山西财经大学学报》2020 年第 8 期。

② 林存文、吕庆华：《文化资源禀赋对文化产业发展的影响——基于资源异质的研究视角》，《山西财经大学学报》2020 年第 8 期。

③ 孙剑锋等：《山东省文化资源与旅游产业协调发展评价与优化》，《经济地理》2019 年第 8 期。

④ 江瑶、高长春：《产业集聚、历史文化资源禀赋与文化产业发展——基于中国文化产业数据的实证分析》，《管理现代化》2015 年第 4 期。

⑤ 韩春鲜：《新疆旅游经济发展水平与旅游资源禀赋影响研究》，《生态经济》2009 年第 10 期。

⑥ 林存文、吕庆华：《文化资源禀赋对文化产业发展的影响——基于资源异质的研究视角》，《山西财经大学学报》2020 年第 8 期。

"文化现实资源"。① 物质文化遗产资源包括国家级和省级文物保护单位以及云南省内的历史文化名城、名镇和名村，这些资源代表了有形的、具体的文化资产。非物质文化遗产资源则包括各类民间艺术和传统技艺，它们是文化传统的非物质表达。

表2-1 云南文化资源禀赋的指标体系

一级指标	二级指标	三级指标	解释
文化资源类型	物质文化遗产资源	国家级文物保护单位 省级文物保护单位 云南省历史文化名城 云南省历史文化名镇 云南省历史文化名村	涵盖具有物质形态的文化遗产，包括不同级别的文物保护单位和历史文化地区
	非物质文化遗产资源	国家级非物质文化遗产 省级非物质文化遗产	包括各类非物质文化遗产，如民间艺术、传统技艺等
	文化旅游资源	A级旅游景区 云南省风景名胜区 云南省国家级老字号 省级老字号 乡村旅游重点镇 乡村旅游重点村 中国传统村落 国家级特色小镇	包括文化旅游资源、文化设施和具有文化价值的商标资源，如老字号及景区
文化资源丰度	文化资源数量	物质文化遗产资源数量 非物质文化遗产资源数量 文化旅游资源数量	表明云南省文化资源的总量，反映资源的普及程度和覆盖面
	文化资源密度	人均物质文化遗产资源数量 人均非物质文化遗产资源数量 人均文化旅游资源数量	显示特定区域内文化资源的集中度，有助于评估资源的地理分布和区域发展潜力
文化资源等级	文化历史资源级别	物质文化遗产资源级别 非物质文化遗产资源级别	各类文化资源遵照官方认定的级别，反映资源的官方评价和认证级别
	文化旅游资源级别	风景名胜区级别 老字号级别 重点村镇级别	考虑到文化资源的认证级别，如老字号和特色小镇，这些认证反映了其文化价值和历史地位

---

① "文化现实资源"的测量并没有统一标准，也可以用"文化服务设施"作为一个二级指标，见林存文和吕庆华《文化资源禀赋对文化产业发展的影响——基于资源异质的研究视角》，《山西财经大学学报》2020年第8期。然而，考虑到研究的主题是乡村文化振兴，其文化服务设施的相关测量很难获得，这里不将其作为一个二级指标。

文化旅游资源被视为文化现实资源，包括 A 级旅游景区、风景名胜区及具有文化价值的老字号等，这些不仅增强了文化的可访问性和体验性，还直接影响了文化旅游的发展。

"文化资源丰度"分别用物质文化遗产、非物质文化遗产以及文化旅游资源的数量和密度来衡量。文化资源的数量反映了文化资源的普及程度，以及地区文化资源的全面性。文化资源密度则通过人均持有的文化资源数量来度量，显示了文化资源在地理和人口上的分布情况，这有利于评估文化资源的利用效率和发展潜力。至于文化资源等级，它依据资源的官方认定级别来分类，这不仅反映了文化资源的重要性和影响力，还涉及资源的保护和管理。物质文化遗产和非物质文化遗产的资源级别强调了文化价值的认证和保护，而文化旅游资源的级别则更侧重于资源的商业价值和公众的认可度。

总之，通过这样的指标体系，我们能够有效地评估和划分云南省丰富的文化资源，这对于制定文化保护和利用政策，促进乡村文化产业的发展具有重要意义。不过，也有一点需要特别说明，虽然本章讨论的问题是云南的乡村文化振兴，但我们目前研究的相关数据主要来自以县市区为单位的各种统计年鉴，例如历年的《云南统计年鉴》和《中国文化及相关产业统计年鉴》等。这些数据大部分没有明确区分城市和乡村，可能会为我们深入了解乡村具体文化资源的分布和特性带来一定的局限性。

然而，值得强调的是，已有研究和实地考察表明，云南的非物质文化遗产及其相关的文化活动和产业主要集中在乡村地区。[①] 这一特点在一定程度上消解了上述数据局限性的影响，因为它表明目前的研究尽管受到数据来源的限制，但仍能较好地反映云南省乡村地区的文化资源现状。

---

① 穆学青、郭向阳、陈亚颦：《云南省非物质文化遗产空间分布特征及影响因素研究》，《云南师范大学学报》（自然科学版）2017 年第 5 期；张飞、熊国金：《云南省非物质文化遗产类型结构及地理空间分布研究》，《宜宾学院学报》2017 年第 8 期；于良楠、李炎：《乡村振兴战略背景下云南民族文化传承创新研究与思考》，《民族艺术研究》2021 年第 5 期。

二 云南文化资源禀赋的权重体系设计

在制定文化资源禀赋评价体系时，权重分配是一个不可或缺的步骤，它能反映不同文化资源对于地区文化价值和发展潜力的贡献大小。在云南的案例中，由于文化资源的多样性和不同类型资源的重要性不一，合理设定权重能确保评价结果的准确性和公正性。

在具体操作上，我们通过专家咨询、数据分析、历史研究和现场调研等方法，确定了各种类型的文化资源的权重，具体如表2-2所示。需要说明的是，表2-2的权重分配并没有将"文化资源丰度"的二级指标包括进去。因为文化资源数量和文化资源密度无须根据文化资源的类型加权，其权重统一设定为1。

从表2-2可以看出，在物质文化遗产资源中，国家级文物保护单位根据其批次分别进行了评分，首批获得的分数最高，以后每新增一批，分数递减1分。这种递减分配体现了越早被确认的文物因其长期的文化影响力和历史价值而被给予更高的评价。云南省历史文化名城、名镇和名村则被统一赋予固定的高分，这说明它们在文化遗产保护中的特殊地位和独特贡献。

在非物质文化遗产资源中，国家级非物质文化遗产从2006年起按入选时间每两年递减1分，体现了较早入选的国家级非物质文化遗产在传承和推广中扮演的关键角色。递减分配分数的做法同样反映了文化资源的时间价值变化。而省级非物质文化遗产则统一赋值10分，表明虽有重要性但与国家级相比在影响力和代表性上有所差异。

类似地，在文化旅游资源方面，A级旅游景区按级别递减分配权重。这代表了官方对景区质量的评估结果。例如，5A级旅游景区为最高级别的景区，而级别较低的景区，虽然也很重要，但在全局中的权重相对较低。此外，乡村旅游重点村和国家级特色小镇等项目的递减评分也强调了这些资源对于推动地方经济发展和文化保护的重要性。

这个权重体系不仅考虑了文化资源的类别和级别，还综合考虑了历史价值、稀缺性、吸引力及其对地区可持续发展的贡献，是一种综合性和动态调整的评价方法。当然，为了使评价结果更具有普遍性和长期有效性，需要定期对权重进行检查和调整，以适应文化资源发展的动态变化，支持文化多样性和地方特色的可持续发展。

表 2-2　云南文化资源禀赋的权重体系

二级指标	三级指标	权重分配	备注
物质文化遗产资源	国家级文物保护单位	总分 20 分，按批次计算	第一批 20 分，之后每批递减 1 分
	省级文物保护单位	总分 15 分，按批次计算	第一批 15 分，之后每批递减 1 分
	云南省历史文化名城	统一赋值 20 分	无详细递减规则
	云南省历史文化名镇	统一赋值 16 分	无详细递减规则
	云南省历史文化名村	统一赋值 12 分	无详细递减规则
非物质文化遗产资源	国家级非物质文化遗产	总分 20 分，按入选时间递减	2006 年 20 分，之后每两年递减 1 分
	省级非物质文化遗产	总分 10 分	无详细递减规则
文化旅游资源	A 级旅游景区	总分 20 分，按级别递减	5A 级景区 20 分，4A 级景区 16 分，以此类推
	云南省风景名胜区	统一赋值 5 分	无详细递减规则
	国家级老字号名录	统一赋值 15 分	无详细递减规则
	省级老字号	统一赋值 10 分	无详细递减规则
	乡村旅游重点镇	统一赋值 16 分	无详细递减规则
	乡村旅游重点村	总分 12 分，按批次递减	第一批 12 分，之后每批递减 1 分
	中国传统村落	总分 12 分，按批次递减	第一批 12 分，之后每批递减 1 分
	国家级特色小镇	总分 16 分，按批次递减	第一批 16 分，之后每批递减 2 分

注：对权重打分按照专家的意见和数据分析的结果设定。

三　云南各县（市、区）文化资源禀赋的分布情况及评分结果

（一）文化资源的总体评分分布

在分析云南省各县（市、区）的文化资源总评分时，需要将物质文化遗产资源、非物质文化遗产资源和文化旅游资源的评分加总。从统计数据来看，总评分的中位数为 242 分，平均分为 338.66 分，这表明虽然有些县（市、区）得分非常高，但大部分县（市、区）的得分仍然处于较低水平。评分的标准偏差为 314.09，反映出评分的波动性和分布的广泛性。这种广泛的分布范围从最低的 40 分到最高的 2232 分，说明了不同县（市、区）在文化资源开发和保护方面的巨大差异。

这种总评分的分布指向了云南省文化资源的集中与分散的双重现象。一方面某些县（市、区）如腾冲和大理的高分吸引了大量的旅游和文化投资，而另一方面许多县（市、区）的低分则可能暗示了对这些地区文化资源的开发和保护的不足。这种不均衡的发展态势提醒我们，可能需要进一步促进文化资源的均衡发展，确保文化遗产的全面保护和合理利用。

图 2-1 展示了云南省文化资源评分排名前 16 的县（市、区）。从图中可以看出，腾冲和大理大幅领先其他县（市、区），其文化资源的丰富性和吸引力显著，其中腾冲以 2232 分位于首位，大理则以 1814 分紧随其后。这两个市的高分凸显了它们在文化遗产保护和旅游资源开发方面的卓越表现。建水、玉龙和古城分别以 1134 分、1036 分和 1028 分位列第三至第五名，这些区县的高分也表明了其丰富的文化资源和良好的旅游发展潜力。

随后的市区如景洪、香格里拉和五华，分数稍有降低但依然保持在 900 分以上，显示出这些地区在推广文化旅游方面的努力和成效。从图中还可以观察到，尽管排名前 16 的县（市、区）在总评分上有所差异，但普遍显示出较高的文化资源评分，这反映了云南省在文化资源保护和旅游推广方面的整体优势。总体来看，这些数据不仅揭示了各县（市、区）在文化资源丰富度上的差异，也强调了顶尖县（市、区）在区域文化和经济发展中的重要角色。

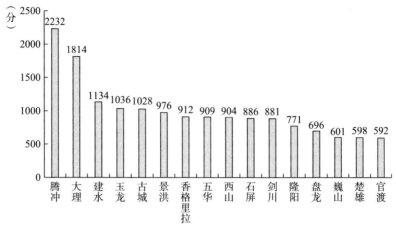

图 2-1　云南省文化旅游资源评分排名前 16 的县（市、区）

从云南省各地区文化资源的空间分布情况来看，云南省西部和西北部的腾冲和大理等地的文化资源评分明显高于其他地区。这与这些地区深厚的历史文化积淀和良好的自然生态环境有关，吸引了大量的旅游和文化投资。此外，滇中昆明的五华区和西山区评分较高，楚雄市和玉溪市总体评分位于中等水平。滇东的曲靖市评分一般，反映了这些地区文化资源的平均分配水平。滇南红河州中的建水、石屏和蒙自评分较高，但其他县（市）评分总体较低。滇东南的文山州，虽然文化资源评分总体一般，但仍保持了一定的文化多样性。总体而言，云南省的东部和南部各县（市、区）普遍评分较低，这可能与地理位置偏远、经济发展水平较低或文化资源较少有关。这种分布特征提示了文化资源发展上的地区不均衡，也凸显了进一步开发和保护这些文化资源的需求。

（二）文化资源评分的人均分布

在考察文化资源禀赋的时候，除了文化资源总评分，还有一个可能的维度就是人口因素，因此需要关注人均文化资源评分。这要求将云南省各县（市、区）的文化资源评分与其人口数量进行匹配。表 2-3 利用云南省各县（市、区）第七次人口普查数据，得到云南省所有县（市、区）的人均文化资源评分，并分别在人均物质文化遗产资源评分、人均非物质文化遗产资源评分、人均文化旅游资源评分以及人均文化资源总评分四个变量上各取前 15 名的县（市、区）。它为我们提供了一个视角，即通过人均维度评估云南省各县（市、区）的文化资源情况。

从该表可以看出，德钦、贡山这样人口较少的县在人均文化资源方面有着显著的优势，虽然其文化资源评分中等，但在人均指标上非常靠前，每个居民平均享有的文化资源量相对较高。可以看到，德钦和贡山不仅在人均物质文化遗产和非物质文化遗产资源评分中排名靠前，而且在人均文化旅游资源评分上也都名列前茅。沧源、维西、永仁与之类似，因为较低的人口密度而在人均维度上排名相对靠前。

与此同时，香格里拉、剑川、玉龙和古城这些县（市、区）虽然人口数量不算特别多，但是在人均文化资源总评分上也表现突出，反映了这些地区在文化保存和旅游开发上具有文化和人口的双重优势。相对而言，腾冲、大理和建水等地区虽然人口较多，但其文化资源的丰富度和吸引力也使得它们在人均评分上表现良好，特别是在吸引游客和文化交流方面表现显著。

表 2-3　云南省人均文化资源评分排名前 15 的县（市、区）分布

排序	人均物质文化遗产资源评分	人均非物质文化遗产资源评分	人均文化旅游资源评分	人均文化资源总评分
1	德钦	贡山	德钦	德钦
2	剑川	德钦	贡山	贡山
3	贡山	香格里拉	剑川	剑川
4	石屏	古城	玉龙	香格里拉
5	巍山	泸水	香格里拉	玉龙
6	姚安	双柏	腾冲	古城
7	沧源	玉龙	古城	腾冲
8	建水	西盟	石屏	石屏
9	维西	剑川	沧源	沧源
10	大理	沧源	澄江	大理
11	孟连	福贡	云龙	维西
12	云龙	梁河	大理	云龙

续表

排序	人均物质文化遗产 资源评分	人均非物质文化遗产 资源评分	人均文化旅游 资源评分	人均文化资源 总评分
13	古城	维西	江城	巍山
14	通海	石林	石林	建水
15	香格里拉	姚安	建水	永仁

第二节　云南乡村振兴背景下的文化产业
和文化事业发展状况

一　云南文化产业的发展状况

（一）云南文化产业发展的总体概况

云南文化产业的发展经历了从传统到现代的转型。20 世纪 90 年代中期以来，云南省文化产业政策的演进经历了从认识到实践，再到深化发展的三个阶段①，其趋势也体现在云南省文化及相关产业增加值的变化上。文化及相关产业增加值是指在一定时期内，文化及相关产业在生产过程中创造的经济价值。它是衡量文化产业对国民经济贡献情况的重要指标，反映了文化产业的发展水平和增长速度，是反映文化产业发展情况的直接数据。

图 2-2 详细描绘了云南省 2008~2021 年文化及相关产业增加值及其年增长率的发展趋势。从图中可以观察到，云南文化及相关产业增加值在这段时间内总体呈现稳步上升的趋势，从 2008 年的 109 亿元增长到 2021 年的739 亿元。尽管在某些年份由于客观因素经历了短暂的下降（如 2013 年国家文化及相关产业统计口径的变化和 2020 年疫情的影响），但总体的稳步增长趋势反映了云南省文化产业的持续扩张和发展态势。

与此同时，云南文化及相关产业增加值的年增长率虽然大体上表现出波动性，但大部分年份呈正增长，其中 2009~2011 年增长率尤为显著，分

---

① 牛蓉琴：《云南文化产业政策的演进及路径依赖研究》，硕士学位论文，云南大学，2019。

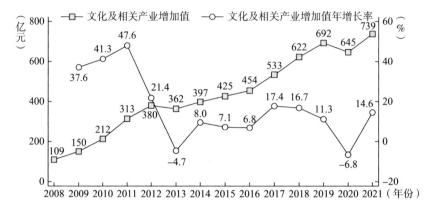

图 2-2 云南省文化及相关产业增加值及其年增长率（2008~2021 年）

资料来源：2012 年及之前的数据，来源于 2008~2013 年的《云南文化产业发展报告》。2012 年之后的数据，来源于 2013~2023 年《中国文化及相关产业统计年鉴》。

别达到了 37.6%、41.3% 和 47.6%。这些年份的高增长率反映了文化产业在经济发展中的重要作用。此外，2017~2019 年的年增长率也很可观，虽然增长速度不及 2009~2011 年，但也分别达到了 17.4%、16.7% 和 11.3%。从统计数据上看，2013 年和 2020 年出现了负增长，其中 2020 年的下降最为明显，增长率为-6.8%，这与疫情有关，文化产业在这一年受到严重冲击。

整体上，云南省的文化及相关产业显示出了强劲的增长潜力，但近些年来增长速度放缓也是不争的事实。2021 年，文化及相关产业增加值的年增长率为 14.6%，略低于疫情前 2018 年的 16.7%。不过，2021 年文化及相关产业增加值年增长率的反弹，也表明了云南文化产业的高弹性和底蕴。随着疫情后的经济恢复，云南省文化及相关产业的增加值继续增长，显示出云南文化产业即使面对全球或国内经济环境变化，其增长势头依然不减，挑战与机遇同在。

（二）云南文化及相关产业发展的县（市、区）特征

为了进一步考察云南各县（市、区）的文化及相关产业发展状况，表 2-4 提供了 2019 年云南省文化及相关产业增加值相关数据，主要关注排名前 20 的县（市、区）的详细数据。选择 2019 年作为报告年份，是考虑到

2020 年的数据受到疫情的影响。表中列出了三个主要指标：绝对值（万元）、人均绝对值（元）和占 GDP 比重（%）。

表中的"绝对值"反映了每个县（市、区）文化及相关产业的总体经济输出。其中排名靠前的主要有昆明的西山、官渡、五华、盘龙等主城区，显示出昆明作为省会城市在文化及相关产业方面的强劲表现。此外，像蒙自、腾冲、红塔等县（市、区）也表现抢眼。滇西地区，尤其是大理、腾冲和隆阳，文化及相关产业增加值的绝对值也较高。

表 2-4　云南省文化及相关产业增加值相关统计排名
前 20 的县（市、区）（2019 年）

排序	县（市、区）	绝对值（万元）	县（市、区）	人均绝对值（元）	县（市、区）	占 GDP 比重（%）
1	西山	551911.03	香格里拉	5790.56	玉龙	13.43
2	官渡	540174.00	西山	5744.60	腾冲	10.73
3	五华	523942.35	蒙自	5515.82	石林	9.55
4	盘龙	477233.20	古城	5067.10	蒙自	8.96
5	蒙自	323214.07	玉龙	5031.23	古城	8.40
6	腾冲	275486.88	盘龙	4830.51	龙陵	7.71
7	红塔	232356.73	五华	4583.58	香格里拉	7.07
8	大理	197069.12	石林	4573.15	瑞丽	6.50
9	麒麟	154089.90	腾冲	4287.80	剑川	6.42
10	古城	146332.13	红塔	3946.69	西山	6.42
11	景洪	143971.58	瑞丽	3671.47	通海	5.76
12	呈贡	131429.92	易门	3563.15	江川	5.36
13	楚雄	125321.68	官渡	3371.28	盘龙	5.32
14	玉龙	112719.31	澄江	3218.50	华宁	5.00
15	隆阳	112187.41	通海	3146.37	景洪	4.80
16	石林	110133.94	龙陵	3113.8	西盟	4.59
17	香格里拉	107943.05	华宁	3061.01	建水	4.42
18	瑞丽	98262.70	江川	2843.77	五华	4.38
19	思茅	92986.30	大理	2555.59	思茅	4.23
20	建水	92802.93	新平	2266.08	大理	4.17

资料来源：云南省统计局，第七次全国人口普查资料及 2020 年《云南文化产业发展报告》。

"人均绝对值"则考量了县（市、区）人口规模与文化及相关产业产出的关系，更能反映文化及相关产业对当地居民生活的实际影响。香格里拉在这个指标上排名第一，其人均绝对值高达 5790.56 元，说明其文化及相关产业对当地居民的经济贡献极大，这与该地区的旅游和文化活动紧密相关。西山区和蒙自市也在人均绝对值上表现突出，位列第二和第三，这反映了这些区域文化资源的丰富性及其产业化状况。

另外，"占 GDP 比重"揭示了各县（市、区）文化及相关产业增加值在县（市、区）范围内的相对重要性。玉龙县以 13.43% 的比重位居第一，说明该县的文化及相关产业在县域经济中占有重要地位。此外，腾冲和石林也分别以 10.73% 和 9.55% 的比重位列第二和第三，反映了这两个县市文化及相关产业的显著贡献。滇中的昆明市各主城区表现强劲，特别是西山区和盘龙区，文化及相关产业对经济的贡献分别达到 6.42% 和 5.32%，显示出这两个区的文化经济活力较强。

综上，我们可以看出云南省文化及相关产业的发展具有明显的地理分布特征，与各地区的经济发展水平和文化资源丰富程度紧密相关。昆明市作为云南省的政治、经济和文化中心，无论在文化及相关产业增加值的绝对值还是占 GDP 的比重上，都保持着领先地位。此外，滇西和滇西北地区，尤其是具有丰富旅游资源的地区如大理、腾冲、古城和香格里拉，文化及相关产业在地方经济中占有较高的比重，显示了文化旅游业对这些区域经济的重要贡献。与此相对，昭通和文山等地的文化及相关产业相对较弱。这种空间分布模式强调了文化产业在促进地区经济发展和文化保护方面的重要作用。

二　云南文化事业的发展状况

（一）云南文化事业发展的总体概况

改革开放以来，云南文化事业发展势头良好。图 2-3 展示了从 1978 年到 2022 年，云南省文化艺术事业和公共文化事业的各项指标的发展情况，包括表演团体的数量、博物馆和公共图书馆的数量。

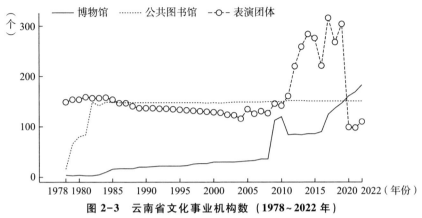

图2-3　云南省文化事业机构数（1978~2022年）

资料来源：《云南统计年鉴（2023）》。

在公共文化事业方面，云南省博物馆的数量从1978年的4个增加到2022年的183个，显示出显著的增长趋势。不仅如此，博物馆的展览数量和参观人次也表现出明显的增长。尤其是从2009年开始，展览数量和参观人次急剧增加，展览数量从2008年的299个增加到2019年的882个，参观人次从2008年的234.10万人次增加到2019年的2409.49万人次。在图书馆方面，统计数据显示，图书馆的借阅人次从1978年的35.8万人次增长到2019年的485.9万人次。这一显著增长表明对图书馆服务的需求和利用率持续上升，反映出公众对知识获取的需求增加以及图书馆服务范围的扩大。

在文化艺术事业方面，可以看出表演团体的数量从1978年的149个增长到2019年的304个。其中，增长速度最快的是2010~2019年。在此期间，艺术表演场次的数量见证了文化设施的持续增加，尤其是在2012~2015年增长最为显著。统计数字还显示，从1978年到2019年，云南的艺术活动和群众文化活动经历了显著的增长和发展。具体来看，演出场次从1978年的0.68万场次增长到2019年的7.57万场次，增长了9.13倍；国内观众观看人次从1978年的975.6万人次增长到2019年的3539.4万人次，增长了1.63倍；办展数量从1978年的0.06万个增长到2019年的0.52万个，增长了6.67倍；培训人次从1978年的1.16万人次增长到2019年的142.87万人次，增长了121.16倍。这些数据反映了云南省艺术活动的普及和受欢迎程度的提高，以及人们对艺术和文化的追求和重视。

（二）云南文化事业发展的县（市、区）特征

在描述文化事业发展状况时，我们通常使用"公共文化投入经费"这个指标。"公共文化投入经费"是评估一个地区或国家文化政策和实施效果的重要指标，它指的是政府为支持和发展文化事业，尤其是公共文化服务领域所拨付的财政资金，通常包括对公共图书馆、博物馆、文化中心、艺术表演团体和其他文化设施的资金支持。它直接影响到文化设施的质量和数量，以及普通公众获取文化服务的机会。

总体上，云南省的公共文化投入总额从 2016 年的 46562.6 万元增加到 2022 年的 50680 万元，表明在这几年间，尽管在地区间投入上有所波动，但云南省对公共文化事业的总体投入仍呈增长趋势。这体现了云南省对提升文化服务和设施水平，以及增进公民文化福祉的承诺。

为了进一步考察云南各县（市、区）的文化事业发展状况，表 2-5 提供了 2019 年云南省公共文化投入经费相关统计数据，突出排名前 20 的县（市、区）。这些数据不仅包括各县（市、区）的文化投入经费绝对值（万元），还有相应的文化投入经费人均值（元），为我们提供了一个全面了解云南省文化资金分配和利用效率的视角。

表 2-5 云南省公共文化投入经费相关统计排名前 20 的县（市、区）（2019 年）

排序	县（市、区）	绝对值（万元）	县（市、区）	人均值（元）
1	石林	2827.00	石林	117.39
2	大理	2724.71	牟定	75.70
3	施甸	1689.35	永平	71.38
4	富宁	1668.81	施甸	57.65
5	呈贡	1642.44	永仁	51.62
6	官渡	1467.37	新平	49.36
7	盘龙	1424.00	峨山	46.77
8	五华	1395.40	富宁	42.05
9	新平	1297.29	双柏	41.83

排序	县（市、区）	绝对值（万元）	县（市、区）	人均值（元）
10	宣威	1281.35	贡山	40.29
11	西山	1273.00	龙陵	39.79
12	永平	1175.10	大理	35.33
13	牟定	1131.24	玉龙	31.54
14	龙陵	1085.35	屏边	25.77
15	安宁	1076.90	呈贡	25.28
16	楚雄	1005.84	弥渡	23.87
17	镇雄	995.00	梁河	23.69
18	隆阳	874.37	东川	22.96
19	禄劝	797.22	安宁	22.26
20	会泽	774.00	昌宁	21.22

从绝对值的角度看，石林县以2827.00万元的投入位居榜首，显示了该县在文化投入上的力度。石林县拥有世界自然遗产地——石林，是一个集自然风光与民族文化于一体的旅游重地，大量的文化投入有助于增强游客的文化体验，同时也有利于促进当地文化的保护与传承。

大理、施甸、富宁和呈贡紧随其后，这些地区的高投入反映了云南省在这些文化或旅游重镇的发展策略。例如，大理因其丰富的历史文化资源和旅游吸引力，持续得到高额的文化资金支持。此外，在昆明市内，呈贡区、官渡区、盘龙区、五华区以及西山区的文化投入力度也较大。这些区域作为昆明市的主要城区，承担着为辖区民众提供公共文化服务的重要职责，包括举办文化活动、维护文化设施等，因此获得了较高的文化投入。

从人均值来看，石林县不仅在总投入上领先，人均文化投入也达到了117.39元，这表明石林县的文化投入不仅总量大，而且人均投入也是领先的。其他地区如牟定、永平、永仁虽然在总投入排名中稍低，但在人均投入上却较高，说明这几个地区尽管总体经费较少，但投入到每个居民的文化服务上的资金却比较充足。

以上这些差异反映了云南省内各县市区在公共文化服务方面的不均衡

发展。一些经济发展水平较高或文化旅游资源丰富的地区，如石林、大理，得到了较多的文化资金投入，以满足旅游发展和地方文化保护的需要。而一些小型县域或经济实力较弱的县市区，尽管总投入不高，但在人均投入上显示出其力求均衡发展的努力。这表明云南省在文化资金分配上尽力兼顾公平与效率，旨在提升全省的文化服务水平和增进居民的文化福祉。

第三节　云南乡村振兴背景下的文化理念与文化态度

云南乡村振兴背景下的文化理念与文化态度强调了文化的核心作用在于推动社区的综合发展和提升乡村的整体生活质量。在这一过程中，文化不仅被视为一种遗产，更是乡村经济和社会发展的重要驱动力。首先，云南作为一个多民族地区，其丰富的民族文化资源是乡村振兴的重要基础。其次，在乡村振兴的过程中，如何处理好经济发展与生态保护的关系是一个挑战。最后，云南的乡村振兴如何努力培养和弘扬文化自信非常关键。这种文化自信的建立不仅有助于保护和传承文化遗产，而且可以通过展示独特的文化特色来增强地区的吸引力，增加当地居民的就业机会，从而缩小城乡差距和防止人才流失。

为此，本节通过分析乡村民众对保护民族文化遗产的态度、对环境保护的态度以及文化自知和自信的程度，来考察乡村振兴背景下的文化理念和态度。本节中的数据来源于"中国乡村社会大调查"的个人问卷和村居问卷。当然，分析的层次依然是县（市、区）层次。

一　云南乡村振兴背景下的文化理念

文化理念可以理解为一种社区或地区共同持有的关于文化价值、传统和行为准则的信念体系。这种理念指导着社区的文化活动、传统的保存与传承，以及对外界变化的适应策略。在乡村振兴的背景下，文化理念尤其关键，因为它直接影响到地区发展的可持续性和居民的生活质量。

云南省的文化理念的核心特征之一是对保护民族文化遗产的重视与对

环境保护的承诺。云南省作为中国多民族聚居的区域，拥有丰富的民族文化遗产和独特的自然生态系统。在乡村振兴的进程中，保护这些文化与自然遗产是一项基本原则。据"中国乡村社会大调查"的数据，在被调查的348个行政村中，有超过一半的村庄位于自然生态保护区或水源保护区内，这不仅凸显了云南省生态保护的紧迫性，也表明文化与生态保护是云南乡村振兴战略中不可分割的部分。

在文化传承与创新方面，云南省致力于在尊重和保护民族传统文化的同时，探索将这些文化元素与现代生活方式融合的途径。同时，处理好经济发展与生态环境保护之间的关系，是云南乡村振兴中的一个持续挑战。云南省通过推广可持续的农业实践、生态旅游和其他绿色发展模式，努力达到经济发展和环境保护的平衡。这种平衡的实现，依赖于对文化和生态价值的深刻理解。

（一）云南文化理念的取向和县（市、区）分布

"中国乡村社会大调查"的个人问卷设置了两道题目，来考察乡村居民对保护民族文化遗产和生态环境的态度。在每道题目中，受访者都被随机分成两组，各自回答不同的问题。问题的差异只在一句话的表述上。对于第一道题，控制组的表述为"假设某村为了增加收入，将该村的少数民族民居改造成了一个商业街。请问您是否赞成该村的做法？"实验组的表述为"假设某村为了增加收入，将该村的少数民族民居改造成了一个商业街，因而失去了少数民族民居的原汁原味。请问您是否赞成该村的做法？"对于第二道题，控制组的表述为"假设某村的村集体企业因排水污染超标，而被环保部门责令关闭。请问您是否赞成环保部门的做法？"实验组的表述为"假设某村的村集体企业因排水污染超标，而被环保部门责令关闭，从而导致许多本村人失业。请问您是否赞成环保部门的做法？"对于每道题，都要求受访者在"非常不赞同"到"非常赞同"之间做出选择。

可以看到，对于每道题，控制组和实验组的问题的差异，只体现在一个转折句上。第一题是"因而失去了少数民族民居的原汁原味"，第二题是"从而导致许多本村人失业"。二者正是这两道题目要考察的核心问题，即

受访者在民族文化的商业化与传承保护之间的选择，以及他们在环境保护和村民就业之间的选择。通过计算每道题目中实验组和控制组之间的均值差异，可以看出不同县（市、区）的受访者在文化理念方面的取向。

表 2-6 显示了对这两道题目在县（市、区）层次上的分析结果。它通过评估云南省各县（市、区）对保护民族文化遗产和环境的态度，显示了这些县（市、区）的受访者在文化和环境保护上的偏好。

在表 2-6 中，"对保护民族文化遗产的态度"测量了各县（市、区）受访者对于保证民族文化传统和遗产"原汁原味"传承的重视程度。"对保护民族文化遗产的态度"均值越高，越倾向于保证民族文化遗产如少数民族民居的传承纯粹性而非走商业化道路。例如，姚安、泸西、德钦等地在保护民族文化遗产方面的态度评分较高，说明这些地区的受访者更倾向于保护和维持其文化传统和遗产的完整性，而不是追求商业化或经济开发。

与之类似，"对环境保护的态度"反映了他们对在就业与环境保护之间权衡的倾向。"对环境保护的态度"均值越低，则越倾向于环境保护而非村民就业。例如，姚安、鹤庆、腾冲等地在"对环境保护态度"方面的均值较低，反映了当地民众认为环境保护比就业机会更重要。

通过计算"对保护民族文化遗产的态度"与"对环境保护的态度"之间的差值，我们可以确认不同县（市、区）的受访者的总体文化理念，即可以洞察哪些县（市、区）的受访者更倾向于文化遗产保护和环境保护，而非商业化和经济就业。较大的正差值表明一个地区更倾向于文化遗产的保护和环境保护，而较小的正值或负值则可能表明民族文化资源的商业化和本地的民众就业被看作更加紧迫或重要的问题。例如，姚安的差值最大，表明该县的居民相对于经济发展的实用主义倾向，特别重视民族文化遗产和环境的保护。

总之，表 2-6 中的最后一列的取值可能指示两种不同的文化理念。一种取向可以被视为"文化生态保护主义"，它强调文化和环境的保护优于短期的经济利益，认为文化的持续性和生态的健康是地区长远发展的基石。这体现为某些县（市、区）的居民倾向于维护他们独特的民族文化遗产和自然环境。例如，德钦县和泸西县的高得分反映出居民对于保持地区原有文化和环境的完整性有强烈的意愿，他们优先考虑文化遗产的完整性和生态环境的保护。

相反，较小的正值或负值揭示了一种"经济发展实用主义"的取向，有这种取向的居民可能更重视经济机会的创造和就业机会的提供。在这种文化理念下，经济的快速发展可能被视为优先事项，即便这可能以牺牲文化遗产的完整性或环境的健康为代价。例如，宾川和西盟的低得分可能反映了该地民众在面对经济发展与文化、环境保护的选择时，更倾向于支持经济发展和增加就业机会。

这种不同的文化理念和态度反映了云南省乡村振兴和文化遗产保护战略的复杂性和多样性。各县（市、区）之间在保护民族文化遗产和环境与经济发展之间的权衡方面表现出显著差异，这需要政策制定者在制定地方发展战略时进行细致的考量，以确保文化和环境的可持续性与地区经济的健康发展能够并行不悖。这种平衡的实现不仅对于保护地区的文化遗产和自然环境至关重要，也是确保地方长期繁荣和居民幸福的关键。

表 2-6　对保护民族文化遗产和保护环境的态度在云南省各
县（市、区）的分布（CRSS 2023 年）

排序	县（市、区）	对保护民族文化遗产的态度	对环境保护的态度	总体文化理念：二者差值
1	姚安	1.05	0.02	1.03
2	泸西	0.76	0.13	0.63
3	德钦	0.83	0.22	0.61
4	鹤庆	0.63	0.06	0.57
5	兰坪	0.64	0.20	0.44
6	盐津	0.39	-0.04	0.43
7	腾冲	0.56	0.16	0.40
8	巍山	0.66	0.30	0.36
9	大理	0.69	0.33	0.36
10	沧源	0.79	0.47	0.32
11	永善	0.52	0.24	0.28

续表

排序	县 （市、区）	对保护民族文化遗产的 态度	对环境保护的 态度	总体文化理念： 二者差值
12	新平	0.26	0.01	0.25
13	马关	0.62	0.38	0.24
14	麒麟	0.41	0.18	0.23
15	澜沧	0.31	0.09	0.22
16	盈江	0.45	0.23	0.22
17	建水	0.61	0.40	0.21
18	龙陵	0.74	0.57	0.17
19	河口	0.56	0.39	0.17
20	永仁	0.56	0.40	0.16
21	盘龙	0.44	0.28	0.16
22	武定	0.71	0.62	0.09
23	贡山	0.62	0.57	0.05
24	凤庆	0.13	0.10	0.03
25	陆良	0.54	0.51	0.03
26	宁蒗	0.50	0.50	0.00
27	巧家	0.32	0.35	-0.02
28	弥渡	0.42	0.44	-0.02
29	元阳	0.30	0.32	-0.02
30	云龙	0.55	0.58	-0.03
31	勐腊	0.47	0.54	-0.07
32	宁洱	0.15	0.22	-0.07
33	红河	0.37	0.50	-0.13
34	沾益	0.64	0.78	-0.14
35	瑞丽	0.46	0.61	-0.15
36	临翔	0.28	0.56	-0.28
37	金平	0.31	0.62	-0.31
38	施甸	0.17	0.51	-0.34
39	澄江	0.06	0.57	-0.51
40	禄劝	0.10	0.81	-0.71
41	西盟	0.02	0.80	-0.78
42	宾川	-0.06	0.75	-0.81

注：按照不同县（市、区）在二者均值上的差异从高到低排序。数据已加权。

（二）云南文化理念取向的空间分布

图 2-4 对表 2-6 最后一列关于总体文化理念的评分，做了地理空间上的刻画。其中不同颜色的区域代表了受访者对总体文化理念的不同倾向。颜色最浅的区域表示受访者更倾向于"文化生态保护主义"，这通常意味着这些区域的居民强调文化遗产和环境的保护，而颜色最深的区域则表示受访者更倾向于"经济发展实用主义"，在这些地区，经济发展和就业可能被视为比文化保护更为紧迫的问题。

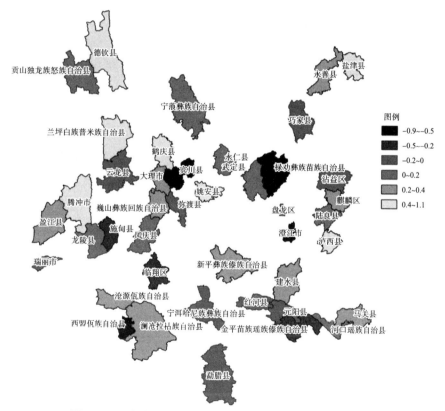

图 2-4　云南省文化理念的空间分布示意（CRSS 2023 年）

从图 2-4 中可以看出，滇西地区，尤其是德钦、大理和腾冲等区域，颜色最浅，说明这些地区的文化理念倾向于保护丰富的民族文化和生态资源。这些区域由于其独特的自然风光和文化背景，已经成为知名的旅游目的地。这样的地理和文化特征使得当地社区更可能支持"文化生态保护主义",从而推动实施保护环境及民族文化的活动。

相对地,图中颜色较深的区域,如昆明的一些区县和云南东部的一些地区,显示出"经济发展实用主义"的倾向。这可能反映了这些地区面临经济发展压力,居民可能更支持将文化和自然资源用于促进经济增长和就业,而对传统文化和环境保护的重视度相对较低。

整体来看,图2-4的空间分布示意图清晰地标示了云南省内不同地区在总体文化理念上的差异,这种差异不仅与地区的经济发展水平和市场需求有关,也与各地区的文化遗产和自然环境密切相关。

二 云南乡村振兴背景下的文化态度

(一)云南的文化振兴与文化态度

在云南省乡村振兴的过程中,文化产业和文化旅游的发展能影响村民的文化态度,包括文化自知、文化自信和文化自强。通过文化产业的发展以及文化旅游的推广,村民们能对如何利用本地的文化资源产生更多的认知,也逐渐建立起对本地文化的深刻理解和自豪感。这种自豪感和认同感促使村民们更加积极地参与到文化的保护和传承中,增强了他们对文化价值的认知和自信。

根据"中国乡村社会大调查"的数据,云南的348个行政村中有110个行政村开展了文化产业或文化旅游项目。在这110个行政村中,有70个行政村开发了文化体验项目,有80个行政村对现有的文化项目进行了升级和包装。此外,有39个行政村引进了新的文化项目,也有62个行政村积极向外地展示和宣传其文化项目。

这些文化产业或文化旅游项目,显著地增强了云南乡村居民的文化自知和自信。表2-7基于"中国乡村社会大调查"数据,详细展示了云南省行政村中文化产业或文化旅游项目对村民文化态度的影响。其中,文化自知指的是村民对本地特色文化的了解程度,包括对本村是否有特色文化的认知以及对这些文化的理解情况。它由两个问题测量,分别是"我觉得本村有特色文化"(如果有赋值1分)、"我了解本村的特色文化"(如果比较同意或非常同意，赋值 2 分）。这两个问题的得分相加，构成了文化自知维度的得分。文化自信指的是村民对本地文化价值的认同和对本村文化发展满意度的感知，也由两个问题测量，分别是"我认为本村的特色文化很有价值"（如果比较同意或非常同意，赋值 3 分）和"我认为本村的文化发展得很好"（如果比较同意或非常同意，赋值 4 分）。同样，这两个问题的得分相加，构成了文化自信维度的得分。文化态度总评分则由这四个问题的得分相加而来，总分为 10 分，分数越高表明受访者文化自知和文化自信的程度越高。

表 2-7　村庄是否有文化产业或文化旅游项目（CRSS 2023 年）

村庄项目	文化自知	文化自信	文化态度总评分
是否有文化产业或文化旅游项目	0.344 ***	0.845 ***	1.189 ***
是否开发了文化体验项目	0.266 ***	0.717 ***	0.984 ***
是否引进了新的文化项目	0.202 ***	0.608 ***	0.810 ***
是否到外地进行了展示和宣传	0.031 *	0.220 *	0.251 *

注：表中的数字为有文旅项目的村庄和没有文旅项目的村庄在文化态度上的差值。*** $p<0.001$，** $p<0.01$，* $p<0.05$（双尾检验）；村庄项目相关内容来自对正文 4 个问题的详细拆解。

表 2-7 通过使用统计学的 t 检验方法，具体测量了文化自知、文化自信以及文化态度总评分的差异。结果显示，拥有文化产业或文化旅游项目的村庄在这些方面的得分显著高于没有这些项目的村庄。从具体数字来看，存在文化产业或文化旅游项目的村庄，在文化自知和文化自信的得分上都有显著的提升。文化自知得分的差异为 0.344（$p<0.001$），而文化自信得分的差异更为显著，达到 0.845（$p<0.001$）。表明这类项目不仅增强了村民对本地文化的认识，也大幅提高了他们对本村文化价值的自信。

进一步地，开发了文化体验项目的村庄和引进了新的文化项目的村庄在提升文化自知和文化自信方面同样有效，但效果略低于拥有文化产业或文化旅游项目的村庄。具体来说，开发文化体验项目的村庄在文化自知上的差异为 0.266（$p<0.001$），在文化自信上的差异为 0.717（$p<0.001$）；引进新的文化项目的村庄在这两个维度的得分也有显著提升，差异分别为 0.202（$p<0.001$）和 0.608（$p<0.001$）。

而对于到外地进行展示和宣传的项目，虽然在提升文化自知和自信方面的影响相对较小，但仍算显著（文化自信差异为0.220，$p<0.05$）。说明这类活动虽然能增强一定的文化自信，但对于增强村民的文化自知可能效果有限。

总的来说，表2-7明确显示了文化产业和文化旅游项目对云南村民的文化自知、自信以及整体文化态度有显著的正面影响。这种影响不仅表现在直接参与文化活动的村庄层面，也涵盖了通过这些文化项目间接受益的社区成员。这些发现强调了文化产业和文化旅游在乡村振兴和文化保护策略中的重要性。

（二）云南文化态度的县（市、区）分布与文化理念之间的关系

图2-5进一步展示了云南省不同县（市、区）受访者的文化态度总评分分布情况。该评分作为对受访者文化自知和文化自信程度的综合测量结果，反映了村民对本地文化的自知、自信和对文化活动参与程度的综合态度。

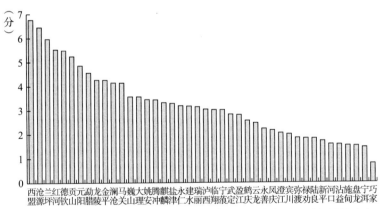

图2-5　云南省文化态度总评分的县（市、区）分布（CRSS 2023年）

从图中可见，县（市、区）间的文化态度评分存在显著差异。西盟、沧源、兰坪、红河、德钦等地的评分位于榜单的头部（超过4分），显示出这些地区的乡村居民在文化自知、自信以及文化活动参与上的积极态度。在中部的评分区域，如巍山、大理、姚安和腾冲等地，其文化态度评分也较高,但与头部的几个地区相比有所下降。评分较低的地区如巧家、宁洱、盘龙和施甸等乡村居民可能对本地文化的认知较低,参与文化活动的意愿和文化自信可能不足。

图 2-5 的结果可能部分地反映了不同取向的文化发展理念。事实上,文化态度总评分与"对保护民族文化遗产的态度"的相关系数达到了 0.274 ($p = 0.000$),与文化理念变量的相关系数也有 0.144 ($p = 0.007$)。表 2-8 显示了不同取向的文化理念在文化自知、文化自信和文化态度总评分上的均值及其差异。从该表可以看出,在文化自知、文化自信和文化态度总评分上,倾向于"文化生态保护主义"的县(市、区)得分普遍高于"经济发展实用主义"倾向的县(市、区)。具体来说,文化自知的均值在"文化生态保护主义"中为 0.915,而在"经济发展实用主义"中为 0.881;文化自信的均值在"文化生态保护主义"中为 2.233,在"经济发展实用主义"中为 2.157;而文化态度总评分在前者中为 3.149,在后者中为 3.039。这些差异均达到统计学上的显著性,表明倾向于文化生态保护主义的县(市、区)在培养居民的文化自知、自信和综合文化态度上更为成功,也说明注重文化价值和生态保护能够显著增强文化自知和文化自信。

表 2-8 不同取向的文化理念在文化态度上的均值及其差异 (CRSS 2023 年)

	文化生态保护主义	经济发展实用主义	二者差值
文化自知	0.915	0.881	0.034 ***
文化自信	2.233	2.157	0.076 ***
文化态度总评分	3.149	3.039	0.110 ***

注: *** $p < 0.001$, ** $p < 0.01$, * $p < 0.05$ (双尾检验)。

第四节 云南乡村振兴背景下的文化类型学

一 云南乡村振兴背景下文化类型学的构建方法

云南作为一个多民族地区,其民族文化资源丰富多元,现代化、城镇化、市场化进程对云南民族传统文化保护传承的冲击不言而喻。乡村振兴战略的实施为云南民族文化传承、创新、发展带来了新的挑战和机遇。在乡村振兴的背景下，构建基于云南的文化类型学是理解和推动乡村文化发展的关键。文化类型学的构建方法涉及对云南省丰富多样的文化形态及其推进过程进行系统分类和分析，以便更好地理解各种文化资源的特性和潜在价值，并据此制定有效的文化保护和振兴策略。

（一）云南文化类型学的维度选择

在云南乡村振兴的背景下，构建文化类型学需要更为全面的维度选择。传统上，云南的文化类型学研究主要集中于文化资源的描述和分类。特别是在探讨"云南模式"时，研究的核心的关注点通常都在文化资源上。[①] 这种依赖于文化资源的分类方法可能忽视了政府、市场、社区及个人等多个主体以及文化发展理念等因素在文化产业的形成和发展中的重要作用。

随着乡村振兴战略的推进，文化资源的开发与利用越来越依赖于多方面的主体参与和多元化的经济活动，因此，对云南文化类型学的维度选择也应该更加具有综合性和动态性。首先，除了关注文化资源的内容和形式外，还应该关注文化资源的管理和运营模式。这包括政府如何制定政策、提供资金和技术支持，促进文化资源的保护和合理利用。其次，市场的角色也至关重要。应该分析市场机制如何影响文化产品的创造、生产和消费，包括研究消费者对云南特色文化产品的需求、文化企业的市场策略，以及市场竞争对文化传统的影响和可能带来的变革。

此外，社区和个人的参与也是文化类型学维度选择的重要方面。社区和个人不仅是文化传承的基本单元，也是文化创新的活跃因素。研究这两种要素如何参与到文化活动中，其在文化传承与创新中扮演的角色，以及这两种要素如何通过参与文化活动来提高生活质量和经济水平，是构建云南文化类型学的重要维度。

最后，文化发展理念也是不可或缺的重要维度。它反映了一个地区如

---

① 闫秀娟：《云南文化产业发展模式探究》，硕士学位论文，云南大学，2011。

何看待文化与经济发展之间的关系，以及在面对全球化和现代化挑战时，如何平衡传统与创新。在云南的文化发展理念中，平衡传统与创新是关键的考量因素。这个理念主要关注如何在保持传统文化精髓的同时，接纳和融合新的文化元素，以适应不断变化的社会和经济环境。对于云南这样一个拥有丰富多样文化资源的地区来说，如何利用这些资源促进经济发展，同时又不牺牲其文化的独特性和完整性，是文化发展中的一大挑战。

可以说，政府的政策、资金投入和规划引导是文化产业发展的关键，市场需求和商业模式的创新可以为文化产业提供新的增长点，社区和个人的参与则是文化传承的基础。这两种要素的参与互动是激发文化活力的源泉。文化理念的形成与传播则是激发创新和维持文化多样性的引擎。在乡村振兴战略中，文化理念的重要性体现为如何有效地将传统文化元素与现代化需求相结合，促进文化资源的创新使用。因此，对云南文化类型学进行维度选择时，需要在关注文化资源的同时，在不同的文化理念下，将政府、市场、社区和个人等主体因素及其互动考虑进去，不然容易陷入"只见文化资源不见人"的误区。

图 2-6 描绘了云南乡村振兴中文化类型学的维度选择，展示了从文化资源出发，如何通过政府政策、市场机制、社区参与以及个人支持等多个维度综合推动文化的保护、传承与创新。这个框架强调了文化资源不仅是被动保存的对象，而且是在多方主体的互动中不断演化的活跃实体。通过政府的引导与资助，市场的需求和竞争，以及社区和个人的日常实践，文化资源得以在传统与现代之间找到平衡，实现其在当代社会中的价值与功能。其中，文化理念在这个模型中扮演着核心角色，它不仅连接了所有其

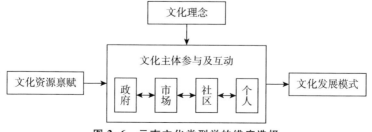

图 2-6 云南文化类型学的维度选择

他维度，还指导了这些维度的具体实践与发展方向。它是推动文化活动和政策落地的理论基础，影响着政府如何制定文化政策，市场如何响应文化产品的需求，以及社区和个人如何参与和支持文化的传承与创新。

（二）云南文化类型学的指标构建

在图 2-6 的框架下，构建云南文化类型学的指标涵盖了三个核心维度：文化资源禀赋、文化主体参与及互动，以及文化理念（见表 2-9）。

首先，文化资源禀赋是基础维度之一，它通过评估不同县（市、区）的物质文化遗产资源、非物质文化遗产资源和文化旅游资源的广度和深度来构建。每个资源类型都会被赋予一个分值，这些分值最终汇成一个综合的文化资源总评分。这个评分反映了每个县（市、区）在文化资源方面的丰富程度和文化活力。

其次，涉及政府、市场、社区和个人这些关键主体的参与及互动，是理解文化资源管理和推广的重要维度。政府的参与通过公共文化投入经费的多少来衡量，它反映了政府对文化发展的支持程度。市场的参与则通过文化及相关产业增加值来评估，这个指标显示了文化产业在地区经济中的贡献和市场活力。社区参与程度通过调查每个县（市、区）行政村（社区）内是否存在文化产业或文化旅游项目来衡量，这反映了基层文化活动的普及度和社区居民对文化活动的参与积极性。个人的参与则用文化态度总评分来反映其文化自知和文化自信的程度。

最后，文化理念维度通过分析不同县（市、区）居民的总体文化理念评分来定义。这一评分不仅反映了居民对文化的看法和价值观，还区分了倾向于"文化生态保护主义"和"经济发展实用主义"的文化理念。这种评分有助于我们理解文化政策和实践可能受到哪些文化价值观的驱动，以及这些文化价值观如何影响文化资源的保护和利用。

这些指标的综合分析不仅帮助我们了解到云南文化类型的多样性和特色，还为云南的文化类型学提供了一套实用的分析工具，有助于我们理解云南乡村振兴背景下的文化动态和潜力。

表 2-9　县（市、区）层次上文化类型学的指标构建及统计描述

单位：分，万元，个

维度	指标	均值	标准差	N
文化资源禀赋	物质文化遗产资源评分	68.605	77.831	129
	非物质文化遗产资源评分	65.783	63.145	129
	文化旅游资源评分	204.271	218.431	129
	文化资源总评分	338.659	314.095	129
文化主体参与及互动	政府：公共文化投入经费	437.107	482.606	129
	市场：文化及相关产业增加值	53252.17	99655.774	129
	社区：文化产业或文旅项目情况	1.147	0.746	42
	个人：文化态度总评分	3.23	1.469	42
文化理念	总体文化理念评分	0.078	0.372	42

表 2-9 总结了上述指标体系，并对县（市、区）层次上构建的文化类型学的指标，进行了综合的统计描述。从该表中可以看出，在文化资源禀赋维度上，物质文化遗产资源评分的均值为 68.605 分，标准差为 77.831 分，这表明物质文化遗产的分布在各县（市、区）之间存在较大差异，一些县（市、区）可能拥有丰富的遗产资源，而其他县（市、区）则相对较少。非物质文化遗产资源和文化旅游资源的均值和标准差则显示出类似的差异性。

在文化主体参与及互动维度上，政府的公共文化投入经费均值为 437.107 万元，标准差为 482.606 万元，显示出在不同县（市、区）之间政府投入的不均衡。在市场方面，文化及相关产业增加值的均值相当高，达到 53252.17 万元，但标准差极大（99655.774 万元），这表明某些县（市、区）的文化产业表现出强劲的经济活力，而其他县（市、区）则较为落后。社区参与文化产业或旅游项目的均值（1.147 个）和个人文化态度总评分的均值（3.23 分）则提供了社区和个人在文化活动中的活跃度的量化指标。

在文化理念维度上，文化理念评分的均值为 0.078 分，标准差为 0.372 分，这一指标可能反映了县（市、区）居民在文化保护与发展观念上的差异，尤其是在"文化生态保护主义"与"经济发展实用主义"之间的取向上。

（三）云南文化类型学的分析方法

在云南乡村振兴的背景下，构建文化类型学的分析方法尤为重要。本节综合采用两种方法进行分析。首先，由于分析单位为县（市、区），样本量较少，分析方法之一是将表2-9中的各种指标用于对县（市、区）进行分组。这种分组可以基于文化资源禀赋、文化主体参与及互动，以及文化理念等不同维度的数据进行。根据云南省的具体情况，我们通过散点图来观察双变量的分布，观察不同的县（市、区）分类，总结出具有代表性的县（市、区）类型。

第二种方法是采用潜在类别分析（Latent Class Analysis，LCA）。潜在类别分析是一种基于概率模型的分类方法。在云南文化类型学的构建中，LCA可以帮助我们识别存在于数据中的潜在类别，它们可能代表不同的文化发展模式或文化资源利用策略。通过对表2-9中的各指标数据进行潜在类别分析，可以揭示哪些县（市、区）在文化资源禀赋、文化主体参与及互动，以及文化理念上存在相似性，从而归入同一类别。这种方法有助于我们客观地识别和描述云南省不同县（市、区）在文化类型上的异同，进而为制定差异化的文化振兴策略提供依据。

结合这两种方法，我们可以更精确地对云南省各县（市、区）的文化现状进行评估和分类。

二　文化社会学视野下的云南各县（市、区）的类型特征

（一）云南文化资源的类型

在云南省的文化类型学分析中，三种文化资源的相关系数矩阵显示，文化旅游资源的评分与物质和非物质文化遗产资源的评分之间的相关系数是最大的。具体来说，文化旅游资源的评分与物质文化遗产资源的相关系数为0.649（$p=0.000$），与非物质文化遗产资源的相关系数为0.527（$p=0.000$）。为此，我们首先控制文化旅游资源评分，来探索物质文化遗产资源和非物质文化遗产资源的县（市、区）分布。

图2-7通过两幅散点图展示了在文化旅游资源评分高于及低于平均值的

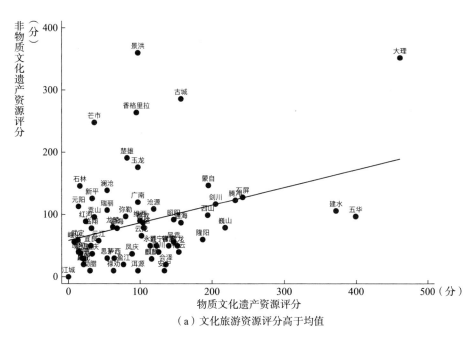

（a）文化旅游资源评分高于均值

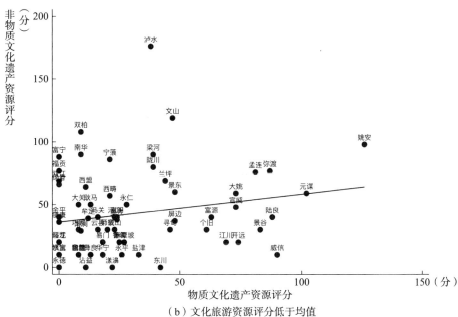

（b）文化旅游资源评分低于均值

图 2-7　云南文化旅游资源的散点情况

情况下，物质和非物质文化遗产资源的分布情况。图中，横轴表示物质文化遗产资源评分，而纵轴代表非物质文化遗产资源评分。图中的回归线揭示了两者间的趋势关系。

图 2-7a 描绘的是文化旅游资源评分高于均值的县（市、区）分布情况，一些地区如建水、五华具有丰富的物质文化遗产资源，另一些地区如景洪、古城、香格里拉具有丰富的非物质文化遗产资源，同时评分较高的只有大理。大部分县（市、区）的物质文化遗产资源和非物质文化遗产资源评分都不算很高。相对地，图 2-7b 则展示了文化旅游资源评分低于均值时的情形，这些县（市、区）的文化资源评分普遍较低。同时可以看到，它们的物质文化遗产资源和非物质文化遗产资源评分多集中在 100 分以内，都不高。

（二）云南文化资源与政府及市场的互动类型

图 2-8 通过两幅散点图展示了云南省文化资源评分与政府及市场指标之间的关系。图 2-8a 展示了文化资源评分与公共文化投入经费之间的关系。从图中可以看出，随着公共文化投入经费的增加，文化资源评分也普遍呈现上升趋势。该图还显示，建水、古城、香格里拉等县（市、区）的文化资源评分较高，但公共文化投入经费并不高。

图 2-8b 则关注文化资源评分与文化及相关产业增加值占 GDP 比重的关系。与图 2-8a 类似，我们也可以观察到随着文化及相关产业增加值占 GDP 比重的增加，文化资源评分也有所提升。回归线的上升趋势进一步证实了文化资源的丰富度与其经济价值之间存在正相关关系。一些县（市、区），如腾冲、古城、香格里拉的文化资源评分和文化及相关产业增加值占 GDP 比重都很高。

除了双变量的散点图分布，表 2-10 报告了对云南文化资源和与政府及市场互动相关指标进行潜在类别分析的结果。这里共有 5 个变量进入模型，分别是物质文化遗产资源评分、非物质文化遗产资源评分、文化旅游资源评分、公共文化投入经费以及文化及相关产业增加值占 GDP 比重。所有变量都分为三类：1 = 低于 50% 的百分位数，2 = 50% ~ 90% 的百分位数，3 = 90% 以上的百分位数。这三类分别代表了每个变量的低、中、高分布。

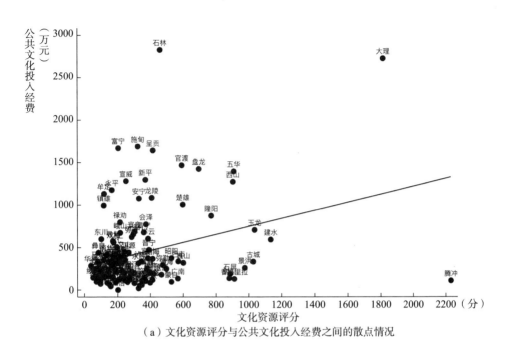

（a）文化资源评分与公共文化投入经费之间的散点情况

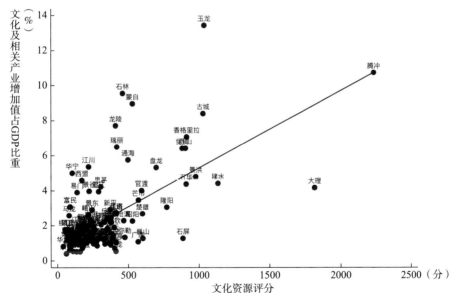

（b）文化资源评分与文化及相关产业增加值占GDP比重之间的散点情况

图2-8　云南文化资源与政府及市场互动相关指标的散点情况

表 2-10　对云南 129 个县（市、区）文化类型的潜在类别分析

变量	潜类 1	潜类 2	潜类 3	潜类 4	潜类 5
物质文化遗产资源评分					
低	0.5722	0.0919	0.2457	0.0001	0.0901
中	0.0145	0.5406	0.2673	0.1397	0.0378
高	0.0000	0.0743	0.0009	0.9244	0.0004
非物质文化遗产资源评分					
低	0.4088	0.3032	0.2721	0.0128	0.0032
中	0.2113	0.2858	0.2268	0.1940	0.0821
高	0.0052	0.0065	0.0190	0.6730	0.2963
文化旅游资源评分					
低	0.5838	0.2133	0.1823	0.0000	0.0206
中	0.0122	0.3962	0.3448	0.1227	0.1241
高	0.0000	0.0120	0.0018	0.9841	0.0021
公共文化投入经费					
低	0.3345	0.1506	0.3639	0.1381	0.0129
中	0.2872	0.4005	0.1205	0.1073	0.0845
高	0.1389	0.3018	0.0240	0.3307	0.2046
文化及相关产业增加值占 GDP 比重					
低	0.4719	0.4411	0.0649	0.0185	0.0036
中	0.1500	0.1183	0.4603	0.1504	0.1210
高	0.0002	0.0017	0.1248	0.7692	0.1042
总计	0.2963	0.2682	0.2309	0.1438	0.0608

　　模型选择的结果（如需要模型选择表，可联系笔者）显示，5 个潜类中的数值是估计出的最佳结果。该模型的 BIC 为 -344.8，Entropy 为 0.69，样本量为 129 个县（市、区）。从表 2-10 中可以看出，潜类 4 代表的是各类文化资源都很丰富，同时又具有很高比重的文化及相关产业增加值（0.7692）的县（市、区），它们的公共文化投入经费较高（0.3307）。潜类 5 代表的是一部分非物质文化遗产资源丰富（0.2963）但物质文化遗产资源和文化旅游资源都不够丰富的县（市、区），它们的公共文化投入经费较高

（0.2046），不过文化及相关产业增加值占 GDP 的比重中等。这两类县（市、区）有较好的文化资源，但一种类型是物质文化、非物质文化和旅游文化资源都非常丰富，文化产业发展也较好，公共文化投入经费也较多；另一种类型是非物质文化资源比较好，但文化产业发展为中等水平，公共文化投入经费则较多。

与之相对，潜类 3 代表的是一部分有一定文化资源，文化产业发展水平中等，但公共文化投入经费少的县（市、区）。潜类 2 代表的是一部分有一定文化资源，文化产业发展得一般，但公共文化投入经费中等的县（市、区）。潜类 1 代表的是那些文化资源较为匮乏，文化产业发展得较差，但有一定公共文化投入经费的县（市、区）。

从这些分类中可以看出云南省不同县（市、区）在文化资源和文化经济发展上的多样性。潜类 1 的县（市、区）虽然文化资源较匮乏且文化产业发展不佳，但有一定的公共文化投入经费，表明这些县（市、区）具有丰富文化资源的潜力。对于这类县（市、区），政策制定者应该考虑如何有效利用现有的公共资金，通过引入更多的文化项目和活动来促进文化资源的挖掘和文化产业的活跃。潜类 2 和潜类 3 的县（市、区）均有一定程度的文化资源与较好的文化产业发展或者公共文化投入。对于这些县（市、区），可能需要进一步发挥市场机制的作用，提高文化产品和服务的市场竞争力，同时确保公共资金的有效投入，以保证文化活动的持续性和质量。

潜类 4 的县（市、区）因其文化资源丰富且文化产业发展良好，是乡村文化振兴的代表性地区。这些县（市、区）应该被视为模范，其成功的经验可以为其他县（市、区）提供宝贵的借鉴。此外，政府可以考虑增加对这些县（市、区）的公共投入，以扩大其文化项目的规模和影响力。潜类 5 的县（市、区）虽然非物质文化遗产资源丰富，但物质文化遗产资源和文化旅游资源较为欠缺，文化及相关产业增加值占 GDP 比重不高，这提示我们需要多方面的策略来挖掘不同类型的文化资源。对这些县（市、区）而言，加大对非物质文化遗产的保护力度是关键，同时也需要寻找新的方法来增强物质文化遗产资源和文化旅游资源的吸引力与可访问性。

三　小结

在探索云南乡村文化振兴背景下文化类型学的整体图景中，本章提出了几个关键性的发现。首先，文化资源的分布呈现出显著的多样性和地域性特征，其中物质文化遗产资源、非物质文化遗产资源、文化旅游资源在不同县（市、区）之间分布不均，影响了各县（市、区）在文化振兴上的路径选择和发展模式。特别是，一方面某些县（市、区）如腾冲和大理的丰富文化资源吸引了大量的旅游和文化投资，而另一方面许多县（市、区）在文化资源上十分匮乏，使得对这些地区文化资源的开发和保护成为潜在需求。这体现了云南省文化资源的集中与分散的双重现象。

其次，对云南乡村文化产业和文化事业的发展进行的探讨表明，云南的文化产业发展不仅受到文化资源种类和丰富程度的影响，而且深受当地政府政策和市场机制的驱动。尤其在某些县（市、区）中，文化产业已成为推动经济发展的重要力量，表现为文化及相关产业的增加值显著提升。然而，文化产业的发展并不均衡，部分地区因缺乏有效的政策支持和市场开发策略而未能充分利用其文化资本。

再次，基于"中国乡村社会大调查"数据对文化理念和文化态度的分析，文化理念在云南省不同县（市、区）间存在显著差异，这些差异与地区文化遗产保护、文化传承与创新活动紧密相关。较强的文化自知和文化自信态度有助于推动文化遗产的保护和文化产业的发展。尤其在某些拥有丰富非物质文化遗产的县（市、区），强烈的文化自信和积极的文化态度有效促进了当地文化旅游和手工艺品市场的繁荣。

最后，通过潜在类别分析，本章还揭示了乡村振兴背景下云南不同文化类型县（市、区）的存在，这些类型反映了县（市、区）在文化资源禀赋、公共文化投资、文化及相关产业增加值和文化理念之间的动态平衡。例如，一些县（市、区）在具有丰富文化资源的同时，也显示出了较高的文化及相关产业增加值，这暗示了一种有效的资源利用和文化产业推广策略。相反，也有县（市、区）尽管文化资源丰富但未能有效转化为经济增长的潜力，揭示了文化资本转化的不足。

这些发现为理解云南乡村文化振兴的复杂性和层次性提供了重要视角，强调了政策制定者在制定支持措施时需要考虑地域文化特性和资源禀赋的独特性。通过深入的分析，本章不仅丰富了关于乡村文化振兴的学术讨论，也为实践中的政策制定和文化策略实施提供了数据支持和理论依据。

（三）不同文化理念下云南文化资源与多主体互动的类型

表 2-10 的分析仅考虑了文化资源与政府及市场的互动，没有将社区、个人及文化理念因素包含进来。通过将表 2-10 使用的文化数据与"中国乡村社会大调查"的数据进行整理合并，我们可以得到县（市、区）层次上的更多指标（见表 2-11）。

图 2-9 首先对文化资源总评分与新增加的三个指标，即文化理念评分、文化产业或文旅项目得分以及文化态度总评分进行了散点图的描述。三幅图的结果很相似，文化资源总评分看起来与文化理念评分、文化产业或文旅项目得分以及文化态度总评分之间，并没有很强的相关关系，特别是后面的两个指标。相关系数矩阵的结果显示，文化资源总评分与文化理念评分的相关系数为 0.217（$p = 0.001$），比其他两个指标的相关系数都要大。考虑到这一结果，在对 42 个县（市、区）进行潜在类别分析时，笔者没有再放入文化产业或文旅项目得分以及文化态度总评分这两个指标。

表 2-11　文化资源评分与新增指标的相关系数矩阵

变量	（1） 文化资源 总评分	（2） 文化理念 评分	（3） 文化产业或 文旅项目得分	（4） 文化态度 总评分
（1）文化资源总评分	1.000	—	—	—
（2）文化理念评分	0.217	1.000	—	—
（3）文化产业或文旅项目得分	0.179	0.092	1.000	—
（4）文化态度总评分	0.058	0.144	0.488	1.000

表 2-12 报告了对云南文化资源与文化理念等相关指标进行潜在类别分析的结果。这里共有 4 个变量进入模型，分别是文化资源总评分、公共文化

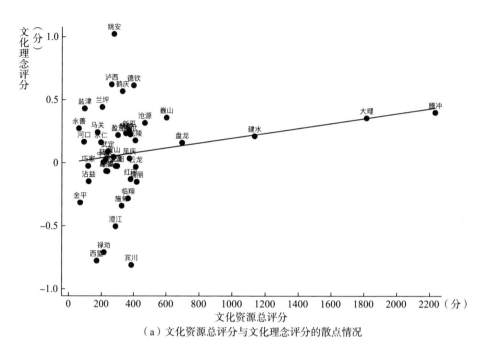

（a）文化资源总评分与文化理念评分的散点情况

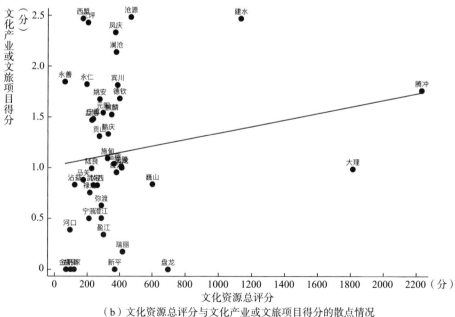

（b）文化资源总评分与文化产业或文旅项目得分的散点情况

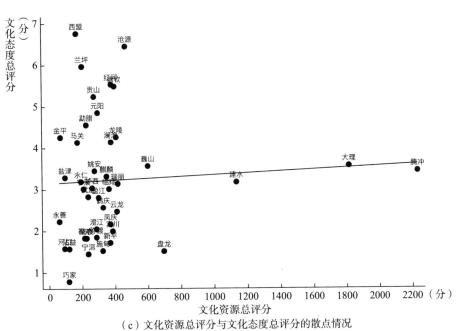

（c）文化资源总评分与文化态度总评分的散点情况

图 2-9 云南文化资源总评分与文化理念、文化产业或文旅项目

及文化态度相关指标的散点情况

投入经费、文化及相关产业增加值占 GDP 比重和文化理念评分。前 3 个变量可分为三类：1 = 低于 50% 的百分位数，2 = 50% ~ 90% 的百分位数，3 = 90% 以上的百分位数。这三类分别代表了每个变量的低、中、高分布。最后一个变量为二分类：0 = "经济发展实用主义"取向，1 = "文化生态保护主义"取向。

表 2-12 对云南 42 个县（市、区）文化发展类型的潜在类别分析

变量	潜类 1	潜类 2	潜类 3	潜类 4	潜类 5	潜类 6
文化资源总评分						
低	0.0165	0.5417	0.3964	0.0454	0.0000	0.0000
中	0.5197	0.0310	0.0576	0.1983	0.0930	0.1003
高	0.0008	0.0000	0.0000	0.0000	0.6406	0.3585
公共文化投入经费						
低	0.2260	0.3379	0.1719	0.2621	0.0021	0.0000

续表

变量	潜类 1	潜类 2	潜类 3	潜类 4	潜类 5	潜类 6
中	0.4268	0.1152	0.2123	0.0006	0.2218	0.0234
高	0.0056	0.0001	0.0015	0.0000	0.0225	0.9702
文化及相关产业增加值占 GDP 比重						
低	0.5076	0.0879	0.2989	0.0061	0.0002	0.0994
中	0.0047	0.5142	0.0081	0.3134	0.0808	0.0788
高	0.0000	0.0017	0.0000	0.2483	0.7498	0.0002
文化理念评分						
经济发展实用主义	0.1632	0.0332	0.4410	0.2913	0.0002	0.0711
文化生态保护主义	0.3836	0.3315	0.0074	0.0229	0.1640	0.0907
总计	0.2975	0.2149	0.1768	0.1278	0.1000	0.0830

模型选择的结果（如需要模型选择表，可联系笔者）显示，6 个潜类中的数据是估计出的最佳结果。该模型的 BIC 为 -20.5，Entropy 为 0.84，样本量为 42 个县（市、区）。从表 2-12 中可以看出，潜类 5 代表的是一部分文化资源丰富（0.6406），同时具有很高比重的文化及相关产业增加值（0.7498）的县（市、区），其文化理念偏向于文化生态保护主义，但它们的公共文化投入经费比较一般。潜类 6 代表的是一部分文化资源丰富（0.3585）、公共文化投入经费较高（0.9702）的县（市、区），但它们的文化及相关产业增加值占 GDP 的比重低，文化理念方面也没有明显的偏向。这两类县（市、区）有较好的文化资源，但一种类型是文化产业发展得非常好，文化理念偏向于文化生态保护主义；另一种类型是公共文化投入经费比较多。

与之相对，潜类 1 代表的是一部分文化资源中等、文化及相关产业增加值占 GDP 比重低，公共文化投入经费适中的县（市、区），其文化理念偏文化生态保护主义。潜类 4 代表的是一部分文化资源中等，文化及相关产业增加值占 GDP 比重中等，公共文化投入经费少的县（市、区），其文化理念偏经济发展实用主义。

另外，潜类 2 代表的是一部分文化资源较为匮乏，文化及相关产业增加值占 GDP 比重中等，公共文化投入经费较少的县（市、区），其文化理念偏文化生态保护主义。潜类 3 代表的是那些文化资源较为匮乏，文化及相关产业增加值占 GDP 比重低，公共文化投入经费中等的县（市、区），其文化理念偏经济发展实用主义。

从这些结果可以看出，文化资源的丰富程度、文化及相关产业增加值占 GDP 比重、公共文化投入经费的高低以及文化理念的差异在云南各县（市、区）之间产生了复杂的交互影响。这种交互影响不仅展示了文化资源管理和开发策略的多样性，而且反映了不同文化政策对于地区文化活动和经济发展的影响。潜类分析显示，各县（市、区）间在文化资源的开发和保护、公共文化投入经费的分配以及文化及相关产业增加值占 GDP 比重方面存在显著差异。

例如，潜类 5 和潜类 6 的县（市、区），虽然都拥有较丰富的文化资源，但它们在文化及相关产业增加值占 GDP 比重和公共文化投入经费的分布上有显著差异。潜类 5 的县（市、区）在保护文化资源和推动文化产业发展方面取得了较好的成效，这可能得益于其较强的文化生态保护意识和相对均衡的公共文化投入。而潜类 6 的县（市、区）尽管公共文化投入经费高，但文化产业的经济贡献相对较低，可能表明这些县（市、区）需要进一步优化资源配置，提高文化投资的效率，以激发文化产业的经济潜力。

潜类 1 和潜类 4 的区别在于文化产业发展水平和公共文化投入经费的对比，显示了文化资源与经济实用主义之间的张力。潜类 1 的县（市、区）可能需要更多的创新和支持策略，以便更有效地利用其中等程度的文化资源，推动文化和经济的协同发展。与此同时，潜类 4 的县（市、区）虽然在文化产业发展上表现尚可，但这种发展是在相对较低的公共文化投入下实现的，突出了市场驱动的文化策略和经济实用主义的影响。

潜类 3 和潜类 2 的县（市、区）则揭示了文化资源匮乏与文化投资效率之间的关系。潜类 3 的县（市、区）虽然文化资源不丰富，但能够通过适度的公共文化投入和市场活动来部分弥补资源短板，推动文化产业的发展。相对而言，潜类 2 的县（市、区）在公共文化投入和文化产业发展方面都表现平平，这提示需要更有针对性的政策介入，加强文化资源的开发和文化活动的组织工作，以激发区域文化潜力和增强文化吸引力。

通过这种潜类分析，我们可以更细致地理解云南各县（市、区）在文化资源管理、文化产业发展和公共文化政策实施中的异同，这对于制定更为精准和有效的地区文化振兴策略至关重要。这也表明，在推进乡村振兴的过程中，不仅要关注文化资源的保护和利用，还要充分考虑地方的实际条件和文化需求，以确保文化发展与经济增长之间能够实现更好的平衡和互补。

第三章　乡村内生动力与云南乡村文化振兴实践

第一节　内生动力与云南乡村文化振兴的意义与构建

一　乡村内生动力的重要内涵

习近平总书记和党中央高度重视激发贫困人口和乡村发展的内生动力。2012 年 12 月习近平总书记在河北省阜平县考察扶贫开发工作时指出："贫困地区发展要靠内生动力，如果凭空救济出一个新村，简单改变村容村貌，内在活力不行，劳动力不能回流，没有经济上的持续来源，这个地方下一步发展还是有问题。一个地方必须有产业，有劳动力，内外结合才能发展。最后还是要能养活自己啊！"① 2018 年 2 月习近平总书记在打好精准脱贫攻坚战座谈会上的讲话中又指出："坚持群众主体，激发内生动力。脱贫攻坚，群众动力是基础。必须坚持依靠人民群众，充分调动贫困群众积极性、主动性、创造性，坚持扶贫和扶志、扶智相结合，正确处理外部帮扶和贫困群众自身努力关系，培育贫困群众依靠自力更生实现脱贫致富意识，培养贫困群众发展生产和务工经商技能，组织、引导、支持贫困群众用自己辛勤劳动实现脱贫致富，用人民群众的内生动力支撑脱贫攻坚。"② 2021 年 2 月习近平总书记在全国脱贫攻坚总结表彰大会上强调，要坚持调动广大贫困群众积极性、主动性、创造性，激发脱贫内生动力。③

① 《全面建成小康社会重要文献选编》（下），人民出版社，新华出版社，2022，第 696 页。
② 《习近平谈治国理政》第 3 卷，外文出版社，2020，第 152 页。
③ 《习近平著作选读》第 2 卷，人民出版社，2023，第 440 页。

乡村振兴是新时代推进中国式现代化的重要内容,习近平总书记针对推进乡村振兴战略中发展的能力、内生动力的系列重要论述,对当下全面推进乡村振兴的实践进程具有重要的理论价值和实践意义。一方面,内生动力强调尊重村民的主体地位,既需要物质支持和外部环境基础,也需要发展精神与发展能力相结合;另一方面,培育内生动力不仅要培育贫困群众的内生动力,还需要培育贫困地区地方政府的内生动力。[1] 此外,自 2016年中央一号文件《关于落实发展新理念加快农业现代化 实现全面小康目标的若干意见》明确提出"增强农村发展内生动力"起,连续 6 年的中央一号文件都对中国乡村的内生发展提出了明确要求。由此可见,自脱贫攻坚到乡村振兴时期,中国乡村发展的内生动力问题长期在国家顶层设计的政策层面得到强调。

关于内生动力的研究涉及社会学、经济学和管理学等多学科领域。社会学视域下的乡村发展内生动力主要是指在乡村发展和变迁中,农民作为行动主体是主要的驱动力,尤其"农民作为行动主体的选择是发展和变迁的主因"[2],而内生发展视角对乡村振兴的启发在于要实现内外部资源的整合利用、以地方居民为核心的多元主体共同参与及激发参与主体的乡村认同。[3] 近年来,亦有学者提出将自上而下的外生发展模式和自下而上的内生发展模式相结合,采取"上下联动、内外共生"的新内生发展模式,以应对乡村振兴时期的内生发展困境。[4] 乡村文化振兴是乡村振兴的灵魂,在乡村文化振兴中,必须增强农民的主体意识,充分发挥农民的主体作用,激活乡村文化建设的内生动力。[5]

① 王晓毅、梁昕、杨蓉蓉:《从脱贫攻坚到乡村振兴:内生动力的视角》,《学习与探索》2023 年第 1 期。
② 李培林:《乡村振兴与中国式现代化:内生动力和路径选择》,《社会学研究》2023 年第 6 期。
③ 张文明、章志敏:《资源·参与·认同:乡村振兴的内生发展逻辑与路径选择》,《社会科学》2018 年第 11 期。
④ 文军、刘雨航:《迈向新内生时代:乡村振兴的内生发展困境及其应对》,《贵州社会科学》2022 年第 5 期。
⑤ 黄永林、吴祖云:《乡村文化建设中农民主体意识建构与作用发挥》,《理论月刊》2021 年第 3 期。

二 培育内生动力对乡村文化振兴的现实意义

乡村文化振兴不仅要对乡村传统文化进行保护和传承，更重要的是要激发乡村的自我发展能力，让乡村成为文化创新和社会发展的主体，培育乡村内生动力对乡村文化振兴具有重要意义。

首先，乡村内生动力的培育有助于促进乡村文化的自我更新与创新，增强乡村社区的凝聚力。乡村社会能够依托自身的历史、文化资源，结合现代科技与文化创意，不断进行文化创新，如此便能形成具有地域特色的现代乡村文化。这种文化不仅能够吸引外来的关注和参与，更重要的是能够激发乡民的文化自信和归属感，促进社区凝聚力和向心力的增强。当乡村社区能够自主地开展文化活动、节日庆典、传统技艺传承等，社区成员会因共同参与这些文化实践活动而增强彼此间的情感联系，认同感和自豪感得以增强。这种凝聚力是乡村社区抵御外来冲击、维持和谐稳定的重要社会资本。

其次，培育乡村内生动力，可以有效提升乡村的自我发展能力，增强乡村的文化自信。乡村文化的振兴和创新能够带动乡村旅游、手工艺品、特色农产品等相关产业的发展，这不仅能够为乡村带来经济收益，更重要的是能够提高乡村对外部变化的适应能力和自我调整能力，形成可持续发展的经济和社会结构。乡村内生动力的培育对于增强乡村的文化自信也具有不可忽视的作用。文化自信是乡村振兴的重要基础，通过弘扬乡村独有的历史文化、乡土文化和民间艺术，乡村社区不仅能够保护和传承珍贵的文化遗产，更能在此基础上进行创新发展，形成独特的乡村文化品牌，从而增强文化自信。

最后，培育乡村内生动力，特别是加强乡村文化建设，能够有效推动乡村治理的现代化。乡村文化的活跃和丰富有助于增强村民的文化素质和社会责任感，促进乡村社会治理模式的创新，例如通过文化引导形成良好的公共秩序、社会风气和自治机制，实现乡村治理的有效性和民主性。培育乡村内生动力对于乡村文化振兴具有深远的意义。它不仅能够促进乡村文化的保护与传承，更重要的是能够激发乡村发展的新动力，推动乡村经济社会实现全面发展，为实现乡村全面振兴提供文化支撑和动力源泉。

三 云南乡村文化振兴的内生动力构建

云南省作为地处我国西南边陲的省份，其乡村文化振兴具有独特的地理、民族和文化特点。与全国其他省份相比，云南省的民族文化具有多样性，这些民族的文化遗产和传统技艺是云南省乡村文化振兴的重要特色和优势，而优美的自然风光为乡村旅游和文化活动提供了良好的背景。此外，云南省与缅甸、老挝和越南三国接壤，拥有多个边境口岸，这使得云南省的乡村文化振兴在对外开放、文化交流和合作方面具有独特的区位优势。脱贫攻坚战取得的显著成就，不仅为乡村振兴提供了坚实的基础，也在精神文化层面注入了活力。基础设施的完善、产业的发展、社会公共服务水平的提升、生态环境的建设、人才的储备和培养、组织和制度的创新、文化的传承与发展以及精神面貌的提升，对乡村振兴具有重要的推动作用。在乡村振兴大背景下，内生式发展与云南乡村振兴战略具有高度的适配性，探索云南省脱贫攻坚经验与乡村振兴有效衔接的创新路径和模式有重要的价值与意义。内生动力的培育是保护和传承云南丰富多元乡村文化的关键，有助于推动云南乡村经济的可持续发展，促进乡村社会的和谐稳定，提升云南乡村的文化软实力和竞争力。此外，中华民族作为多元一体的共同体与乡村内生动力相互依存、相互促进，一体多元为乡村内生动力的形成提供了土壤以及坚实的社会基础，国家统一和民族团结作为一体性的核心，为乡村社会创造了稳定和谐的发展环境，这也是乡村内动力得以孕育和发展的前提。

本章基于内生动力构建起县域发展的分析框架，主要包括内涵界定、发展目标设定和可持续发展路径选择等方面。县域单位与内生动力存在密切的契合性与适应性。首先，内生动力强调发展的目标不只是改造乡村，更重要的是改造人，因为人的改变使乡村振兴成为可能。而县域视角的发展更加注重乡村农民要以本地的技术、产业、文化为基础，以本地区的市场为主要发展对象。其次，内生动力要促成农民的自主性，以共同解决农村的公共议题，包括制度性的、服务性的以及空间性的所有议题。这和县域发展注重的社会基础设施、乡村文化等内容相得益彰，都是致力于解决乡村社会的整体性难题。最后，内生动力强调区域内的各相关利益主体要在共识性基础上去追求符合本地发展规律的科学规划及资源优化配置，而县域的社会价值也是通过不断促进农村社会经济发展，进而实现乡村的高质量发展。因此，在内涵界定上，以县域为单位的内生发展取向强调立足于县域本土，考虑县域内各个乡村的实际情况和差异，统筹规划乡村发展，将内外资源相融合，寻求可持续发展的方式。

在发展目标设定上，本章从县域实施乡村振兴的内生动力方面展开探讨，以期提供一种综融取向的发展借鉴。其一，乡村文化振兴仍是要将人作为主体性对象，强调在乡村发展中尊重农民的主体地位，发挥他们的积极性和创造力；其二，关注文化产业的关键性，把握文化产业在乡村振兴中的重要地位和带动作用，重视文化产业的培育和发展；其三，要实现公共服务可及性，确保农民能够享受到基本的教育、医疗、文化等公共服务；其四，实现农民的自助性，鼓励农民通过自助、互助等方式积极参与乡村发展，提高自身的生活水平和推动文化振兴的能力。

乡村文化振兴的本质是乡村文化现代化，即通过一系列的策略和行动，推动乡村文化的现代化进程，实现乡村文化的传承和创新。因此，在可持续发展路径选择上，既要考虑内部推动力，即农民的需求和利益，确保他们积极参与并高度认同文化振兴的发展成果，也要考虑外部资源推动力，如政策、资金、技术等外来系统的推动和支持，为乡村提供发展所需的资源和机会，助力乡村实现跨越式发展。从可持续发展的角度来看，创新是乡村文化内生发展的重要驱动力，需要不断引入新的理念、技术和模式，推动乡村文化的创新发展（见图3-1）。

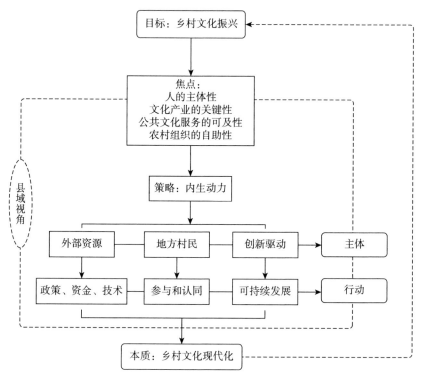

图 3-1　云南乡村文化振兴的内生动力构建

第二节　云南乡村文化振兴的内生动力分析

在县域发展中，内生动力表现为以县域内部资源为基础，通过挖掘和培育县域内部的创新能力、人力资源、产业优势等要素，实现经济的自我驱动和自我提升。这种发展方式强调内部资源的有效整合和外部资源的积极联动，以及县域内部的创新和变革。依据"中国乡村社会大调查"的相关结果，现阶段云南乡村文化振兴的内生动力在很大程度上是人们的美好生活需要在日益增长之后出现了文化需求的转型，一方面既需要文化人才运用他们的智慧对传统文化进行传承创新，另一方面，这些文化作为社会发展的见证和乡愁记忆的寄托也需要保护与传承，以满足人们日益增长的文化需求。

一　农民文化需求的转变推动

文化需求作为农民美好生活需求的重要组成部分，它的变化反映了农民文化心理和诉求的改变。随着社会经济的快速发展和乡村振兴战略的实施，云南乡村的农民文化需求发生了显著变化。这种需求的转变反映了农民生活水平和文化素养的提高，为乡村文化的内生发展提供了新的动力和方向。一般来讲，农民的文化需求建立在其现实生活基础之上，经济收入水平直接影响着他们的文化需求状况。当农民的经济收入提高时，其文化需求必将发生相应的变化。经济收入的增加成为驱动农民文化消费心理、观念及行为变迁的关键要素。在经济收入提升的基础上，农民获得了额外的消费能力和资源，从而更倾向于将增加的收入投入到文化消费领域。农民往往会根据自身的经济状况，挑选那些具有个性化、多样化、高质量、高水平的文化产品和服务，以满足自己的精神文化生活需求。此外，基于文化主体意识的觉醒，农民开始自觉地关注自己的文化需求问题，在构建自己与文化关系的过程中对自己所需的文化形式和内容有了更清醒和更理性的需求，在目标确立和实现的过程中推动了文化需求的变化。[①]

另外，乡村文化是建立在村庄自然环境、知识和价值体系之上的整体文化系统。在现代化和城镇化背景下，乡村有别于城市的独特景观、接近自然环境的地理优势以及多样化趣味化的生产生活方式将越来越具有稀缺性，其转化为文化产品并为乡村带来其他经济价值的潜力也越来越大，成为乡村文化价值实现的重点领域，公共交通和互联网的发展是乡村文化经济价值的放大器。[②] 乡村文化体系中仪式、礼仪以及其他许多道德文化元素与乡村居民的集体意识紧密联系，成为乡村社会建设的内核，对于发展乡村社会事业至关重要。此外，乡村居民的低碳生活方式、集约化利用自然资源的生产模式不仅是乡村本身的生态资源管理的实践基础，更为社会的绿色发展带来启迪，成为乡村文化生态价值的重要呈现。

---

① 吕宾：《当代中国农民文化需求变化：特点、原因与对策》，《理论月刊》2022 年第 4 期。

② 左停：《乡村全面振兴视域下乡村文化的独特价值》，《人民论坛》2024 年第 6 期。

二　乡村文化资源的坚实基础

　　云南丰富的乡村文化资源为乡村内生发展奠定了坚实的基础。截至
2022 年，云南省有四级文物保护单位 5007 项，其中全国重点文物保护单位
170 项，省级文物保护单位 389 项，州（市）级文物保护单位 1018 项，县
（市、区）级文物保护单位 3430 项。[①] 有 A 级景区 624 家，生态旅游景区占
总数的 72%。[②] "中华老字号" 26 个，"云南老字号" 122 个，"昆明老字
号" 57 个。[③] 可以说民族文化的多样性为云南的乡村文化注入了丰富的内
容。例如，傣族的泼水节、彝族的火把节等，这些传统节庆和文化活动不
仅是促进民族认同的重要载体，也是吸引游客和促进文化交流的重要资源。
为乡村内生发展提供了独特的品牌和市场吸引力。云南乡村拥有丰富的传
统手工技艺，如景颇族的织锦、哈尼族的制陶、傣族的竹编等。这些技艺
不仅是文化遗产的重要组成部分，也是乡村经济的重要支柱，传统技艺的
传承和创新为乡村内生发展提供了重要的途径。此外，传统技艺的保护和
发展还可以推动乡村文化产业的形成与壮大。通过建立手工艺品合作社、
举办传统技艺展览和培训班，可进一步激发当地居民的积极性和创造力，
形成以传统文化为基础的产业链，推动乡村经济的多元化发展。云南的乡
村每年都会举办各种丰富多彩的民俗节庆活动，这些活动不仅是当地居民
庆祝传统的重要时刻，也是展示乡村文化魅力的重要平台。例如，傣族的
泼水节、彝族的火把节、纳西族的三月街等，民俗节庆的文化旅游潜力为
乡村内生发展提供了广阔的空间。云南的乡村不仅拥有丰富的文化资源，
还拥有得天独厚的自然生态环境。例如，红河哈尼梯田、香格里拉的高原

---

① 《〈云南省 "十四五" 文物保护和科技创新工作实施方案〉政策解读》，云南省人民政府网
站，2022 年 4 月 20 日，https://www.yn.gov.cn/zwgk/zcjd/bmjd/202204/t20220420_240975.
html。
② 《云南有 A 级景区 624 家，生态旅游景区占总数的 72%》，云南省文化和旅游厅网站，2024
年 5 月 22 日，https://dct.yn.gov.cn/html/2405/22_34795.shtml。
③ 《云南省商务厅对省政协第十三届一次会议第 097 号提案的答复》，云南省商务厅网站，
2023 年 8 月 30 日，https://swt.yn.gov.cn/articles/44658。

牧场、西双版纳的热带雨林等，这些自然景观与当地居民的生产生活方式密切相关，形成了独特的生态文化，生态文化的保护与利用为乡村内生发展提供了重要的条件。

三　文化人才的重要主体作用

文化人才是指在文化艺术、文化教育、文化管理、非物质文化遗产保护等领域具有专业知识和技能的人士。他们不仅在文化创作和传播方面具备较高的素养，而且在文化资源的挖掘、保护、开发和利用中发挥着关键作用。在乡村内生发展中，文化人才能够系统地保护和传承传统文化，同时通过创新将传统文化与现代元素相结合，创造出具有时代特征的文化产品，在文化产业的各个环节中起到主导作用，从文化产品的创意设计、生产到市场推广，均离不开他们的专业知识和技能。通过文化教育和培训，文化人才可以提高乡村居民的文化素养和艺术欣赏水平，丰富他们的精神生活。此外，文化活动和文化建设能够增强乡村社区的凝聚力和向心力，文化人才在其中扮演着组织者和引导者的角色。

云南作为一个多民族聚居地，拥有丰富的文化资源，这为培养和吸引文化人才提供了得天独厚的条件。截至 2022 年 6 月，云南有国家级非遗代表性传承人 125 人，省级非遗代表性传承人 1419 人，州（市）级非遗代表性传承人 3568 人，县（市、区）级非遗代表性传承人 12563 人，项目及传承人总数位居全国前列。[1] 文化人才通过收集、整理和研究乡村的传统文化遗产，推动传统文化的保护与传承，也利用现代科技和创意手段，将传统文化元素与现代艺术相结合，开发出具有市场竞争力的文化产品和服务。如大理白族的扎染技艺历史悠久，当地通过引入文化创意人才，将传统扎染技艺与现代设计相结合，开发出一系列时尚的扎染产品，走向了国内外市场。这不仅传承了这一传统技艺，还创造了大量的就业机会；再如红河哈尼梯田是云南省的重要文化景观，通过引入专业的文化保护和旅游开发

---

① 《文化和自然遗产日｜云南非遗，"活"起来，"传"下去》，云南省文化和旅游厅网站，2022 年 6 月 12 日，https://dct.yn.gov.cn/html/2206/12_22066.shtml。

人才，对梯田进行系统的保护和规划开发，不仅保护了这一珍贵的文化遗产，还通过发展生态旅游业，增加了当地农民的收入，推动了乡村经济的发展。

2015 年以来，云南艺术学院、云南大学、大理大学、云南技师学院、云南文化艺术职业学院 5 所院校完成了 40 期 1311 人次的中国非遗传承人研修培训，这些传承人通过策划和组织文化旅游活动，将文化资源转化为旅游资源。如香格里拉以其独特的藏族文化和自然景观吸引了众多游客，通过引入文化旅游人才，香格里拉在文化旅游开发方面进行了创新，通过建设藏文化博物馆、举办传统藏族节庆活动、开发文化主题旅游线路等，极大地提升了当地的旅游吸引力和经济效益。与此同时，文化人才通过开展文化教育和培训，提高了乡村居民的文化素养和艺术欣赏水平，同时通过组织文化活动，增强了社区的凝聚力和向心力。以国家"三区"（边远贫困地区、边疆民族地区和革命老区）人才支持计划文化工作者专项工作为例，2013 年至 2022 年，该计划"累计为云南全省 110 个"三区"县及以下文化单位选派文化工作者 8904 名，为基层培养文化人才 1835 名，实施人才服务短期项目 14.9 万个，开展服务 2.3 万人次"。① 由此，云南文化人才作为推动乡村内生发展的重要主体，在传统文化的保护与传承、文化创新与创意产业发展、文化旅游产业开发、文化教育与社区建设等方面发挥着关键作用。

四 乡村文化生态守护的价值需要

在全球化与现代化的双重冲击下，乡村文化面临着前所未有的挑战。作为中国的文化多样性宝库之一，云南的乡村文化尤其具有独特的价值和意义。对乡村文化生态的守护，不仅是对传统文化的一种尊重和保护，更是推动云南乡村文化振兴的重要内生动力。第一，云南的乡村文化生态不仅体现了各民族独特的审美观念、价值观念和生活方式，还构成了云南丰富多彩的文化景观。守护乡村文化生态，就是守护这种文化多样性，让各

---

① 《文旅人才工作成果亮相第六届云南国际人才交流会》，云南省文化和旅游厅网站，2022 年 11 月 16 日，https://dct.yn.gov.cn/html/2211/16_26338.shtml.

种文化在相互尊重、相互借鉴中共同发展。比如白族建筑以"三坊一照壁""四合五天井"而著称，讲究对称和协调，墙面装饰常见彩绘和雕刻。建筑风格体现了白族人对家庭和睦、社会和谐的追求。第二，云南的乡村文化中蕴含着丰富的生态智慧和生态伦理，如尊重自然、顺应自然、保护自然等。这对于指导现代生态文明建设具有重要意义。守护乡村文化生态，就是守护这种生态智慧和生态伦理，为生态文明建设提供精神支撑和文化动力。比如，在纳西族的宗教文化中，东巴艺术扮演着重要角色。东巴艺术包括东巴文字、东巴经卷、东巴文学、东巴音乐、东巴舞和东巴绘画等形式。这些艺术形式不仅体现了纳西族对自然的敬畏，还展示了他们对人与自然、人与社会及人类自身问题的探索和哲理性思考。例如，东巴绘画中常出现的自然元素，如山川河流、动植物等，都是纳西族宗教仪式和日常生活中不可或缺的部分。第三，乡村文化生态的守护，可以激发乡村居民的文化自信心和自豪感，增强他们的凝聚力和向心力。同时，乡村文化生态还可以为乡村旅游等产业提供独特的文化资源和文化内涵，推动乡村经济的发展和繁荣。

五　开放与包容的文化态度

云南乡村文化振兴的内生动力，还根植于开放与包容的文化态度中。开放与包容的文化态度让云南乡村不再封闭，而是主动地与外界进行文化交流，积极地吸纳国内的先进文化理念，不断丰富和提升村民的文化素养。换言之，开放与包容的文化态度使云南能够获得资金、技术、人才支持等，为内生动力提供必要的资源，激发和引导内生动力的发展。此外，开放的态度还促进了传统乡村文化与现代元素的融合，激发了文化创新的活力，为乡村振兴注入了源源不断的动力。1996 年中央确定上海市对口帮扶云南省，沪滇协作已经 28 年（截至 2024 年），通过产业合作、就业帮扶、消费带动，累计实施 13800 余个帮扶项目。[①] 通过项目合作、资源共享等方式，

---

① 《沪滇携手书锦绣 山海相约写新篇》，上海市人民政府网站，2024 年 4 月 19 日，https://www.shanghai.gov.cn/nw31406/20240419/588fa58ce89946cbb024f277f1c86992.html。

云南乡村与外部资源建立了良好的合作关系，进一步推动了文化振兴的进程。

开放与包容的结合，也为云南乡村文化产业的结构优化提供了可能。在探讨如何利用上海这一大平台实现文化振兴的过程中，楚雄彝绣——被誉为"绣在布上的艺术"——提供了一个具有说服力的案例。楚雄彝绣能够在历经千年发展之后，从深山走向全国乃至迈上世界舞台，上海这一大平台的支撑作用不容忽视。2018年，楚雄彝绣得益于沪滇文化帮扶资金的支持，成功推动了包括楚雄民族服装服饰产业化、国际化在内的四个项目的发展。紧接着在2019年，楚雄彝绣的特色成衣服饰在上海时装周上亮相，这不仅展示了其独特的艺术魅力，也为品牌的市场推广迈出了重要一步。同年9月，楚雄彝绣更是在纽约曼哈顿进行了展示，从而将其文化影响力扩展至国际领域。自2020年起，楚雄彝绣又先后在法国、意大利等多个国家进行展示和销售，其实现了从地域性手工艺到国际知名品牌的华丽转变。这一过程充分证明了云南文化的开放包容以及外生动力的作用，借助上海这一国际大都市的平台，其成功实现了文化的振兴与传播，展现了传统文化在现代社会中的新生与发展。[1]

第三节　内生动力与云南乡村文化振兴的运作机理

一　坚持以县域为单位的整体发展取向

中国现代社会科学中将县域作为调查研究单位至少可以追溯到李景汉主持的"定县社会调查"[2]，而以县域为研究对象、基本单元，是观察中国社会总体性问题的一个新视角，全面推进乡村振兴战略，"县域"是关键环节。[3] 县域作为相对完整的地理和社会经济单元，能够更有效地整合区域内

---

① 任俊锰：《沪滇共谋新发展　携手打造新典范》，《解放日报》2023年7月13日。
② 狄金华：《县域发展与县域社会学的研究——社会学的田野研究单位选择及其转换》，《中国社会科学评价》2020年第1期。
③ 杨发祥、郭科：《县域视角下乡村振兴的理论框架及行动方略》，《西北农林科技大学学报》（社会科学版）2022年第5期。

的文化资源、资金、人才等要素，实现资源的优化配置和高效利用。而县域政府作为政策执行主体，能够更直接地接触和了解乡村实际情况，更全面地挖掘和保护乡村传统文化，制定出更符合乡村发展需求的文化振兴政策，并进行有效的监督和评估。

县域既是经济共同体，也是福利共同体，最终体现为县域的社会共同体。[①] 云南乡村文化振兴坚持以县域为单位的内生发展取向，就是强调利用县域内的资源和优势以及县域治理和政策支持，通过自我驱动实现乡村文化振兴。2022 年，云南全省 129 个县（市、区）中，地区生产总值大于 100 亿元的有 93 个，地区生产总值大于 500 亿元的有 12 个。[②] 一批优势明显、特色鲜明、功能完善、生态优美的"县域跨越发展先进县""县域跨越发展进位县""云南省美丽县城"脱颖而出。

（一）强化县域主体建设

主体是实现乡村内生发展的关键要素和基础依托，只有当主体发展足够成熟、内部具有强劲活力、拥有自主实践能力时，才能在乡村发展过程中不自觉地整合资源、文化、行动以及结构等多重关系要素，推动乡村从不断失血迈向赋能增效。因此，主体建设对于县域整体的可持续性建设、乡村文化振兴的推进有极为重要的意义。云南省巧家县曾是云南省 88 个扶贫开发重点县和 27 个深度贫困县之一，全县有 179 个贫困村，在基层治理及文化发展过程中存在较为突出的问题。如基层党组织在引领乡村文化发展方面的作用不够显著，部分村民的主动性不足，村民之间缺乏有效的合作与协调，基层组织的凝聚力仍需加强。同时，志愿服务组织和文化活动组织在乡村较为匮乏，导致基层文化建设的整合程度不足。为此，巧家县从主体建设角度探索应对措施，首先，发挥党建引领作用，凸显党员先锋模范作用，推动青年党员参与乡村规划建设，以及组织党支部结对共建提升引领水平；其次，加强意识引导，开展爱国主义、自强、诚信、感恩教

---

① 王春光：《县域社会学研究的学科价值和现实意义》，《中国社会科学评价》2020 年第 1 期。
② 《春游云南正当时，解锁县域旅游"流量密码"》，工人日报百度百家号，2023 年 3 月 24 日，https://baijiahao.baidu.com/s?id=1761257394219339448&wfr=spider&for=pc。

育，充分挖掘安澜古镇文化、剿匪红色文化，总结发扬白鹤滩精神；最后，深入挖掘和开发本土特色人文景观：开千古闭塞之江——白鹤驿道、悬崖百年古树——神秘福树、蜀雨滇云朝甲第——车坪彝族土司府及大寨烈士陵园红色资源，着力形成富有底蕴的特色大寨文化。

（二）完善内外协同的县域体制机制

完善内外协同的县域体制机制是推动县域高质量发展的关键。一方面，内外协作能有效激发乡村内部文化发展的活力。实施乡村振兴战略以来，云南省出台了一系列推动乡村文化振兴的政策，如《云南省"十四五"文化和旅游发展规划》《云南文化和旅游强省建设三年行动（2023—2025 年）》《关于加快推动旅游高质量发展守护好云南旅游金字招牌的意见》《茶马古道和北回归线两条国家步道总体规划》，围绕"有一种叫云南的生活"，讲好云南故事传播云南声音，由上到下，将上层战略落实到地方的具体实践中去。此外，各地方结合实际情况制定差异化的发展政策和措施，确保政策的针对性和有效性。另一方面，引入外部专业力量提升文化产业运作效率，借鉴发达地区经验，完善内部治理体系。如巍山县历史文化厚重，民族风情浓郁，美食众多，其通过借鉴企业合作方新宣传理念、新运营模式，立足巍山资源禀赋，充分利用巍山小吃节、火把节等形式，助推巍山小吃产业发展，进一步擦亮"中国名小吃之乡"名片，将外部支持的"输血"效益转化为内生发展的"造血"能力。

（三）强化县域公共文化服务

公共文化服务体系是为确保群众基本文化权利的实现而进行的制度设计和体系建设，其目的在于丰富群众精神生活，传播先进文化，不断满足人民群众的文化需求，保障群众的基本文化权益。具体包括为实现上述目的而存在的各种公益性文化机构、文化设施、文化队伍、文化网络及其服务内容等。而公共文化服务保障机制是其必不可少的组成部分，是解决公共文化服务体系构建过程中出现的问题，促进公共文化服务体系持续、稳定、健康发展，落实人民群众基本文化权益的具体内容和内在要求。"十三五"期间，云南省累计建成公共图书馆 151 个、文化馆 149 个、乡镇文化站

1430个、村级综合文化服务中心13442个、农家书屋13994个、国门书社19个，文化惠民示范村235个、农村文化产业合作社300个。可见，公共文化服务是提升县域文化素质和社会文明程度的重要保障。

2022年，云南省文化和旅游厅等3部门共同确定了30个项目作为云南省公共文化服务高质量发展典型案例。以普洱市澜沧县为例，澜沧县的大歇场是拉祜族、彝族等少数民族杂居村寨，隶属澜沧县糯扎渡镇雅口村。作为昔日茶马古道上的重要驿站，因常有往来马帮在此歇脚过夜而得名。少数民族杂居、马帮往来、长期刀耕火种等历史，使不同民族的文化、马帮文化在此地交融碰撞、借鉴融合，积淀了深厚的民族文化、茶马古道文化、生态文化底蕴。大歇场在文化的引领和助推下，以"文化赋能，振兴乡村"的方式将传统民居、传统文化、红色文化与乡村旅游、文创艺术相融合，走出了一条以农民画、传统文化、红色文化、休闲体验、特色餐饮、乡村博物馆为亮点的乡村旅游新路子，逐渐形成了集乡村观光、休闲度假、民俗体验等于一体的乡村文化旅游度假综合体。以昆明市盘龙区为例，县域视角下盘龙区积极整合农村文化资源，挖掘民族民间文化，突出"一街一品牌，一村一特色"，凸显文化设施的功能和布局。截至2022年，盘龙区建有公共图书馆1个（国家一级），公共文化馆1个（国家一级），博物馆1个。建成街道综合文化站12个；建成105个社区（村）综合文化服务中心，村（社区）综合文化服务中心覆盖率100%。盘龙区推动实物单向供给与功能性供给有机结合，实现了文化服务的精准性，有利于满足广大农民群众多层次、多方面的精神文化需求。

二　合理发挥外来系统的发展推动作用

（一）外来系统的重要价值

在乡村文化振兴过程中，外来系统包括外来资本、技术、人才和文化资源，在云南乡村文化振兴中具有重要价值。首先，外来资本的注入可以推动乡村的基础设施建设，改善交通、通信和供水供电等条件，为乡村文化产业的发展提供硬件保障。同时，外来资本可以投资乡村旅游业、特色农业和手工业，带动地方经济增长，增加就业机会，提高农民收入。其次，通过引进现代农业技术和先进的生产设备，可以提高农产品的产量和质量，促进农民增收。外来技术在乡村基础设施建设中的应用，如生态环保技术、新能源技术等，可以改善乡村环境，提升居民生活质量。再次，外来人才的引入可以为云南乡村文化振兴注入新的活力。专业的文化管理人才、艺术家和教育工作者可以为乡村文化项目提供专业指导和支持，提升项目的策划和实施水平。同时，外来人才还可以为当地居民提供文化教育和培训服务，提升他们的文化素养和技能水平。最后，外来文化资源通过文化交流活动、艺术展览、音乐会等形式进入乡村，为当地居民提供多样的文化体验，拓宽他们的视野，提升他们的文化素养。同时，外来文化资源的引入也可以促进本土文化的保护和传承，通过比较和融合，激发本土文化的创新活力。

（二）将外来系统转化为内部发展和建设的动力

首先，促进外来系统与本土文化的有机结合。外来系统的引入应尊重云南乡村的文化传统和习俗，避免生硬地移植和照搬。在具体实施中，要通过鼓励外来投资者和本地居民合作，共同开发和运营项目，确保外来系统与本土文化的相互融合。例如，临沧市沧源县班洪乡班洪村，该村在发展乡村旅游时，结合当地的历史遗迹、传统手工艺和民俗活动，打造了具有地方特色的旅游项目，既吸引游客，又保护和传承本土文化。2022 年 9 月，班洪村葫芦王地景区被评为国家 4A 级旅游景区，入选"全国红色旅游经典景区名录"。该村围绕"佤山共同富裕第一村"的目标，按照资源集约利用的原则，通过合法程序将分散的土地进行流转，作为村集体经济发展用地；将土地、产业、产品等整合到加工厂或合作社进行加工、销售和结算，实现了产业发展规模化。按照资产归属集体的原则，明确凡国家出资建设形成的资产，以及政府无偿帮助群众发展的产业，均纳入集体资产管理、经营，收益按比例进行分配。让资源、资产、收益的管理、经营、分配由村集体说了算，筑牢共同富裕的基础。

其次，加强对外来系统的引导和管理。地方政府和相关部门制定相应的政策法规，对外来资本、技术和文化资源的引入进行规范和引导，确保其符合云南乡村文化振兴的总体目标和方向。比如设立专门的乡村振兴基金，用于支持和引导外来系统的投入，推动乡村文化项目的可持续发展。2022年，在云南省民政厅、云南省教育厅、云南省青少年发展基金会、西双版纳州及勐海县各级党委政府的指导和支持下，云南大益爱心基金会发起了"大益乡村振兴行动"公益项目，自2022年启动以来，已累计投入1200万元，坚持党建引领公益，实施"茶农居住改造工程"及基础配套设施建设，新建房屋面积7812平方米，惠及勐海县布朗山乡、西定乡62户茶农，用于扶持云南西双版纳州勐海县普洱茶原料产区的茶农，帮助他们改造居住环境、提高生活品质。同时，加强对外来系统的监管，防止其对本地造成不利影响。比如昆明市纪委监委贯通"监督+监管"协同共治，推动农业农村局等部门对全市乡村建设项目、乡村振兴项目库进行摸排，建立从严管控乡村振兴领域景观类项目建设工作机制。

（三）防止外来资本力量对本土文化的过度渗透和侵蚀

随着城镇化的发展和各地"城乡统筹"建设的推进，政府财政资金大规模"反哺"农村，城市工商企业资本也大量涌向农村，进行土地整理、土地流转和新农村建设，并从事农业经营活动，这就是所谓的"资本下乡"①，虽然外来系统，尤其是工商业资本在云南乡村文化振兴中具有重要的推动作用，但也存在潜在的风险，特别是外来资本力量对本土文化的过度渗透和侵蚀。因此，采取有效应对措施，是防止这种现象发生的关键一环。

首先，加强对外来资本的选择和评估。资本在政府引导下介入乡村的建设体系，扮演"经营者"和"治理者"双重角色，首先，加强对外来资本的选择和评估。尤其政府要加强对相关资源和资产的制度监管，确保外来资本在政府引导下介入乡村建设体系时，能够优先选择那些具有社会责任感和文化保护意识的投资者，确保其投资的项目能够真正促进乡村文化的振兴和发展以及乡村文化振兴战略总体目标的实现。普洱市思茅区南屏

---

① 焦长权、周飞舟：《"资本下乡"与村庄的再造》，《中国社会科学》2016年第1期。

镇高家寨村位于思茅区东南部，是典型的彝族世居村寨，该村通过"政府引导、农民主体、社会参与、市场运作"的运营原则，引入社会资本参与高家寨旅游开发和特色化经营，以个体经营为主体推进乡村旅游投资建设和管理，建成具有江南水乡韵味和彝族民族风格的饮食文化服务区。文山州马关县马白镇马洒村，积极引进旅游开发企业和鼓励社会资本积极参与农文旅项目设施建设，探索"产业+旅游"模式，利用山水田园旅游打造平台，重塑产业生态，通过"公司+土地+农户"的方式发展特色种植，让产业成为旅游风景的一部分，相互补充，良性发展，并成功引进华航文旅（云南）分公司投资1.5亿元用于马洒景区提质改造项目。

其次，建立健全的文化保护机制。地方政府和相关部门制定文化保护的法律法规，对外来资本的投资行为进行规范和约束。设立文化保护区，对具有重要文化价值的乡村进行重点保护，禁止外来资本在这些区域内进行过度开发。同时，加强对文化资源的监测和管理，防止外来资本对本土文化的过度商业化和破坏。以大理州为例，大理州着力保护非遗存续空间，对与非遗关系密切的文物保护单位、名胜古迹以及自然景观等重点区域进行认定、建档和挂牌，定期评估。特别是以洱海周边区域等8个重点保护区域为核心，以国家历史文化名城、中国传统村落等为支点，以非遗旅游小镇、街区、景区为突破点，以非遗代表性项目为依托，齐聚发力，构建起传统文化整体保护框架。①

最后，增强本土文化的自我保护能力。文化振兴的关键在于本土文化自身的活力和生命力。云南在乡村文化振兴中，全域通过教育和宣传，鼓励和支持乡村居民参与到文化保护和传承的具体行动中来，比如出台《加强传统村落保护发展的指导意见》等政策法规，组织基层管理人员和村民开展传统保护、产业发展、旅游开发等方面的技能培训，逐步实现传统建筑工匠和文物建筑修缮专业人员持证上岗，推动设计下乡，支持和引导高等院校、职业学校、技工院校、设计院所和科研机构的优秀设计人才深入

---

① 张帆、杨文明、李茂颖：《云南大理文化生态保护区——让非遗文化绽放迷人光彩》，《人民日报》2023年3月31日。

传统村落开展工作。红河州元阳县阿者科村地处红河哈尼梯田世界文化景观核心区，一方面，政府建立长效机制"挂牌保护"传统村落，沿用"赶沟人""木刻分水"等传统水资源管理制度，守护好哈尼家园；另一方面，由于梯田用水从高山森林而来，最终又随着云雨、水系回归森林，因而哈尼族对森林有着强烈的敬畏之心，在不断宣教中，尊重自然、顺应天时、保护生态的理念在人们心里深深扎根。

三 形成农民参与和认同的内生基础

（一）以认同聚合乡村文化振兴的主体

所谓认同是指个体与周围环境、地域资源及其他主体之间建立起熟悉关系，由此产生情感满足和选择偏好。而乡村文化认同主要强调对自己所处乡村的文化特色、价值观念和传统习俗的认同与情感依附，对乡村文化发展抱有期待并形成为之努力奋斗的心理状态，激发投身其中的积极性。为塑造居民对乡村的认同，云南各县域完善公共文化服务体系和设施。如鹤庆县以鹤庆文庙省级文物保护单位为核心，对周边的白族民居古建筑进行修缮保护，投资 1382 万元用于建设鹤庆县草海镇综合文化站、新华银器小镇北邑村景观提升工程、鹤庆县图书馆功能提升主体改造等项目，让各族群众共享公共基础设施配套和文化信息资源带来的便利和实惠。

另外，要传承创新乡村非物质文化遗产，推动非物质文化遗产与现代文化市场有机融合。比如西盟佤族织锦技艺是国家级非物质文化遗产，西盟县探索佤族织锦产业化和市场化开发保护的新路径，通过培育西盟工匠、开拓稳定市场、开展宣传推介活动，推动市场拓展，延伸非遗产业链条，推动非遗项目与市场接轨。此外，还要加强乡村文化产业人才队伍建设。如玉溪市澄江市依托非物质文化遗产人才推动文旅产业发展，着力形成"让人才成就发展，让发展铸造人才"的良性循环，确保非遗"活"起来，助力乡村振兴。由政府持续完善非遗人才传承体系建设，在项目及传承人普查工作基础上，围绕澄江市的小屯关索戏、石龙草狮子舞、太平花灯制作、关索戏面具制作、藕粉制作、咸鱼制作、草锅盖编织等各类非物质文化遗产，对非遗人才进行分类建档，动态建立非遗人才的数据库，并制定《澄江市 2024 年人才工作要点》《澄江市"人才回引"若干措施（试行）》等一系列工作制度，推动非遗保护与传承人才的培养工作步入常态化、规范化轨道。发展的核心主体是人，发展的目的也是人。因此，对农民进行赋权，激活农民的主体性，实现以农民为本的发展是乡村振兴战略的题中应有之义。

（二）以参与构建内生发展的行动基础

构建集体决策、协同参与的文化振兴参与机制，可展现居民的执行能力、铸牢团结意识，为乡村文化内生发展提供行动指南和组织保障。参与意味着个体自发行动，且自身与文化发展决策存在关联。如云南省楚雄州姚安县成立农民戏剧协会已经 40 年（截至 2023 年），40 年来姚安农民戏剧协会先后创作各类戏剧作品 2274 部，组织排练宣传演出共计 3974 场次，到全县 9 个乡镇 77 个村（居）委会演出，农民的参与积极性较高，且在长期以来的参与过程中养成将自身潜能转化为文化产业发展动能的习惯。此外，在参与过程中，云南还注重以协商互联的形式借助行政机构、科研院所、市场等"超地方"力量，与外部行动者达成平等的互惠式合作以弥补地方力量的不足，帮助当地居民提高执行能力，促进乡村文化振兴。如 2023 年，云南省民政厅、云南省乡村振兴局发布了《云南省社会组织助力乡村振兴三年行动方案（2023—2025 年）》，进一步动员全省社会组织积极参与巩固拓展脱贫攻坚成果和全面推进乡村振兴。建水县与云南大学共同构建政校企合作机制，将业态创新、文化旅游融合发展、品牌培育等方面作为研究方向，助力建水文化和旅游产业高质量发展。

在增加公民馆、图书馆等文化设施的基础上，云南部分地区还组织由村"两委"或当地具备较高声望和丰富专业知识的能人牵头，引导居民学习有益知识，形成学习的习惯，提高村民对知识的选择和鉴别能力。比如云南省红河州按照"缺什么、补什么、干什么、学什么"的原则，先后出台《红河州加快农村乡土人才开发的意见》《红河州乡土人才认定暂行办法》等一系列加强农村人才工作的政策措施，并开展新型职业农民培育和农村劳动力素质提升培训。此外，在正式的学校教育和技术教育之外，根据本地的历史文化和发展需求，红河州还有针对性地组织具有乡土特色的社区教育和居民自我教育活动，建设学习型乡村。通过这样的学习，乡村居民能够更加深入地掌握和运用当地独特的知识、技术和历史文化，了解地区内外的新知识、新信息、新需求，成为更加符合当地发展需要的人才。[①] 同时，通过学习也将地方历史文化嵌入当地居民的意识之中，增强了居民对本地的依恋感和自豪感，从而更加积极地参与乡村发展建设活动和乡村振兴工作。

四　依托创新性行动驱动乡村文化内生发展

（一）实施科技创新驱动

在云南省乡村文化振兴的过程中，科技创新扮演着至关重要的角色。通过科技创新，可以提高农业生产效率，提升文化传播效果，实现乡村经济和文化的双重发展。农业科技创新是乡村振兴的重要基础。传统的农业生产方式效率低下，科技创新可以为农业发展注入新的活力。通过引进和推广先进的农业技术，可提高农产品的产量和质量，减少对自然资源的依赖，减少农药和化肥的使用，提高生产效率和生态环境质量，增强农业的可持续性。2022 年，全国首个"有机盒马村"在盘龙区滇源街道中所村芸岭鲜生有机蔬菜生产基地挂牌，中所村作为昆明市饮用水源保护核心区，决定了当地发展必须走绿色路线。

另外，文化传播的科技创新可以有效提升乡村文化的影响力和传播力。现代信息技术的发展为乡村文化的传播提供了新的渠道和手段。通过数字化技术，云南将丰富的民族文化和传统手工艺进行保存和展示，打造数字文化博物馆、在线文化展览等平台，让更多的人了解和体验云南的独特文化。目前，云南已建成云南少数民族古籍数据库、云南少数民族语言文字资源库、云南人口较少民族口头传统典藏数据库以及云南边疆少数民族农

[①]　胡霞、刘晓君：《内生式发展理论在乡村振兴中的实践——以日本岛根县邑南町为例》，《现代日本经济》2022 年第 1 期。

耕文化传习共享平台等。与此同时，利用社交媒体和短视频平台，云南也大力推广乡村文化活动、开发旅游资源，积极培育文旅产业线上经营市场主体，吸引更多的游客和文化爱好者，促进乡村旅游业的发展。此外，科技创新还可以促进乡村教育的发展，提高乡村居民的文化素质和创新能力。特别是在滇西边境集中连片贫困山区等，利用远程教育技术，开展在线教学和培训，可以提高乡村居民的职业技能和文化素养，增强他们的自我发展能力和创新意识。

（二）培育产业创新体系

乡村文化振兴的核心在于实现文化与产业的融合发展，通过产业创新，促进乡村文化的内生发展和可持续繁荣。换言之，文化产业的高质量发展为乡村全面振兴提供了内在动能。① 首先，发展乡村文化创意产业，打造具有地方特色的文化品牌。云南省拥有丰富的民族文化和自然资源，可以充分利用这些资源，发展乡村文化创意产业。例如，大理市凤阳邑抓住了华策影业的"风"，全力支持和争取电视剧《去有风的地方》主拍摄基地"有风小院"落地凤阳邑。通过"影视IP＋文旅"，凤阳邑实现了乡村振兴与影视产业深度结合。随着电视剧热播，凤阳邑从制造"风"到等"风"起再到驾驭"风"，变被动为主动，迅速打开知名度，辖区游客量和关注度持续攀升，齐发共进将凤阳邑"文旅振兴"推到历史最佳风口，并有力引流支撑全市文旅产业发展。湖南卫视和芒果TV《跳进地理书的旅行》《中国有滋味》等综艺也陆续在凤阳邑取景，吸引了大批年轻人追风凤阳邑。

其次，推动农文旅产业的深度融合，形成乡村旅游的特色品牌。云南省的自然景观和民族文化独具魅力，具有发展乡村旅游的巨大潜力。临沧市耿马县勐撒镇芒见村通过挖掘和整合当地的自然和文化资源，打造了具有地方特色的旅游路线和产品。一方面，芒见村以"农"为本，实施"稻丰工程"，充分发挥传统水稻种植优势，按照"支部领办、集体增收、群众

---

① 秦会朵、范建华：《文化产业助力乡村全面振兴的内在逻辑与实践路径》，《理论月刊》2022年第6期。

实惠"思路，深入拓展"党总支+合作社+农户"模式，全村 114 户农户入社，解决水稻种植土地零散、品质不优等问题，推动水稻规模化、集约化生产，促进水稻产业向精品化发展。强化品牌创塑，积极培育"土司贡米"品牌，注册了"芒见 82-2MJ"水稻商标。另一方面，以"旅"做媒，做响"稻米文化"，做深"农耕文化+旅游"新业态，围绕田园观光、农耕体验等多元化需求，建设精品水稻示范园、甜蜜薯园等农业观光基地，搭建观景平台，探索"稻鱼共生"综合种养模式，建成集稻田观光、生态保护、亲子拓展、休闲度假于一体的乡村旅游目的地。2023 年以来，芒见村共接待游客 8 万余人，旅游综合收入 230 余万元。

第四节　内生动力与云南乡村文化振兴的强化方向

一　注重从家庭建设到村庄建设

家庭是文化传承的最小单元，也是乡村文化振兴的基础，以家庭建设为单位的文化振兴主要体现在家庭成员对传统文化的认同和传承上，而村落则是乡村文化的集中体现，村落建设下的文化振兴是在家庭基础上的进一步拓展。随着现代生活方式的渗透，乡村人口减少，社会资源和经济发展要素不断向城市集聚，乡村发展动力和发展持续性不足仍将是我们必须面对的问题。云南乡村文化振兴的持续深入需要在家庭和村落建设的基础上，进一步整合资源，形成文化振兴的整体推进力。乡村文化振兴实现从家庭建设到村落建设是一个由小到大、由点到面的扩展过程。在这一过程中，要注重文化的内涵发展，保护和传承民族文化，同时也要注重文化的外延拓展，通过完善公共文化服务体系，推动形成文化旅游、文化产业等发展方式，使乡村文化成为推动经济社会发展的新动力。简言之，云南乡村文化振兴要实现双层合作体系的建构，应以农民为主体、以乡村文化产业为基础，立足于乡土社会的整体生活秩序。只有实现了家庭和村庄边界的重构，才能提升农民的组织能力和市场竞争力，并且促使村庄内部的传统资源与外部现代因素共融共生，从而孕育出推动农业农村现代化发展的强大动力。①

二 推动从政府主导到民众自觉参与

实现从政府主导到民众自觉参与的转变，既包括政策导向和制度建设的变化，也包括民众文化意识和行为模式的变迁。民众是民族文化传承、创新、发展的主体，乡村文化振兴应当强调民众的文化主体性，提升个体的"文化自豪感"，提升民众的文化自信和文化自觉。伴随乡村振兴战略的持续推进，各级政府在完善民族地区现代公共文化服务体系，将公共文化有机融入民族地区群众日常生产生活中的同时，要充分调动民族地区群众的积极性、主动性、创造性，激发民族地区群众文化保护、传承、建设的内生动力。要发挥基层党组织的引领带动作用，厘清基层治理中多元主体的边界和权责，帮助农民重新自我定位，既要传授文化知识与专业技能，又要锻炼他们的思考、改革和创新的能力，培育农民参与文化发展的能力；通过制度创新，吸引年轻人、艺术家等到农村进行创业，促进新思想、新观念、新技术、新模式与民族传统文化保护、传承相结合，重新发现民族文化在新时代发展的价值和意义，唤醒本民族群众对民族文化重要性的认识；通过发展乡村旅游、乡村文创，进一步唤醒"沉睡民居""沉睡村落"；通过合作社、新型公司的运营，在基层建立起本土化、规范化的培训与就业服务体系，让更多的村民不再背井离乡，实现在家门口就业，调动当地民族居民的"主体性"和参与性，激活民族文化保护、传承的内生动力，实现民族文化的有效传承和可持续发展。②

三 增强应对"不确定性"的能力

当下社会在经济、政治、环境等所有领域中都开始呈现越来越强烈的

---

① 韩庆龄：《从家庭到社区：产业振兴中农民双层合作体系的建构机制——基于山东省 B 县电商产业的实证调研》，《中国农业大学学报》（社会科学版）2021 年第 1 期。
② 于良楠、李炎：《乡村振兴战略背景下云南民族文化传承创新研究与思考》，《民族艺术研究》2021 年第 5 期。

易变性和不确定趋势，面临"后环境风险""后技术风险""后疫病风险""后政治风险"并存的复合型危机。① 发展的"不确定性"对内生动力提出了更高的要求，同时促使云南乡村文化振兴也要不断调整和完善发展模式。如在新冠疫情期间，全省营业性演出和涉外交流性演出暂停审批，各级文化馆、文化站、公共图书馆、博物馆、美术馆、旅游景区暂停营业，旅行社及在线旅游企业暂停推出团队旅游项目和"机票+酒店"旅游产品。疫情过后，一重压力是整个旅游行业游客数量和旅游收入大幅度下降，另一重压力是云南旅游进入新时代以后，由于缺乏符合一线城市旅游者需要的新产品，北上广深等一线城市的旅游者逐渐离开云南旅游市场。这要求云南全面推动旅游行业转型升级。当然，未来的云南乡村文化发展还会面临更多的不确定性因素或风险，当地农民的经济社会需求也会发生更深层次的变化，这需要我们进一步增强应对"不确定性"的能力。一方面，要通过财政支持、税收优惠、项目扶持等，加强对乡村传统文化的保护、传承和创新，为乡村文化的发展提供政策保障，确保乡村文化在面临现代化、全球化等冲击时能够得到保留和传承；另一方面，加强乡村文化信息化建设，利用互联网、大数据等现代信息技术手段，建立乡村文化数据库、在线平台和风险管理机制，让乡村文化实现数字化保存和传播，并对可能威胁乡村文化发展的风险因素进行识别、评估和应对。

---

① 文军：《回到"不确定性"：社会风险研究的范式反变》，《浙江学刊》2023 年第 3 期。

第四章 以发展特色文化产业推动乡村振兴的云南实践

全球化在催生文化同一化的同时，也促成了世界各国对文化多样性保护的共识。充分利用全球化带来的人际流动、消费流动和资本流动，依托地方文化、民族文化资源，通过文化与旅游融合发展，发展在地性特色文化产业，不仅可以促进乡村文化的传承与创新、活跃乡村文化生活，还可以促进乡村产业结构调整，完善乡村经济发展方式，促进城乡一体化发展，推动中国乡村社会的现代化治理。

伴随城镇化、工业化进程，云南乡村经济社会发展取得了巨大进步，但受地理环境和社会环境的限制，县域与乡村经济发展仍存在较大瓶颈。"十三五"期间，云南正是把握住了经济欠发达地区文化可以优先发展的规律，充分发挥自身特色文化资源优势，通过创新体制机制、完善政策法规，坚持市场导向、加大扶持力度，将云南乡村的民族特色文化资源优势转化为文化产业优势和文化经济优势，在乡村特色文化产业赋能乡村振兴中取得明显成效。

第一节 云南乡村特色文化产业发展状况

云南是一个民族传统文化的富集区，这些民族传统文化植根于云南乡村地区，云南的文化产业发展始终离不开乡村，乡村特色文化产业的发展也是云南文化产业发展的主阵地。多年来，凭借文化资源禀赋的优势，云南鲜明地举起了"繁荣民族文化、发展文化产业、建设民族文化大省"的文化发展大旗，大力推进民族文化强省战略，努力繁荣民族文化、发展特色文化产业，云南乡村特色文化产业发展取得明显成效。2013 年，云南实施《云南省民族民间工艺品发展规划》，确定了云南要发展以"金、木、土、石、布"为核心的民族民间工艺品特色产业。经过多年的打造，远在深山和边远村寨的文化资源成为特色文化产业品牌，并纷纷推出具有"金、木、土、石、布"特色的文创作品、珠宝玉石、地方特色产品，建水紫陶、鹤庆银器、个旧锡器、剑川木雕、开远根雕等具有浓郁地方特色的民族民间工艺品年产值均在 10 亿元以上。① 特色文化产业赋能乡村振兴效应也不断凸显。"十三五"期间，云南积极推动民族民间演艺业、工艺美术业、节庆业等地方特色文化产业发展，助力脱贫攻坚，取得了显著成效。云南各地积极探索"非遗+扶贫"模式，积极开发特色文化产业，有效促进了当地贫困人口的脱贫和增收。云南特色文化资源丰富、民族风情浓厚，"十三五"期间云南从打造品牌、培育特色旅游路线、强化管理等层面着力推动乡村文化旅游发展，为脱贫攻坚工作注入动能。2016~2019 年云南乡村旅游共接待旅游者 9.24 亿人次，占全省旅游接待人次的 39.3%；乡村旅游收入 7301.4 亿元，占全省旅游收入的 23.7%；全省累计直接从业者 56.17 万人、间接就业者 192 万人，综合带动 75 万贫困人口增收脱贫。②

　　云南作为世居少数民族最多的省份，少数民族文化富集，云南大多数的乡村地区拥有丰富的特色民族文化资源，与此同时，这些地区又多属于生态脆弱地带且人均资源匮乏，不具备发展大规模工业的物质生产条件。而依托无形文化资源发展的文化产业具有与有形资源不同的非排他性，并且其所生产的文化产品具备天然异质性和正收入消费弹性，可以通过特色文化来吸引消费者并赋予文化产品更高的附加值，带动文化消费。云南的乡村地带蕴藏着丰富的民族文化和民间传统，这些珍贵的文化遗产不仅深深植根于村民的日常生活中，也成为推动乡村振兴的关键文化财富。作为众所周知的"民族文化大省"，云南的特色文化产业和旅游业的蓬勃发展极

---

① 《"金木土石布"彰显产业特色 云南以文旅融合助推文化强省建设》，财报网，2021 年 12 月 2 日，https://www.3news.cn/yc/2021/1202/601701.html。

② 《稳固成果 奋力推动乡村旅游高质量发展》，云南省文化和旅游厅网站，2020 年 12 月 1 日，https://dct.yn.gov.cn/html/202012/19548716.shtml。

大地依赖于这些文化资源的独特魅力。云南拥有丰富的物质和非物质文化遗产，以及大量的传统村落，它们大部分分布在乡村地区，这些丰富的文化资源为云南乡村特色文化产业发展的多元化打下了坚实基础，也促成了云南省文化产业的繁荣景象。

一　云南乡村特色文化产业发展的政策环境

从特色文化产业发展的基础与条件出发，构建国家和地方层面的政策体系，包括公共文化设施建设、乡村文化保护、乡土人才培养以及金融、土地、税收和创意资源支持，这对于营造特色文化产业发展的良好环境，以及促进其助力乡村振兴，是至关重要的基础工作。在过去十多年中，国家和云南省针对特色文化产业的发展，连续出台了一系列文件和政策，有效推动了特色文化产业的发展。

（一）国家促进乡村特色文化产业发展相关政策

自 2017 年党的十九大提出乡村振兴战略以来，乡村振兴被提到新的发展高度。特色文化产业作为乡村振兴的重要内容之一，依托乡村独有的历史资源、文化资源、旅游资源以及浓厚的乡土人情，将传统与现代相结合，实现了一二三产业的有机融合发展，为乡村振兴战略的实施提供了有效路径，特色文化产业的三重转变即数量型转向质量型、表面展示型转向深度挖掘型、要素流出型转向要素集聚型助力了中国乡村的转型升级。近年来，国家出台了《关于推动文化产业赋能乡村振兴的意见》《关于推动特色文化产业发展的指导意见》《中共中央 国务院关于实施乡村振兴战略的意见》《关于推动公共文化服务高质量发展的意见》《关于加快推进乡村人才振兴的意见》《关于金融服务乡村振兴的指导意见》等各项政策文件，从公共文化服务体系、金融服务体系、乡村文化保护、乡村人才培养等层面大力推动乡村振兴及乡村特色文化产业的发展，为特色文化产业在乡村振兴战略中发挥作用奠定了坚实的政策基础。

在全球化时代背景下，人际流动带来的消费转变、要素流动、现代文化传播渠道多元和城乡文化消费互动等优势，为乡村振兴、产业发展和乡村文化产业的要素流动与配置提供了可能与空间。基于此，为进一步促进乡村振兴与特色文化产业的良性互动，文化部和财政部于 2014 年联合印发了《关于推动特色文化产业发展的指导意见》，首次在国家层面正式提出了特色文化产业发展的目标任务和措施，通过发展重点领域、发展区域性特色文化产业带、建设特色文化产业示范区、打造特色文化城镇和乡村等方式促进特色文化产业发展。在不同视角下，2022 年文旅部、农业农村部等 6 部门牵头联合印发了《关于推动文化产业赋能乡村振兴的意见》，更加强调特色文化产业对乡村振兴的促进作用，这是截至目前论述乡村振兴与特色文化产业发展关系问题最为全面的指导意见。该意见提出要重点培育创意设计、演出产业、音乐产业、美术产业、手工艺、数字文化、其他文化产业、文旅融合 8 个重点领域，通过壮大市场主体、建立人才机制、加强项目建设等方式利用文化产业赋能乡村振兴。该意见充分考虑了中国乡村的多样性、地域性和民族性特征，结合乡村文化资源创造性转化与文化产业发展的路径，发挥文化产业交叉性和渗透性的特征，从生产、生活、生态和特色文化产业等角度，丰富文化产业赋能乡村振兴的领域和路径。作为第一个较为完备的指导意见，该意见的出台使特色文化产业在乡村振兴领域迈上了新台阶，达到了新高度。

为发挥特色文化产业赋能乡村振兴的功能与作用，进一步转变农村资源配置的方式，国家从发展特色文化产业的基础和条件入手，在公共文化服务、乡土人才培养、土地使用、金融支持乡村发展、生态环境治理保护等方面制定了相应的政策，不断完善特色文化产业的政策体系，充分发挥特色文化产业在乡村振兴中的功能与作用，为特色文化产业在乡村振兴战略中的发展路径提供方向引导及政策保障。

（二）云南促进乡村特色文化产业发展的相关政策

自 2014 年文化部、财政部联合印发《关于推动特色文化产业发展的指导意见》以来，云南先后出台了不同类型的政策，各地从政策内容着手，加大政策扶持力度，营造良好发展环境，推动地方特色文化产业发展。云南主要在文化产业规划和地区文化保护条例上有较为完善的政策，但目前政策大多集中在文化和旅游发展规划、乡村振兴战略上，且所占分量较小，只有极少数的地方政府出台了专门针对特色文化产业发展的政策。因此，地方特色文化产业政策缺乏综合性、全面性的指导，缺少必要的配套措施，实施程序烦琐，难以落地。未来地方政府需要在构建专项政策、完善要素保障、营造良好市场环境等方面发力，不断健全特色文化产业政策体系。

云南基于丰富多元的民族文化、独特优美的生态环境，把握时代机遇，积极制定、实施一系列政策措施，大力发展文化旅游、传统手工艺品、节庆会展、文旅演艺等业态，成为特色文化产业促进乡村振兴的重点地区。

2013年，云南出台《云南省民族民间工艺品产业发展规划（2014—2020年）》，为民族民间工艺品的发展提供保障。2015年，云南发布《关于进一步加强农耕文化保护与传承工作的意见》，明确指出要实施特色农耕文化产业发展工程。2019年，《云南省乡村振兴战略规划（2018—2022年）》公布，要求发展乡村特色文化产业，打造一批特色文化产业乡镇、文化产业特色村和文化产业群。2022年，《云南省"十四五"文化和旅游发展规划》提出要积极推动云南特色文化产业建设，为未来特色文化产业发展指明了战略方向。在政策的全方位推动下，云南丰富的文化资源和鲜明的民族特色得到良好的保护与利用，逐渐形成了以"金、木、土、石、布"为核心的民族民间工艺品特色产业。云南大理州鹤庆县新华村银器、大理州剑川县的木雕、红河州建水县的紫陶、红河州个旧市的锡器、红河州开远市的根雕产值均超过10亿元，楚雄州彝族刺绣，玉溪市华宁县青花瓷、江川区斑铜，迪庆州黑陶等带动了当地乡村经济的发展。2023年云南提出推进城乡绿化美化三年行动，持续整治提升农村人居环境，盘活用好全省独特多样的自然、人文、历史等优势资源，推动乡村旅游发展模式创新、产品升级、服务优化，促进农文旅深度融合发展。

云南的乡村积淀了深厚、悠久的传统文化，这些传统文化离不开丰富多彩的民族文化的有机构筑，离不开文化遗产的保护与传承。"十二五"及"十三五"期间，云南省委、省政府相继出台了《云南省人民政府关于进一步加强文物工作的实施意见》《云南省人民政府关于进一步加强非物质文化遗产保护工作的意见》《云南省文物事业"十三五"发展规划》，使云南文化遗产保护形成较为完整的体系。

云南非物质文化遗产的保护传承工作不断得到有效推进。2013 年《云南省非物质文化遗产保护条例》发布后，云南建立了具有云南特色的非遗四级保护名录体系。该条例指出"民族传统文化生态保护区实行属地管理的原则，由所在地县级人民政府进行管理和整体性保护"。民族传统文化生态保护区是为了对那些民族传统文化内容丰富、数量集中、形式和内涵保存较好，传统民居建筑相对集中，自然生态优良的村寨、乡镇进行整体性保护而设立的，是最具云南特色的区域性整体保护模式，属于云南省在非物质文化遗产保护领域的实践创新。

二　云南乡村特色文化产业品牌培育现状

云南乡村地区拥有丰富多元的民族文化资源、厚重悠久的历史文化资源、良好的生态文化资源。依托丰富的文化资源，云南在 20 世纪 90 年代中期就提出了建设民族文化大省的目标。在国家推动文化产业发展的进程中，云南结合资源优势，积极推动具有地方和民族特色的文化产业发展，推动民族文化大省向民族文化强省建设转变。经过十多年的努力，依托独特的历史和民族文化，云南乡村特色文化产业走出了一条凸显云南特色的发展道路，形成了影响力辐射全国的文化旅游业、民族民间工艺品业、民族民间演艺业、节庆会展业等特色业态；形成了以政府为引领，以市场为主导，以企业和特色城镇、乡村为基础，以高校和创意机构、非物质文化传承人、民族民间文化代表人为主体的发展格局。云南乡村特色文化产业的发展已经具备了一定基础、显现出一定规模，并形成了一批产品和服务品牌，有效助推了云南文化产业的发展，也提升了云南文化产业的综合竞争力。

但云南乡村特色文化产业还处于起步发展阶段，品牌的培育也存在诸多问题。具体表现为有国家级影响力的品牌不多，品牌文化内涵有待持续充实和提升，品牌价值和影响力缺乏科学客观的评价体系；具有潜力但尚未形成影响力的品牌亟待引导和培育，品牌营销宣传渠道相对单一亟待拓展等。

（一）民族民间工艺品牌

"金、木、土、石、布"特色工艺品是云南"十三五"期间重点支持建设的文化产业的主要业态。这些业态产业资源丰富、产品形式多样、产业发展空间较大，对地方文化经济带动性大，已形成不同层次、不同类型、具有不同影响力的一批品牌。围绕"金木土石布"，云南在有一定品牌影响力和培育空间，且成长性较好的品牌基础上，培育了一系列民族民间工艺的具体业态品牌。依托民族民间工艺和非物质文化遗产，通过创新和市场拓展，形成了"金木土石布"五大特色工艺品牌，包括以大理鹤庆新华村斑铜斑锡等为代表的金工艺品品牌，以剑川木雕、根雕、红木家具为代表的木工艺品牌，以翡翠、黄龙玉和大理石、苴却砚等为代表石工艺品品牌，以建水紫陶、华宁陶、尼西汤堆藏族黑陶和西双版纳傣族土陶为代表的土工艺品牌，以彝族刺绣、苗族刺绣和傣锦、壮锦等为代表的布艺工艺品品牌（见表4-1）。

表4-1　云南民族民间工艺重点品牌

类型	重点品牌
金	银铜工艺品、斑锡、斑铜、乌铜走银
木	木雕、红木家具、根雕、绝版木刻、茶具、手玩、民族乐器
土	建水紫陶、尼西藏族黑陶、西双版纳傣族土陶、华宁陶、曲靖陶瓷
石	大理石、翡翠、金沙江奇石、苴却砚、黄龙玉、祖母绿、琥珀
布	大理扎染、楚雄刺绣、石林彝族刺绣、文山刺绣、傣锦、民族布艺玩偶品牌

（二）民族民间演艺品牌

云南围绕民族特色演艺、现代演艺及地方民间演艺三个方面演艺产品和服务，逐渐形成了具有影响力和带动性的品牌，重点建设了一系列民族演艺品牌，形成了一系列具有国际影响力的演艺品牌和具有区域影响力的演艺品牌。在旅游消费市场引领下，云南挖掘乡村地区丰富的民族文化歌舞资源，形成了以旅游目的地大型驻场演出为特色的演艺品牌，其数量、形式和效益在全国独树一帜，包括《云南映象》《印象·丽江》《丽水金沙》《勐巴拉娜西》等（见表4-2）。

表4-2　云南民族演艺重点品牌

类型	重点品牌
大型民族演艺	《云南映象》《印象·丽江》《丽水金沙》《梦幻腾冲》《勐巴拉娜西》《丽江千古情》《傣秀》
现代流行演艺	乡村音乐、腰鼓乐、民乐、酒吧音乐
地方民间演艺	曲靖农村演艺、花灯、彝族花腰鼓舞、傣族孔雀舞、

（三）会展节庆品牌

　　云南围绕地方民族特色节庆和创意节庆会展两个方面，提升了会展节庆品牌的文化内涵，通过加大营销宣传力度，发展了一批节庆会展品牌，并将影响力和辐射力扩展至南亚东南亚地区。在特色文化产业与旅游产业互动的引领下，云南形成了具有民族特色和地方特色的节庆文化品牌，包括三月街、泼水节、火把节、临沧"摸你黑"节、墨江国际双胞胎节、丽江雪山音乐节、大理草莓音乐节、大理国际摄影节、大理石宝山歌会、楚雄赛妆节等具有国际和地方影响力的节庆会展品牌（见表4-3）。

表4-3　会展节庆重点建设品牌

类型	重点品牌
地方民族特色节庆	楚雄彝族火把节、西双版纳傣族泼水节、德宏景颇族目瑙纵歌、临沧佤族"摸你黑"节等
创意节庆会展	丽江雪山音乐节、大理草莓音乐节、澄江音乐节、墨江国际双胞胎节、临沧亚洲微电影艺术节

（四）村镇和市场品牌

　　云南培育和建设了一批以手工艺制作为特色的村落，使其成为工艺文化生态社区。同时，云南依托历史上已经形成的、有手工技艺传承的民族聚居村落，恢复或进一步扩大了民族民间工艺品的生产规模，营造了手工艺文化生态传承环境；在重点支持建设前期评选出的十大刺绣名村、十大特色文化村镇，以及历史文化村镇、云南省旅游小镇和文化惠民示范村的基础上，培育和建设了一批具有一定品牌影响力的特色手工艺文化生态村、聚落、社区；培育了一批成长性好，民族民间歌舞乐演艺与文化旅游、休闲度假相结合的民族文化生态村镇、聚落和社区。依托特色城镇和历史文化名村，云南已经形成了集民族文化观光、民俗文化体验和特色文化产品生产于一体的特色文化名镇、名村品牌（见表4-4）。

表4-4 村镇与市场重点建设品牌

类型	重点品牌
工艺文化生态社区、村镇	新华银器村、狮河木雕村、阿着底刺绣村、碗窑紫陶村、尼西汤堆黑陶村、周城扎染村、曼朗傣锦村等
民族文化生态社区、村镇	玉溪戛洒大槟榔园、大沐浴村、大理喜洲、昆明富民小水井、石林大糯黑村、大理双廊等

第二节 云南乡村特色文化产业发展的实践路径

一 传统民族民间工艺产业化发展

传统民族民间工艺是中华民族在漫长的文化发展进程中，伴随不同民族、族群在特定环境下生产、生活过程中孕育形成的物质和非物质文化事项。随着大众文化消费、旅游产业和文化产业的发展，传统工艺美术也成为国家特色文化产业的重要业态之一，对地方产业结构调整和优化发挥了重要作用，极为有效地带动了地方文化经济的发展。云南传统民族民间工艺很大一部分源于农耕文明，至今仍与乡村社会、民间生活有着不可割裂的关联。

云南传统民族民间工艺在空间上形成了集聚发展的格局。"十三五"期间云南民族民间工艺品特色产业得到大力发展，建水紫陶、鹤庆银器、个旧锡器、剑川木雕、开远根雕等具有浓郁特色的民间工艺品年产值均在10亿元以上。

在现代文化消费市场的引领下，云南传统工艺美术与高校艺术与设计学院和研究机构、文化创意企业、专业设计师等在不同层面深化了合作，同时运用网络信息和数字技术等实现了传播和营销的创新。党的十九大报告提出了"产业兴旺、生态宜居、乡风文明、治理有效、生活富裕"的乡村振兴总体要求，传统民族民间工艺作为乡村的特色文化资源，在聚集创意科技人才、促进乡村产业规模化发展、提振地方文化经济、改善居民生活等方面发挥着重要作用。

（一）以民族工艺类文化企业培育本土品牌，促进乡村产业振兴

美国市场营销协会（AMA）认为，品牌可以外显为"名称、专有名词、标记、符号，或设计，或是上述元素的组合"。[①] 在现代消费社会中，"品牌"在市场竞争中发挥着重要功能——具备"品牌性"的企业、产品，往往建有较成熟的质量监管体系、享有较高的社会知名度与较强的辨识度，能够向消费者提供较佳的消费服务体验。因而，基于品牌展开的评价要素已经成为影响消费者决策的重要因子。我国各民族地区、乡村地区的传统工艺具有较高的历史文化价值，地方特色鲜明，是特色文化产业发展中重点开发的资源之一。2018年，《乡村振兴战略规划（2018—2022年）》正式发布，其提出要"打造一乡一业，一村一品的发展格局"。在此规划的引领下，云南"定制化"设计区域产业格局，精准构建地方特色产品体系，不断提高产业水准，不断强化品牌建设意识，已经打造了一批颇具代表性的传统工艺品牌。

扎染是云南大理白族的典型传统手工技艺。据史料记载，明清时期，洱海白族地区的染织工艺就已经远近闻名，商业风气十分兴盛，并且出现了染布行会等组织。白族扎染技艺于2006年进入第一批国家级非物质文化遗产名录，在与当地日益成熟壮大的文化旅游业相互影响下，其市场规模稳定增长。大理地区以扎染产品制作与销售为经济来源的居民众多，其中，以喜洲镇周城村最为集中。出生于扎染世家、自幼跟随家族长辈学习扎染的段树坤早在少年时期就已经熟练掌握了扎染技术。在周城民族扎染厂工

[①]　凯文·莱恩·凯勒：《战略品牌管理》，吴水龙，何云译，中国人民大学出版社，2014，第4页。

作了近十年之后，段树坤于1999年从工厂辞职开始创业，与妻子段银开恢复了家传老字号"璞真扎染坊"的运营。

随着大理文化旅游产业的升温，"璞真扎染坊"迅速抓住市场机遇，积极探索传统工艺与现代文化消费融合的方式。在坚守传统文化内涵、保留传统工艺灵魂的同时，运用了符合当下消费者审美习惯、满足外来游客购买旅游纪念品需求的设计理念，开发了大量富有创意的工艺品，其产品体系的品牌识别度不断提高，知名度不断提升，染坊的营业额明显增加。2015年，段树坤在染坊的基础上正式成立"大理市璞真白族扎染有限公司"（以下简称"璞真"），带领"璞真"向着现代企业管理制度转型升级，无论是在产品设计、生产工艺、服务规范、市场拓展等日常事务层面，还是在制定远景目标、履行社会责任等深层次品牌架构与管理层面，其都做了更全面的提升。

"璞真"不仅重视企业运营，多年来，还勇于承担传统工艺保护与传承的社会责任，坚持到乡里民间收集濒临失传的传统扎染图样、模板和珍贵藏品，为保护地方传统文化不懈努力，也向社会传达了"传统工艺守护者"的品牌形象。2015年，璞真白族扎染博物馆正式开馆运营，博物馆依照"扎染源流""扎染世家""精品展示""繁花似锦""扎染体验馆"等主题，以1000余件珍贵的扎染藏品为载体，向市民与游客介绍白族扎染的源起、传承、制作技艺等知识，在实践体验空间内，鼓励观众亲手制作扎染产品，感受传统扎染技艺的奇妙之处。据不完全统计，该馆自建成以来，平均每年接待游客超16万人次[①]，为扎染文化的传承与弘扬起到了重要作用。2020年，璞真白族扎染博物馆被命名为国家级非物质文化遗产代表性项目"白族扎染技艺"的生产性示范基地，同时也成为大理州重点建设的"非遗+旅游"示范点之一。

品牌的建设与成熟是一个长久过程。凯勒认为这个过程主要包括四个步骤："识别和建立品牌规划；设计并执行品牌营销活动；评估和诠释品牌

[①] 《活化利用 创新发展"非遗+" 赋能民众美好生活》，大理州人民政府网站，2021年7月23日，https://www.dali.gov.cn/dlrmzf/xxgkml/202112/8acb2b6678074a058340f4413f5e3bac.shtml。

绩效；提升和维系品牌资产。"① 显然，企业塑造一个成熟的品牌，长期维系其在社会中的认可度，需要投入大量的运营管理成本。而当企业成功培育出被社会各界广泛认可的品牌后，其带来的回报也是极为丰厚的。对于传统文化艺术积淀丰厚，而现代产业制度还不完善，经济水平、创新和应变能力都亟待提升的乡村地区而言，以传统民族民间工艺为核心培育本土品牌的过程，也是促进其持续提高工艺品质、保持创新实践、提高生产水平，从而激活传统工艺的生命力，带动乡村产业发展的有效路径。

（二）关注民族工艺产业中的"新农人"群体，培育支撑乡村振兴的新业态

农民既是乡村建设的主体，也是乡村振兴的主要受益群体。在乡村特色文化产业建设中，必须广泛发动农民群体，充分调动其参与的主动性与积极性。同时，乡村振兴也是一个需要全社会共同关注、共同献智的战略计划，只有各级政府、农民群体积极、广泛地与社会资本、社会企业、社会媒体等保持交流与互动关系，迅速了解当下的产业环境特征与发展态势，才有可能快速抓住机遇、及时补充短板，有针对性地提升技能水平，加快全面实现乡村振兴的目标。

近年来，我国网络设施普及率逐年增加，基于互联网信息技术的乡村特色文化产业迎来了发展的契机。2022 年 2 月，中国互联网络信息中心发布了第 49 次《中国互联网络发展状况统计报告》。该报告显示：我国农村地区互联网普及率为 57.6%，农村网民规模已达 2.84 亿人，城乡网络差距继续缩小。农村电子商务发展呈现出蓬勃的态势：2021 年，全国农村网络零售额同比增长 11.3%，达 2.05 万亿元。全国农产品网络零售额同比增长 2.8%，达 4221 亿元。② 可见，基于网络信息技术的电商行业将持续发展，成为推进乡村振兴的重要力量。乡村网络设施普及程度快速提升，乡村居

---

① 凯文·莱恩·凯勒：《战略品牌管理》，吴水龙，何云译，中国人民大学出版社，2014，第 30 页。

② 《2021 年全国网上零售额同比增长 14.1%》，中国政府网，2022 年 3 月 22 日，https://www.gov.cn/xinwen/2022-03/22/content_5680356.htm。

民对电商平台、视频平台、社交媒体等媒介的使用也越发熟悉,以打造"主播达人"为主营业务的传播公司逐渐向乡村拓展市场,主流直播平台纷纷推出乡村主播培育计划,如抖音平台推进的"新农人"计划,拼多多平台开展的"新农人培育计划",今日头条运作的"金稻穗计划",快手主推的"幸福乡村战略"等。在社会各方的鼓励与引导下,"新农人""乡村网红"等群体顺势产生并快速崛起。

对此,云南也有大量相关的案例。楚雄市西康郎村的彝族民间手工刺绣手艺人何开美通过快手直播,搭建起了线下线上相结合的宣传销售平台,从而带动当地妇女增收,并更好地发展和传承这项民族手工技艺。截至2019年6月,何开美的刺绣坊年收入达20万元,全职员工5人,大过口乡范围内兼职"绣娘"已经迅速发展至40余人,每个绣娘的月兼职收入3000~20000元不等。原本主要依靠外出打工维持生活的绣娘们改变了过去较为单一的就业状况,实现了"在家门口就业",幸福感与获得感都得到了极大增强。国内直播行业发展极为迅速,行业内的竞争非常激烈,为了快速适应直播行业的需求,从直播平台"输血式帮扶流量"尽快转型为自身"造血式创造流量",绣娘们也主动学习营销方法、才艺、交流技巧等,不断扩充自身的知识面与视野。绣娘直播的内容与形式越发丰富灵活,除了展示刺绣的工艺制作环节、推介民族民间工艺品外,还会在直播间表演民族民间歌舞乐、与"粉丝"积极互动与交流,介绍当地民族民间文化等。"乡村文化传播实现了从'他者'到'自者',从'精英'到'草根'的转向,'他观'式的文化表达演变为'自视'式的文化表达。"[1] 绣娘们向直播行业的勇敢进军,不仅令自身的技能得到了全方位锻炼,推动当地民族民间工艺品的销量明显提升,也对提高当地文化旅游资源的社会知名度起到了切实的作用。

"新农人""乡村网红"代表着农民中的新兴群体,他们具有关怀乡村、回馈乡村、服务乡村的自觉性,对乡村优秀本土文化具有高度认同感,同时又熟悉互联网营销模式与风格,具有大胆创新的精神。区别于传统农产

---

[1] 任正:《乡村网红参与乡村文化振兴的实现路径》,《山西农业大学学报》(社会科学版) 2022年第2期,第87页。

品的生产经营方式，"新农人""乡村网红"主要以短视频、直播等为媒介，向观众展示乡村田园的日常生活、本土文化，推介优秀的乡村产品，并获得经济收益。这一群体所带动的乡村电商新业态正逐渐成为乡村社会经济肌体中的"新细胞"，并渗透到了乡村产业中的各个方面。越来越多原本以传统生产模式维持生存的手艺人，也在新群体、新业态的影响下，利用新媒体平台实现增收，推动乡村特色文化产业模式的变革。

由文化和旅游部全国公共文化发展中心、中国文化馆协会共同主办，中国民间文艺家协会乡村文化志愿服务中心、全国各级文化馆协办的"乡村网红"培育计划于2020年启动，该计划充分肯定了"乡村网红"在乡村振兴中的影响力与号召力，并以"我的家乡我代言"为主题，有针对性地培育了一批能为乡村起到正面宣传作用的优秀乡村人才，为助推乡村文化振兴赋能。显然，广大保留着完好民族民间工艺的乡村地区，还将持续在这类计划中提供支持与帮助，孵化新型人才、壮大中坚力量，培育传统民族民间工艺的传承队伍。

乡村特色文化产业的发展需要愿意返村、留村、驻村、建村的人才。乡村要达到"聚人"的目的，必须对传统的市场运行方式有所突破、有所延展，打破限制。深挖本地特色资源，勇于与现代互联网科技与新媒体平台接轨，营造灵活、良好的创业和就业环境，这是在数字时代、新媒体时代实现文化育民、乐民、惠民的有效路径之一。

二　民族歌舞演艺丰富乡村文化生活

在现代化、城市化快速推进的今天，乡村成为传统文化、民族文化存续的主要空间。民族民间歌舞乐随着人类的发展、社会的进步而不断变化、繁荣，民族民间歌舞乐不仅具有娱乐功能，其在漫长人类历史中积累的文化功能，也让其在现代社会中的文化、社会和经济价值极其突出，能够有效丰富城乡文化生活。

（一）培育乡村文化旅游演艺品牌，助力乡村脱贫致富

从文化资源的角度看，外显性极强的民族歌舞乐可以直接转化为演艺

类文化消费品，在现代乡村产业选择中，具有较强的带动性。乡村振兴最首要的是解决乡村从传统农耕经济向多元化现代产业体系转型的问题。乡村要与城市形成一体发展，最根本的问题是在产业选择上既要突出乡村本身的特点和优势，又要能够满足乡村居民生计方式转型的迫切需要，还要能够适应城市化、现代化、市场化的需要。产业兴旺，是乡村振兴最根本的力量，更是城乡一体发展不可撼动的基础。广泛存续于乡村中、世代传承、日益繁荣多样的民族民间歌舞乐艺术形式，具有稍加编排便可直接转化为文化消费品的特质，与乡村旅游、休闲度假等其他特色文化产业相结合，能够有效成为乡村产业转型的重要支撑。国内现在有很多乡村都通过企业引领、村民参与，成为典型的演艺村。酒井乡勐根村老达保村民小组位于云南省澜沧县东南部，距县城 42 公里，耕地面积 2354 亩，常住人口 116 户 481 人，2013 年底，老达保村有建档立卡贫困户 92 户 402 人，贫困发生率达到 79.31%。老达保村自古以来都是土地较少的山地村落，主要以种植台地茶为生活来源，该村的经济发展滞后，交通、水利等基础设施严重不足，在过去主要靠天吃饭，村民收入渠道单一，增收困难，是国家级的贫困村。在全国广泛开展脱贫攻坚以来，老达保村在市县各级政府部门的指导和支持下，将民族文化资源转变为产业和经济发展的引擎，充分利用村民"会说话就会唱歌、会走路就会跳舞"的民族文化优势，开发民族歌舞表演等特色旅游资源，走出了一条文化脱贫、文化致富之路，在"唱歌跳舞"中实现脱贫致富。老达保成立了一家由农民组成的文化演艺公司——澜沧老达保快乐拉祜演艺有限公司，村民全部入股，其中 90 户建档立卡贫困户的家庭成员中至少有 1 人加入该公司。公司就村落环境打造实景剧，自 2013 年公司成立以来，共接待游客 12 万余人次，演出收入 407 万元，群众分红 325 万元，实现旅游综合收入 927 万元，演艺人员年人均增收 1.6 万余元，演出活动成为组内 90 户建档立卡贫困户增加收入的重要渠道之一。① 经过多年脱贫攻坚的努力，以在地歌舞演艺为主，融合乡村旅游、

---

① 《解码一个边陲重镇的"脱贫路径"》，中国经济网，2021 年 1 月 19 日，http://www.ce. cn/cysc/newmain/yc/jsxw/202101/19/t20210119_36239037.shtml。

研学项目、特色产品销售的多元特色文化业态成为老达保的新兴产业。2019年底，该村人均可支配收入达到 11240 元，约是 2012 年 2030 元的 5.5 倍。老达保民族文化助脱贫选题入选联合国"中国扶贫成就展"；老达保快乐拉祜演艺有限公司被确定为全国"公司+农户"旅游扶贫示范项目。该村组原生态音乐人代表李娜倮当选为党的十八大代表，获"全国脱贫攻坚奋进奖"等荣誉称号。

（二）做强具有鲜明地方与民族特色的演艺产业，丰富乡村经济发展方式

民族民间歌舞乐记录和承载着优秀传统文化，无论是植根于百姓生活中自娱自乐的歌舞乐形式，还是满足游客文化消费需求的民族歌舞演艺，其内容和形式都对优秀传统文化的传承创新发挥着重要作用。民族民间歌舞乐原本伴随着人类的生存发展而演化繁荣，在传统社会是人类群体日常生产生活中必不可少的文化形态。随着人类社会向现代化快速发展，传统社会中民族民间歌舞乐的一些祭祀、礼俗的功能有所减弱，但仍然记录和承载着重要的历史文化、民族文化、地方文化的信息，是中华优秀传统文化形态存续的富矿。在我国目前认定的 3145 项国家级非物质文化遗产代表作中，传统音乐有 401 项，传统舞蹈有 324 项，此外 193 项曲艺、426 项民俗中还有一些内容与民族民间歌舞乐有着千丝万缕的联系、难以分开。[①] 但随着现代化、城市化快速发展，很多传统优秀文化都面临着传承传播困难、后继乏人的状况，发展特色文化产业，将民族民间歌舞乐转化为演艺产品，是生产性保护传统歌舞艺术的最佳选择。国内很多地方的旅游演艺活动，虽然以追求商业价值为主，但也大量生动活态地记录和传播了珍贵的传统文化。从最早由杨丽萍创立的《云南映象》原生态歌舞演艺，到"印象"系列大型歌舞演艺及丽江的《丽水金沙》《丽江千古情》，再到西双版纳的《澜沧江湄公河之夜》《勐巴拉娜西》等，这些演艺活动都力图在短时期内将珍贵的地方、历史和民族文化精华进行浓缩并在有限的舞台空间集中展示，其中不乏对传统民族民间歌舞乐艺术元素的运用、对珍贵非物质文化

---

① 《国家级非物质文化遗产代表性项目名录》，中国非物质文化遗产网，https://www.ihchina.cn/project#target1。

遗产的运用和传播。除了大型演艺产品之外，各类活跃于城乡间的民族民间歌舞乐演艺团队、民间艺人协会等，也是传承传播优秀传统文化的生力军。云南的老达保村作为国家级非物质文化遗产——拉祜族创世史诗《牡帕密帕》、拉祜族芦笙舞的保护传承基地之一，现有民族民间传统文化传承人 14 人，该村上至七八十岁的老人、下至两三岁的孩子，几乎都能够参与到大型的歌舞表演中。民族歌舞演艺通过文化价值和经济价值的双重转化，让中华优秀传统文化得到更为广泛的关注，激发更多人主动自觉地参与到优秀传统文化的创造性转化和创新性发展中去，为城乡一体化发展积蓄源源不断的内生动能。

（三）依托民族歌舞演艺产业，丰富充实乡村群众文化生活

云南众多的乡村、民族群体都有自己代表性的歌舞乐形式，其传承传播充分得到"我者"群体的热爱，能够有效激发城乡居民参与文化创造传播的积极性，为构筑中华民族共同体夯实基础。所有的民族民间歌舞乐艺术形式，都来自民众的生产生活，在传统社会中是民族群体不可或缺的礼仪习俗和行为模式，进入现代社会之后，又发挥着极其重要的娱乐民众、丰富文化形态的作用。城乡之间由于经济发展速度和产业形态的不同，在社会权衡城乡发展的时候总是通过文艺下乡、图书下乡等方式，将城市的文化生活形态送到农村，以期形成城乡之间的资源共享，但在很多乡村地区，城市缺乏对乡村文化生活环境的了解，相关政策措施很难真正适应乡村的需要、满足村民的迫切诉求。相较之下，乡村自古至今世代传承着的民族歌舞反而能够有效地活跃群众文化生活，在唱跳自己祖先传下来的歌舞的时候，群众的愉悦度远高于接受那些内容艰深的书籍和复杂的乐器。目前很多美丽乡村、文明村建设的成功案例，都显现出一个共同点，就是村民们对自己的地方文化、民族民间文化和历史文化持有高度的热情，愿意积极参与其中，主动维护乡村的文明、自主管理乡村的各项事务。像普洱老达保村、丽江玉龙雪山周边多个村落，有很多村民直接参与到民族民间歌舞乐演艺活动中，在通过唱歌跳舞解决生计问题的过程中，也充分地树立了民族文化、地方文化的自信。在众多的文化形态中，歌舞乐具有其

独特的价值和表达方式，即没有太难逾越的边界，如不同民族语言、地方语言之间的边界，在歌舞乐中基本不存在，因此歌舞乐又是各民族群体相互交流、相互认同、相互融合最重要的沟通渠道之一。从丰富城乡文化生活的角度看，民族民间歌舞乐演艺能够充分结合不同群体实际的文化诉求，助力乡风文明、治理有效方面的乡村振兴建设，也能充分发挥其在不同地方、不同民族间传递信息，实现文化融通的重要作用。

三　传统节庆文化活跃乡村文化生活

传统节庆文化作为中华民族宝贵的精神财富和文化遗产，在历史长河中不断被人们创造、传承、创新。乡村振兴背景下传统节庆文化依托在地性特色文化资源、互联网等要素进行创新性发展、创造性转化，一批传统节庆焕然一新，彰显了中华优秀传统文化的时代价值与文化内涵，丰富了人们的精神文化生活。在文化与旅游融合从"悦耳悦目"的走马观花走向"悦心悦意"的体验在地性文化，再到当下"悦神悦志"的休闲度假，传统节庆文化越来越成为乡村文化旅游的内生动力，也是实现乡村振兴的重要突破口。

云南的传统民俗节日形式复杂、丰富多样。云南的主要传统节日有春节、端午、清明等17个，加上25个少数民族的传统民族节日，每年都会举办大量的传统节日活动。在当前全面推进乡村振兴的背景下，以传统节庆文化为载体助力乡村振兴的路径呈现多样化趋势。首先是以文创赋能，丰富传统民俗节日文化内容，创新民俗节日活动，带领游客体验历史文化风情和优美生态环境，打造乡村振兴新业态，创造乡村新IP，打造乡村文化新品牌；其次是以发展壮大集体经济为牵引力，对内开展群众工作、凝聚共识，对外承接各类市场主体，实现产业可持续发展，实现传统节庆保护与开发双效统一；最后是依托传统节庆文化促进各民族、城乡地区间及地方与国际的文化交流，增强地方和乡村的文化影响力和文化自信。

（一）促进乡村节庆文化与旅游深度融合，丰富城乡文化生活

在文化和旅游深度融合的今天，传统节庆文化通过互联网技术，打破

了时间与空间限制，丰富了游客的感知与体验，为游客领略乡村的特色风土
人情和民族习俗、体验乡村的绿水青山提供新的契机，成为乡村振兴中乡村
旅游发展的重要依托。传统节庆的文化根脉在乡村，也是乡村自然与人文资
源禀赋高度凝聚的产物，在乡村唤醒传统节庆文化的过程，就是将新人才、
新理念、新资源带到乡村的过程。活跃乡村文化生活和满足游客的消费需求
等一系列举措成为传统节庆文化资源助力乡村文化振兴的重要突破口。

　　"十三五"期间，云南各地旅游项目演变为多种线上"云旅游"形态。
从大理"三月街"的云上赶集到楚雄"火把节"的云上火把狂欢，再到西
双版纳的"云上泼水节"。在 2020 年 11 月 18 日召开的国务院常务会议上，
国家确定了支持"互联网+旅游"发展的措施，引导"云旅游"等新业态发
展。2020 年以来，西双版纳积极顺应趋势通过互联网直播与互动，打造了
"云上泼水"传统节庆文化品牌，开启了线上直播带货，使具有西双版纳特
色的热带水果、小苞谷等农产品销往全国，推动泼水节这一传统节庆文化
进一步实现创造性转化、创新性发展。线下泼水节通过丰富的活动活跃了
地方民众的乡村文化生活，同时线上泼水节通过抖音直播带货助力农民走
上脱贫致富之路，直播互动极大地满足了"云游"顾客的需求，"线上+线
下"的模式创新使西双版纳傣族泼水节这一传承千年的传统节庆焕然一新，
实现了文化保护与经济建设的"双丰收"，使文化与旅游打破时空限制深度
融合。

　　推动传统节庆文化的商业化进程，借助市场机制促进乡村振兴。云南
各地将传统节日视为一个可经营的品牌，通过精心策划和组织，提升其知
名度和商业价值，实现经济效益的提升。同时，各地积极开拓包括社会捐
助、商业赞助在内的多样化资金来源，完善资金筹集机制，鼓励专业公司
负责节庆活动的策划和推广工作。在乡村振兴的背景下，云南各地应对传
统节庆文化进行创新，沿着正确的发展道路加大执行力度，并把握乡村振
兴带来的新机遇。促进传统节庆文化与各产业的深度结合，利用文化旅游
融合的发展契机，打造乡村振兴与节庆旅游相结合的示范点，支持民族地
区的文化经济复兴。以文化创意赋能传统民俗节日文化，焕新、唤醒乡村

传统文化，增强审美韵味，培养美育意识。以民俗文化推动研学、特色民宿、沉浸式体验、亲子互动、国风国潮、健康养老等文旅业态不断发展。以数字化等现代科技让传统民俗节日文化"活起来"，推进乡村旅游从单一观光向数字化、沉浸式、互动性等方向多元化发展。

（二）促进传统节庆传承创新，丰富乡村文化生活

传统节庆文化与乡村振兴战略息息相关，通过传统节庆文化开发，为展示乡土文化、乡村风貌、乡土风情提供了平台，使更多人发现乡村的美丽与价值，进而促进各类生产要素向乡村集聚，合力奏响乡村振兴"协奏曲"。当前各地在对传统节庆文化的开发过程中还存在忽视环境保护与文化保护等一系列问题，因此在乡村振兴的过程中，需注重经济效益与生态效益之间的平衡关系，做到双效统一、协调发展。要将生态宜居放在首位，在推动传统节庆文化创造性转化的过程中始终围绕这一目标，在开发传统节庆文化的同时保护好生态环境，时刻牢记习近平总书记"绿水青山就是金山银山"的理念，务必坚持"先保护再开发"的原则，在保护的基础上再开发利用①，促进民族地区乡村"生态振兴"。保护传统节庆文化的载体是乡村，传统节庆文化作为民族特色文化的重要展示平台，是具有重要价值的文化遗产，一旦被破坏，其将会面临失传或失去其文化价值的危机。同时生态环境作为乡村旅游发展与产业振兴的重要基础，在开发传统节庆文化时，必须把对生态环境和文化环境的保护放在首要位置，在保护中开发，在开发中保护。因此，传统节庆文化赋能乡村振兴，应当注重地方文化传承，满足人们生产生活的需要，美化村庄环境和提升村庄宜居水平，从而促进传统节庆可持续发展。

随着城市化步伐的加快以及现代城市文化的广泛传播，一些富含地区特色的传统节庆文化遭遇了挑战。在挖掘和发展传统节庆文化的过程中，我们不能忽视民族文化的功能和自身的发展。在德宏州，作为传统节庆的目瑙纵歌正在践行着这一发展理念助力乡村振兴。目瑙纵歌意为"欢聚歌

---

① 江日青：《桂西北民族节庆活动及其旅游开发探讨》，《生态经济》2010年第10期，第137、140、171页。

舞"，主要流传于德宏州的景颇族聚居区，是景颇族最为隆重的传统民族节日。每年节日期间，人们汇聚于目瑙纵歌广场，数万人踩着同一个鼓点起舞，规模宏大、震撼力强，是中国西部地区著名的民族狂欢节，有"天堂之舞""万人狂欢舞"的美称。在节日中也会举行景颇族各种传统竞技体育活动，比如爬坡和拉滑竿、扭竹棒、织锦绳等，丰富了当地村民的乡村文化生活。

在乡村振兴的大背景下，传统节日文化可以赋能乡村振兴。地方政府迫切需要加大对本地传统文化的维护与传承力度，确立长期举办节庆活动的观念。通过建立传统文化博物馆、运用现代信息技术等手段，强化对传统文化的保护；培育一批熟知本地及民族节庆文化的继承者，在节庆活动的组织过程中始终突出民族文化的维护与传承。另外，也要因地制宜传承和弘扬传统民俗节庆文化，避免出现"一个模式、高度同质"的状况。各地政府在实践中需进一步强调差异化和地方特色，也需探索如何在推动当地经济社会发展的同时，保留地方文化风貌、观照各民族群众心理，力图实现节庆旅游业与村民日常生活的和谐统一，营造宜农、宜居、宜游、宜体验的旅游氛围。

四 乡村文化空间创造性转化为文旅新场景

作为承载了与城市不同的自然、文化资源与社会关系的空间，乡村提供了更多元的文化体验，可以通过发展特色文化产业创造社会和环境的二元价值，推动经济多元化发展，同时带动基础设施投资和建设，使乡村成为更具吸引力的休闲和旅游目的地。通过系统性地配置要素资源，引进先进、成熟的产业理念和配套设施，能推动有条件的乡村在特色文化产业帮助下，转化为特色文旅新场景，助力农民增收致富，促进城市—乡村二元文旅消费市场的培育和互动发展。

（一）空间要素的系统配置与整体优化，培育乡村文化经济新空间

古村、古城、古街等是乡村特色文化产业发展的空间形态，进一步加快农村基础设施建设是推动乡村振兴的基本空间要素。云南较为富集的历

史文化名城（镇、村、街）及传统村落资源，使得其发展乡村文化有了可能。在建设过程中通过保护乡村原始风貌，维护传统建筑、村庄聚落、公共空间的本真特色和自然形态，一方面有助于乡村整体文化风貌与自然环境的改善和优化，改造乡村居民的居所空间；另一方面有助于进一步促进空间要素的系统配置与整体协调，通过推动传统农家乐升级改造、厕所革命、半山酒店建设等项目，进一步整合乡村原有的地域特征与现当代特色文化产业和文旅产业的空间需求，为乡村文旅新场景的打造提供硬件条件。

在空间环境改造升级过程中，应以社会目标导向为优先原则，空间布局和功能设置要切实符合乡村居民日常生活习惯和地域习俗；也应以居民文化生活、社交活动的需求为出发点，同时兼顾外来游客、消费者、文旅创客等的居住、休闲、游览、社交等需求，在乡村原有广场、绿地和可供改造和使用的公共空间基础上，通过建设文化历史街区、文化广场和文化院落等，进一步提升乡村空间条件与现代文旅消费需求的对接程度，提升乡村接待游客、举办各类文化节庆活动的空间承载能力。

通过深入挖掘和开发乡村传统建筑资源，对不同空间、场所等物理环境进行适应性再利用，一方面可以满足特色文化产业发展的空间需求，为非物质文化遗产生产与创作、特色农业文化产品加工与展示、休闲康养的餐饮与住宿、节庆文博活动的宣传与营销等提供必要的空间条件；另一方面可以更好地结合乡村居民传统生活习俗与现代消费需求，通过文化创意提升乡村风貌的文化特征与文化内涵，同时为乡村本土传统文化遗产保护、在地性生活方式传承提供必要的场所条件，把乡村文旅新场景建设成不仅是游客与消费者进行文化体验、文化消费的"风情之景"，更是乡村居民惬意生产和生活、既便捷又舒适的"乐活之景"。

（二）文化要素创新发展与创意整合，增强乡村文化空间经济功能

推动文化赋能场景营造，以乡村特色历史文化资源为基底，推动乡村文旅消费与餐饮、住宿、农业、生态等乡村要素深度融合，通过特色文化产业扩大乡村文旅产品和服务的多样化投资和多类型供给，加大乡村特色文旅品牌建设和营销力度，健全乡村文旅营销机制，通过举办不同类型的

文化节庆活动和会展文博活动，打造各类节庆场景，满足游客在特色文化体验和现代休闲度假上的双重需求，提升乡村文化旅游服务水平，通过产品创新、服务创新、体验创新、消费创新，推动乡村文旅产业转型升级发展，推动乡村成为当前国内大循环发展结构中新兴的文旅消费市场，提升乡村在国家历史文化传承、特色文化资源创造性转化和创新性发展中的价值和战略地位。

凤羽镇，位于大理州洱源县，以佛堂村为核心，近些年通过对文化创意、生态农业、乡村振兴的不断探索和实践，走出了一条被称为"凤羽模式"的乡村振兴之路。依托在地性资源优势，凤羽镇通过对文化、生态、农业、空间等要素的有效整合与科学再利用，以文化、创意、创新为引领，以"软乡村、酷农业、融艺术、慢生活"为整体发展目标和规划愿景，通过开展公共空间整治工程，建设为保护洱海专门开辟的生态防护种植带，开展白石江沿线绿化工程，建设江登湿地公园等，实现了村落整体环境的升级改造；通过设立"慢生活"学院、"空中稻田剧场"和农民画社，打造融合乡土艺术与当代文化的"凤羽白米丰收节"，在户外农田和公共区域设立大型公共艺术装置，使得凤羽成为一个集古村落保护、休闲度假、特色农业、乡村文创等于一体的乡村文旅新场景。

推动文化和旅游深度融合。通过推动特色文化产业、文旅产业与教育、科技、卫生、体育等民生事业的深度融合，与休闲康养、户外运动、研学教育、生态保护等多元产业的升级捆绑，实现文化和旅游消费新业态的创新发展，以及休闲农业游、生态康养游、特色餐饮游、户外露营游、家庭度假游等多种融合业态发展；通过重点文化产业项目和文旅项目带动，深入打造多元化、类别化、不同层级、不同体量的文旅体验和消费空间，围绕乡村主体打造多元业态体系，将乡村传统的"吃、穿、住、唱、舞"等元素转化为场景内的有机要素，延长乡村文旅体验式消费链，进一步拓展乡村文旅场景的深度和广度，推动乡村与周边自然生态环境实现"泛景区化"和"泛场景化"发展，不打破乡村与周边环境的内在联系和有机结构，并进一步推动乡村文旅在"泛场景化"过程中实现整个区域内的协调共生与融合发展。

因此，通过进一步增强对文化作为乡村振兴内生动力的认识，通过特色文化产业赋能乡村实现转型升级发展，乡村作为文化空间在空间价值、文化体验、审美趣味、生活方式等方面的不同功能将得到有效提升，从根本上提升乡村作为新消费时代背景下文旅消费目的地的空间品质，与其各具特色的、由自然和村落形态所组成的空间形态一起，营造"乡村自然+文化艺术"的场景氛围，把乡村文化吸引力转化为乡村文旅新魅力，共同构建乡村文旅消费场景的核心竞争力，从而进一步刺激文旅消费需求，系统性带动特色文化产业发展。

（三）深入挖掘和合理应用人力要素，增强乡村文化空间吸引力

把乡村打造成特色鲜明、服务完善、体验舒适的文化旅游目的地，构建可以持续发挥效能的文旅新场景，需要可持续的创新人才体系支撑。人力要素在资源挖掘、遗产传承、产品服务创新、品牌设计营销、企业运营、市场拓展等产业链环节的全面覆盖，是特色文化产业助力乡村振兴的关键所在。其中，传统工艺传承人、非物质文化遗产传承人，是特色文化产业可持续发展关键之所在。通过构建科学合理的本地人才综合性培养体系，探索建立与高等院校、职业学校、科研机构、相关文化和艺术单位、特色文化企业之间的人才培养合作模式，能够有效地保证基础性资源型人才的培养和供给，为高端传承人才的选拔和发展奠定坚实基础。

通过充分运用相关政策和机制，建立适应乡村特色文化产业发展的人才评价机制和激励机制，鼓励文化创意和科技创新人才通过认识乡村、了解乡村，从而寄情于乡村发展，真正为乡村振兴提供新鲜血液和创新动能。通过引导和培育"乡村特色资源创研中心""文创乡建社团""乡村田园综合体"等，积极引进具有创新创意能力和水平的人才与团队，深入挖掘乡情、乡音、乡愁等在地性文化基因，显著提高乡村特色文化产业和文旅产业发展的创新能力和创意水平。通过内培外引的人才管理机制，全面实现人力要素的科学组合与层次化利用，推动本土人才的在地性视角和外来人才的创新视角的协调互补。

乡村文旅新场景打造的根本，在于以文化创意为引领、以乡村本地居民和外来消费者生活、旅游、休闲需求为导向，突破传统乡村文旅产业发展的"他者视角"和产业边界模式，贯彻落实"以人为本"的核心价值导向，深入推动社会、文化、经济、环境"四位一体"可持续发展理念，构建集"文化胜景、生态美景、生活愿景"于一体的乡村振兴新场景。既立足于乡村特色文化产业及相关的设计、生产、营销、服务的全面发展，满足城市消费群体日益增长的文旅消费需求，构建沉浸式、互动式文旅融合新空间，又要以特色文化产业切实推动乡村生活水平和生活品质提升，以本地居民文化需求、文化习惯、消费能力为重要考量，增强基础设施建设、公共空间设计、文化活动实施等各方面在文旅发展中的社会性与包容性，通过文旅场景打造，切实推动乡村文化、产业、生态、人才、组织五方和谐互促和全面振兴。

第三节　云南乡村特色文化产业发展面临的困难与对策

一　云南乡村特色文化产业发展面临的困难

乡村特色文化产业发展是一项长期系统工程，需要持续不断地重视和投入。受经济社会发展相对滞后、综合交通不便、乡村特色文化产业投入不足、特色文化产业人才匮乏等现实因素的制约，云南民族地区乡村特色文化产业发展虽然走出了自己的特色模式，但仍有不足。在人们对文化消费的需求日益提高的背景下，当前云南民族地区乡村文化振兴面临的矛盾、难点、问题较为突出，云南乡村特色文化产业的发展仍有许多问题亟待解决。

（一）乡村优秀特色文化资源保护有待加强

乡村传统文化产生于本土，植根于乡土社会体系，反映了一个地方的文化发展历史和当地群众的审美情趣。大量优秀的民族文化、民间文化散落在云南的乡村地区，这些乡村优秀传统文化既是村民生活的不可分割的一部分，也是乡村特色文化产业发展重要的文化资源。云南作为一个广为人知的"民族文化大省"，文化产业、旅游业等发展在很大程度上依靠文化资源。目前，云南不少地方在推进乡村振兴的过程中，往往忽视了民族传统文化，忽视了农民的审美情趣，对优秀传统文化保护的重视程度不够。云南的很多乡村在外来文化的冲击下发生着变迁，村寨个性特点正在逐渐消失。不少乡村手工艺制品和珍贵文化实物难以得到妥善保护，许多传统文化培训、展演活动无法正常开展，农村现存的非遗传承人等文化主体生活状况并不理想。

云南作为一个旅游大省，发展旅游业给云南带来了巨大的经济效益，但旅游开发对云南乡村传统文化的保护也造成了不利影响。在利益的驱动下，旅游地区的村民将面临更大的商业诱惑，使他们的一些文化活动更倾向于商业表演，从而失去原有的自然与淳朴。长此以往，真实的乡村传统文化会渐渐被商业化表演所取代，旅游者对此类旅游活动的兴趣也会降低，旅游地也会失去原本的文化吸引力。

（二）乡村特色文化产业发展缺乏活力

云南属山地高原地形，全省山区、半山区面积占94%，坝区仅占6%，耕地面积9315万亩，人均占有耕地约两亩，是多民族的边疆山区省。[①] 全省高山、江河纵横交错，区域发展不平衡问题较为突出。部分偏远边疆民族地区如乌蒙山区等地，文化活动"全靠送"，由县级以上文化单位组织配送的文化活动，不能满足群众的精神文化需求，所发展的特色文化产业也大多是满足于"他者"的需求而忽视了"我者"的需求，致使许多特色文化产业的发展缺乏活力，且缺乏自主选择文化活动的条件和平台，乡村特色文化产业发展空间有限。

乡村自组织文化活动缺乏活力，而且区域发展不平衡、文化活动质量也参差不齐。曲靖、玉溪、普洱等地乡村自组织文化活动较为活跃，其他州市相对较少。从形式上看，乡村业余文化团队演出节目以舞蹈、歌曲为

---

① 《高质量推动云南农业现代化的思考》，云南省人民政府网站，2021年8月8日，https://www.yn.gov.cn/ztgg/jdbyyzzsjzydfxfyqj/fxpl/202108/t20210808_226195.html。

主，群众文化活动以民族歌舞乐、广场舞为主；从内容上看，传承乡村传统文化，体现乡村历史文化底蕴的特色文化产业不足，创新能力不强。无论是在内容还是在表现形式上，乡村文化活动整体处于低水平、浅层次、小规模的局面，导致乡村特色文化产业发展缺少生机和活力。

（三）乡村特色文化产业发展不充分

改革开放以来，旅游业成为云南经济发展的重要支柱产业之一，伴随旅游业的兴起，乡村特色文化产业迅速崛起。但近几年，云南旅游业发展出现了一系列问题，深刻影响了云南乡村、民族特色文化产业发展。

云南乡村特色文化产业缺乏民族性、区域性文化内涵，乡村文化产业在模式上呈现单一化问题，难以突出地域特色。事实上，不同地区的乡村文化都呈现不同特点，如果云南在乡村文化资源开发过程中受到经济利益的驱使，诸多村落的民居建筑风格、民族元素、旅游产品趋向单一化、肤浅化、功利化，乡村文化建设就难以走得长远。

云南虽然拥有丰富的文化资源，但在发展过程中缺少对乡村文化资源的充分挖掘，大多集中于传统的手工艺品和旅游演艺产品。在"互联网+"的时代背景下，云南对乡村文化资源的开发利用与动漫产业、影视产业等新兴业态的结合程度较低，乡村文化产业的内涵及创意挖掘不足，附加值不高，相关产业链不长，缺少品牌竞争力。

（四）乡村特色文化产业人才相对匮乏

乡村特色文化产业人才队伍是推动乡村特色文化产业发展的主导力量，目前云南乡村特色文化产业人才十分匮乏。一方面，由于云南乡村地区经济和社会发展长期处于落后状态，乡村文化人才大量外流，部分有文化的村民长期流动在外，留守在农村的大多为文化素质较低的中老年人和妇女儿童，乡村特色文化产业活力严重不足。另一方面，农村现存的民族民间艺人、民族文化传承人、非遗传承人作用发挥不足，乡村传统文化传承后继无人。此外，推动乡村特色文化产业发展的干部队伍配置不强，人员缺位现象较为普遍，农村基层干部人员老龄化，学历低，缺乏专业能力，对乡村文化建设的理解不到位，工作应付多的现象较为突出，未能适应新时代乡村特色文化产业发展的需要，这些现象已经严重阻碍乡村特色文化产业发展，在很大程度上，人才匮乏已经成为制约农村特色文化产业发展的重要因素。

二　推动云南乡村特色文化产业发展的对策

党的十八大以来，在乡村文化振兴、优秀传统文化创造性转化与创新性发展、文化和旅游融合发展、文化产业赋能乡村振兴、文化旅游消费示范城市建设等推动文化产业发展的政策红利的带动下，云南文化产业在区域生产总值中的比重逐年升高，规模逐渐扩大，业态进一步丰富，对区域经济社会、文化发展的影响力不断提升。但从整体上看，云南大部分乡村地区经济社会发展相对落后，产业发展基础较为薄弱，贫困人口较多，因此，积极发展乡村特色文化产业是转变云南的乡村地区经济发展模式、实现地区经济大跨步发展的必然选择。针对云南特色文化产业的建设和发展路径，未来我们应关注以下四方面。

（一）促进文化与相关产业融合发展，推动民族地区乡村文化产业高质量发展

依托云南丰富的中国传统村落、少数民族特色村寨、历史文化名城（镇、村、街）、非物质文化遗产等资源，着力培育发展乡村文化旅游、民族文化体验、演艺娱乐等特色文化产业。落实云南传统工艺振兴计划，重点支持以"金、木、土、石、布"工艺美术品生产为代表的乡村特色文化产业发展。从资金、人才、产品编创和监管等方面支持"农村文化户"发展，依托市场、资源、空间等要素相对集中的区域，培育建设乡村特色文化产业群。

推动文化与旅游融合发展，大力发展乡村文化旅游业。结合美丽乡村建设，在全省建设一批"美丽村寨"文化产业综合体。面向全球和全国范围招募精品酒店、特色民宿的优秀品牌和运营团队，大力培育发展乡村特色民宿、创意农业、休闲农业等业态。与美丽乡村建设紧密结合，培养乡村网络红人，启动民族民俗文化旅游示范区的试点工作，并规划一系列兼

具教育意义、艺术价值和体验性的乡村旅游路线。

推动文化与农业融合发展。建设集农业生产、加工、营销、物流、文化体验、休闲观光等于一体的全产业链现代农业庄园。结合省级民族传统文化生态保护区规划，培育打造一批具有示范作用的"文化农庄"，探索非物质文化遗产资源与旅游融合发展的路径。结合哈尼梯田世界文化遗产保护、景迈山古茶林申遗等工作，加强对云南梯田稻作系统、古茶园与茶文化系统、果树作物复合系统、水生作物生态系统、水旱作物轮作系统等农业文化遗产和油菜花、荷塘、红土地等农业文化景观的文化发掘和保护工作。根据高原特色农业现代化建设的目标任务，依托核心发展区域、重点产业板块、优势农产品产业带、现代农业示范园区、特色产业专业村镇的建设，重点围绕"云系"品牌中云茶、云菌、云花、云果、云咖、云药等特色优势产品，加快推进农耕文化、创意体验、健康养生、乡村旅游与现代农业融合发展。

推动乡村文化与特色小镇融合发展。边疆、民族、山区是云南的基本省情和特点，应依托云南独特地域文化、乡土民俗、民族文化、传统工艺、民族服饰美食等资源，以文化基因和文化元素提炼为核心，以创意和再生设计为手段，培育建设一批体现乡村特色的小镇。通过云南良好的田园生态风光、丰富多元的民族文化发展乡村特色文化旅游；通过一二三产业融合发展及产城文融合发展，带动周边农村交通、水电管网等基础设施建设，优化公共服务布局和功能，激发乡村现代化建设活力。

（二）充分利用现代科学技术，助推乡村地区传统文化有效保护传承和合理创新发展

加强云南优秀农耕文化遗产保护，推进濒危优秀农耕文化抢救工程，建设"云南农耕文化示范区"。清晰划定乡村历史文化保护线，推进乡村文物古迹、传统村落、民族特色村寨等建设，保护好现有乡村文化生态环境；平衡现代村镇建设与地方历史风貌保护工作，激活乡村文化生境自我修复和创新的内生机制。

强化新技术、新媒介对乡村传统文化保护传承、传播的支撑作用，依托数字化、互联网、云计算等现代科技，开展云南民族文化、乡村文化资源普查工作，建设包含云南乡村、民族、历史、经济、社会、文化发展动态数据的"云南乡村文化资源数据库"，加强全省乡村民族民间文化资源有效保护、传承、管理、监控与预警。对接国家文化资源数据库、数字博物馆、非物质文化遗产保护传承、国家文物保护、历史文化名村名镇、线性文化遗产保护等重大工程，建设云南民族文化资源库和乡村文化信息共享平台，推动全省乡村文化和民族文化的保护、传承与创新发展。

实现云南乡村宽带和无线网络全覆盖，推进电商、App、小程序等开发使用与乡村文化传播、乡村旅游指引和服务、农特产品营销深度融合，缩短乡村文化建设与现代消费方式之间的距离，构架乡村文化消费的新型模式和便捷网络平台。鼓励文化旅游企业和研究机构，利用互联网、数字化、3D、AR、VR等技术，建设"历史文化名城名镇名村数据应用平台"，强化对历史文化名村名镇的保护与利用。对接"一部手机游云南"，建设一批基于互联网和数字化技术的"七彩云南数字化名村"，通过"互联网+乡村"的建设路径，让云南乡村走向全球，实践"云南的、民族的、乡村的就是世界的"理念。

在实现网络全覆盖的基础上，推进以科技改善乡村文化生活，建设和完善乡村文化网络载体。对接云南网络文艺精品创作传播计划，实施乡村网络文艺创作传播计划，鼓励广大乡村居民参与网络文艺作品创作和传播，使网络文化建设惠及广大乡村群众。利用网站、"两微一端"等网络宣传平台，围绕脱贫攻坚、惠农助农、弱势群体帮扶等主题，打造各类乡村网络公益频道或专题，积极推动以乡村网络公益为主题的新媒体作品创作，打造具有较强影响力和公信力的云南乡村网络公益品牌。加强全省乡村网络监督管理，统筹推进乡村网络舆论引导工作，加强网络文化建设，开展网络公益活动，打造"互联网+"时代的云南乡村文化新生态。

（三）加强沿边乡村和民族地区文化建设，培育建设文化口岸、文化集市，推动跨境文化交流与合作

发挥云南4000公里边境线周边乡村、民族地区富集的文化资源以及地缘、族缘、文脉相通的优势，培育一批以乡村为单位的文化口岸、跨境文化集市。依托国家口岸沟通、交流和集聚的功能，结合新型城镇化、城乡一体化建设，完善国家口岸周边地域文化特色、民族文化特色突出乡村的公共文化服务体系，重点推动瑞丽、磨憨、河口、南伞等国家口岸周边特色村落的文化产业发展，形成口岸乡村特色文化产业发展集群。

发挥云南沿边地区与周边国家和地区保持经贸往来的通道优势，以跨境文体赛事、民族节庆、会展为重要载体，开展形式多样的跨境文化交流合作。依托景颇族万人目瑙纵歌盛会、傣族泼水节、傈僳族阔时节、新米节、中缅胞波狂欢节、跨境村晚等重大活动，树立中国良好形象，传承弘扬民族优秀文化，进一步为推动文化交流融合和文旅项目合作提供平台。借助"一寨两国"等特色乡村在跨境交流合作中的影响力，通过政府引导、社会资本支持，培育一批集文化展示和交流、特色文化产品生产与销售等功能于一体的跨境、边境乡村文化集市。依托中心城市、交通枢纽城市周边资源富集、特色突出的乡村，结合特色小镇、美丽乡村建设，培育一批宜居、宜商、宜文、宜游的现代文化乡村，并将其作为中心城市和交通枢纽城市文化品牌、城市功能等的辐射、扩散和承载空间，形成内陆乡村文化口岸和文化集市，通过与世界其他国家和地区的特色民族文化村落等缔结友好村落的方式，将本土乡村文化和世界乡村文化尤其是南亚东南亚特色文化集中展示，培育一批兼顾文化"走出去""引进来"的文化交流合作特色文化新乡村。

（四）加强人才队伍建设，强化乡村文化产业人才支撑

乡村文化产业的发展离不开人才的支撑，云南应加大高层次乡村文化人才引培力度。通过健全人才引进机制，落实优秀人才引进优惠政策，探索柔性引进机制，培育和引入一批高层次研究民族文化、乡土文化、农耕文化、边地文化、红色文化的人才。完善乡村和民族文艺精品奖励制度，扶持民族民间创作基础队伍和加强文艺阵地建设，培养乡村和民族文艺领军人物和高素质人才。发挥专业院团、高校艺术院系人才优势，通过对口帮扶、设立联系点等形式，开展专业文化人才进镇入村活动，培养乡村文

艺骨干。

　　加强乡村文化人才队伍建设。建立云南乡村文化人才信息库，加强乡村文化人才队伍的培养、储备、配备、管理和使用，建立一支扎根基层、专兼职结合、综合素质较高的乡村文化人才队伍。建立完善乡村文化能人、新乡贤、志愿者等评级评聘制度，吸纳社会各界人才进入乡村人才体系。重视乡村文化人才、乡村工匠、乡土文化能人、民族地区文艺人才、民族民间文化传承人培养培训，支持州（市）、县（市、区）开展乡村传统文化人才、乡村文化专项技能人才培训。完善各级乡村非物质文化遗产传承人认定与管理制度，实施云南乡村非物质文化遗产传承人培育计划，推动中国非物质文化遗产传承人群研修研习培训计划落地，以及云南省非物质文化遗产研究基地、云南省非物质文化遗产培训基地建设。

第五章　乡村公共文化服务建设实践与探索

　　乡村社会的变迁全面而深刻地塑造着公共文化服务的社会环境，村民的文化需求则形成了乡村公共文化供给的根本导向，云南丰富的文化资源禀赋为公共文化服务体系建设提供了资源支持，也构成了乡村公共文化服务高质量发展的挑战。云南乡村公共文化服务体系建设应在国家现代公共文化服务体系框架指导下，紧密结合云南"边疆、民族、山区、美丽"的独特省情，自觉融入并服务于脱贫攻坚和乡村振兴战略的进程。云南乡村公共文化服务体系建构的主要任务包括健全和完善公共文化服务的管理体制和运行机制，推动乡村公共文化服务设施网络的建设，开展新时代文明实践、全民阅读推广、全民艺术普及、群众性文化活动等项目，落实文化惠民工程，并实施"国门文化"建设。作为乡村振兴的重要组成部分和关键力量，乡村公共文化服务应深度融入和对接乡村"五大振兴"，进而推动乡村振兴战略的实施。云南的乡村公共文化服务实践表明，从基层文化阵地建设到数字化、智能化的公共文化服务模式的转变，从传统的政府"端菜式"服务到群众"点菜式""订单式"服务的创新，都在不断地推动着公共文化服务向更高质量的方向发展。特别是在乡村公共文化服务与群众文化生活之间协同创新发展方面，云南通过丰富的文化活动举办和创新的服务供给，极大地提高了群众的参与度和满意度，增强了群众的获得感。乡村旅游与公共文化服务的深度融合，以及新型公共文化空间的创新拓展，不仅增强了乡村文化的内在活力和吸引力，也为乡村经济发展注入了新的动力。在全面实施乡村振兴战略的背景下，面向高质量发展的需求，应该完善乡村公共文化治理体系，持续提高基层综合性文化服务中心"建、管、用"水平，着力增强文化服务效能，加强乡村公共文化服务人才队伍建设，健全公共文化赋能乡村振兴的机制。

第一节　云南乡村公共文化服务的背景与基础

公共文化服务是乡村振兴的重要组成部分和关键力量，通过提升其效能和质量可以促进乡村文化振兴，深度融入和对接乡村"五大振兴"，进而推动乡村振兴战略的实施。社会价值观多元化、乡村经济社会发展、社会问题与矛盾调处以及新技术的运用，塑造着乡村公共文化服务的社会环境，对乡村公共文化服务高质量发展提出了要求，而村民日益增长的文化需求成为公共文化服务供给的根本导向，云南丰富的文化资源禀赋则构成了乡村公共文化服务供给的优势与挑战。

一　公共文化服务：乡村振兴的重要组成部分与关键力量

（一）产业维度：公共文化与经济相融合

乡村公共文化可以提升乡村居民的文化素养和综合素质，进而提高劳动生产率和创新能力，促进乡村经济的多元化发展。通过公共文化与乡村旅游的融合，可以更好地展示乡村文化，吸引游客，增加农民收入，带动乡村经济发展。乡村旅游活动的开展，可以有效地保护和传承乡村的传统文化、民俗风情和非物质文化遗产，实现乡风文明。依托乡村基层综合性文化服务中心，将旅游信息咨询、文化体验的功能嵌入乡村公共文化空间，能够提升乡村旅游的公共服务品质，改善游客的旅游体验。

（二）人才维度：公共文化与新农人培育相结合

公共文化与新农人培育相结合，是实现乡村振兴人才支撑的关键环节。新农人是指那些具备现代农业生产技能、市场经营意识、创新创业能力，并愿意在乡村生活和工作的新型农民。公共文化服务为新农人提供了学习和交流的平台，能促进他们的知识积累，拓宽视野，提升能力素养。公共文化与新农人培育相结合，能够培养出一支懂技术、会经营、敢创新的新型农民队伍，为乡村振兴提供坚实的人才支撑和文化保障。

（三）文化维度：公共文化与特色文化产业相协调

特色文化产业的发展不仅能够增强文化的市场活力，还能够促进公共文化服务质量和效率的提升。将云南乡村"金、木、土、石、布"特色文化产品和服务融入公共文化服务体系，吸引更多的游客和消费者，不仅可以为特色文化产业发展提供动能，还能有效地促进地方文化的传承与发展。

（四）生态维度：公共文化与美丽乡村建设相协同

乡村生态振兴是乡村振兴的内在要求，生态振兴的核心是人与自然和谐共生的理念，它强调人类活动要顺应自然规律，维护生态平衡，促进可持续发展。云南作为中国生物多样性最为丰富的省份之一，生态文化的保护与发展尤为重要。在云南乡村振兴实践中，推进美丽乡村建设，开展人居环境整治、农村垃圾污水治理、厕所革命和农业废弃物资源化利用，践行"两山理论"，推进新时代中国生态文明建设的乡村实践，能够实现乡村文化与生态的和谐统一。

（五）组织维度：公共文化服务与乡村治理相助力

公共文化服务与乡村治理紧密相连。公共文化服务不仅是提升乡村社会文明程度的载体，也是推动乡村治理体系和治理能力现代化的重要力量。首先，依托乡村公共文化服务阵地，提供农村公共文化服务，能够增强村民的文化认同感和归属感，促进乡村社会的和谐稳定。其次，公共文化是乡村治理的重要手段，通过文化引导和教育，可以增强村民的法治意识和民主意识，为乡村治理提供软实力支撑。最后，公共文化是乡村创新发展的催化剂，通过文化产业的发展，可以激发乡村社会的活力，推动乡村治理体系的创新。

二 乡村社会变迁：公共文化服务体系的社会环境

（一）社会价值观多元化，凸显公共文化服务体系在社会主流价值观培育和践行中的载体地位

公共文化机构通过依托公共文化网络设施、举办群众性文化活动、开

展全民艺术普及、创新拓展乡村公共文化空间，以及通过举办展览、讲座、培训等活动，可以营造乡村社会良好的文化氛围，推动形成浓厚的人文气息，让社会主义核心价值观渗透到人们生活的方方面面，有利于将社会主义核心价值观以生动活泼的形式传递给公众，增强村民对主流价值观的认同感，凝聚社会正能量。在乡村公共文化服务体系建设中，通过挖掘、保护和传承中华优秀传统文化，可以让更多村民了解和接受中华优秀传统文化，推进中华优秀传统文化创造性转化与创新性发展，增强村民的文化自信和文化自觉。

（二）乡村经济社会发展，要求通过公共文化服务体系提升村民知识水平和文化素养

云南省拥有丰富多样的乡村自然与人文旅游资源，这些乡村地区的自然风光、民族风情和生态环境相对保存完好，这种集自然风光、人文遗产、生态资源于一体的综合性乡村旅游资源，为发展乡村文化经济提供了巨大的潜力。[1] 随着社会的不断变迁，传统生活方式和思维模式面临着适应新社会发展需求的挑战。在这个过程中，乡村公共文化服务体系发挥了至关重要的作用。通过教育、培训、媒体宣传等多种形式，乡村通过提供公共文化服务可以帮助乡村居民接受现代文明成果，从而推动乡村社会的现代化进程。随着乡村公共文化服务体系的建立与完善，如图书馆、文化站、数字服务平台等的建立和完善，村民们获得了更多接触新知识、新技术的机会。这不仅极大地丰富了他们的精神生活，还促进了信息的流通与知识的普及，有效推进了传统农业社会向现代化社会转型。

（三）社会问题和社会矛盾调处，需要公共文化服务体系发挥社会整合作用

乡村公共文化服务体系是促进各民族之间交往、交流与交融，提升社区凝聚力和促进社会整合的重要载体和有效实现形式。首先，云南乡村的

---

[1]　明庆忠、张文娟：《云南省乡村旅游发展报告》，载王金伟、吴志才主编《中国乡村旅游发展报告（2022）》，社会科学文献出版社，2023，第 195~207 页。

多民族特点决定了公共文化服务体系的重要性。在云南这样一个多民族聚居的地区，公共文化服务体系扮演着促进民族团结和社会和谐的重要角色。乡村公共文化服务体系通过组织各类文化活动，如节日庆典、体育竞赛、艺术展览等，能够增进各民族之间的交往、交流与交融，增强社区凝聚力，促进社会整合。其次，云南乡村社会治理面临的问题，也需要公共文化服务体系的支持。随着农村经济结构的转型和社会结构的变化，社会矛盾和利益冲突难以避免。公共文化服务体系可以通过提供丰富多样的文化娱乐活动，在乡村社区建立文体活动中心、阅览室等公共文化设施，不仅能够满足居民精神文化需求，还可以成为社区居民的集会场所，增进邻里互动交流。最后，云南省在乡村治理中强调党建引领和社会组织参与，而公共文化服务体系恰恰是实现这一目标的有效途径和重要载体之一。通过公共文化设施的免费开放和组织开展群众文化活动，可以吸引更多社会组织和志愿者参与到乡村治理中来，打造乡村治理共同体，共同推动乡村组织振兴。

（四）乡村社会变迁中的新技术运用，呼唤公共文化服务体系的数字化、网络化和智能化

随着乡村产业结构转型、人口城镇化进程加快，村民生活方式、价值观念和文化需求也在发生变化。同时，移动互联网、移动通信、人工智能等新技术在乡村地区的渗透和应用，为公共文化服务体系的数字化、网络化和智能化提供了有利条件，通过数字化赋能公共文化服务，丰富和拓展文化消费场景，能让乡村文化焕发勃勃生机。新技术在乡村地区的广泛应用，也使村民对公共文化服务提出了新的更高的要求。新技术的应用呼唤公共文化服务体系的数字化、网络化和智能化创新，这不仅是对村民文化需求变化的响应，也是推动乡村振兴战略实施的重要组成部分。

三　村民文化需求：公共文化服务供给的根本导向

日益增长的村民文化需求，构成了公共文化服务供给的根本导向。按照经验，当人均 GDP 超过 3000 美元时，文化消费会快速增长；接近或超过

5000 美元时，文化消费则会"井喷"式增长。2023 年，云南省人均 GDP 已超 8000 美元，接近 9000 美元①，2019～2023 年农村常住居民人均可支配收入增速均超过全省居民人均可支配收入增速，居民消费结构不断升级，文化消费不断增长，日益增长的群众精神文化需求将成为公共文化供给的重要导向（见表 5-1）。从文化需求满足的路径看，一是市场化供给路径，即居民个人按照市场规则向文化消费市场购买文化产品和服务，属于市场化的具体文化消费范畴；二是公共文化服务供给，即政府为增进公众文化福祉、满足公众文化需求、推动文化事业发展而提供的基本公共产品和服务，强调"政府职责"和"公民权益"。在我国社会主要矛盾已经转化为人民日益增长的美好生活需要和不平衡不充分的发展之间的矛盾这一新形势下，公共文化服务供给也面临新的要求和挑战，公共文化服务供给更加强调普惠性与均等化、质量与水平、便捷与高效，为此，村民的文化需求不能完全依靠市场供给，农村公共文化服务供给责无旁贷。

表 5-1　2019～2023 年云南省居民人均可支配收入及人均生产总值

年份	农村常住居民人均可支配收入		全省居民人均可支配收入		全省生产总值（亿元）	全省生产总值同比增速（%）	全省人均生产总值（元）	全省人均生产总值同比增速（%）
	收入（元）	同比增速（%）	收入（元）	同比增速（%）				
2019	11902	10.5	22082	9.9	23223.75	8.1	47944	7.4
2020	12842	7.9	23295	5.5	24555.72	4.0	50299	3.3
2021	14197	10.6	25666	10.2	27146.76	7.3	57686	7.5
2022	15147	6.7	26937	5.0	28954.20	4.3	61716	4.7
2023	16361	8.0	28421	5.5	30021.12	4.4	64107	4.6

资料来源：根据云南省 2019～2023 年国民经济和社会发展统计公报整理而来。

四　文化资源禀赋：乡村公共文化服务供给的优势与挑战

文化资源禀赋构成公共文化服务内容的优势资源，丰富了公共文化服

---

①　参照 2024 年 5 月人民币兑美元汇率换算，2023 年云南省人均 GDP 64107 元，可兑换为 8853.18 美元。

务的内涵，还为村民提供了多样性的文化体验。云南作为中国西南边陲的一个多民族省份，拥有丰富的文化资源和独特的民族文化，各民族世代传承的语言文字、历史典籍、口传文学、民间艺术、民族器乐、体育游艺、建筑工艺、饮食风俗等，都是不可多得的文化瑰宝。通过整理、保护、弘扬、创新，可以将民族文化资源转化为公共文化产品和服务，可以丰富公共文化服务的内容和形式，满足村民认知、审美、娱乐等多层次的文化需求，促进文化多样性和社会凝聚力的增强。将文化资源融入公共文化服务中，能够提升服务的文化内涵，增强服务的吸引力和感染力，使公众更加积极地参与和享受文化服务。

云南民族民间歌舞乐和各类节庆赛事不仅极大地丰富了村民的文化生活，也为传统的标准化的公共文化服务"供需匹配"提出了挑战。在多民族聚集的云南乡村，民族歌舞乐、节庆赛事等是村民生产生活的一部分，无论是日常生活还是节庆庆典，都伴随着盛装、歌声和舞蹈。民族民间歌舞乐和节庆赛事活动虽然极大地丰富了乡村文化生活，但是其自发性、多样性、差异性和地域分散性的特点，也为传统的标准化公共文化服务供给带来了一定挑战。多样化的文化表达形式，意味着村民文化需求的多样化。传统的公共文化服务往往以一种统一的标准提供，无法充分满足乡村多元化的文化需求，公共文化服务供需不匹配问题便凸显出来。如何在尊重多元包容的基础上，满足村民多样化的文化需求，将这些宝贵的文化资源有机整合进入国家公共文化服务标准化、均等化体系中，实现服务内容和形式的创新发展，是一个亟须解决的现实议题。

第二节　云南乡村公共文化服务状况

云南乡村公共文化服务体系，应在国家现代公共文化服务体系框架下，基于云南乡村实际，以公共文化设施网络服务阵地为基础，做好公共文化服务的供给，推进创新实践和品质活动，重点实施乡村文化惠民工程，加强文化人才队伍保障。

一　云南乡村文化设施网络建设

(一)基层文化阵地不断丰富

"十三五"以来,云南省各县域行政村依据国家和省级的相关建设标准,基本按照"6+X"或"7+X"模式进行文化阵地建设,设立多功能厅、文化活动室、电子阅览室、图书阅览室、棋牌室或相应功能区、文化体育广场等。"十三五"期间云南建成了1375个乡(镇)服务点暨农文网培学校,乡(镇)覆盖率达100%;建成了10942个村级服务点暨农文网培分校,村级覆盖率达78%[①],同时借助互联网促进乡村公共文化服务的均等化。2013年,云南省共建成乡镇文化站1384个,达标率为50%[②],到2020年达标的乡镇(街道)综合文化站有1250个,达标率为86.2%,达标的村(社区)综合性文化服务中心12273个,达标率为85%[③],截至2023年,全省乡镇综合文化站房屋建筑面积平均达到520平方米,文化活动用房面积平均达到387平方米,室外文体广场面积有168万平方米;村级综合性文化服务中心房屋建筑面积平均达到341平方米,文化活动室内面积平均达到80平方米,室外文体广场面积有576万平方米,基本达到了国家标准要求。数量和达标率的双升为改善基层人民的精神文化生活提供了战略基点,有力地支撑了阵地服务效能的提升。同时通过延长文化阵地免费开放的时间,有效回应了群众多样文化生活的需求。"十三五"以来,云南省全省乡(镇)综合文化站每周开放时间平均达到30小时(三级站标准为28个小时),村文化服务中心(农家书屋)每周开放时间平均16个小时(最低标准为12个小时)以上,每个行政村平均每年组织群众文体活动4次(标准

---

① 《云南省积极推进公共文化服务体系建设迈向标准化均等化》,文旅部网站,2014年3月12日, https://www.mct.gov.cn/whzx/qgwhxxlb/yn/201403/t20140312_791436.htm。
② 《云南省积极推进公共文化服务体系建设迈向标准化均等化》,文旅部网站,2014年3月12日, https://www.mct.gov.cn/whzx/qgwhxxlb/yn/201403/t20140312_791436.htm。
③ 云南省文化和旅游厅:《2020年推进基层综合性文化服务中心建设督察评估报告》,2020年10月。

为 6 次），每个社区平均每年组织群众文体活动 7 次（标准为 10 次）。①
2021 年至 2023 年，云南省新建和提升改造乡镇（街道）综合文化站 197
个，新建和提升改造村（社区）综合性文化服务中心 1377 个。②

（二）广播电视"村村通""户户通"全面实施

"十三五"以来，云南省全省以基层文化站、综合性文化服务中心为战
略基点实施广播电视"村村通""户户通"工程。2015 年云南省新闻出版
广电局与各州市广电（新广）局建设了 217 个广播电视无线发射台站③，为
乡镇共享数字文化提供了基础设施。云南电信在全省建成数字乡村 6800 个，
在 88 个脱贫摘帽县新增开通 5G 基站超过 2000 个，云南移动已在全省建成
5G 基站 5.2 万个④，全省行政村实现光网和无线网全覆盖。2023 年，云南
省建设应急广播县级平台 32 个，应急广播乡镇级前端 300 个，应急广播行
政村级前端 3330 个，应急广播终端 16290 个。⑤

（三）总分馆制建设全面推进

云南以县级公共图书馆、文化馆为轴心，大力推进总分馆制建设向广
大乡村地区延伸，推进图书文化资源向乡村地区不断延伸。2016～2022 年，
各级党委、政府和文旅部门通过积极向上争取、加大本级投入力度、吸引
社会资本等多种方式，在图书馆、文化馆总分馆制建设方面，省级财政累
计投入资金 12089 万元，州（市）级财政累计投入资金 2013 万元，县级财
政累计投入资金 4209.98 万元。⑥ 到 2022 年全省共建有公共图书馆 150 个，

---

① 云南省文化和旅游厅：《云南边疆民族地区基层综合性文化服务中心"建、管、用"情况
调研报告》，2018 年 4 月。
② 云南省文化和旅游厅：《云南省"十四五"时期公共文化服务体系建设规划中期评估报
告》，2023 年 12 月。
③ 云南省发展和改革委员会：《（调查）云南省新闻出版广电局关于"十三五"时期广播电视
出版基础设施建设调查情况的函》，2015 年 12 月。
④ 《全省多点探索数字乡村建设路径——数智赋能 乡村绘新景》，云南省人民政府网站，2023
年 4 月 2 日，https://www.yn.gov.cn/ztgg/jdbytjwhjc/szh/xgzx/202304/t20230402_257269.html。
⑤ 《2023 全省 10 件惠民实事》，云南省人民政府网站，2023 年 1 月 14 日，https://www.yn.
gov.cn/ztgg/2023nynszfgzbgjd/kxw/mtgz/202301/t20230114_253345.html。
⑥ 《云南省公共文化服务发展评估报告（2022）》编制课题组：《县级图书馆文化馆总分馆制建
设评估报告》，2022。

文化馆149个，其中129个县（市、区）通过公共图书馆、文化馆总分馆制建设促进城镇优质公共文化服务资源向乡村倾斜，共建成文化馆分馆1481个、图书馆分馆1465个，村（社区）综合性文化服务中心14652个，将7546个农家书屋纳入总分馆体系，并配置电脑1.5万台、藏书806万册①，进一步提升了云南省公共文化服务均等化水平。

二　云南乡村群众文化活动举办与服务供给

（一）新时代文明实践活动

"十三五"以来，云南省着力深化群众性精神文明创建活动，坚持用社会主义核心价值观凝聚创建共识、汇聚创建力量，以扎实开展典型示范、志愿服务、文明创建为载体，在全社会弘扬真善美，传播正能量。

第一，树立价值标杆，引领社会风尚。云南通过推出"最美人物""云岭楷模"等一系列先进典型，表彰了一批在不同领域、不同岗位上做出突出贡献的个人和集体。2021年，张桂梅、张顺东和李国秀夫妻被授予第八届全国道德模范荣誉称号，8人被授予全国道德模范提名奖。至此，云南省已有13人入选全国道德模范，67人荣获全国道德模范提名奖。②

第二，丰富内容载体，广泛开展群众性精神文明创建活动。云南省抓好文明城市、文明行业、文明单位、文明村镇和文明公路运输线创建活动，形成了覆盖全省城乡、各行业的"点线面"相结合的精神文明创建格局，推进社会主义核心价值观进机关、进学校、进农村、进企业、进家庭，将精细化的群众工作嵌入到文明创建全过程，使每个"红色细胞"都活起来、动起来，带动社会"大肌体"健康运转。截至2023年1月，云南建成县级新时代文明实践中心129个、乡镇（街道）文明实践所1416个、行政村（社区）文明实践站15374个，中心、所、站实现全覆盖。③

---

① 云南省文化和旅游厅公共服务处：《2023年工作总结及2024年工作计划（征求意见稿）》，2023。
② 《云南省先进典型选树和学习宣传工作成效显著——树立价值标杆 引领社会风尚》，网易网，2021年11月21日，https://www.163.com/dy/article/GPAH2JBE0514R9NO.html。
③ 《云南建设新时代文明实践中心纪实：云岭大地盛开文明之花》，广西文明网，2023年1月18日，http://gx.wenming.cn/tszs/202301/t20230118_6544581.htm。

第三，创新方式方法，推动思想道德建设。加强社会公德、职业道德、家庭美德和个人品德教育，积极组织开展评选表彰宣传学习道德模范和"云南好人"活动，成立了公民道德宣讲团，广泛开展道德讲堂建设。① 2007年以来，云南省已连续评选表彰了八届云南省道德模范，在全社会选树了一批道德典型，产生了广泛而深远的社会影响。2017年5月，由云南省文明办和云南省社会科学院共建的云南省道德研究院成立，旨在挖掘整理云南少数民族传统道德，举办道德论坛等系列工作，为云南的精神文明建设提供理论支撑和智力支持。② 2014年共青团云南省委开展"学习雷锋精神 培育和践行社会主义核心价值观"主题实践活动，通过项目化、制度化、品牌化运作，促进学雷锋志愿服务常态化。③

（二）全民阅读活动

云南组织开展了一系列主题鲜明、内容丰富、形式多样的全民阅读活动，全民阅读进机关、进企业、进校园、进社区、进军营、进农村、进边寨、进特殊人群、进网络。云南在全国首创"国门书社"，已在中缅、中老、中越边境口岸建立了26个"国门书社"，在"一带一路"共建国家建设了1个华文书局、6个"中华乡愁书院"。④ 2023年以"书香彩云南"为统领，覆盖云南省16个州市、129个县市区，80%的县市区常设读书节、读书月，汇集众多读书主题活动，示范带动云南全省各级举办各类全民阅读活动7.9万场、参与的各族群众达550万人次，让阅读理念深入人心，书

---

① 《中共云南省委办公厅印发〈关于培育和践行社会主义核心价值观的实施意见〉的通知》，云南省人民政府网站，2021年4月9日，https://www.yn.gov.cn/zwgk/zcwj/swwj/202104/t20210409_220057.html。

② 《省级精神文明建设智库在云南成立》，中国政府网，2017年5月27日，https://www.gov.cn/xinwen/2017-05/27/content_5197372.htm。

③ 《云青通〔2014〕14号共青团云南省委关于开展"学习雷锋精神 培育和践行社会主义核心价值观"主题实践活动的通知》，云南共青团网站，2024年8月6日，https://www.yngqt.org.cn/Info/6/139/index.html。

④ 《第三届全民阅读大会：阅见云南 读懂美好》，云南宣传网，2024年4月18日，http://www.ynxc.gov.cn/html/2024/dhzxl_0418/11821.html。

香氛围日益浓厚，全民阅读蔚然成风。①

（三）全民艺术普及

云南全民艺术普及包括传统的音乐、舞蹈、戏剧、美术、摄影等艺术形式，也包括更广泛的文化表达，如电影、动漫、手工艺、设计等，且针对群众的文化需求，创建群众文化品牌，使艺术融入生活。加强各级文化馆对全民艺术普及的指导工作，推动各地开展"全民艺术普及月""全民文化艺术节"等活动，打造"云南民族团结进步大舞台"品牌，继续开展"百姓大舞台""村晚"等活动，为广大群众搭建交流展示平台，满足群众多方面、宽领域、个性化等文化需求。② 深入实施"云南文化精品工程""云岭文化名家工程"，推出一大批思想精深、艺术精湛、制作精良的文艺精品。其中16部作品获中宣部精神文明建设"五个一工程"奖。③

（四）群众文化活动

云南积极推动戏曲进乡村活动，旨在通过"戏曲进乡村"系列活动，将群众喜闻乐见的优秀剧目送到群众身边，且以就近服务的方式，在弘扬中华优秀传统文化，进一步丰富群众精神文化生活的同时，为乡村文化振兴营造了良好的文化氛围。"十三五"以来，云南每年安排全省省级、州级、县级院团到全省1405个乡镇，开展"文化大篷车·千乡万里行"文化惠民公益演出1万多场；每年按88个贫困县（市、区）每个乡镇（街道）全年不少于6场，其余41个县（市、区）每个乡镇（街道）全年不少于3场的标准，完成戏曲进乡村演出活动8000多场。④ 广泛开展"云之南"民

① 《第三届全民阅读大会：阅见云南 读懂美好》，云南宣传网，2024年4月18日，http://www.ynxc.gov.cn/html/2024/dhzxl_0418/11821.html。
② 《云南省公共文化服务发展报告（2021）》编制课题组：《云南省公共文化服务发展报告（2021）》，2021。
③ 《"云南这十年"系列新闻发布会·省委宣传部专场发布会》，云南省人民政府网站，2022年6月10日，https://www.yn.gov.cn/ynxwfbt/html/2022/zuixinfabu_0610/4688.html。
④ 云南省文化和旅游厅：《2020年推进基层综合性文化服务中心建设督察评估报告》，2020年10月。

族团结艺术团慰问演出等群众性文化活动。① 2023 年，借助中央资金，云南共开展了"戏曲进乡村"活动 11658 场，线上线下惠及群众 1835.26 万人次，惠民演出覆盖乡镇总数量达到 1426 个、覆盖率 98.14%，行政村总数量达到 12459 个、覆盖率 73.90%。② 截至 2023 年 6 月，"文化大篷车·千乡万里行"项目自开展以来，各院团足迹已遍及全省 16 个州市 129 个县（市、区）1368 个乡镇（街道），每年完成 1 万场次以上惠民演出任务，取得了良好的社会效益，受益人群累计达 3000 余万人次，深受广大基层群众的欢迎。③

各地组织群众自编、自导、自演的"村晚"，丰富了群众文化活动。截至 2023 年 6 月 30 日，云南各地已举办 400 余场乡村"村晚"活动，线上线下惠及群众 1060 余万人次。其中，昌宁县大田坝镇湾岗村、鲁甸县砚池街道卯家湾社区、腾冲市清水乡三家村中寨司莫拉佤族村、祥云县七宣村、华宁县碗窑村入选 2022 年、2023 年全国"村晚"示范展示点，澜沧县糯扎渡镇雅口村、南华县兔街镇兔街村、砚山县干河乡红舍克村、江城县勐烈镇三江大道等 12 个地方入选 2023 年全国四季"村晚"示范展示点名单。④

（五）公共文化数字化、网络化、智慧化建设

云南从"线上"与"掌上"两端发力，打造公共数字文化供给与服务综合性平台——"云南公共文化云"平台，平台已涵盖 14 个功能板块，汇集 16 个州市 129 个县市区线上资源，实现全省 727 家线下公共文化机构场馆的"五级联动"，是全省唯一的综合性公共数字文化服务平台，也是西南

---

① 《"云南这十年"系列新闻发布会·省委宣传部专场发布会》，云南省人民政府网站，2022 年 6 月 10 日，https://www.yn.gov.cn/ynxwfbt/html/2022/zuixinfabu_0610/4688.html。

② 云南省文化和旅游厅：《关于 2023 年云南省"戏曲进乡村"活动的工作总结》，2023 年 12 月。

③ 《云南省 2023 年"文化大篷车·千乡万里行"惠民演出走进双江》，搜狐网，2023 年 6 月 17 日，https://www.sohu.com/a/686636303_121123807。

④ 《云南省"十四五"时期公共文化服务体系建设规划》中期评估课题组：《云南省"十四五"时期公共文化服务体系建设规划中期评估报告》，2023 年 12 月。

地区唯一实现县级平台全覆盖的公共文化云平台。① 依托"云南公共文化云"等数字化平台，以省、州（市）、县（市、区）、乡（镇、街道）、村（社区）五级公共文化服务网络为基础，云南加快推进图书馆、文化馆、博物馆和基层文化站（点）等公共文化服务数字化建设，构建功能多样、便民惠民、覆盖全省的公共文化数字化服务体系。② 截至 2023 年 6 月，云南已经建成云南省智慧图书馆数字支撑平台，完成滇南名胜图、云南土司文化研究等 15 个主题资源、60 余万条信息资源建设；云南省图书馆对外服务的数字资源总量达到 790.77TB，自建 31 种数据库，涵盖 28.3 万条数字资源。③

三 云南乡村文化服务供给创新实践与品牌项目

（一）国家公共文化服务体系建设示范区（项目）的乡村实践

云南省国家公共文化服务体系示范区（项目）建设，按照项目计划、项目实施、项目验收、项目持续的阶段性推进思路，将示范项目建设实施嵌入乡村公共文化服务体系，对公共文化服务供给产生了示范引领作用。保山市、楚雄州、曲靖市、昆明市先后创建第一、二、三、四批国家公共文化服务体系示范区，基层综合性文化服务中心的功能作用得到充分发挥。以国家公共文化服务体系示范区创建为契机和引领，云南先后有 8 个项目入选国家公共文化服务体系示范项目。2013 年第一批示范项目中昆明市社区文化沟通机制建设、楚雄彝族自治州农民素质教育网络培训学校建设入选；2016 年第二批示范项目中昭通市"送文化百千万工程"、红河州"开远自然村四位一体阵地建设工程"入选；2019 年第三批示范项目中大理州弥渡县

① 《云南省"十四五"时期公共文化服务体系建设规划》中期评估课题组：《云南省"十四五"时期公共文化服务体系建设规划中期评估报告》，2023 年 12 月。

② 《云南省人民政府关于印发〈云南省"十四五"文化和旅游发展规划〉的通知》，云南省人民政府网站，2022 年 5 月 27 日，https://www.yn.gov.cn/zwgk/zfxxgkpt/fdzdgknr/zcwj/zdgkwjyzf/202205/t20220527_242589.html。

③ 《云南省"十四五"时期公共文化服务体系建设规划》中期评估课题组：《云南省"十四五"时期公共文化服务体系建设规划中期评估报告》，2023 年 12 月。

"大喇叭、小广场"配套建设工程、昭通市西部贫困地区精神文化家园建设入选；2021年第四批示范项目中红河州"国门文化形象"工程项目、昭通市深度贫困地区基层文化能人培养项目入选。2022年，保山市、楚雄州顺利通过国家公共文化服务体系示范区复核，其中，保山市在西部25个示范区中脱颖而出，被评为"优秀等次"。2023年，昆明市以"优秀"等次通过国家复核，复核成绩在西部21个城市中位列第六，曲靖市以"良好"等次通过国家复核。

（二）中国民间艺术之乡建设

创建中国民间艺术之乡的目的，是挖掘和保护民间艺术资源，传承和弘扬中华优秀传统文化，提升民间艺术的社会影响力和市场竞争力，促进文化产业和旅游产业的融合发展。对标2018年1月文化部出台的《"中国民间文化艺术之乡"命名和管理办法》，云南出台《云南民间文化艺术之乡命名和管理办法（暂行）》等扶持政策，通过资金支持、优化发展环境、加强宣传推广等，为民间艺术之乡的建设提供了有力支持。同时，云南积极申报"中国民间文化艺术之乡"，并在数量上居于全国前列。2018～2020年度云南省入选7个，占全国总量的4%；2021～2023年度，云南省入选7个，占全国总量的3.83%（见表5-2）。①

表5-2　云南入选"中国民间文化艺术之乡"的地区

州市	县市区	项目名称	次数	列入批次
红河州	石屏县	彝族烟盒舞	3	一、二、三
	弥勒市	彝族阿细跳月	1	二
	建水县	紫陶	1	三
临沧市	耿马县	傣族歌舞	1	一
	镇康县	"阿数瑟"歌舞	2	二、四
	沧源县	佤族民俗	1	一
	沧源县	佤族司岗里习俗	1	二

---

① 《云南省公共文化服务发展报告（2016—2020年）》编制课题组：《云南省公共文化服务发展报告（2016—2020）》，2021年12月。

续表

州市	县市区	项目名称	次数	列入批次
昆明市	官渡区	现代民间绘画	2	一、二
	嵩明县	龙狮	1	二
	石林县	撒尼歌舞	1	三
曲靖市	陆良县	书法	4	连续四批
丽江市	古城区	纳西族"热美蹉"	4	连续四批
普洱市	景谷县	象脚鼓舞	1	一
	澜沧县	拉祜族摆舞	3	二、三、四
楚雄州	牟定县	彝族左脚舞	3	一、二、四
	双柏县	彝族老虎笙	1	一
德宏州	梁河县	葫芦丝	3	一、二、四
	瑞丽市	傣族孔雀舞	1	二
大理州	大理市	白族大本曲	1	一
	洱源县	白族唢呐	1	一
	南涧县	彝族跳菜	1	三
迪庆州	维西县	傈僳族"阿尺木刮"歌舞	2	一、二
	德钦县	锅庄舞	1	四
玉溪市	峨山县	彝族花鼓舞	1	一
保山市	腾冲市	皮影	1	一
昭通市	永善县	苗族芦笙舞	1	一
文山州	马关县	阿峨壮族农民版画	1	一
西双版纳州	景洪市	曼暖典傣族织锦	1	一
怒江州	泸水市	傈僳族"跳戛"歌舞	1	一

资料来源：根据云南省文化和旅游厅官方网站名单整理。

（三）沿边地区乡村公共文化服务供给创新

1. 边境"国门文化"建设工程

云南省边境"国门文化"建设工程自 2018 年开展以来，基本建成覆盖城乡、便捷高效、保基本、促公平的现代公共文化服务体系。云南将"国门文化"建设当作《云南省公共文化服务保障条例》的重要内容，予以法律保障和政策支持，将"国门文化"建设与旅游融合发展挂钩，争取旅游高质量发展奖补项目支持。云南有边境乡镇 104 个、边境行政村 343 个，有 25 个边境口岸，围绕习近平总书记对云南发展"建设民族团结进步示范区、生态文明建设排头兵、面向南亚东南亚辐射中心"的重要指示，云南省根据《2021 年云南省边境"国门文化"建设实施方案》，以实施云南省边境"国门文化"建设为抓手，在创建 6 个睦邻友好示范区的基础上，计划创建 10 个边境"国门文化"交流中心、10 个国门书社、10 个"国门文化"传习馆、20 个边境"国门文化"友谊广场。① 为深入打造"国门文化"数字文化服务平台，建立线上线下相结合的服务体验机制，2020 年云南省为河口、江城、勐海、镇康、瑞丽、腾冲 6 个边境县市安排每个县市 25 万元的建设资金补助②，2021 年又安排了各 20 万元的财政补贴打造"国门文化"公共数字文化资源和服务特色品牌。2023 年，云南实施边境地区"国门文化"示范项目建设，在全省评选出 10 个"国门文化"交流中心、10 个"国门文化"友谊广场、16 个国门书社等示范项目。③ 云南省以其特殊的地理位置和丰富的文化资源，积极推进了边境"国门文化"建设工程，实现了公共文化设施网络全面覆盖、互联互通的目标。

2. 边疆万里数字文化长廊

云南坚持以"文化乐民、文化育民、文化富民"的思路开展"边疆万里数字文化长廊"的试点工作。"十三五"以来，云南省以提升公共文化服务效能为目标，运用互联网与移动通信等技术手段，实现了"一部手机尽享云南文化"，打造的"文化云南云"平台整合全省各类文化资源，为全省人民群众提供"一站式"公共数字文化服务。为重点开展第二批"边疆万里数字文化长廊"建设，云南省 2021 年争取国家投入 6330 万元④，为 22 个乡镇基层点和 754 个驿站配发了相关设备并开展技术培训，完成了 40 个

---

① 云南省文化和旅游厅公共服务处：《公共服务处 2021 年上半年工作总结及下半年工作计划》，2021 年 6 月。
② 云南省文化和旅游厅：《云南省 2021 年公共文化云项目建设实施方案》，2021 年 12 月。
③ 云南省文化和旅游厅：《云南省公共文化服务发展评估报告（2023）》，2024 年 7 月。
④ 云南省文化和旅游厅：《云南省开展公共文化服务工作概况》，2021 年 3 月。

乡镇和 80 个驿站数字文化服务提档升级工作①，建成了覆盖中国与缅甸、老挝、越南三国接壤地区的村级综合性文化服务中心。

3. 现代化边境小康村

在云南深入实施兴边富民行动、守边固边工程过程中，也高质量推进现代化边境幸福村建设，并将其作为巩固脱贫攻坚成果、全面推进乡村振兴的重要抓手和引擎。根据《云南省建设现代化边境小康村规划（2021—2025 年）》，云南将建设现代化边境小康村的范围覆盖到 25 个边境县（市）的 374 个沿边行政村（社区），涉及 3824 个自然村，规划的主要目标是在 2025 年之前，将这些沿边一线的行政村（社区）建成基础牢、产业兴、环境美、生活好、边疆稳、党建强的现代化边境小康村。到 2022 年 11 月，在现代化边境小康村建设取得显著成效的基础上，云南提出推动现代化边境小康村建设向现代化边境幸福村建设迈进。② 截至 2023 年 3 月，云南省聚焦"基础牢、产业兴、环境美、生活好、边疆稳、党建强"六大工程，已统筹下达建设资金 136.3 亿元，8 个沿边州市、25 个边境县（市）、110 个沿边乡镇总计划实施的 14390 个项目已开工 89.4%、完工 59.7%，水、电、路等三项重点指标全面完成，边境群众满意度达 96%。③ 截至 2024 年 2 月 29 日，云南共计规划边境村发展项目 15128 个，省级已统筹下达资金 137.9 亿元。

四　云南乡村文化惠民工程

（一）文化信息资源共享工程

"十三五"期间，云南积极贯彻落实《文化部、财政部关于进一步推进全国文化信息资源共享工程的实施意见》等系列政策文件要求，通过持续

---

① 云南省文化和旅游厅：《云南省"国门文化"建设工程申报书》，2021 年 6 月。
② 《推进云南现代化边境幸福村建设》，腾讯网，2024 年 4 月 30 日，https://new.qq.com/rain/a/20240430A05M3K00。
③ 《推进云南现代化边境幸福村建设》，腾讯网，2024 年 4 月 30 日，https://new.qq.com/rain/a/20240430A05M3K00。

性财政投入推动全省公共文化建设。截至 2020 年，全省文化建设成果显著，文化信息资源共享工程全省乡（镇、街道）覆盖率达 100%，村级覆盖率达 98%。① 基层公共文化服务网络基本建立，形成了州、县、乡三级全覆盖的多层级服务网，推动数字资源"进村入户"。早在 2019 年，云南建成 1 个省分中心、16 个州市支中心、129 个县级支中心、1375 个乡（镇）服务点暨"农文网培学校"、10942 个村级服务点暨"农文网培分校"，州市、县级、乡镇覆盖率均达 100%。②

（二）文化惠民示范村

云南省的文化惠民示范村在推进乡村文化振兴方面发挥了重要作用，为当地村民提供了丰富多彩的文化活动和文化服务。2023 年云南省持续推进民族文化保护传承等 10 件惠民实事，其中包括"稳定和扩大就业"、"学前教育普及普惠能力提升"、"科技助力乡村振兴"、"住房保障和居住品质提升行动"、"农村供水保障 3 年专项行动"、"县级公立综合医院专科能力提升工程（薄弱专科）"、"农村公路安全'消危'行动"、"'文化大篷车·千乡万里行'惠民演出和民族文化保护传承、民族村寨旅游提升工程"、"云南惠老阳光和老年健康服务能力提升工程"，以及"'村村寨寨广播响'工程（应急广播体系建设）"。③ 截至 2021 年，全省推动基层文化服务工作朝有目标、有对象、有抓手方向发展。弥勒、开远、建水、罗平、富源、文山等多个地区都针对具体情况，建成 235 个极具地区与民族特色的文化惠民示范村④，2021 年，全省共遴选出 20 个乡村文化振兴示范项目并

① 云南省文化和旅游厅：《开展全省现代公共文化服务体系建设调研评估工作的情况报告》，2020 年 9 月。
② 《云南省公共文化服务发展报告（2016—2020 年）》编制课题组：《云南省基层综合性文化服务发展报告》，2021 年 12 月。
③ 《2023 年云南省持续推进民族文化保护传承等 10 件惠民实事》，云南省民族宗教事务委员会网站，2023 年 1 月 12 日，https://mzzj.yn.gov.cn/html/2023/minzongyaowen_0112/46381.html。
④ 《云南省人民政府关于印发〈云南省"十四五"文化和旅游发展规划〉的通知》，云南省人民政府网站，2022 年 5 月 27 日，https://www.yn.gov.cn/zwgk/zfxxgkpt/fdzdgknr/zcwj/zdgkwjyzf/202205/t20220527_242589.html。

开展宣传和推广工作，推动公共文化服务的社会化、品牌化、城乡均等化发展。①

（三）群众文化"彩云奖"优秀作品巡演

"彩云奖"于 1997 年由云南省文化厅设立并主办，是云南省群众文化的最高奖项，与当时文化部设立的群众文化最高奖"群星奖"对应衔接，自 2014 年恢复评选以来，已举办过四届，是繁荣群众文艺创作、讲好云南群众文化故事、记录云南群众文化发展、展示云南群众文化的平台，在丰富群众精神文化生活、提升群众文化素养和社会文明程度方面具有重要的作用。在 2022 年 11 月，云南省第五届群众文化"彩云奖"评奖工作正式开始，全省 16 个州市共收到音乐、舞蹈、戏剧、曲艺、美术、书法、摄影 7 个艺术门类作品 3509 件，经过激烈角逐，入围决赛的作品共有 390 件，其中 42 件作品脱颖而出。这些作品，题材广泛、形式多样、主题鲜明，大都充满"时代性"的气息，又不乏"烟火气"和"人情味"，聚焦时代特点和现实生活。②

（四）贫困地区百县万村综合文化服务中心示范工程

为补齐基层综合文化服务中心短板，打通公共文化服务的"最后一公里"，云南组织实施"贫困地区百县万村综合文化服务中心示范工程"示范点建设，充分发挥其示范作用。③ 同时，云南大力推动脱贫攻坚和民族团结进步示范区建设"双融合、双促进"，贯彻落实《云南民族团结进步示范区建设"十县百乡千村万户示范创建工程"三年行动计划（2019—2021

---

① 《云南省文化和旅游厅关于公示 2021 年云南省乡村文化振兴示范项目名单的通告》，云南省文化和旅游厅网站，2021 年 12 月 10 日，https://dct. yn. gov. cn/html/202112/102119 36847. shtml。

② 《云南省第五届群众文化"彩云奖"决赛将于 11 月 2 日至 7 日在昆举行》，中国日报网百度百家号，2022 年 10 月 28 日，https://baijiahao. baidu. com/s？id = 17478974903416590 11&wfr = spider&for = pc。

③ 《云南省人民政府办公厅关于推进基层综合性文化服务中心建设的实施意见》，云南省人民政府网站，2016 年 8 月 19 日，https://www. yn. gov. cn/zwgk/zfxxgkpt/fdzdgknr/zcwj/zfxxgkp-tyzbf/201608/t20160819_144225. html。

年)》，以 88 个贫困县为重点，向"三区三州"、深度贫困地区、边境地区、民族自治地方倾斜，并在全省范围内选择创建 16 个民族团结进步示范县；100 个民族团结进步示范乡镇；1000 个民族团结进步示范村（含 940 个示范村、60 个示范社区）；10000 个民族团结进步示范户，按照重点突破、以点带面、形成经验、示范全省的要求，聚焦贫困县、贫困村摘帽出列及巩固提升，开展示范创建工程，为百县万村综合文化服务中心示范工程的实施做准备。① 2022 年云南省各地落实农业农村部、国家乡村振兴局印发的《关于开展 2022 年"百县千乡万村"乡村振兴示范创建的通知》，在优先将 2022 年全省乡村振兴"百千万"工程建设计划中的 16 个乡镇和 200 个精品村纳入推荐名单的基础上，每个州（市）再推荐 1 个国家乡村振兴示范县、3 个乡村振兴示范乡镇、20 个乡村振兴示范村。② 到 2022 年 8 月，全省共建有产业集聚型示范乡镇 27 个、稳边固疆型示范乡镇 18 个、农旅融合型示范乡镇 40 个、城乡一体型示范乡镇 15 个，共计 100 个。③

五　云南乡村文化人才队伍

（一）管理人才队伍

云南高度重视乡村文化人才队伍建设，积极制定了一系列政策措施，构建了较为完善的政策体系，先后出台和实施《云南省"十四五"期间抓党建促乡村振兴规划》《云南省"十四五"农业农村现代化发展规划》《云南省支持青年创业兴乡三年行动（2024—2026 年）》《云南省促进乡村振兴乡村公益性岗位管理办法（试行）》等政策文件，明确了乡

---

① 《云南省民族宗教事务委员会关于印发"十县百乡千村万户示范创建工程"三年行动计划（2019—2021）的通知》，云南省民族宗教事务委员会网站，2020 年 8 月 5 日，https://mzzj. yn. gov. cn/html/2020/gongshigonggao_0805/36568. html。

② 《云南省农业农村厅 云南省乡村振兴局关于做好 2022 年"百县千乡万村"乡村振兴示范创建工作的通知》，云南省人民政府网站，2022 年 8 月 8 日，https://www. yn. gov. cn/zcwjk/html/2022/wjkformal_1123/10374. html。

③ 《云南省农业农村厅 云南省乡村振兴局关于做好 2022 年"百县千乡万村"乡村振兴示范创建工作的通知》，云南省人民政府网站，2022 年 8 月 8 日，https://www. yn. gov. cn/zcwjk/html/2022/wjkformal_1123/10374. html。

村文化人才队伍建设的目标、任务和措施，为乡村文化人才的发展提供了有力保障。2021年11月，云南省发布《云南省促进乡村振兴乡村公益性岗位管理办法（试行）》，同年12月，云南省人力资源和社会保障厅、省林草局、省乡村振兴局等7部门为安置农村困难群体就业，有效提升乡村各项公共服务能力、促进乡村振兴，共开发44.83万个乡村公益性岗位。[①]各州市为推进人才相关政策落实，牢固树立"人才资源是第一资源"的观念，因地制宜推行人才保障政策安排。在公共文化人才队伍建设方面，2022年，为了积极营造良好的行业人才环境，云南省文化和旅游厅与省人力资源和社会保障厅联合发布了《关于加强文博事业单位人事管理工作的实施意见》。[②]

（二）文化志愿者队伍

云南着力推进文化和旅游青年志愿服务制度化、规范化、常态化建设，树立文化和旅游青年志愿服务品牌形象，助力云南旅游高质量发展。2022年底，云南全省实名注册的志愿者人数达10738人，志愿者团体包括文山州文化馆志愿服务队、普洱市文化馆志愿服务队、昭通市文化馆志愿服务队，以及牟定县文化馆彝族左脚舞文化志愿服务队等150个，各团队每年根据相关的志愿服务项目进行志愿者招募，同时吸引大量的社区居民参与其中，志愿服务项目数量达1489个，志愿者服务的总时长达74814小时。[③] 2023年8月3日，云南全省注册文旅志愿者55122人，建立文旅志愿团队661个，发布活动6088项，参与人数204740人，累计志愿服务时长1460460.5个小时，服务游客超过2850万人次。2023年3月，云南省文化和旅游厅、共青团云南省委在昆明世博园联合开展云南省文化和旅游青年志愿服务活动。[④]

---

① 《我省开发44.83万个乡村公益性岗位安置困难群体就业》，云南省人民政府网站，2021年12月14日，https://www.yn.gov.cn/ztgg/jjdytpgjz/xwjj/202112/t20211214_231578.html。

② 《云南推进文化和旅游人才队伍建设》，澎湃新闻网，2022年11月4日，https://m.thepaper.cn/baijiahao_20605333。

③ 《云南省公共文化服务发展评估报告（2022）》编制课题组：《云南省公共文化服务发展评估报告（2022）》，2022。

④ 《云南省启动文化和旅游青年志愿服务活动》，金台资讯百度百家号，2023年3月5日，https://baijiahao.baidu.com/s?id=1759517808492478529&wfr=spider&for=pc。

围绕"乡村文化振兴""文化志愿服务"两个主题，2021年12月在安宁市组织开展了"云南省乡村文化振兴暨优秀文化志愿者培训班"，来自各地公共文化服务战线百余名代表参加培训。①

（三）文化能人培育

云南实施国家"三区"（边远贫困地区、边疆民族地区和革命老区）人才支持计划文化工作者专项工作，2013～2022年，累计为全省110个"三区"县及以下文化单位选派文化工作者8904名，为基层培养文化人才1835名，实施人才服务短期项目14.9万个。② 截至2020年，云南省构建起了省、市、县、乡"四级"文化人才服务网络，形成了"13431"人才培养模式和各州（市）各具特色的"三区计划"文化服务模式，"三区计划"专项工作取得阶段性成果。③ 同时省内各州（市）县级政府通过建立乡村工匠人才库，挖掘传统手工艺者、非遗传承人等"匠人"3.1万人；开设乡村工匠课堂，大力开展职业技能提升培训，2023年已培训乡村工匠14万人次；认定一批工匠名师，围绕"双百双千"目标，采取"创新创业大赛""名师带徒""跟班研习"等活动，不断优化乡村工匠队伍结构。④ 2023年底，云南省乡村振兴局等8部门发布《2023年省级乡村工匠名师认定名单》，共认定39名省级乡村工匠名师。⑤ 根据《乡村工匠"双百双千"培育工程实施方案》，农业农村部、教育部、工业和信息化部、人力资源和社会保障部、住房和城乡建设部、文化和旅游部、全国妇联共同研究确定、公示了第一批乡村工匠名师拟认定

---

① 《我省举办乡村文化振兴暨优秀文化志愿者培训班》，云南省人民政府网站，2021年12月24日，https://www.yn.gov.cn/ztgg/jjdytpgjz/xwjj/202112/t20211224_232068.html。
② 《云南省公共文化服务发展评估报告（2022）》编制课题组：《云南省公共文化服务发展评估报告（2022）》，2022。
③ 《全省"三区"人才支持计划美术创作培训班在昆开班》，云南省人民政府网站，2020年10月17日，https://www.yn.gov.cn/ywdt/bmdt/202010/t20201017_212095.html。
④ 《云南省这样擦亮"金字招牌"，推动乡村工匠百花竞放→》，临沧先锋微信公众号，2023年12月24日，https://mp.weixin.qq.com/s?__biz=MzUyNjEyNzc2NQ==&mid=2247573870&idx=2&sn=15b1a6b16d52bcbb23eed3a3718b11a1&chksm=fa106694cd67ef82a27ad0f2c49750386351741ebd838861d9a91d37a97e81472d0d54fc29a4&scene=27。
⑤ 《关于认定2023省级乡村工匠名师的通知》，云南省农业农村厅网站，2023年12月15日，https://nync.yn.gov.cn/html/2023/zuixinwenjian_1215/405863.html。

名单，全国共有 273 人入选，其中云南省有 9 人入选。[①] 同时各级政府聚焦群众增收，收录云茶、云咖、云花、云果等特色产业人才信息 12.5 万条，"土专家""田秀才"信息 25.3 万条，并将咖啡、陶瓷、普洱茶制作和工艺品雕刻等纳入全省职业技能培训目录，补贴标准上浮 50%，脱贫劳动力参加培训并取得证书的每月补助 1000 元。[②]

第三节　云南乡村公共文化服务的特点与经验

云南乡村公共文化服务体系，以公共文化设施网络服务阵地为基础，做好公共文化服务的供给和群众文化活动举办工作，持续性地推进创新实践和品质提升活动，重点实施乡村文化惠民工程，加强文化人才队伍建设，在服务方式创新、文化治理机制、融合创新发展、文化空间拓展等方面积累了宝贵经验。

一　建设重点由场馆设施建设向服务效能提升转变

第一，基层公共文化服务设施网络从"有没有"向"好不好""优不优"转变。"十三五"以来，云南推进乡镇（街道）综合文化站、村（社区）综合性文化服务中心设施网络建设，基本实现了基层综合文化服务中心的全覆盖。一方面，基层综合性文化服务中心依托文化阵地提供免费开放服务，有效回应群众在书刊阅读、非遗展览、网络信息共享、体育健身、技能培训、法律普及、党群联系、联谊互动、棋牌娱乐等方面的需求。另一方面，依托丰富的基层文化阵地，广泛开展多种多样的文化惠民活动。然而，由于受经费投入、人员配备、管理体制的制约，基层综合性文化服

---

① 《第一批乡村工匠名师拟认定名单》，中国社会帮扶网百度百家号，2024 年 3 月 11 日，https://baijiahao.baidu.com/s？id=1793222955547528036&wfr=spider&for=pc。
② 《云南省这样擦亮"金字招牌"，推动乡村工匠百花竞放→》，临沧先锋微信公众号，2023 年 12 月 24 日，2024 年 10 月 6 日，https://mp.weixin.qq.com/s？__biz=MzUyNjEyNzc2NQ==&mid=2247573870&idx=2&sn=15b1a6b16d52bcbb23eed3a3718b11a1&chksm=fa106694cd67ef82a27ad0f2c49750386351741ebd838861d9a91d37a97e81472d0d54fc29a4&scene=27。

务中心在文艺鉴赏、设施开放、文体活动、数字文化、硬件设施、经费人员保障等方面标准化水平不高，基层综合性文化服务中心的公共服务效能不高，阵地服务功能不强。面向高质量发展要求，云南乡村公共文化服务供给从"有没有"向"好不好"转变已经成为一个必然趋势。

第二，公共文化服务方式从政府"端菜式"向群众"点菜式""订单式"转变。云南乡村公共文化服务供给情况反映了公共文化服务方式的显著转变，从传统的政府主导的"端菜式"服务向群众参与度更高的"点菜式"和"订单式"服务转变。其一，群众参与决策。公共文化服务更多地参考群众的需求和意愿，通过问卷调查、座谈会等方式收集群众意见，使文化项目更加贴合当地居民的实际需要。其二，服务供给的个性化。通过开展流动性、公益性的民众文化活动，以及"文化进万家""你选书，我买单""送戏下乡"等，实现文化供需对接，有效提升了公共文化服务的覆盖面。其三，运营模式的创新。公共文化服务供给也在探索更加多元化的运营模式，政府不再是唯一的服务提供者，而是通过政府购买服务、PPP（Public-Private Partnership，公私合作伙伴关系）等模式，引入社会资本和社会组织参与到乡村文化服务中来。其四，内容生产的多元化。鼓励基层文化工作者、民间艺人和群众自发创作文化内容，这不仅丰富了文化供给，也使得公共文化服务内容更加多元。其五，完善反馈机制。政府和服务提供者注重建立反馈机制，收集群众对于文化产品和服务的满意度与建议，以便不断调整和优化供给策略。其六，数字化服务的推广。随着信息技术的发展，"点菜式"和"订单式"服务也越来越多地采用数字化手段，让群众可以更加方便地接触和享受文化服务。

第三，公共文化服务数字化和智能化成为新主题。"十三五"以来，云南省全省探索运用"互联网+"提升公共文化服务效能，加快"文化云南云"的建设，整合全省公共文化服务资源，建设公共文化服务云平台，面向广大用户提供一站式、综合性的数字化文化服务，形成一个覆盖县、乡、村三级的基层数字文化网络服务体系。利用数字化、互联网打破时间、空间的限制，最大限度提高公共文化服务的效能，实现高质量的"供需对接"。

二　丰富多样的群众文化生活与公共文化服务供给协同创新发展

云南省在乡村公共文化服务供给中，既注重政府的引导作用，又尊重民间的自发性和创造性。云南乡村公共文化服务强调群众的参与和创造，通过举办各种文化活动，激发了群众的积极性和创造力，使他们在文化建设中既是受益者也是贡献者。一方面，云南省通过公共文化服务标准化建设，以及乡村公共文化设施网络建设，进一步巩固了文化阵地；通过公共文化服务总分馆制建设，实施文化惠民工程，推动优质公共文化服务向农村基层下沉；借助科技手段，推动公共文化服务数字化、网络化和智能化，推进公共文化服务的供需匹配；广泛组织群众文化活动，满足村民文化参与和娱乐需求。另一方面，云南作为多民族聚居的区域，村民兼具文化需求者、文化持有者、文化展演者身份，其自发性文化生活具有丰富多样性。通过各民族传统节日如火把节、泼水节等，群众可以根据自己的喜好选择参与的活动。民族音乐、舞蹈和手工艺成为云南各族民众日常生活的重要组成部分，体现了民族特色和地方文化。传统戏剧和民间艺术在群众中广受欢迎，成为文化传承的重要载体。民族饮食文化不仅丰富了群众的日常生活，也在特殊节日中扮演着重要角色。非物质文化遗产的保护和传承得到了重视，成为民族文化生活中不可或缺的一部分。文化教育和传播活动的增加，使民族文化深入人心，促进了文化的长远发展。乡村公共文化服务供给的政府主导与村民丰富多样的文化生活具有契合性，形成共存共荣的良性互动局面。

三　乡村旅游与公共文化服务深度融合发展

在脱贫攻坚和乡村振兴战略实施中，云南以农业农村优先发展为核心，通过大力发展乡村旅游，推动了乡村文旅产业与公共文化服务协同发展，以及公共文化服务供给的"主客共享"实践。云南省依托得天独厚的自然景观和丰富多彩的民族文化，建立了独特的旅游品牌，吸引了国内外众多游客。在此背景下，云南乡村文化旅游的发展，体现了"主客共享"的特点。为了扩大接待量、增强旅游体验、提升旅游服务质量，云南加大交通、住宿、文化服务机构、旅游厕所等基础设施方面的投入力度。旅游目的地及沿途的乡村旅游公共服务设施，不仅满足了游客的需求，同时也为当地居民提供了便利，显著提升了乡村旅游的整体品质，促进了乡村旅游与公共文化服务的深度融合。云南乡村综合性文化服务中心的设施网络以及公共文化空间，通过免费开放服务、组织群众性文化活动以及实施文化惠民工程，有效地满足了本地居民和外来游客的文化需求。根据国务院办公厅《关于推进基层综合性文化服务中心建设的指导意见》的要求，结合实际，云南省制定了19条基层综合性文化服务中心建设指导标准，在乡（镇、街道）综合性文化服务中心的办公用房、室外文体广场、小舞台、服务内容等方面加大投入力度、提高标准化建设水平；村文化服务中心按照"6+X"模式建设，"6"即设有文化活动室、公共电子阅览室（农民素质网络培训学校）、图书阅览室（农家书屋）、棋牌室、多功能厅、文化体育广场等，"X"是自选项目，如非遗展览展示室、村史室、妇女之家、便民厅等。

四　拓展新型公共文化空间成为公共文化服务新亮点

拓展新型公共文化空间是近年来云南乡村公共服务体系创新的重要举措，全省按照"政府主导、社会参与、多元融合、共建共享"的工作思路，将社会力量纳入公共文化空间建设，因地制宜、多元供给。截至2023年6月30日，全省公共文化新型空间数量为1107个。2022年，昆明市文化馆、丽江市文化馆成功入选国家2022年"最受欢迎公共文化空间"TOP50。全省组织申报65个案例，遴选12个"空间类奖项"、5个"运营单项奖"报送参与"2023年长三角及全国部分省市最美公共文化空间大赛"。①

第四节　乡村文化振兴背景下云南乡村公共文化服务面临的困难与建议

作为乡村振兴的重要组成部分和关键力量，乡村公共文化服务与乡村

---

① 《云南省"十四五"时期公共文化服务体系建设规划》中期评估课题组：《云南省"十四五"时期公共文化服务体系建设规划中期评估报告》，2023。

"五大振兴"密切相关。在全面实施乡村振兴战略的过程中，云南乡村公共文化服务不仅需要坚持问题导向、提高服务效能，还应融入乡村经济社会的发展进程，推动乡村的全面振兴。

一　云南乡村公共文化服务建设存在的问题

（一）乡村公共文化服务治理体系有待完善

第一，村民参与乡村公共文化活动的积极性不高，其动机往往聚焦于日常娱乐或随众参与，而非源自对个人成长与知识拓展的内在追求，有相当比例的村民完全未融入集体文化生活，参与度较低。村民参与文化活动多基于浅层需求，缺乏对文化内涵的深度探索及个人提升的强烈愿望。部分村干部对文化建设的战略意义认识不足，在激发与组织村民参与文化活动方面存在局限性。

第二，持续参与机制的缺失，是当前乡村公共文化服务体系面临的另一重大挑战。当前乡村文化活动缺乏系统性的激励机制与持续参与平台，这不仅限制了偶然性兴趣转化为持续参与的可能性，也难以培养村民长期稳定的文化参与习惯。

第三，乡村文化服务供给的市场化与社会化水平提升缓慢。乡村地区文化服务过度依赖政府主导，社会力量与市场的参与度较低，导致服务内容与形式趋于保守，缺乏创新与多样性，难以有效回应村民日益增长的多元化文化需求。尽管政策导向鼓励社会力量投身乡村文化建设，但在实践中，非政府组织、民间团体等实体的贡献受限于政策扶持不足、资金链紧张及管理经验的匮乏，其在文化服务供给中的实际效能有待提升。

（二）乡村公共文化服务设施网络有短板有弱项

大多数县（市、区）对文化事业的投入仍然存在明显不足。乡镇（街道）综合文化站除了免费开放所需的经费外，基本上缺乏其他形式的财政补助，这导致村级综合文化服务中心的建设和日常文化活动组织无法得到充分的经费支持。在一些地区，乡村公共文化的投入低于城镇标准，这使得乡村居民无法与城镇居民一样享受到相应的公共文化服务。此外，部分综合文化站的建筑物陈旧，面积相对不足，甚至存在被借用占用的情况，这些因素均限制了文化站的服务能力，导致其服务效能不尽如人意。受财力、交通便利性、文化开放程度以及群众思想观念等多方面因素的影响，各地区的公共文化基础设施建设和群众文化活动呈现出明显的区域间和群体间不均衡现象。

（三）基层综合文化服务中心服务效能有待提升

第一，乡村基层综合文化服务中心普遍存在"重设施建设、轻管理使用"的现象，同时其长效服务运行机制亦不尽健全。其一，基本服务项目内容不甚丰富，服务效率不高。部分农家书屋在图书选配上缺乏针对性，开放时间不足，且在管理上偏重建设、忽视日常运行，致使使用效率不高。其二，个别公共文化服务机构建设在距离群众聚集地较远的地方，甚至设在乡镇政府办公区，有的文化场所甚至被占用、挪用，管理模式存在"衙门式"色彩，未能发挥其应有的服务作用。其三，部分设施和器材使用率低，农家书屋、村级图书服务点的图书借阅量较低，文化信息资源共享工程所购置的电脑、投影仪等设备已经严重老化，部分已无法使用，缺乏设备报销和更新的规定和安排。其四，管理制度不够健全，执行不到位。基层综合文化服务中心的公共文化绩效评估机制不健全，缺乏有效的考核激励机制，工作人员工作积极性不高。中心人员的服务意识有待提升，对基层公共文化服务建设的认识和参与度不够，主动性不强。尽管各地已经实行了总分馆制，但是在资源整合、互联互通、流动公共文化服务供给、人才队伍培训等方面仍然需要进一步努力。

第二，乡村公共文化服务供需不匹配问题。公共文化服务供给与农民群众的文化需求之间存在差距，无法实现精准对接，导致文化资源配置不合理、利用效率低下、文化服务功能发挥不充分等一系列问题。其一，从乡村公共文化服务的供给侧看，内容的单一性和低效性是供需不匹配的主要表现之一。目前，乡村公共文化服务的供给内容往往缺乏多样性和针对性，不能满足村民多元化、个性化的文化需求。其二，从村民文化需求侧来看，村民的文化需求具有多样性和变化性的特点。随着社会经济的发展和村民生活水平的提高，村民对文化生活的期待也在不断提升。他们不仅需要基本的文化消费品，如图书、报刊、影视作品等，还渴望参与更多形式的文化活动，如文艺演出、体育比赛、民俗节庆等。这些多样化和变化性的需求与现有的文化服务供给之间存在较大差距。其三，从公共文化服务供给方式看，一方面，农村公共文化服务供给存在一定程度的"一刀切"问题，忽视了不同地区、不同群体之间文化需求的差异性；另一方面，文化服务供给的方式缺乏创新，不能适应村民日益增长的文化需求和多样化的生活方式。其四，从公共文化服务机构与村民的互动看，由于缺乏有效的信息沟通机制，公共文化机构对村民的实际需求缺乏回应性，村民的真实文化需求往往难以被准确捕捉和及时响应。

（四）基层文化队伍管理力量较为薄弱

目前实行的"人员经费编制使用隶属乡镇政府管理，业务上接受主管部门指导"的双重管理模式，导致事权、人权、财权不匹配，形成了乡镇文化工作"双管难管"的尴尬局面。基层文化人才存在"引不来、留不住、培不出"的问题，人员不足、专业素质不高，队伍不稳定、流动性大的现象较为普遍。由于基层地区经济发展相对落后、工作环境艰苦等因素，专业人员难以引进和留住。许多文化服务中心的工作人员是"半路出家"，缺乏系统的学习和培训，无法有效地指导基层群众文化活动，缺乏组织重大文化活动的实践经验。此外，一些文化工作人员身兼数职，大部分时间陷于驻村帮扶等繁杂的农村经济工作中，无法将主要精力放在文化工作上，导致文化站工作运转不良，进一步降低了服务效能。村级服务点的管理员多是村干部或"两委"委员兼任，大多数因年龄偏大，待遇较低，积极性不高，很难保证村级文化服务中心正常开放。活动场所服务功能发挥不到位，影响正常文体活动的开展。基层从事文艺创作的人才少，知名艺人和优秀作品更少，地方特色文化、传统文化面临失传的危机。

（五）乡村公共文化服务对乡村振兴的融入度、贡献度有待提升

第一，公共文化服务与乡村产业振兴衔接不足。首先，它与乡村特色产业的结合不够紧密，导致文化活动与产业发展脱节，未能充分发挥文化

服务在提升农业附加值和品牌价值方面的作用。其次，公共文化服务内容缺乏多样性和针对性，未能有效引导和支持村民学习现代农业技术、市场营销和品牌建设等知识。

第二，公共文化服务体系的育人功能有待进一步发挥。乡村综合性文化服务中心提供的公共文化服务在乡村人才培养中主要集中于文化和娱乐领域，在满足乡村振兴所需的其他方面的人才培养上，其作用和功能相对有限，难以全面支持乡村振兴所需的多元化人才发展。

第三，基层综合性文化服务中心文化服务效能发挥存在局限和不足。由于资源有限、专业人才不足、文化活动形式单一等问题，乡村公共文化服务在传统文化的有效保护和传承、培育文明乡风以及农民的文化生活质量提升和精神需求的满足方面存在局限性和不足。

第四，乡村公共文化服务在生态文明理念的普及和实践的功能发挥上存在不足。尽管乡村公共文化服务体系在推动节约资源、保护环境和生态文明建设方面发挥了一定作用，但与环保、教育等部门之间缺乏联动机制，同时受资源投入不足、宣传教育力度不够、专业知识缺乏、活动形式单一、基层组织能力有限以及信息传播渠道不畅等影响，其在推进生态文明理念的普及和实践中发挥的作用不足。

第五，乡村公共文化服务在推动乡村"治理有效"上的效能有待提高。乡村公共文化服务体系作为村民社区参与的重要实现载体，理应在建构"自治、法治、德治相结合的乡村治理体系"中发挥重要作用。但是，由于云南乡村公共文化服务在资源配置、专业人才、宣传教育力度、活动形式、基层组织能力以及村民参与度等方面存在不足，限制了其社会治理功能的发挥。

二 加强云南乡村公共文化服务体系建设的建议

（一）扩大村民文化参与，完善乡村公共文化治理体系

云南乡村公共文化服务治理体系建设，应该坚持政府主导、社会参与、重心下移、共建共享的思路。在供给主体上，应鼓励和引导社会力量参与

乡村文化服务的提供，形成政府主导、社会参与的多元化供给格局；在供给内容上，应根据乡村居民的文化需求，提供丰富多样的文化产品和服务；在供给方式上，应创新服务模式，如发展数字文化服务，推广移动图书馆等，提高服务的便捷性和覆盖面。充分整合政府、社会、市场、民众等多元力量，构建多元化的主体参与机制。建立健全政府向社会力量购买公共文化服务机制，将政府购买公共文化服务资金纳入财政预算。鼓励、引导和支持社会力量通过投资或捐助设施设备、兴办实体、资助项目、赞助活动、提供产品和服务等方式参与建设。增强政府公共财政配置的效率性，利用财税优惠政策和多样化的融资工具吸纳更多的社会资金参与建设、管理和运营。推动公共文化机构与社会企业合作，探索有声图书馆、创客图书馆、群文互动体验等新型服务方式。创新乡村文化治理结构，引入灵活的项目管理和资金使用机制，鼓励和支持居民自发组织文化活动，探索成立文化委员会或文化小组，让居民代表参与管理和决策，确保文化服务的民主性和代表性。

（二）加强基层综合性文化服务中心设施网点建设，创新拓展公共文化空间

第一，优化设施网点布局，逐步推进公共文化服务设施网络向自然村延伸。推动县乡人民政府落实主体责任，科学规划布局，完善设施配套，确保各项指标达到国家建设标准。全面收集、分析基层公共文化设施存量和使用状况，结合国土空间规划、城乡规划，以及城乡人口分布，按照均衡配置、规模适当、功能优先、经济适用等要求，进一步增强基层综合性文化服务中心覆盖的有效性和布局的科学性。结合各地情况新建和提升改造一批乡镇（街道）综合文化站、村级综合性文化服务中心，打造以乡镇（街道）综合文化站、村（社区）综合性文化服务中心为坚强阵地，以自然村文化大院为有力补充的基层综合性文化服务中心覆盖网。

第二，创新拓展乡村公共文化空间。鼓励社会资本参与，通过 PPP 模式等多种形式，吸引更多的投资者参与乡村文化空间建设。充分利用现有的空间资源，如学校、村委会等，通过改造升级，使其在非使用时间能够

转变为村民文化活动的场所。通过线上平台，村民可以不受地域限制参与文化活动，享受到更加丰富多彩的文化服务。及时了解和梳理传统村落、古祠堂、曲艺、手工艺等文化资源，推动文化大礼堂、村史馆建设，将其建设成为村民文化交流和乡村文脉传承的重要场所。

（三）提升乡村公共文化服务的效能

第一，推进公共文化服务标准化城乡一体建设。城乡公共文化服务体系的一体化，依托于农村公共文化服务网络的建设，旨在通过资源共享、服务共建、利益共享等措施，消弭城乡、地区间的文化服务差异，确保农村居民能享受到与城市居民相同的文化服务。

第二，全面提升农村基层综合性文化服务中心的服务效能。以提高群众对农村公共文化服务的知晓度、参与度和满意度为导向，通过一体化建设和标准化建设的双轨并进，有效地推进城乡公共文化服务体系的优化与升级。结合本地实际，实行错时服务、延时服务、预约服务等新方式。根据人口分布、人口流动情况，广泛开展流动文化服务。进一步完善县级文化馆、图书馆总分馆制建设，县（市、区）与乡镇之间要建立起上下联通、服务优质、有效覆盖的文化馆、图书馆总分馆制，进一步推动公共文化服务向乡镇（街道）、村（社区）下沉。

第三，丰富公共文化数字服务，提升农村公共文化服务效能。围绕"公共文化服务+科技"，利用数字化、网络化等现代技术手段，引导和鼓励发展基于5G等新技术应用的数字服务类型，拓宽数字服务应用场景和渠道。推动各级公共数字文化资源向乡镇（街道）、村（社区）下沉。推进"云南公共文化云""文化云南云"和数字图书馆推广工程服务平台融合创新发展，运用"互联网+"公共文化服务模式，加强"线上线下"联动互动，通过在不同平台之间互开端口、互设界面和互开专区，构建全方位的文化传播展示服务网络。

第四，提高乡村公共文化服务"精准供给"水平。其一，创新文化服务的供给方式，健全有效的信息沟通机制，完善文化服务评估和反馈机制，准确捕捉村民的文化需求。其二，加强文化服务供给内容的多样化和个性化，更好地满足村民的多元文化需求。面向村民文化需求，充分利用"农家书屋"等平台，推动阅读活动的普及。加强农家书屋的图书资源建设，定期更新图书内容，确保图书种类多样、丰富、适合村民阅读。根据村民的兴趣和习惯，组织开展"年年办"的农民节日、"季季赛"的快乐运动、"月月看"的农村电影、"周周演"的广场文艺、"天天跳"的健身舞蹈等活动。其三，促进公共文化服务与村民文化生活的融合。探索依托公共文化服务机构、群众文化活动、节日庆典推动公共文化服务融入群众文化生活的路径和渠道，健全乡村公共文化服务与村民文化生活的衔接机制。

（四）加强乡村公共文化服务人才队伍建设

为提升乡村公共文化服务的质量和效果，需落实村（社区）配备政府购买公益性文化岗位的政策，完善政府购买公共文化服务公益岗位机制，切实解决待遇保障问题。同时，建立和完善基层文化人才培训和继续教育制度，培育一支稳定的村（社区）文化工作队伍。加强公共文化数字人才队伍建设，提升服务能力是关键。依托全国和省内文化人才培训基地，有计划、有步骤、有重点地推进公共文化数字人才培训和培养长效机制建设，进一步加强乡村公共文化数字人才队伍的建设。构建文化志愿服务体系，探索具有云南地方特色的文化志愿服务模式。大力倡导志愿服务精神，积极开展文化志愿者活动，充分发挥农村文化骨干、大学生、退休人员、文化能人和文化名人的积极作用，发展壮大城乡文化志愿者队伍。此外，应发挥新乡贤的桥梁纽带作用和行为示范效应，促进城乡文化的融合与发展。通过这些综合措施，能够有效提升乡村公共文化服务的质量和覆盖面，实现乡村文化的繁荣和可持续发展。

（五）健全乡村公共文化服务赋能乡村全面振兴的机制

第一，推进文化与产业结合，完善乡村公共文化服务体系助力产业振兴。探索将农特产品展览、农业技术讲座和品牌推广活动，农业技术培训、市场营销课程和电商培训等助农内容引入公共文化服务体系，提升农特产品的文化附加值和市场竞争力。以"公共文化服务+文旅产业"为抓手，推动乡村文旅产业提质增效。充分利用各地丰富的文化资源，通过公共文服务体系的支持,挖掘和整合文化资源,打造具有地方特色的文旅产品。充分发挥公共文化服务在区域协调发展中的作用,推动资源共享和产业联动,通过建立区域文旅合作机制,共同打造区域文旅品牌,形成区域乡村文旅产业发展的合力。

第二,充分挖掘乡村公共文化服务的育人功能。基层综合性文化服务中心,可以探索拓宽信息传播的渠道,利用互联网和新媒体平台,加强农业信息、市场动态和政策法规的传播,提高村民对市场和技术变化的敏感度和应对能力,帮助村民掌握现代农业生产和经营技能,提升新型农业经营主体的综合素质和能力。通过乡村公共文化服务体系,提升乡村文旅产业从业人员的专业素养和服务技能,建立和完善文旅服务的标准体系,提升乡村文旅产业的整体服务质量。

第三,着力提升基层综合性文化服务中心的文化服务效能。面向乡村优秀传统文化传承发展、乡风文明建设以及村民文化需求,建设和完善文化设施网络,丰富公共文化服务的内容,创新文化活动的形式,加大宣传力度,拓展文化服务的覆盖面,增强文化服务可及性,提升乡村公共文化服务的整体能力和水平。

第四,着力提升基层综合性文化服务中心在推动村民生态理论学习和乡村生态实践中的能力。加强部门联动,建立健全联动机制,促进环保、教育等相关部门能够更好地协调合作,形成合力。深化宣传教育是增强村民环保意识和参与热情的重要途径。通过系统的宣传教育活动,可以使生态文明理念深入人心,激发村民的环保自觉性。

第五,以"公共文化服务+社区参与"为载体,将乡村公共文化服务嵌入乡村治理体系。探索"公共文化服务+社区参与"的有效实现形式。"公共文化服务+社区参与"意味着文化服务不仅是自上而下地提供,还包括自下而上的居民参与和创新。要确保文化活动的内容和形式更加多样化、个性化,充分利用基层综合性文化服务中心,以群众文化活动、非遗传承保护展示等乡村公共文化服务为载体,激发村民参与公共事务的积极性,增强村民对本土文化的认同感和归属感,从而促进乡村"治理有效"。

下 编

乡村文化振兴的
云南实践

第六章　乡村文化与自然生态共生
发展的云南实践

中国式现代化是人与自然和谐共生的现代化。我国现代化注重同步推动物质文明建设和生态文明建设，走生产发展、生活富裕、生态良好的文明发展道路。在中国式现代化人与自然和谐共生的乡村实践中①，本章以"中国乡村社会大调查"为基础，将代表"一山一水"的芒景村与普者黑村作为案例，探究云南民族群体在生产生活中所构成的文化与自然生态之间的共生关系，以及在乡村发展中生态与文化振兴之间的互动关系。通过将文化作为内生动力，助力生态文明建设，推动乡村、村民与产业的现代化。

第一节　中国式现代化背景下云南乡村人与自然
生态共生的实践思路

人与自然和谐共生的现代化，是中国式现代化的鲜明特点。人与自然和谐共生，要走生态优先、绿色发展之路，推动发展方式绿色转型，实现高质量发展。进而，文化与生态的共生是云南乡村在中国式现代化进程与乡村振兴中的关键命题。云南基于生物多样性与文化多元性的现实基础，依托乡村生态振兴与乡村文化振兴的理论指导，构建了云南文化与自然生态共生的发展思路。在"中国乡村社会大调查"专题调查中，我们发现云南已开展了一系列推动文化与自然生态共生的实践，这也使得发展与保护的不平衡问题逐渐凸显。针对这一问题，云南通过宏观层面的政策设计，

---

① 肖新建：《深刻认识和把握人与自然和谐共生的现代化》，《当代世界》2023 年第 2 期。

以期为此问题提供解决方案，促进文化与自然生态的共生发展。

一　中国式现代化人与自然和谐共生理论思考

人与自然和谐共生的现代化是中国式现代化的五大特征之一，也是可持续发展的重要要求。习近平总书记强调，绿水青山就是金山银山，大自然是人类赖以生存发展的基本条件，尊重自然、顺应自然、保护自然，是全面建设社会主义现代化国家的内在要求。[①]"两山理论"作为国家层面生态文明领域改革的核心思想理论，已经融入国家发展的制度与政策之中，为坚定不移走可持续发展道路，实现人与自然和谐共生的现代化提供了理论基础。中国共产党第十八次全国代表大会之后，党和国家立足新时代生态文明建设实践，系统回答了建设什么样的生态文明、怎样建设生态文明等重大理论和实践问题。[②] 在 2023 年召开的全国生态环境保护大会上，习近平总书记发表了关于实现我国人与自然和谐共生，共建生态文明的重要讲话。其中对"四大转变"的阐释，是对新时代生态建设巨大成就的全面总结，也是对新时代生态文明建设理论创新、实践创新、制度创新成果的高度凝练。[③] 人与自然和谐共生已然成为新时代的重要命题，因此，应以习近平生态文明思想为指导，灵活运用习近平新时代中国特色社会主义思想的世界观与方法论，加快生态文明建设，推动实现中国式现代化。

乡村是实现人与自然生态和谐共生现代化的重要阵地。在人与生态的关系中，文化作为重要桥梁，连通了人类与自然生态的共同发展之路。云南乡村的文化与自然和谐共生的实践思路，需要从生物多样性与文化多元性、乡村生态振兴与乡村文化振兴之间的关系和互动中探索。在生物多样性与文化多元性的相互关系中，生物多样性是文化多元性的前提条件和物质基础。云南气候与地理环境的复杂性和差异性，造就了生物的多样性，

---

① 《习近平提出，推动绿色发展，促进人与自然和谐共生》，中国政府网，2022 年 10 月 16 日，https://www.gov.cn/xinwen/2022-10/16/content_5718825.htm。
② 张艺：《生态文明，高质量发展的指挥棒》，《中国青年报》2022 年 6 月 24 日，第 3 版。
③ 翟青：《深入学习贯彻全国生态环境保护大会精神 坚决扛起美丽中国建设的政治责任》，《中国环保产业》2023 年第 9 期。

为多元性文化的孕育提供了温床。在云南乡村振兴中，乡村生态振兴与乡村文化振兴之间的关系与互动，是人与自然和谐共生的重要的战略链接。独特的生态环境导致人们在生产生活方式上的差异，孕育着各地区迥异的风俗文化。文化与生态的不可分割关系，在云南得到突出呈现，自然生态造就文化，文化影响着自然生态。因此，挖掘传统文化中所蕴含的生态智慧，传承和弘扬新时代生态文化观，能为振兴乡村文化与乡村生态提供巨大的智慧支撑。① 因此，生物多样性与文化多元性是文化与生态共生的重要基础，为乡村生态振兴与乡村文化振兴的互动提供理论支撑。

二　云南乡村文化与自然生态共生的发展困境

综上，生物多样性与文化多元化、乡村文化振兴与乡村生态振兴都指向文化发展与自然生态保护之间的关系。从云南的现实条件来看，文化与自然生态的共生关系更为明显。云南地形以元江谷地和云岭山脉南段宽谷为界，分为东西两大地形区。东部为滇东、滇中高原，发育着各种类型的岩溶（喀斯特）地貌；西部高山峡谷相间，地势险峻。全省径流面积在100平方千米以上的河流有1002条。全省有高原湖泊40多个，多数为断陷型湖泊，大体分布在元江谷地和东云岭山地以南。云南"山地河湖"所构成的自然生态与人类之间的和谐共生呈现出多元化的发展态势。云南乡村传统文化建基于人与自然和谐共生关系中所产生的生产生活方式。人与自然生态的互动逐渐形成独特的文化体系，并以规则与信仰的形式对人在自然生态中所发生的行为进行限制。同时，云南的乡村传统文化体系中义化内容与形式都有着强烈的自然生态符号。一棵树、一座山、一条溪、一片湖都可以成为重要的文化载体与文化象征。自然生态为文化的形成与表现提供了重要的"基础"与"载体"，而文化为自然生态赋予符号化意义与人文情怀。自然生态与文化的互动让乡土性与在地性成为乡村传统文化的显著特征。在云南乡村文化振兴中，尤其在对文化的保护与传承中应实现对自然

① 范建华、秦会朵：《关于乡村文化振兴的若干思考》，《思想战线》2019年第4期。

生态的保护与维护；在对文化的开发与应用中实现对自然生态的思量与协调；在对文化的创新与创造中实现对自然生态的协同与转化。云南乡村需要以文化为基础建设生态文明，实现生态振兴，也需要以自然生态为基础发挥文化的在地性功能，构建特色文化产业，实现文化振兴。在共生关系之下，文化与自然生态的互动，不仅能够在云南乡村的发展中将文化资源与自然资源作为内生动力进行整合，还能够在云南乡村的发展中通过文化视角对传统产业进行绿色化转型与升级。不难看出，文化的发展与自然生态的保护之间，只有打造平衡的状态才能实现共生发展。

云南在以文化与自然生态共生为核心的实践下，不断推动产业与自然生态的可持续性发展。在"中国乡村社会大调查"专题调查中我们发现，云南乡村在文化与自然生态共生的发展中存在资本过分介入的问题。这使得村民的主体性被忽略，而以资本逻辑掩盖产业发展逻辑，易造成地方性资源的流失与自然环境的损害，发展与保护的不平衡问题突出。由于云南独特的地理位置以及产业条件，自然生态资源是其重要的发展基础。产业发展需要以生态为基础，以地方性资源为核心，进行产业体系的构建与业态的融合。自然生态保护需要以产业发展为支撑，以提供更为合理化、科学化的保护、治理、维护、修复的手段。无论是发展还是保护，核心都是实现产业与自然生态的可持续性。在中国式现代化的背景下，针对上述问题，云南基于自身情况开展了一系列实践，以寻求产业发展与自然生态保护之间的平衡。

三 云南乡村文化与自然生态共生的政策体系

在发展与保护的不平衡问题暴露之后，云南从政府层面构建了一系列政策体系，以期在乡村文化与自然生态共生发展中，谋求一条科学、合理的道路。2015 年 1 月，习近平总书记考察云南，对云南提出"努力成为生态文明建设排头兵"的战略定位。[①] 2019 年 1 月，云南省正式实施的《云

---

① 《守护好七彩云南的绿水青山》，人民网，2022 年 1 月 11 日，http://yn.people.com.cn/n2/2022/0111/c378439-35089844.html。

南省生物多样性保护条例》，首次以地方立法的形式对生物多样性的概念进行了明确界定，依法有效解决了云南生物多样性保护面临的生态系统结构破坏、物种濒危和丧失程度加剧、遗传资源流失严重、外来入侵物种威胁加大等难题①，为生物多样性的发展提供了政策支持。2020 年 1 月，习近平总书记再次考察云南，要求云南在努力成为我国生态文明建设排头兵上不断取得新进展。② 由此，2022 年，云南省委与省政府印发《云南省生态文明建设排头兵规划（2021—2025 年）》，树立"绿水青山就是金山银山"和"保护生态环境就是保护生产力、改善生态环境就是发展生产力"的理念，将生态文明建设摆在全局工作的突出位置，始终坚持生态优先、绿色发展，切实提升生态环境治理体系和治理能力现代化水平，全面形成绿色发展方式和生活方式。在促进乡村振兴发展方面，云南省还制定了《云南省陆生野生动物保护条例》《云南省珍贵树种保护条例》《云南省湿地保护条例》《云南省自然保护区管理条例》《云南省地方级自然保护区调整管理规定》《关于持续深化环境资源审判改革创新不断加强生物多样性司法保护的十六条措施》等一系列法律法规。③ 希望以此推动云南省乡村生态振兴的快速发展，为乡村文化振兴提供条件。2022 年云南省委、省政府印发的《关于做好 2022 年全面推进乡村振兴重点工作的实施意见》强调，乡村振兴过程中应持续推进农业农村绿色发展，推广发展高效绿色设施农业，深入实施重要生态系统保护和修复重大工程，启动实施"绿美云南"三年行动，编制生物多样性保护重大工程规划，进一步推动乡村生态振兴。2024 年，云南省生态环境厅印发《云南省生态环境科技创新三年行动计划（2023—2025 年）》，强调聚焦云南省支柱产业，实现高质量绿色化转型，并推动生态安全屏障建设，保护生态多样性。云南省针对生态文明建设构建政策体系，从生态治理、生态保护、生态产业等方面采取实践措施，推动生态环境保

---

① 赵飞：《以法治助力云南高质量跨越式发展》，《中国法治》2023 年第 3 期。
② 《建设人与自然和谐共生的美丽云南》，人民网，2021 年 12 月 22 日，http://yn.people.com.cn/n2/2021/1222/c378439-35061837.html。
③ 《打好"组合拳"美丽云南背后还有这些故事》，网易网，2023 年 7 月 31 日，https://www.163.com/dy/article/IB0N5HOT0514R9KQ.html。

护高质量发展。

云南省政府在制定乡村特色文化产业发展规划中，将生态振兴作为重要的立足点。2022年，云南省政府发布了《云南省"十四五"文化和旅游发展规划》，随后又出台了相关配套政策措施，积极促进实施"文化润滇"行动，努力将生态优势变成民生福利。① 随后，云南省委办公厅、省政府办公厅印发《云南文化和旅游强省建设三年行动（2023—2025年）》，该文件明确提到，云南将加快发展特色生态旅游，坚持保护优先，推进国家公园创建工作，推动自然保护地一般控制区生态旅游、生态体验和科普宣传教育事业不断发展。在财政投入方面，云南省2023年地方财政以"绿美云南"为重点支持全省创建生态文明建设排头兵，全省生态环境保护治理支出293亿元。"绿美云南"建设全面提速，完成营造林418万亩，新增绿化面积13.73万亩，新建成绿美乡镇100个、绿美村庄200个、绿美河湖296个。② 在生态环境部公布的第七批生态文明建设示范区和"绿水青山就是金山银山"实践创新基地名单中，云南省有7地入选。不难看出，云南省政府在政策制定中将生态与文化相互联系，以生态的治理促进乡村特色文化产业的绿色化发展，以文化为抓手协调发展与保护的平衡问题。绿色经济与文化经济的融合发展，逐渐显现出云南乡村生态振兴与乡村文化振兴在实践方面的相互关系，既成为云南推动生态文明建设的重要内生动力，也是云南促进乡村特色文化产业发展的重要驱动力。

第二节　云南乡村文化与自然生态共生的案例分析

云南在乡村文化与自然生态共生实践中，其多样的民族类型与复杂的自然生态造就其实践路径的多元化。生态多样性为文化多元性提供基础，遵循生态振兴与文化振兴的互动逻辑，自然生态的差异使得村民生产生活

---

① 《我省以文旅融合赋能乡村振兴》，云南省人民政府网站，2023年12月10日，https://www.yn.gov.cn/ywdt/bmdt/202312/t20231210_291472.html。

② 《有一种叫云南的生活｜绿水青山间书写"生态答卷"》，网易网，2024年3月7日，https://www.163.com/dy/article/ISMBPGVC0514R9KQ.html。

方式不同，构成民族文化与地方文化中的在地性，进而表现出差异化。如此的双重差异，让云南乡村文化与自然生态的共生呈现不同的方式。结合"中国乡村社会大调查"专题调查中的云南相关资料，本章以云南的自然生态特征为依据，选取在文化与自然生态的共生发展中具有典型性的芒景村与普者黑村为研究案例。芒景村位于"景迈山千年万亩古茶园"核心地带。布朗族长居于此，依托景迈山的生态多样性，他们构建了独特的生产生活方式，并逐渐衍生出"山、人、茶"的共生关系。景迈山、民族文化与茶文化之间的共生体现在意义、价值、文明层面。芒景村以文化与自然生态的共生，带动以"茶旅融合"为核心的特色文化产业发展。因此，芒景村在云南以山地生存为核心的文化体系与生态建设中具有典型性。普者黑村地处普者黑景区核心区，该景区拥有云南省唯一的湿地生态系统类型的高原湖泊群。彝族支系撒尼人长居于此，他们依托湖泊群的生态多样性，构建了独特的生产生活方式，逐渐衍生出地方文化体系与自然生态的共生关系。普者黑村依托共生关系，构建了以生态旅游为核心的特色文化产业。因此，普者黑村依托独特的高原湖泊自然生态与地方文化体系，所探索的现代化道路，成为云南文化与自然生态共生发展中的典型案例。

综上，将芒景村与普者黑村作为本章案例，对它们不同特征的生态系统与文化的共生关系进行分析，探讨云南乡村生态与文化互促发展的路径，可以为中国式现代化下云南乡村文化振兴与可持续性发展提供经验样本。

一　山地人居：芒景村文化与自然生态的共生发展

景迈山中的净土、寻茶而来的布朗族、茶树，构成芒景村长达千年的人茶共生历史。在这片山林之中，山、茶、人形成了独特的生态系统。布朗族的民族文化、茶文化以及自然生态系统，共同组成复杂的共生态，并呈现景迈山与民族文化的意义共生、景迈山与茶文化的价值共生、茶文化与民族文化的文明共生的复杂共生关系。因此，在乡村文化振兴背景下，以芒景村中文化共生为基础，构建特色文化产业体系与市场，能带动地方产业的创造性转化与创新性发展，以此实现芒景村乡村、村民、产业的现代化。

（一）芒景村历史演进与基本情况

芒景村位于澜沧县惠民镇的南部，处于拥有 1700 多年历史的世界公认的普洱茶发祥地"景迈山千年万亩古茶园"核心地带。芒景村历史可以追溯到东汉末年。在芒景村布朗族的传说与碑文中，记载着他们的先民居住在今昆明滇池周围。由于当时社会动荡，布朗族先民们为躲避战乱，从昆明滇池开始向南迁移。迁移过程是非常艰辛的，在靠近景迈山一带时，族人之间开始传播一种疾病，以当时的医疗手段难以治愈。族人偶然发现通过口含一种树叶可以缓解病情。这种树叶被布朗族取了一个特殊的名字"腊"，也就是茶叶。由此，布朗族与"腊"结下"生死之交"。到达景迈山之后，布朗族人发现这座森林密布的大山，土地肥沃、气候温和、水源丰富，并且山中可以采集到更为优质的"腊"。于是布朗族人决定在此定居。在布朗族史书《奔闷》中记载了布朗族的英雄哎冷，他最先带领一批布朗族人到景迈山定居。由于他的才能出众、武艺不凡，景洪傣王就把第七个公主嫁给他，并且封为"帕哎冷"（帕为首领）。帕哎冷带领着布朗族人对景迈山古茶树进行驯化与培育，并且逐渐掌握其种植技术与加工技艺，形成了成林成片的古茶园。帕哎冷在临终之际说道："我要给你们留下牛马，怕遇到灾难就死掉；要给你们留下金银财宝，怕你们吃光用光；只给你们留下茶树，便可让子孙后代取不完用不尽。"[①] 在芒景布朗族的《叫魂经》等典籍中，也同样记录着"帕哎冷是我们的祖先、我们的英雄，他给我们留下的竹棚和茶树，是我们生存的拐棍"。布朗族通过茶马古道，将茶叶运输到泰国、马来西亚、缅甸等东南亚国家，茶叶是布朗族世世代代赖以生存的主要经济来源。这根深扎于景迈山的"拐棍"，带领着布朗族与景迈山走出了大山。1949 年，澜沧县解放，布朗族土司（首领）苏理亚带领布朗族人跟随中国共产党，积极组织民兵保卫家园。1951 年，苏理亚随西南民族参观团到北京，受到了毛泽东、周恩来等党和国家领导人的接见。随着苏理亚的去世，布朗族的世袭土司制度结束。

---

① 蒋肖斌：《景迈山古茶林的千年智慧传奇》，《中国青年报》2023 年 9 月 19 日，第 11 版。

现今，芒景村辖芒洪、上寨、下寨、瓮基、瓮哇、那耐 6 个村民小组，截至 2023 年，全村总面积 89.58 平方公里，共有 724 户 3004 人，其中布朗族占全村人口的 90% 左右，是一个典型的布朗族村。[①] 辖区内有万亩古茶园、翁基古柏、芒景蜂王树、世界茶祖帕哎冷部落遗址、世界茶祖帕哎冷驯茶遗址、帕哎冷祭神遗址、七公主墓遗址等景观景点。[②] 芒景村先后获得"中国少数民族特色村寨"、第七批全国重点文物保护单位、第二批中国传统村落名录、"民族团结进步创建活动示范村寨""云南省旅游名村"等称号。截至 2021 年末，芒景村茶园面积 32285 亩（古茶园 12000 亩），橡胶林面积 2932 亩，实现经济总收入 13105.48 万元，村民人均纯收入 18012.35元。[③] 2022 年 10 月，景迈山茶林文化景区成功入选国家 4A 级旅游景区。随后，2023 年"景迈山古茶林文化景观"成功被列入《世界遗产名录》，成为全球首个茶主题世界文化遗产。得益于景迈山古茶林文化景观的影响，芒景村以茶文化、民族文化为核心的特色文化产业，以及以景迈山为重点的生态文明建设都得到快速发展。

（二）芒景村自然生态与民族文化的共生态

在芒景村的历史演进中，茶与人、山与茶、山与人的关系被建构。布朗族依赖景迈山与古茶林进行生活与生产，景迈山需要布朗族调和古茶树种植采摘与自然生态系统间的平衡，古茶树需要景迈山的良好生态环境，也需要布朗族人对其培育与维护。这些互动行为逐渐形成芒景村"人、山、茶"生态系统。在布朗族现今的生产生活方式中，不仅有独属于布朗族的特征，同时也能够看到景迈山与古茶林的特征。山与茶成为布朗族民族文化中重要的表达载体。茶文化则在布朗族对茶的种植、采摘、加工、饮茶等一系列行为中被建构。人与山成为茶文化重要的参与者与载体。进而，

---

① 《普洱市澜沧县惠民镇芒景村》，云南省文旅厅网站，2024 年 3 月 4 日，https://dct. yn. gov. cn/html/2403/04_33700. shtml。

② 张彩虹、窦志萍、薛敬梅：《民族村寨后乡土秩序建构研究》，《民族论坛》2020 年第 2 期。

③ 《一叶千年，澜沧县景迈山探索出发展与保护融合创新之路》，湘湘带你看社会百度百家号，2022 年 9 月 27 日，https://baijiahao. baidu. com/s? id = 1745111788716908920&wfr = spider&for = pc。

民族文化、茶文化与景迈山三者之间形成了共生态关系。

1. 景迈山与民族文化的共生

景迈山与民族文化的共生表现在以景迈山为载体的民族生产生活方式以及民族文化形式与表达之中。"一方水土养育一方人"，布朗族的生产生活方式与景迈山有着密不可分的联系，并且已经成为民族文化中的一部分。布朗族相信万物皆有灵。在他们的观念中，山、水、虫、兽皆有神灵，有各种各样的鬼神在主宰着人们的生产和生活，小乘佛教传入之后，布朗族也同样保留着自然崇拜。布朗族在每年傣历的 6 月中旬，会举办茶祖节（山康节）。节日会持续三天，在第三天的早上民众会带着祭品出发到哎冷山（景迈山山脉中的一座山），在"翁拐"地（原来祭祀帕哎冷的遗址处）祭祀山神。布朗族生在景迈山下、活在景迈山中、葬在景迈山上，景迈山既是自然神明，又是历史载体。在布朗族的民族文化中，无论是对于祖先还是茶林，其底层逻辑都是对景迈山的一种尊崇。

景迈山的地势特征也决定了布朗寨子的建设格局。"叶怎么落，寨就怎么起；马怎么停，心就怎么扎；树根怎么长，路就怎么走。"布朗族在建寨之前会通过一匹马来选择寨心，马儿停留在哪里，寨心就扎在哪里。围绕寨心一圈又一圈地往外建设寨子。由于景迈山地形复杂，寨子整体上呈现出南北长，东西窄的带状结构。芒景村选在相对平缓的坡地之上，但寨中道路还是以坡路或台阶为主。并且，寨中道路沿茶山等高线将村落分为东西两片，如同树根一样从寨心向外蔓延。景迈山大多数时候伴有云雾，气候为亚热带山地季风气候。为适应其气候，布朗族的建筑材料以景迈山的竹子、木材、石头以及人工烧制的块瓦为主。历史传统要求民居入口朝向寨心，建筑屋脊与哎冷山平行。房屋形式以杆栏式为主，大多为二层，底层镂空用于储藏以及家畜家禽的养殖，二层设有火塘、堂屋、卧室等日常生活空间。这些寨子与房屋建设特征也成为布朗族民族文化中的重要组成部分。景迈山与布朗族民族文化之间，并非一种单纯的连接关系。景迈山作为重要的自然载体为布朗族民族文化的发展提供了自然素材与空间。景迈山与民族文化构成了"文化—地理"关系，布朗族民族文化离不开景迈山，景迈山也同样需要民族文化赋予其人文含义。从而，景迈山与民族文化之间的共生，是意义的共生。

2. 景迈山与茶文化的共生

景迈山与茶文化的共生表现在茶文化中，也表现在对自然生态的崇尚与保护之中。"村寨住在茶林中，茶林隐在森林中。"这句话非常形象地描绘出芒景村、古茶林与景迈山的整体结构。芒景村在土地应用上体现为"垂直海拔土地利用"方式，自上而下分别是水源、古茶林与村寨、耕地。耕地设置在低海拔可以避免耕种对于古茶林的影响，并在外围建有防护林，预防气流与病虫的侵害。布朗族的古茶林中，并非只有古茶树，还有很多高大的古树，例如茱萸、木荷、杉依、红椿、榕树等，以及一些灌木，例如樱花树、杜鹃花等，它们与古茶树形成了层次性的生态结构。古树的落叶、落花、落果成为古茶树的天然肥料，其中香樟树等一些特殊树种，还能够起到驱虫等作用。古茶树的生长不经过任何人为的干扰，其树干上经常会有各类附生植物。例如苔藓类植物、兰科植物（石斛）、槲寄生属植物（螃蟹脚）、菌类植物等。地面为草本植物，保护土地，并且也是古茶树的天然养分。除一些昆虫与鸟类帮助古茶树抵御虫害之外，布朗族人还会在林中搭建台子，放上各种水果、蔬菜吸引害虫。布朗族尊重自然生态，探索出"林下茶"的种植方式。其中最具有代表性的是位于芒景上寨北端的蜂王树。蜂王树50多米高的树干上挂了大约70个蜂巢，当二月底采摘春茶时，蜂群便会返回这里栖息。这些蜜蜂本身能够为茶树传授花粉以及避免害虫，掉落的蜂巢还能作为营养供养古茶树。在芒景村中有一条村规即不能随意砍伐古茶林中的高大树木，违反者需要在寨心向先祖请罪，然后修建村寨设施以示惩罚。这些规则与技巧让景迈山与古茶林之间的生态系统得以维持平衡。因而，古茶林与景迈山之间是自然生态的共生关系，茶文化中包含生态文明与农耕知识，体现出人对自然的敬畏与维护。此外，当普洱景迈山古茶林在2023年被成功列入《世界遗产名录》，成为世界首个茶主题世界文化遗产后，景迈山古茶林的文化价值与品牌影响力被进一步提升。景迈山与古茶林共同构成茶文化的载体与基础，而茶文化所体现的农耕与自然生态关系为景迈山与古茶林赋予了人文内涵。这是"人、茶、山"共荣的具体表现。因而，景迈山与茶文化的共生，是价值的共生。

3. 茶文化与民族文化的共生

在茶文化与民族文化的共生中，两者相互影响、相互建构、相互转化，逐渐构建出具有景迈山地域特征的文化体系。在布朗族的民族文化中，他们与古茶树在精神层面的交流与互动，主要通过茶魂树来实现。布朗族相信每一片茶林或是山头都有茶魂，他们将种下的第一棵古茶树称为"茶魂树"。茶魂树的茶叶需要当地老人在特定的日子与时辰才可以采摘。茶魂树成为茶文化与民族文化共生中的重要符号，它代表着民族文化中对于自然的崇敬，以及茶文化中人文内涵的实体化。在民俗节庆方面，芒景村的布朗族节庆大多以"茶"为核心。在前文提到的茶祖节（山康节）中，人们祭拜完山神之后，还会前往哎冷寺，集体祭拜茶祖，并开展集体活动。布朗族由于受到佛教的影响，有着雨季安居的习惯。在每年的 7 月中旬到 10 月，是布朗族的关门节，也称为"入夏节"。节日期间，正处于农事繁忙季节，此时不允许青年男女谈情说爱、起房建房、婚配嫁娶，而是专心去采摘茶叶与从事其他生产活动。在 10 月，还会举办开门节，也称为"出夏节"，象征着雨季与集中农耕活动的结束，解除了关门节的限制。基于开门节与关门节，与茶相关的生产活动也集中在春天和秋天，而夏天是不允许采茶的。布朗族认为："古树茶好比一个白胡子老头，使劲拽他的眉毛胡须，肯定是不行的。"在民族图腾方面，布朗族将茶叶采集的基本标准"两叶一芽"作为本民族的图腾。在布朗族最为神圣的祭祀寺庙（最古老寺庙翁基佛寺）入口处刻有此图案；在芒景村中的每座房屋的屋脊两端上刻有此图案；在布朗族的男性传统服饰上同样会绣上此图案。"两叶一芽"已然成为布朗族的文化辨识因素，"布朗族"与"茶"具有共同的指向意义。除此之外，茶文化与民族文化的共生，让布朗族形成以茶为核心的地方性知识生产。从茶树的种植到茶叶的采集、制作与泡制，都形成了一套知识体系，例如如何分辨古茶树。他们认为远看是茶山，近看依然是茶山的就不是古茶树，而远看是森林，近看是茶树林的，就是古茶树。从上述内容看来，芒景村独特的茶文化依赖于布朗族所共有的民族特征，布朗族的民族文化依赖于茶文化进行补全。茶文化与民族文化就在芒景村、景迈山下，实现了地域性文化共生，构建出以"茶"与"民族"为核心的地方文化体系。因此，茶文化与民族文化的共生，是文明的共生。

（三）文化与自然共生下芒景村特色文化产业现代化

芒景村的文化共生态让其特色文化产业的发展也呈现出融合化特征。芒景村将茶产业作为核心构建其特色文化产业体系。在以往茶叶的销售中，村民作为市场主体主要是对茶叶进行简单的商品包装或是直接以散茶的形式售卖，售卖市场包含国内与国外（以东南亚国家为主）。这样的商品形式能够满足芒景村在生计经济下的效益需求，茶叶成为芒景村村民的主要收入来源。当茶产业市场进一步扩大，消费主体结构发生改变，市场需求增长后，茶叶的生产就存在一定的问题。一方面是基于自然生态情况，芒景村古树茶难以实现大规模的种植与频繁采摘，另一方面是商品形式所能够带来的经济收益上限不高。为解决发展问题，政府、企业与村民三者从不同的层面推动了芒景村特色文化产业发展。政府在宏观层面通过政策与规划，推动芒景村从传统产业向特色文化产业转型。随着云南省政府在1996年正式确立"建设民族文化大省"的发展方向，文化旅游业的快速兴起，让有着千年历史的芒景村开始逐渐被世人所知。同时，云南省政府针对传统村落开展的保护与建设工作，也为芒景村的发展提供了机会。澜沧县政府推动芒景村积极参与国家评选，进一步打响了芒景村知名度。芒景村在2011年被评为"中国十大最具魅力休闲乡村"，2012年云南省正式开展景迈芒景景区的建设，2013年被列入中国传统村落名录，2021年被评为国家4A级旅游景区，2023年"普洱景迈山古茶林文化景观"正式列入《世界遗产名录》。通过不同层级政府的推动，芒景村特色文化产业体系以茶产业与文化旅游产业两者为核心进行构建。围绕"古村落、古民居、古民族、古柏树、古茶园"五古一体的发展理念，在文化与生态共生的基础之上，将芒景村打造成集休闲、度假、民居、品茶于一体的布朗族传统文化特色村落。文化旅游需要茶产业提供内容，茶产业需要文化旅游提高附加值，通过地方资源整合，对当地产业进行创新性发展与创造性转化，"茶旅融合"成为芒景村特色文化产业体系的地方性模式。

在"茶旅融合"之下，芒景村对景迈山的保护与应用并行，在合理范围内挖掘景迈山千年古树林与布朗族民族文化的文化资源。以澜沧县政府为主导，以村民为核心主体，与企业之间建立互动关系，实现了产业的合理化发展。澜沧县政府将茶林生态、种茶技术、制茶工艺、品茶方式、传统村落、节庆活动、民风民俗、人文传说作为载体，打造出芒景村精品旅游品牌。同时，政府积极与企业进行合作，鼓励影视作品、电视综艺到该地拍摄，目前已吸引《一点就到家》《茶颂》《极限挑战》《记住乡愁》等摄制组到该地拍摄，并在数字媒体中进行正向宣传与营销。在村民与企业的互动中，村民作为茶产业的核心参与者，共同促进传统产业转型与现代化产业发展，一是通过对村民居所的改造实现家家有茶室、家家可品茶、家家可买茶[1]，构建"茶+"空间；二是对茶产品进行升级，以更丰富的品质层级满足不同消费者的需求；三是积极探索电商、直播、体验等多形式产业发展方式，拓展产业渠道，在带动茶产品消费的同时，促进当地其他农副产品的销售，例如螃蟹脚。在如此互动之下，芒景村的文旅市场得到进一步的拓展，旅游市场为芒景村提供更多增收渠道，茶市场也从以往的单一销售市场拓展到多层次市场。企业积极探索高端的茶旅融合发展路径，其中以数字化赋能茶产业链是不可阻挡的趋势。全球首座万吨级智能茶窖藏空间——茶马古窖应用数字化技术对茶进行高端储藏，并实现交易、品鉴、参观、科普等功能的整合，构建现代化茶文化空间。在特色文化产业高质量发展中，政府从宏观层面加强市场管理。自 2009 年以来澜沧县政府出台一系列政策，芒景村根据自身实际情况对政策进行进一步细化，发布《芒景村保护利用古茶园公约》，对古茶园的保护、利用以及市场进行管理。芒景村通过传统产业的创造性转化与融合产业的创新性发展，以茶与文化旅游的相互赋能，实现经济效益增长。2020 年到 2023 年，芒景村

---

[1] 《打卡省级金牌旅游村 | 布朗古韵与现代诗意的交融——芒景村》，文旅头条，2024 年 3 月 19 日，http://www.wenlvnews.com/p/733608.html。

接待游客人数累计达到 160 万人次，带动当地人年均增收 1.9 万余元。芒景村建立起以茶为核心，以民族商品、农副产品等为辅的商品架构，呈现出地方性、民族性、融合性、数字化、品牌化等特色文化产业特征。在乡村文化振兴背景下，芒景村特色文化产业以"双创"为指导，促进生产方式与市场体系的转型升级，推动产业的绿色化与可持续化发展，助力乡村产业的现代化。

（四）文化与自然共生下芒景村农村与村民的现代化

中国式现代化下的乡村文化振兴，以文化为内生动力，在推动特色文化产业的现代化与可持续化发展的同时，也推动农村与村民的现代化。作为文化重要载体的农村与村民，其现代化具体体现为农村的空间功能与村民的价值判断的转变。

1. 文化与生态共生下芒景村的农村人居环境整治与建设

在中国式现代化的五个特征中，物质文明与精神文明相协调要求农村发展需要满足物质与精神两个方面的空间功能。芒景村在澜沧县政府的不断推动下，通过政策引导与资金投入，提升农村建设现代化水平，为茶旅融合的开展提供支持。2021 年，经过国家文物局组织的专家评审会议的审查，《景迈山景迈、芒景行政村村庄规划方案》正式通过，围绕芒景村的茶旅融合发展方向，协调传统风貌与现代设计，从整体上对芒景村的村寨进行改建。芒景村处于澜沧县传统村落集中连片区域中，在国家与澜沧县政府的支持下，获得定向资金用于乡村建设。在 2016 年与 2019 年，政府分别投入资金 100 万元与 553 万元，助力芒景村实施传统村落环境综合整治工程。[①] 该工程主要对村寨的公共环境进行整治，改善传统村落的人居环境。在 2023 年 4 月，根据财政部办公厅与住房和城乡建设部办公厅发布的《2023 年传统村落集中连片保护利用示范县（市、区）名单公示》，澜沧县被评为国家级传统村落集中连片保护利用示范县，并且获得中央财政示范

---

① 《"新"生向前 |"世界茶源"见千年古寨——芒景村》，云南省文旅厅网站，2023 年 6 月 27 日，https://dct.yn.gov.cn/html/2306/27_30063.shtml。

奖补资金 5000 万元。① 随后，在政府与村民的合作下，在芒景村的上寨与下寨进行传统村落农房功能现代化的试点改造。试点工作的重点分为两个方面：一方面是改造的程度与边界，在改造中要保持原有的民族与地方特征，以现有的房屋结构与典型构件为基础，避免过度改造；另一方面是改造方式，主要对原有的房屋进行修缮，重点对存在的安全隐患与卫生问题进行解决，以及增添或更换设施提升房屋的居住条件。对芒景村传统民居的基础功能进行升级，提供满足现代居住需求的功能，实现对传统民居的保护修复和活化利用。目前，芒景村的上寨与下寨各有一户传统村落民居实现了现代化改造。改造建筑的总体面积达到 434 平方米，其中包含 298 平方米的庭院景观。② 此外，澜沧县政府推动芒景村的茶生产场域进行升级，不仅提升了茶的生产效率，还能让游客参与到茶的生产中，增强文化旅游体验。芒景村的农村现代化，在以文化与生态的共生为前提，保证民族文化与茶文化的表达下，改善了村寨的人居环境，促进了茶旅融合的可持续性发展。

2. 文化与生态共生下芒景村的村民身份转变与主体回归

村民能力与生活的现代化是人的现代化中的重要部分。根据芒景村的历史演进过程，村民价值重构发生过两次。一次是从"腊"向茶叶的称呼转变。村民种植与制作茶叶从满足自身需求到满足市场需求，从传统食品与药材的"腊"到作为商品的"茶叶"，村民成为地方商品的主要生产与制作者。另一次是"茶叶"向"景迈山古茶叶"的称呼转变。随着景迈山古茶林文化景观被列入世界遗产，地方性品牌力逐渐增强而被赋予高附加值，"景迈山古茶叶"成为茶叶市场中的显性标志。当地村民完成从茶农到文化传承者的身份转变，种植与制作茶叶构成茶文化与民族文化的重要部分，也成为文化与生态共生中的重要一环。在布朗族的传统文化中，茶不仅是

---

① 《全国示范！云南两地拟入选》，云南省文旅厅网站，2023 年 4 月 4 日，https://dct.yn. gov. cn/html/2304/04_28702. shtml。

② 《留住记忆乡愁——澜沧县传统村落保护与利用工作》，沧澜住建微信公众号，2024 年 2 月 6 日，https://mp. weixin. qq. com/s/CXgEjq6_ICUXz_bIkuDRHA。

一种物品，还具有丰富的人文内涵。这些内涵在芒景村的发展以及与政府、企业的互动中逐渐被挖掘，促进村民的价值重构。随着人们对于非遗文化保护与传承的重视，芒景村村委与村小学达成共识，每周会有固定时间组织师生，一起学习布朗族的传统艺术，包括茶艺、舞蹈、歌曲。这些民族艺术同样是茶旅融合中的重要表现形式，村民作为文化的载体而受到重视，这使得村民能够在政府与企业的互动中以主体角色参与其中。芒景村村民的价值重构引发人口回流与进入，乡村发展通过人的生活质量提升而得以体现，刺激人们回乡与进乡意愿。地方政府与企业的合作，也能够为回乡村民提供资金、岗位、技能等方面的支持，让其在芒景村找到自己的独特价值。同时，返乡的人能够带动社会资本进入芒景村。芒景村与外界的渠道被打通之后，通过现代数字技术、政企合作培训等方式，村民可以获得更多知识。村民认知水平不断提升，农业生产、产品销售等能力得到增强，生活水平也得到进一步提高。除此之外，澜沧县政府充分落实国家政策，对芒景村的村委会与党支部进行定向帮扶，不断地提升村干部的理论认知与实践能力。在芒景村村民的价值重构中，其作为景迈山、茶文化与民族文化共生态中重要的载体，实现了主体性回归、实践性呈现、价值性挖掘。因此，村民的现代化程度不断提升，能让其在参与产业发展与生态保护中，更好地发挥主体性。

二　人水共居：普者黑村文化与自然生态的共生发展

普者黑村文化与生态的共生，主要表现为地方性文化体系依赖民族文化、地方文化与自然生态的建构。地方文化一方面连接着民族文化，以民族文化为基础实现在地性文化体系框架的构建，另一方面则连接着自然生态，以自然生态为载体与元素对在地性文化体系进行内容填充。普者黑构建了"民族文化—地方文化—自然生态"的地方性文化体系，并且形成三者之间相互连接的共生态。在乡村文化振兴背景下，云南以民族文化与地方文化的共生构建地方文化体系，发展以文化旅游为核心的特色文化产业，不断地拓展市场，带动自然生态保护与传统产业的转型升级，从而实现普者黑村农村、村民、产业的现代化，推动生态文明的建设。

（一）普者黑村的历史演进与基本情况

对普者黑村历史的溯源，需要从"荷花仙子"的民间故事中了解。在远古时期，一位名为黄阿亮的撒尼（彝族分支之一）青年，由于家族与部落的矛盾，遭遇灭族之罚。在母亲的嘱咐下，他顺着太阳升起的方向逃跑。黄阿亮经过几个月的时间摆脱追兵，在一个溶洞里居住下来。在一次外出打猎途中，黄阿亮救了一只被狮子追杀的梅花鹿，并将其安置在溶洞中。梅花鹿本为荷花仙子，为报答他用法术带来食物和衣物。黄阿亮发现后，对荷花仙子一见钟情。两人便结为夫妻，搬出溶洞，过上男耕女织的生活，并生下一男一女。荷花仙子下凡被发现后，王母娘娘令天兵将其抓回。荷花仙子悲痛欲绝，在挣扎过程中丢出荷花丝帕，荷花丝帕变成群山、湖泊与耕地。观音菩萨为荷花仙子求情。玉帝动了怜悯之心，同意荷花仙子返回人间。后来，天官向王母娘娘禀报荷花仙子居所风景秀丽宛如仙境，王母娘娘发现是荷花丝帕所化，派出青龙与白虎两大将军收回。但是，青龙与白虎却在湖中玩乐，被王母娘娘用龙虎剑处死。青龙化作青龙山，被刺的地方化作月亮洞与火把洞，血化作水流出。白虎则化作白虎山。青龙山与白虎山为此地更添秀丽与富饶。荷花仙子在孩子 18 岁那年去世，化作了湖泊中的鱼、虾与荷花。此地因此得名"盛满鱼虾的湖泊"，在彝族语中读作"普者黑"。千百年后，撒尼人在普者黑逐渐形成了村寨，并将黄阿亮与荷花仙子居住过的山洞称作仙人洞，后搬出来居住的地方叫仙人洞村，荷花仙子沉船而逝的湖叫仙人湖。在这个广为流传的民间故事中，很完整地介绍了普者黑的起源。

如今，普者黑村位于文山丘北县双龙营镇，地处普者黑景区核心范围内，辖普者黑、仙人洞、水围营、板桥等 10 个村民小组。全村共有 2803 户，人口为 11331 人，汉族与彝族的比例大致为 7∶3，是一个汉族与彝族杂居的村子。[①] 普者黑村可用耕地面积大约为 14949 亩，人均 1.4 亩，林地

---

① 《文山州丘北县双龙营镇普者黑村》，云南省文化和旅游厅网站，2024 年 1 月 20 日，ht-tps://dct.yn.gov.cn/html/2401/22_33153.shtml。

大约 7504.5 亩，水面面积 6450 亩。① 一亩地一亩水的独特自然环境，造就了普者黑独特的气候，山湖被水雾包围，宛如仙境一般。普者黑所在地属于高原喀斯特岩溶地貌，"山—湖—洞"以水相连，描绘出一幅彝族水乡、岩溶湿地、荷花世界、湖泊峰林、鱼鸟天堂的美丽画卷。普者黑共有 312 座喀斯特山峰，54 个贯通相连的湖泊。有荷花等植物 823 种，两栖动物 6 种，爬行动物 10 种，土著鱼类 89 种，白鹤、钳嘴鹳等鸟类 209 种，成为云南省水生和湿生物种多样性丰富的湿地生态系统之一。② 普者黑以文化旅游为主要产业。2004 年，普者黑景区被国务院命名为国家风景名胜区，2017 年，中国生态文化协会授予普者黑村 2017 年度"全国生态文化村"称号，随后 2020 年，被文化和旅游部命名为国家 5A 级旅游景区。在农耕方面，普者黑有着众多的特色农产品，包括小黄姜、紫洋芋、云水雪莲果、丘北辣椒、粉红腰果等。在生态保护方面，2022 年普者黑村水质综合评价类别达到了 Ⅱ 类。"湖—山—人"构成普者黑的独特生态系统，其以此大力发展乡村文化旅游，带动区域发展，推进生态文明建设。

（二）普者黑村地方文化体系与自然生态的共生态

普者黑村的民间故事对普者黑（盛满鱼虾的湖泊）以及各种湖泊、溶洞、山峰的解释，都表明普者黑村的文化与自然生态共生是其发展的基础。撒尼人远道而来，在长久的繁衍中，将民族文化扎根于这片土地之中，并逐渐地演化出带有鲜明地方特征的文化。地方文化与民族文化两者之间实现了相融相生。地方文化为民族文化带来补充，民族文化为地方文化增添人文内涵，共同构建了普者黑村独特的地方文化体系。显然，此体系中大多数内容与形式，都与普者黑的自然生态有着深深的联系。普者黑形成了地方文化体系与自然生态的共生态。

---

① 《普者黑：大美乡村入画来》，云南网，2023 年 11 月 22 日，https://m.yunnan.cn/system/2023/11/22/032843316.shtml。

② 《普者黑：大美乡村入画来》，云南网，2023 年 11 月 22 日，https://m.yunnan.cn/system/2023/11/22/032843316.shtml。

1. 普者黑村地方文化体系的构建与共生关系

关于普者黑的地方文化体系，民族文化的地方化与地方文化的民族化是其重要特征。地方化是民族文化在发展过程中，所表现出的地方性特征，突出文化的在地性与差异性。民族化是民族以主体角色参与地方文化的构建过程中，让地方文化带有明显的民族标志。因而，无论是地方化还是民族化，都是民族文化与地方文化的共生形式。

（1）普者黑村中民族文化的地方化

在我国的民族识别中，撒尼人属于彝族的分支，两者之间有着很多的相似性，主要体现为语言相似性、文化内容与形式相似性。撒尼人文化体系一方面归属于彝族的文化框架之下；另一方面则由地方化发展而衍生出差异性。这两个方面在普者黑的民俗节庆中得到体现，例如，花脸节与密枝节。距今已有 1000 余年历史的花脸节作为彝族的传统节日，已经成为普者黑的重要节日之一。花脸节是彝族支系中黑彝（乃叟泼）的传统民俗，后被各个支系所接受。传闻是彝家山寨的女孩们为躲避山中妖怪，而在每年农历二月初二的时候将脸全部抹黑，让妖怪以为彝家山寨中没有美女，从此再也没来过。活动一般为期三天，包括封寨门、扫家堂、扫街心、祭龙山、讨酒肉、跳弦子、抹花脸、打平伙等。花脸节的举办不仅代表着春耕的开始，也是人们祈福消灾的载体。密枝节是撒尼人的重要传统节日。不同地域的密枝节由来与祭祀活动有着明显的差异性。在普者黑广为流传的说法是，以前，撒尼人的村寨被浓密的树林所包围，人们将树林最为茂盛的山称为"密枝山"（又称金锁峰），山中的树林称为密枝林（彝语中的意思为"神居住的地方"）。倘若有人在密枝林中实施放牧、打猎、开垦、砍伐等行为，神就会惩罚此人，为其带去厄运。在祭"密枝"活动中，只允许男人参加，并需要提前选择一个天然"石娃娃"（象征密枝林的男女密枝神）与一棵古树作为社神（村寨的保护神），将石娃娃放在神树供台下，第二天将"石娃娃"抬回毕摩（祭司）家，在第三天早上再秘密送回密枝林的洞穴中保存。除此之外，新婚夫妇也会去密枝林中选一棵树（一般为青冈栎）进行祭拜，并挂上红线，以求家庭和睦。花脸节作为彝族的重要节日，也构成了普者黑撒尼人文化体系的一部分，并且在发展中还让其他民族（包括汉族、壮族、苗族、白族、瑶族、回族等民族）加入其中。密枝节作为撒尼人的传统节日，在发展过程中，逐渐具有了地方性特征，主要表现在传说、祭祀等的差异中。民族文化在发展过程中实现了地方化，成为地方性文化体系中的主要部分。

（2）普者黑村地方文化的民族化

普者黑村地方文化的民族化，主要体现为地方文化构建中民族所扮演的重要角色，以及地方文化与民族文化之间的联系。普者黑村的地方文化中，有着较多的民间故事。前文对于"荷花仙子"故事的描述，对普者黑的地方特征做出了人文解释。在"仙人洞神树的传说"中，有一方由一条白龙拱出来的水塘，叫"白龙子塘"；在大山中拱出的豁口，叫龙尾坡，成为村民进出的重要通道之一；白龙的头停住的地方，则隆起一个巨大的土包，并在第二年长成一棵大树，成为撒尼人祭祀的"神树"。在"狮子山"的传说中，二郎神的雌雄卷毛狗头狮大战巨嘴恶魔，它们斗了三天三夜，没有分出胜负，二郎神又派出小龙女和白衣秀士，才将巨嘴恶魔镇压住，化作张嘴石洞。而雌雄卷毛狗头狮则化作狮子山，正对着巨嘴石洞，仿佛随时准备再大战三天三夜。在"八仙塘"的传说中，八个仙人来到普者黑发现有一片湖中没有鱼虾，于是开始撒鱼虾，以造福普者黑的村民，进而人们把这个湖取名为八仙塘。除这些带有神话色彩的故事之外，还有跟生产生活方式相关的民间故事。在"土锅洞"的传说中，一群撒尼青年男女相约在这个洞中跳三步弦舞和打平伙（聚餐），结果舞跳了三天三夜，出来发现土锅都已经烧成灰了。因而，把这个洞命名为"土锅洞"。在"石棺山"的传说中，由于战乱，彝族支系樊人来到普者黑附近居住，他们有着悬棺葬的习俗。有一天，一位老人去世，他们将棺材抬上山后，天空阴云密布下起了大雨，大约两个月后雨才停，他们正要将棺材抬到悬壁上，发现棺材早已石化。因而，这座山得名"石棺山"。这些民间故事大致可梳理成"神仙拯救普者黑"或是"神仙造福普者黑"两个核心。无论是白龙拱出的通道、雌雄双狮守护普者黑，还是八仙带来鱼虾，都以民族群体生产生活的正向发展为结果。这一方面是来自民族在生产生活中的美好期望，另一方面是地方文化赋予地方自然景观的文化功能。以民族生产生活方式为主要内容的民间故事，将民族与自然生态连接起来，强调民族在地方文化体系构建中的主体地位，从而推动普者黑村地方文化的民族化发展。

2. 普者黑地方文化体系与自然生态的连接与共生关系

在以民族文化与地方文化的共生关系为核心的地方文化体系构建中，自然生态同样贯穿其中并充当重要角色。在民族文化的地方化发展中，我们可以发现各民族往往会通过一段传说或故事为自然景观赋予人文含义，而自然景观作为重要的载体参与到民族文化体系中。民族文化的载体不仅是民族群体，还包含自然景观，自然景观作为要素在民族文化的内容、形式中体现出来。地方文化的民族化发展，将民族所具有的人文意义连接到地方自然景观之中，并演变成地方特征。地方文化本身依赖于当地自然景观与人的生产生活方式，并在漫长的发展过程中，总结出地方性知识或经验内容。普者黑村以民族群体为主体，对地方性知识进行创造与应用。因而，地方文化作为重要的纽带，将自然生态与民族文化连接在一起，形成普者黑独特的地方文化体系与自然生态的共生关系。民间故事"青龙的传说"是这一共生关系的代表性文化内容。"青龙的传说"讲述仙人洞中的小阿黑（撒尼人），在一个小山洞中躲雨时，救了一条被黑龙所伤的青龙所化的小蛇。在普者黑暴发洪水的时候，小蛇化作青龙治理洪水，并将眼睛和嘴化作了"品"字形水塘，身子化作山，鼻子化作通道，牢牢守护普者黑。但随着发展，村民认为"品"字形水塘挡路，就把水塘填了。随后，普者黑村失去青龙的庇护，黑龙就在普者黑村寨中为非作歹。青龙托梦给小阿黑说明情况，村民才将水塘中的泥沙全部掏出，并种上荷花。自此，普者黑恢复了往日的和平。这让村民之间形成了一个共识，不允许随便破坏任何水塘和湖。这个故事呈现出民族文化、地方文化与自然生态的重叠状态，可以从不同的视角，呈现出三者的关系。从民族文化的角度来看，这是民族文化的地方化与对自然崇尚的呈现；从地方文化的角度来看，这是地方文化的民族化与地方发展和生态保护之间关系的呈现；从自然生态角度来看，这是人与自然关系的呈现与地方发展的协调。三者之间相互作用与补充，最终形成普者黑的文化与自然的共生态。

（三）文化与自然共生下普者黑村特色文化产业现代化

要基于普者黑的地方文化体系与自然生态的共生态，构建以文化旅游为核心的特色文化产业体系。在普者黑村发展早期，其以农耕为主要的生产方式，其经济来源主要为农产品，收入较为微薄。在 20 世纪 90 年代，农民的人均年收入仅 300 多元。[①] 丘北县政府为实现地方性经济转型，打破传统产业的僵局，以原生态自然风光与民族人文基础，尝试在普者黑村发展文化旅游产业。在云南省政府的推动下，1993 年普者黑以优美的自然风光与浓厚的人文景观被国家旅游局确定为涉外景区，正式发展文化旅游业。在 1996 年，云南省政府批准普者黑景区为省级旅游区，进一步推动普者黑村文化旅游的快速发展。随后，2002 年普者黑被国务院命名为国家级重点风景名胜区。为保证普者黑景区的可持续发展与提供更好的文化旅游体验，2007 年文山州政府发布了《普者黑景区保护管理条例》，并于 2015 年与 2023 年分别进行修订。在政府引导下，普者黑村的文化旅游产业体系得到构建。为进一步推动普者黑村文化旅游的高质量发展，其以 5A 级景区为建设目标，通过政府、企业与村民主体之间的互动，采取了一系列有效措施。一是政府积极推动基础设施建设，拓宽客源地辐射范围，提高游客量。普者黑高铁站于 2016 年开通之后，客源从原本主要集中在云贵川和两广地区，向上海、北京等东部、北部地区辐射，每年游客数量增长从 5%～8% 提升到 10%～20%。[②] 客源地的迅速增多与客流量的快速上升，刺激普者黑进一步完善各项基础设施。二是在政府与企业的推动下，普者黑村与电视节目合作，进行正向营销。电视剧《三生三世十里桃花》、综艺《爸爸去哪儿》等均在普者黑取景播出，普者黑作为文化旅游目的地的影响力得到提升。普

① 《云南普者黑：发展旅游产业 助力乡村振兴》，光明网百度百家号，2023 年 5 月 31 日，ht-tps：//baijiahao.baidu.com/s?id=1767396223086455552&wfr=spider&for=pc。
② 《5A 级旅游景区助力乡村振兴，引领产业转型升级》，文旅中国百度百家号，2021 年 8 月 8日，https://baijiahao.baidu.com/s?id=1705527588265822564&wfr=spider&for=pc。

者黑通过与电视节目的合作，打开了知名度，促进了文化旅游业的发展，并在其发展过程中不断地完善各方面建设。三是在企业与村民的互动中，通过"土地租赁、入股分红、提供就业、返租到户"等模式，实现村民人均年增收 5000 元以上。① 四是在政府与村民的互动下，推动普者黑村落改建，将文化呈现与旅游需要相结合，提升游客体验度。仙人洞自然村作为普者黑景区的核心村，利用自身优良的自然环境，发展旅游业，大建"洋房"开农家乐，提升接待能力，但导致民族文化特征的流失。随后，丘北县政府针对房屋改造发布了《普者黑景区村庄规划设计导则》《普者黑景区本土民居建筑设计导则》等引导性文件。仙人洞自然村按照"一户一方案，一户一设计"的建设规划原则，最大限度地保留乡土气息，展现民族特色。五是在政府、企业、村民三者互动下，构建在地化文化旅游服务体系，完善景区建设，满足各方面游客需求。普者黑景区实施了系列基础设施提升改造项目，整个项目由景区快行慢游交通系统、游客服务系统、标识标牌系统、旅游厕所及环卫系统、公共休息及景观设施系统、旅游安全设施系统、智慧旅游系统等 7 大系统内容组成。其中，快行慢游交通系统根据"生态优先、绿色发展"理念，将湿地公园、天鹅湖片区原有路面改造成为海绵透水路面，改善了景区生态环境；智慧旅游系统拥有全国唯一的立体数据架构，通过"标准化服务+网格化管理"，实现服务管理"多网合一"、全域覆盖，全面提升了景区综合服务能力。政府进行整体把控，企业提供技术支持和系统管理，村民则加入系统的实际运行当中。在政府、企业与村民的共同努力下，文旅部在 2020 年正式批准普者黑景区为国家 5A 级旅游景区。

普者黑村的文化旅游的快速发展让丘北县政府开始重视自然生态保护，接连发布《丘北县普者黑湖流域综合治理规划（2021—2035 年）》《丘北县普者黑湖"一湖一策"保护治理专项行动方案（2021—2025 年）》等政策规划与方案，在保证普者黑村合理开发的同时，推进自然保护地的整体优化，

---

① 《文山普者黑村：唱好"旅游戏"催开"致富花"》，云南网百度百家号，2020 年 4 月 24 日，https://baijiahao.baidu.com/s? id=1664779673884933575&wfr=spider&for=pc。

加大景区空间管控力度。在丰富文化内容与表现形式方面，普者黑村以节庆活动为集成方式，将自然生态、民族文化与地方文化的共生态作为基础，对传统民俗节庆进行了合理的再设计。彝族的"花脸节"与撒尼人的"密枝节"已经成为普者黑的重点文旅 IP。节庆活动根据文化旅游的市场需求进行调整，包括节日时间、节日内容等，并在数字媒体平台开展相关的小活动，增加活动的曝光度。2023 年花脸节开展的"神奇的普者黑我来拍"活动，获得了 117 家官方媒体转发，全网浏览量达到 62.07 亿次。[1] 桃花水母打跳、"花脸节"开幕式、稻田音乐节、云上火把节、民族才艺大比拼等系列活动，让游客流连忘返。在整个"花脸节"期间，全网有关"花脸节"的信息浏览人次为 10.29 亿人次。[2] 普者黑通过线上线下联动，以及数字媒体进行正向营销与宣传，实现了从信息流到人流的变现。在活动期间，普者黑景区共接待国内外游客 74.5 万人次，其中购买景区门票船票人次 23.16 万人，实现旅游综合收入 51492 万元，直接收入 3084.7 万元，同比分别增长 17.5%，193.9%，39.5%，53.3%，各项旅游指标均创新高。[3] 此外，普者黑还经常举办传统节日与特色节日，例如端午节、辣椒节等。2023 年上半年，普者黑景区共接待游客 48.59 万人次，实现旅游收入 2466.23 万元。[4] 在业态拓展方面，普者黑村以乡村文化旅游为核心，带动传统产业的转型、升级与融合，推动特色农产品、手工艺品向旅游商品转化。丘北县政府与企业合作，在普者黑村启动一批生态蔬菜、特色花卉、特色水果种植园和人工菌栽培园、高品质药园建设，培育壮大"耕喽食品""花知道"等旅游商品品牌；采取"公司+农户+旅游+产业拓展"的模式，积极培育以生态农业观光、定制农场、自然教育学堂、花海等为特色的农旅融合产业，

① 《93.91 亿次曝光，"花脸节"大 IP 擦亮丘北文旅金名片》，澎湃新闻网，2023 年 8 月 19 日，https：//www.thepaper.cn/newsDetail_forward_24298724。

② 《93.91 亿次曝光，"花脸节"大 IP 擦亮丘北文旅金名片》，澎湃新闻网，2023 年 8 月 19 日，https：//www.thepaper.cn/newsDetail_forward_24298724。

③ 《31 天！普者黑旅游收入破 5 亿！每天万人涌入，究竟有什么好玩?》，搜狐网，2017 年 8 月 7 日，https：//www.sohu.com/a/162862669_680544。

④ 《避暑游热度高！云南暑期度假产品预订量同比上涨 90%》，开屏新闻网，2023 年 7 月 31 日，https：//www.ccwb.cn/web/info/20230731194940VIC6HS.html。

推动 2 个生态蔬菜种植园、4 个特色花卉种植园、1 个特色水果种植园、1 个人工菌栽培园和 2 个高品质药园建设，吸纳季节性工人 6 万余人，人均增收 8000 元。[①] 普者黑村以文化旅游为核心，将自然生态与民族文化、地方文化作为主要内容与形式，结合数字化技术与现代审美，进行创新性发展与创造性转化，丰富文化产品的类别，不断拓展市场宽度，在文化与生态共生的基础之上，实现了特色文化产业的现代化与可持续性发展。

（四）文化与自然共生下普者黑村农村与村民的现代化

要实现中国式现代化下的乡村文化振兴，需通过特色文化产业实现传统文化的"双创"发展，以此带动农村与村民的现代化。普者黑将地方文化体系与自然生态的共生关系作为切入口，在文化旅游的高质量发展中，推动农村空间功能与村民价值判断的转变。

1. 文化与生态共生下普者黑村的农村人居环境整治与建设

在民间故事中，人们常常将普者黑描述为藏于密林之中的"仙境"，这反映出普者黑村是相对封闭的。这种封闭的状态一方面保证了普者黑村的生态环境能够保持原生态，另一方面也使普者黑村的发展较为缓慢。原始村庄所能够发挥的空间功能并不能满足文化旅游发展的需要。因而，在以文化旅游为核心的现代化产业转型与发展中，普者黑村开始采取一系列措施，改善农村人居环境。丘北县政府通过银行贷款、上级补助及各部门整合等方式为普者黑村提供资金，加大基础设施建设力度。截至 2020 年，普者黑村已投入 5670 余万元，用于道路、绿化、广场、路灯的建设，以及管网及电力入地等项目。在接下来的几年中，普者黑村又陆续投入 2100 万元开展进村景观路建设。[②] 包括实施综合污染治理，地方政府统一规划村寨排污与垃圾处理，并与相关企业合作引入现代化技术；开展生态修复工程，截至 2022 年已清理整治鱼塘 308 个，配套建成污水管网 23.3 公里，累计退

[①] 《文山州丘北县积极推动普者黑沿湖旅游产业发展带动群众增收家门口打工就业》，云南省人民政府网站，2021 年 9 月 5 日，https://www.yn.gov.cn/ztgg/jjdytpgjz/ynjy/202109/t20210905_227622.html。

[②] 《文山普者黑村：唱好"旅游戏"催开"致富花"》，云南网百度百家号，2020 年 4 月 24 日，https://baijiahao.baidu.com/s? id=1664779673884933575&wfr=spider&for=pc。

塘还湖 1204 亩；加强村内基础设施及配套服务设施建设。在民居改建方面，丘北县政府编制《普者黑景区本土建筑设计导则》，指导规范旅游村寨发展。村民在县委、县政府的统一规划下，利用自家空闲的房屋，以"农户自筹+县委县政府协调贷款"的形式，开展改建工作。同时，针对此前已建的民居，丘北县政府出台民居改造奖励政策。参与民居改造的农户政府每户奖励 1 万元，对贫困农户提供 5 万元以下、3 年以内的免担保、免抵押的信用贷款，且县级财政给予贴息。① 该政策吸引 1000 多户村民参加景区民居改造建设项目，目前已竣工 800 多户，并有 400 家客栈已运营。② 如今，普者黑村在满足乡村文化旅游发展需求的同时，也拓展了当地居民的空间功能的使用，以此改善了村寨的人居环境，推动了生态文明建设。

2. 文化与生态共生下普者黑村的村民价值判断转变与重构

在生计经济期间，普者黑村的村民以农耕为主，在实现向文化经济转型之后，作为重要文化载体的村民，其价值判断发生了转变。普者黑村的村民具有云南地区村民的典型特征，即以农耕为主要生产方式的民族群体。在推动村民的价值判断转变过程中，既要避免村民身份的脱离，又要发挥村民特征的优势。普者黑村大力发展以文化旅游为核心的特色文化产业，让村民的文化载体功能得以发挥。普者黑村民价值重构主要表现在以下三个方面。一是村民主体性的回归。村民在特色文化产业中作为文化表现与氛围构建的主体，凸显了普者黑文化产业的差异性。村民在为游客提供服务的同时，也让游客参与到村民的日常生活当中，体验带有鲜明民族特征与地方习惯的生活氛围。二是村民实践性的呈现。该村村民，为维护自然生态，而组建卫生管护队伍；为更适应特色文化产业发展，主动对民居进行改造；不断提升自身素质，学习并实践现代化技术，例如通过电商直播带动商品销售；通过现代机器提高特色农产品的生产效率；通过学习先进理念，提升文化旅游服务、园区管理水平等。三是村民价值性的挖掘。村

---

① 《共建共享增收入 景区带村奔小康——云南丘北县旅游产业扶贫案例》，云南省文山州政府网站，2020 年 7 月 6 日，https://www.ynws.gov.cn/info/4796/279187.htm。

② 《文山普者黑村：唱好"旅游戏"催开"致富花"》，云南网百度百家号，2020 年 4 月 24 日，https://baijiahao.baidu.com/s? id=16647796738849335758wfr=spider&for=pc。

民在主体性的回归与实践性的呈现中已经从多方面实现价值的转换。随着乡村文化振兴进程的推进，在价值转换之中，村民的价值性同样得到进一步的挖掘。普者黑的文化旅游发展为当地村民提供了更多的就业岗位。在与传统产业相异的工作内容与方式中，村民的能力得到提升。同时，村民的主观能动性被激发。普者黑村成立了6支文艺队，演员包括各个年龄段的村民。他们自编自演，演出节目2500多场次。[①] 在对普者黑村民的价值判断转变的讨论中，我们可以发现村民的能力与生活方式正不断实现现代化。普者黑的村民在乡村文化振兴中，实现了主体性回归、实践性呈现与价值性挖掘，让村民可以保持其文化特征的前提下，能力与生活方式都逐步地实现现代化。

第三节　中国式现代化背景下云南乡村人与自然生态共生的经验总结

云南乡村文化与自然生态共生是其乡村文化振兴中的重要部分，也是推动实现中国式现代化的路径之一。在上文对芒景村与普者黑村文化与自然生态的共生态进行分析后，基于文化与自然生态的差异，两个村呈现不同的发展路径：一个是茶民共生，人山共荣；另一个是湖载人文，同水共生。

一　文化与自然生态和谐共生的云南乡村实践经验

（一）文化与自然生态和谐共生的芒景村实践经验

芒景村以民族文化、茶文化与自然生态的共生态，构建了以茶产业为主的特色文化产业。人、茶与山三者之间相互充当文化内容与载体，以此形成芒景村独特的文化与自然生态共生态。在共生态中，茶产业作为芒景村的核心产业，在政府、企业、村民的作用之下促进了乡村高质量发展。村民的生活方式、农村的空间功能在茶产业的快速发展中逐步走向现代化。

---

① 《文山州丘北县普者黑景区文旅融合打造各民族共有精神家园》，云南省民族宗教事务委员会网站，2024年3月20日，https://mzzj.yn.gov.cn/html/2024/difangdongtai_0320/53158.html。

这为茶产业与文化旅游的融合发展奠定了基础，从传统产业到特色文化产业，产业核心从"茶叶"到"文化"，芒景村推动了基于文化与自然生态共生下的产业现代化。芒景村立足于文化与自然生态的共生态，基于自身条件而探索产业转型，推动产业的融合发展，以更适应芒景村的方式，促进村民与农村的现代化。

（二）文化与自然生态和谐共生的普者黑村实践经验

普者黑村以地方文化体系与自然生态的共生态，构建以文化旅游为主的特色文化产业。在对普者黑村的历史溯源中，我们可以看到民族文化与地方文化的共生能形成独特的地方文化体系。自然生态作为重要的符号或元素"参与"到地方文化体系内容中。这为普者黑村文化旅游业的发展奠定了基础。普者黑村的自然风光与人文景观的结合，突出了文化旅游产业的特色性，让普者黑村能够迅速地成为全国的热门旅游目的地。以文化旅游为核心，普者黑村开始迅速地发展其他业态，以此带动村民与农村的现代化。普者黑村的村民也同样参与到产业链的各端，实践逻辑与产业逻辑的耦合让普者黑村产业实现转型并逐步构建起特色文化产业体系。

二　文化与自然生态和谐共生的云南乡村实践方向

在上述对以芒景村与普者黑村为代表的云南乡村文化与自然生态和谐共生的经验进行总结后，不难看出乡村发展之间的差异。芒景村探索文化共生与产业融合之间的互促关系，而普者黑村探索地方文化体系构建与产业发展之间的推动关系。两者都在文化与自然生态的共生态下，凸显产业的特色化与在地化特征，推动村民主体实践逻辑与产业逻辑的耦合，实现产业的绿色化转型与可持续性发展。两者的发展经验成为云南乡村文化振兴与乡村生态振兴中的重要样本，为生物多样性与文化多元性之间的关系提供现实参照。这不仅为云南省目前的政策制定提供了佐证，也为往后的政策制定提供了参考与方向。

云南文化与生态共生的发展是全域性的。无论是芒景村与普者黑村，还是其他发展路径的乡村，文化与自然生态的共生始终是其乡村现代化与可持续发展中的重要命题。协调乡村现代化与可持续发展，成为推动云南乡村振兴的核心点。现代化是可持续发展的基础，实现可持续性是现代化的目的。在乡村生态振兴与乡村文化振兴的耦合关系中，如何将现代化与可持续性合理且科学地嵌入到乡村实地发展中，是云南实现乡村振兴需要思考的关键点，也是文化与自然生态和谐共生的发展方向。因而，本章节以"一山一水"芒景村与普者黑村的发展经验展开分析，依托乡村文化与自然生态共生，以文化为核心内生动力，推动乡村文化振兴与乡村生态振兴的共同实现，促进产业、农村与村民三者的现代化，为中国式现代化与可持续发展提供云南路径和智慧。

第七章　云南现代特色农业与乡村文化振兴

在中国式现代化背景下，云南特色农业区别于东部地区机械化、大规模的农业发展方式，其依托乡村特色文化为农产品和特色文化体验服务带来较高的文化附加值，通过提供精品化、差异化的文化产品和服务促进乡村产业转型与乡村文化振兴的双向发展，是探讨乡村文化振兴与特色农业现代化发展之间的互促关系而总结出的一种实践经验。云南乡村的文化体系以民族文化为主，与地方性农业文化紧密联系。一方面，通过打造绿色生态、高品质、精品化的"绿色云品"品牌形象，为特色农产品和服务提供文化附加值，使特色农产品具备文化产品的属性；另一方面，发挥各方主体作用，对乡村优秀传统文化进行创造性转化和创新性发展，推动农文旅产业融合，以乡村文化旅游消费带动精品化特色农业发展，使特色农业具备文化产业的属性。这有助于乡村通过发展特色农业促进当地实现乡村文化振兴。"中国乡村社会大调查"的调查数据和补充调研材料显示，云南依靠各方主体的参与和互动对乡村文化进行创造性转化和创新性发展，为乡村特色农业发展提供了内生动力，促进了乡村文化振兴，推动了农业、农村、农民快速走向中国式现代化。

第一节　云南乡村发展特色农业的政策背景、基础条件及发展概况

云南省地形、地貌、气候类型复杂多样，孕育了不同区域各有特色的农作物种植和生产文化，为因地制宜地发展特色农业奠定了自然和文化基础。受地理、交通条件的影响，云南农业生产难以走向大规模的批量化生

产。在乡村振兴和中国式现代化的战略背景下，特色农业似乎能够通过农业文化品牌建设推动农文旅融合，促进当地特色农业生产文化与地方传统文化融合共生、活态传承，为特色农产品带来文化附加值，以精神文化内涵消费需求带动精品化农产品销售和农业文化体验旅游发展。这将有助于乡村实现产业转型和文化振兴，并且逐步走向中国式现代化。

一　特色农业促进乡村文化振兴相关政策背景

《中华人民共和国乡村振兴促进法》提出要有计划地建设特色鲜明、优势突出的农业文化展示区。《中共中央 国务院关于做好 2022 年全面推进乡村振兴重点工作的意见》提出"启动实施文化产业赋能乡村振兴计划"。文化和旅游部同教育部、自然资源部、农业农村部、国家乡村振兴局、国家开发银行联合下发《关于推动文化产业赋能乡村振兴的意见》，要求通过乡村特色文化产业为乡村经济社会发展赋能；强调乡村发展文化产业应以优秀传统乡土文化为根本，传承发展农耕文明，深化优秀农耕文化的传承、保护和利用，充分发挥文化铸魂、文化赋能作用。[①]

2023 年中央一号文件提出要做好全面推进乡村振兴重点工作必须坚持不懈把解决好"三农"问题作为全党工作重中之重，举全党全社会之力全面推进乡村振兴，加快农业农村现代化。[②] 2024 年中央一号文件在提升乡村产业发展水平方面提出了促进农村一二三产业融合发展的要求；强调要坚持产业兴农、质量兴农、绿色兴农，加快构建粮经饲统筹、农林牧渔并举、产加销贯通、农文旅融合的现代乡村产业体系，把农业建成现代化大产业。鼓励各地因地制宜大力发展特色产业，支持打造乡土特色品牌。[③] 以上政策文件为云南乡村针对当地特色文化优势发展特色农业促进乡村文化振兴提

---

① 杨曦、赵衍隆：《乡村振兴背景下非遗传承与大学生"双创"教育融合研究》，《教育信息化论坛》2023 年第 10 期，第 81~83 页。

② 蒋永霞：《推动电商入村打造乡村振兴新引擎》，《中国商报》2023 年 3 月 10 日。

③ 《中共中央 国务院关于学习运用"千村示范、万村整治"工程经验有力有效推进乡村全面振兴的意见》，农业农村部网站，2024 年 2 月 4 日，http://www.moa.gov.cn/ztzl/2024yhwj/2024nzyyhwj/。

供了政策背景支持。

二　云南传统农业发展困境与特色农业转型

云南地处高原山区，受地形地貌限制，人均耕地面积小而分散，传统的小农生产模式难以通过引进现代化大机械生产技术的方式实现大规模批量化生产。另外，受交通条件的限制，云南普通农产品的运输成本相对较高。云南乡村曾经试图走机械化、规模化生产的道路，但不适配的空间条件使得云南地区批量生产的农产品在产量和价格上与土地平旷、交通便利地区相比竞争力较弱。

特色农业是因地制宜地发展具有区域地缘特色、工艺文化特色的创新产业融合型农业的总称[①]，主要凭借本地地理环境、传统技艺文化等资源优势，开发高品质的农产品或提供具有地区文化特色的农业生产观光体验服务，包括旅游（观光）农业、精品农业、都市农业、水体农业、立体农业、绿洲农业、旱地农业等。[②] 在目前文化产业赋能乡村振兴和农业农村现代化的战略背景下，特色农业发展逐渐向依托乡村特色农作物生产，开发农家乐、休闲农庄，打造集生态、餐饮和文化体验于一体的产业模式转型[③]，其强调的"特色"来源于地域内自然、文化资源禀赋和文化品牌创意、创造。

作为文化产业赋能乡村振兴的典型模式[④]，特色农业围绕文化产业多重功能价值，以地方性的特色文化为发展主体，以品牌文化构建为主要方式，似乎能够为乡村文化振兴提供动力，或许能够实现综合带动乡村产业兴旺、生态宜居、乡风文明、治理有效、生活富裕[⑤]的现代化发展目标。

---

① 王建农、邓祖龙、周凌荣：《特色农业成为农村经济新的增长点》，《农业经济问题》1997年第2期。
② 孙罡：《牡丹江地区特色农业发展问题研究》，硕士学位论文，吉林大学，2013。
③ 李欣宇、韩顺法：《文化产业赋能乡村振兴的意义与实施路径》，《中国国情国力》2022年第11期。
④ 李欣宇、韩顺法：《文化产业赋能乡村振兴的意义与实施路径》，《中国国情国力》2022年第11期。
⑤ 胡宇：《融媒时代文化赋能乡村振兴的路径探索》，《媒体融合新观察》2022年第6期。

三 云南省特色农业发展概况

基于以上国家政策背景，以及云南乡村传统农业向特色农业现代化转型的要求。《中共云南省委 云南省人民政府关于全面推进乡村振兴加快农业农村现代化的实施意见》重点部署了云南的"三农"工作，要求"加快推进农业现代化"以持续巩固拓展脱贫攻坚成果。《云南省人民政府关于创建"一县一业"示范县加快打造世界一流"绿色食品牌"的指导意见》明确提出要"发展茶叶、咖啡、中药、木雕、扎染、紫陶、银器、玉石、刺绣、花卉等传统特色产业"。[①] 要求立足当地特色文化，以市场为导向，坚持绿色品牌品质引领，加强创新驱动促进农文旅产业融合发展。

在特色农业文化品牌建设方面，云南省农业农村厅制定了《云南省绿色云品品牌目录管理办法》，深入实施品牌强农和质量兴农战略，加大"绿色云品"品牌培育力度，健全品牌培育、发展和保护机制，促进农业农村高质量发展和乡村振兴。"绿色云品"品牌包含农产品区域公用品牌、企业品牌和产品品牌。品牌目录的建立与管理由云南省农业农村厅负责，按照公开、公平、公正的原则，实行动态管理，坚持政府引导、市场主导、协同推进。[②] 入选品牌经授权可使用云南省"绿色云品"形象标识，进入云南省"绿色云品"官方授权渠道进行产品展示和销售。[③] 入选"绿色云品"的可食用农产品代表着获得了绿色食品、有机农产品、良好农业规范（GAP）等认证，产品质量和品质有了保证，可以进一步提高特色产品的精品化程度和品牌文化附加值。

现如今，"绿色云品"作为云南地区特色农产品的品牌符号象征，已经成为云南地区高品质农产品的代表，象征着云南省特色农业产业以精品化、高文化附加值的发展方式，跳出难以通过大规模、批量化生产降低成本的

---

① 《〈云南省人民政府关于创建"一县一业"示范县加快打造世界一流"绿色食品牌"的指导意见〉政策解读》，云南省人民政府网站，2019 年 5 月 10 日，https://www.yn.gov.cn/zfxx/201905/t20190510_152814.html。
② 廖兴阳：《云南将打造"绿色云品"矩阵》，《昆明日报》2023 年 7 月 25 日。
③ 廖兴阳：《云南将打造"绿色云品"矩阵》，《昆明日报》2023 年 7 月 25 日。

产业逻辑困境，走向现代化发展。通过打造"绿色云品"，云南省特色农业发展具备了目标标准和指引方向。近年来，云南省培育高原特色农业取得了显著成效，茶叶、鲜切花、坚果、咖啡、中药材、烟草、天然橡胶等特色产业种植规模和产量稳居全国第一位，蔬菜、水果、肉牛、生猪、蔗糖等产业规模居全国前列。[①] 农业绿色品牌影响力持续提升，"绿色云品"品牌矩阵逐步形成，花、果、茶、菜等一批"土特产"香飘海内外。[②] 2018年以来，云南省农业农村厅连续举办5届"10大名品""10强企业""20佳创新企业"评选表彰活动，持续加强"云系""滇牌"农业品牌建设，越来越多的"云字号"特色农产品走出大山、走向世界。"云咖""云茶""云花"等，成为代表云南高原特色现代农业的闪亮名片。[③] 2022年，全省农林牧渔业实现总产值6635.80亿元，同比增长5.5%。第一产业增加值4012.18亿元，占全省GDP的比重为14.26%。全产业链产值突破1200亿元的产业有8个，分别是茶叶、花卉、蔬菜、水果、中药材、牛羊、生猪、烟草。2023年前三季度，全省农林牧渔业总产值4162.82亿元，同比增长4.5%。全省特色经济作物产量稳定增长，成为农业经济一大亮点。[④]

在乡村农文旅融合发展方面，近年来，云南省文化和旅游厅深入挖掘、传承、改造乡村优秀传统文化，坚持品牌引领，突出特色抓宣传，培育推出咖旅、茶旅、花旅等农文旅融合发展的30条乡村旅游精品线路。不断完善乡村旅游政策保障体系，注重农文旅深度融合。2022年，全省乡村旅游共接待游客3.93亿人次，实现旅游收入1888.72亿元；2023年1月到3月，全省乡村旅游共接待游客1.21亿人次，同比增长44.2%，实现旅游收入569.76亿元，同比增长42.9%。[⑤]

---

① 宋稳成等：《云南省农药管理现状和进展分析》，《农药科学与管理》2023年第9期。
② 宋稳成等：《云南省农药管理现状和进展分析》，《农药科学与管理》2023年第9期。
③ 郭云旗、杨爽、刘金娇：《由大到强 云南现代农业强省步履铿锵》，《云南经济日报》2023年11月28日。
④ 郭云旗、杨爽、刘金娇：《由大到强 云南现代农业强省步履铿锵》，《云南经济日报》2023年11月28日。
⑤ 《云南：加快发展乡村旅游 助推乡村全面振兴》，云南省文化和文旅厅网站，2023年6月16日，https://dct.yn.gov.cn/html/2306/16_29936.shtml。

云南通过深度挖掘区域内各类特色文化资源，为特色农产品和服务提供文化附加值，打造绿色生态、高品质、精品化的"绿色云品"品牌形象；探索文化创意价值赋能特色农产品的发展路径。同时立足突出农业文化特色，延伸产业链，实现产业融合；通过文化活态传承，增强差异化乡村农业生活的文化吸引力；建设田园综合体，营造乡村文化消费、体验场景。在乡村将文化资源转化为文化资本，并将文化资本投入文化消费的本地市场，在追求农业经济效率的同时发挥农民对本地乡村文化的传承、传播的主体性作用，以提供推动乡村文化振兴的内生动力。综上，云南特色农业具备文化产业发展的二重性，在促进乡村产业转型、繁荣发展的同时，促进特色农业文化与地方文化的融合，推动乡村特色文化的保护和传承，保存乡土社会特征，并走向现代化发展，促进城乡均衡发展。

第二节　云南特色农业促进乡村文化振兴的实践案例

根据"中国乡村社会大调查"的补充调研结果，并从云南全省来看，文化产业赋能乡村振兴是全域性的，发挥乡村特色文化对特色农业的赋能作用，促进乡村文化振兴，始终是实现中国式现代化的重要命题。云南省以其得天独厚的自然条件，成为全球茶叶和咖啡的重要产区之一。茶叶和咖啡产业在云南省高原特色农业发展中占据着特殊地位，不仅因为其在众多高原特色农业业态中为当地经济贡献了显著的产值，更重要的是促进了乡村文化振兴和乡村社会的现代化发展。茶叶和咖啡通过文化赋能具备了文化产品属性，不仅能够带动当地农民增收，还可以促进茶文化和咖啡文化与当地文化的融合，推动乡村文化振兴。同时，云南省的茶叶和咖啡以其独特的高原风味和高品质，享誉国内外，成为云南省对外交流和文化展示的一张亮丽名片，对提升地区形象和推动区域经济发展具有重要作用。

西双版纳州勐腊县易武镇的"云茶"文化品牌和云南保山市隆阳区潞江镇新寨村的"云咖"文化品牌，分别以当地特色茶文化和咖啡文化为开发主体，深度挖掘茶叶、咖啡种植生产与当地乡村文化、民族文化的融合发展的互动关系，为高品质、精品化的特色农产品和文化体验旅游服务提供了文化附加值，在乡村建立可持续发展的文化产业体系，为推进当地乡村文化振兴，加快农业农村的中国式现代化发展探寻了一条符合文化产业发展逻辑的特色农业实践路径。在文化内容、形成过程与农业生产模式方面，易武镇和新寨村呈现出相似却不同的发展路径。易武镇通过传统茶文化与地方性民族文化的共生互融建立了特色"云茶"的品牌，促进了特色茶产业从种植、加工到营销的精品化、高文化附加值发展。新寨村则通过地方性的气候和地理优势，构建当地特色"云咖""小粒咖啡"品牌文化，将舶来的咖啡文化融入地方性文化，促进特色咖啡农业从精品咖啡种植生产、精品咖啡庄园建设、创新营销手段三方面走向文旅融合发展。易武镇和新寨村成为云南地区通过发展特色农业，促进乡村文化振兴和产业现代化发展的两个代表性实践案例。

一　"云茶"文化赋能易武镇特色茶产业促进乡村文化振兴

（一）易武镇的历史演进与基本情况

易武镇，隶属于云南省西双版纳州勐腊县，地处勐腊县北部，东与老挝交界，南、西分别与瑶区瑶族乡、勐仑镇接壤，北与象明彝族乡、普洱市江城县整董镇毗邻，是一个典型的云南边陲小镇，易武名称的由来有两种说法，一是历史上为保护茶叶商贸，马帮运输，当地人经常习武、练武，因此称此地为"易武"；二是据《勐腊县志》记载："易武"是个傣语地名，"易"意为美女，"武"为蛇，傣汉直译就为"美女蛇居住之地"。[1] 易武种茶历史悠久，早在唐代已有古濮人在易武居住种茶。明末清初，石屏汉族陆续迁移至易武开山，扩大茶园面积。清代中期，易武已是"山山有茶园，处处有人家"。形成了"入山作茶者数十万人"的光景。[2] 清末民初，

---

① 《易武镇基本情况》，勐腊县人民政府网站，2023 年 8 月 7 日，https://www.ynml.gov.cn/ywz/82716.news.detail.dhtml? news_id=1472181。
② 张海岚：《民俗学视角下当代普洱茶市场话语建构研究——以台北市与云南易武镇为中心的考察》，博士学位论文，华东师范大学，2019。

易武每年外销七子饼茶达数百吨，享誉海内外的大茶号就有 10 多家。"同庆号""同兴号""同昌号""宋聘号"这四大茶庄每年的产量在 20 万～30 万吨。①易武茶园栽种普洱茶的历史可以追溯到三国时期，易武茶的代表产品"七子饼茶"的加工工艺可以追溯到乾隆初年。

在清代，云南车里宣慰使司辖区内澜沧江以东的六个茶叶产区，被称为古六大茶山，是普洱茶的发源地及贡茶产业基地。以往古书上记载的古六大茶山是：攸乐、莽枝、革登、倚邦、蛮砖、漫撒（易武）。《勐腊县志》记载："清道光年间（1821～1850 年），莽枝（勐芝）、架布、嶍崆等茶山逐渐衰退，易武茶山取而代之。"实际上易武、漫撒本来就是一座连绵不断的山脉，长期隶属于同一个行政辖区。现如今古六大茶山除了攸乐山在景洪市，其他的莽枝、革登、蛮砖、倚邦、漫撒（易武）五座茶山均坐落在勐腊县境内。"改土归流"初期，茶叶种植和生产先以倚邦和易武为重镇，随着茶山集镇村庄的兴衰更替和茶庄、人口的迁徙，易武成为产业重镇，所产茶叶数量在古六大茶山中位居榜首，逐步发展成了古六大茶山最重要的茶叶集散中心。②后因战乱、瘟疫、械斗横行等，易武地区家族式的作坊茶产业遭到破坏，老字号灰飞烟灭，老字号的后人也四散流亡。后来台湾地区的商人来到易武寻找制茶技艺传承人，对易武地区所产茶进行消费与对外传播，促使一批新的易武茶回到市场。

现如今，易武镇东与老挝交界，边境线长 100 余公里。全镇总面积 938.46 平方公里，辖易武、麻黑、纳么田、曼腊、曼乃、倮德 6 个村委会，73 个村民小组，17 个茶胶队，农民人均可支配收入达 8657 元，其中 80% 以上的经济收入来自茶叶，全镇有生产许可的茶厂数量达 62 个，还有茶叶协会 1 个、农民茶叶专业合作社 6 个。③2021 年末全镇有 5408 户 20895 人。有傣、汉、彝、瑶等 9 个世居民族。森林覆盖面积为 115.14 万亩，耕地面

---

① 张海岚：《民俗学视角下当代普洱茶市场话语建构研究——以台北市与云南易武镇为中心的考察》，博士学位论文，华东师范大学，2019。
② 张海岚：《民俗学视角下当代普洱茶市场话语建构研究——以台北市与云南易武镇为中心的考察》，博士学位论文，华东师范大学，2019。
③ 张勇等：《听，茶马古道上的千年回响》，《光明日报》2023 年 5 月 23 日。

积 47450 亩，粮豆播种面积 32655 亩，橡胶种植面积 10.8 万亩，茶叶种植面积约为 9.8 万亩。茶叶是易武的支柱产业，全镇茶叶种植面积 10 万余亩，其中：古茶园面积 7.28 万亩，采摘面积 7.03 万亩，每年总产量 3000 多吨，产值约为 5.26 亿元。[①]

易武镇茶叶种植地位于山坡地上，海拔较高，自然条件适宜，种茶、制茶历史悠久，被誉为"中国贡茶第一镇"，是世界顶级普洱茶核心产区。随着时代的变迁，易武种茶、制茶的技艺代代传承，在继承中积极探索发展，形成了最具特色的"七村八寨"。

近年来，易武镇紧密围绕着其地理环境、历史传统和现代化需求，形成了特色农业的发展模式，其凭借"古六大茶山之一"、"普洱茶"、"七子饼茶"、滇藏"茶马古道"发源地等文化符号标签，为特色茶产品提供文化附加值。易武镇于 2005 年 10 月被列为云南省省级旅游小城镇，2011 年，再次被列为云南省"十二五"期间重点建设的 210 个特色小镇——旅游型特色小镇。2017 年 6 月，易武古镇成功进入全省 105 个特色小镇创建之列[②]，为发展茶文化旅游产业奠定了文化品牌和内涵基础。

目前，在云南省特色农业发展指导意见的引领下，易武镇的普洱茶产业也走向精品化发展的道路，并以其独特的地理标志和高品质，成为当地经济发展的重要支柱。易武镇通过打造"绿色云品"品牌、"云茶"文化带动了相关产业链的发展，包括茶叶加工、包装、销售以及生态旅游等，使得易武地方性茶文化与"云茶"品牌文化成为推动当地经济发展的新动力。

（二）易武镇普洱茶文化与地方文化互动

易武镇的普洱茶文化首先体现在其深远的历史渊源上。作为普洱茶的

① 《中国贡茶第一镇｜易武——大有可观》，勐腊发布微信公众号，2023 年 4 月 29 日，https://mp.weixin.qq.com/s?_biz=MzAxNzAxOTg2Mw==&mid=2652582710&idx=2&sn=0af0be302f5e06aa99e2c4b8ea94947f&chksm=8004758eb773fc988df01ce926ab427a6286440ffbb83694be18063b2b71910d82a7c3d06fe9&scene=27。
② 《中国贡茶第一镇｜易武——大有可观》，勐腊发布微信公众号，2023 年 4 月 29 日，https://mp.weixin.qq.com/s?_biz=MzAxNzAxOTg2Mw==&mid=2652582710&idx=2&sn=0af0be302f5e06aa99e2c4b8ea94947f&chksm=8004758eb773fc988df01ce926ab427a6286440ffbb83694be18063b2b71910d82a7c3d06fe9&scene=27。

源头产区，易武镇自清代以来就有种茶、制茶的习俗，这里的茶树种植和茶叶制作技艺都有很深厚的历史积淀。这些历史元素在当今还可在易武所保存下来的茶庄遗址、茶碑等历史遗迹中窥见一斑。易武镇普洱茶文化的形成和发展经历了长时期的积累与演变过程，代代相传，绵延至今，与易武当地壮美的山水，以及茶山、茶舍、茶道等地方民族人文景观相互交织，产生了互融共生的关系。

易武镇地方性文化的形成主要基于当地村落的深厚历史底蕴和多元的民族文化。易武地区的民族构成以傣族为主，其文化特色主要体现在傣族的建筑、服饰、节日、饮食等方面。同时也有汉族、哈尼族、拉祜族等多个民族在易武地区共生共存。民族文化的多元融合与丰富多彩，为易武镇普洱茶文化的开发创造和演进发展奠定了和谐包容的基础。

在易武当地，普洱茶已经成为一种生活方式，制茶工人们用心、用情去制作每一片茶叶，把自然、人文、艺术融入其中，使得普洱茶更具艺术性和高品质。普洱茶种植加工技艺来源于易武地区人们的生产活动，并深深融入当地农民日常的生产生活中，成为农民日常生活的一部分。这样的活态传承状态，是普洱茶文化与易武地方性文化融合发展的重要表现。

（三）"云茶"文化赋能易武镇特色茶产业现代化

易武镇的普洱茶种植、加工技艺有着悠久的历史，不仅有大量历史悠久的古茶树、古茶山，还有历代茶农种茶、采茶传承下来的传统技艺和经验。当地古茶树种植一般采用林下种植的方法，使茶树大部分时间获得的是漫射光的照射，以保证茶叶的质量和产量，从原料的角度保证易武普洱茶的生态化和高品质。2015年11月19日，勐腊易武所山茶叶种植基地成立，注册地位于云南省西双版纳州勐腊县易武镇麻黑村委会三丘田村民小组，法定代表人为杨双凤，经营范围为茶叶种植销售。该基地以更加科学、规范的种植方式进一步提升了易武茶的品质。"云茶"文化品牌以生态友好且高品质的形象贯穿于易武普洱茶的种植过程，为易武普洱茶精品化的发展奠定了生态种植和高品质原材料的基础。

易武镇的普洱茶加工技术同样源远流长，制茶技艺是除了原材料以外，易武镇普洱茶高品质保证的另一大重要因素。按照传统手艺加工的普洱茶，对春茶采制的时间有严格的要求，其以明前茶为最佳，也就是清明节前采摘的春茶最为鲜嫩。进入 3 月，易武镇茶叶陆续进入采摘期。春茶采摘期从每年 3 月中旬开始到 4 月底结束。传统的采摘、加工技艺保证了普洱茶的外形和品质，在相同条件下测试，易武古茶园茶叶的茶多酚、水浸出物、儿茶素指标，明显高于其他产茶区的同类品种茶叶。

目前，依靠独特的传统工艺和现代化的加工设备，易武镇的茶厂不仅能够生产传统的普洱生茶和熟茶，还能够生产各种创新产品，满足市场的多样化需求。易武镇的普洱茶加工企业在继承传统工艺的基础上，不断创新，提高产品质量，增强市场竞争力，使普洱茶产品形成等级层次的划分，以适应市场需求。"云茶"文化品牌以突出传承传统加工技艺、高品质、精品化的形象为建设重点，并贯穿于易武普洱茶的加工生产过程，为易武普洱茶传承传统技艺及追求高品质、精品化的发展奠定了基础。

政府主导"云茶"文化品牌建设。"云茶"是云南省优秀茶品牌被评选和认证为"绿色云品"茶叶的简称，其为茶产品带来的品牌效应和文化附加值使其成为一种文化符号。

企业、社会组织主导易武镇普洱茶市场营销。在 2024 年 2 月勐腊县举办的"无忧勐腊 贡茶之源"——易武象明世界顶级普洱茶产业园招商推介会上，共有 9 家企业进行现场签约，签约金额达到 7.3 亿元。① 由此可见，以文化内涵和底蕴为宣传重点，是一种进一步发挥文化赋能作用，为产品带来更多文化附加值的有效方式。

易武镇以其独特丰富的古茶树资源、古茶山自然景观、人文场景、传统种茶方式、制茶工艺、茶饮习俗、茶道茶艺等，打造了当地茶文化品牌，赋予易武普洱茶深厚的文化内涵和较高的内在品质，使得易武普洱茶在众多茶类中独树一帜，具有很高的特色文化附加值。通过参与评选云南省

---

① 《县委主要领导带队到广东省广州市、东莞市开展考察招商，并举行"无忧勐腊 贡茶之源"——易武象明世界顶级普洱茶产业园招商推介会》，西双版纳州人民政府网站，2024 年 2 月 26 日，https://www.xsbn.gov.cn/123.news.detail.dhtml？news_id=2913445。

"绿色云品"高品质"云茶",易武普洱茶产品在自身文化价值的基础上又增加了"绿色云品"的品牌文化附加值。正是这些文化附加值在易武普洱茶的种植、加工、营销过程中赋能,促进了易武普洱茶产业进一步走向精品化发展道路。

各产业主体合作,推动普洱茶特色农业文化产业化发展。近年来,易武镇为传播普洱茶文化,通过对历史、人文、生态、产业优势资源的保护和整合利用,推进茶旅融合,以文化促产业发展,促进茶山振兴,创办了"易武斗茶大会"等品牌活动,通过多年不断推广,已取得良好的社会和经济效益,对健全古六大茶山产业链具有非常重要的历史和现实意义,如成功引入祥源茶厂、山青花燃易武茶厂、福元昌茶厂等企业落地易武。

随着特色茶文化产业业态的不断壮大,易武镇不仅成为普洱茶的生产基地,还成为普洱茶文化的交流和创意中心。各个茶庄、茶商号的竞争和合作,推动了普洱茶生产、加工技术的不断进步,形成了集聚化的茶文化产业发展模式,也催生了许多新的茶文化宣传营销活动和形式。例如,易武斗茶大会等品牌活动,不仅展示了易武普洱茶的精品形象,也作为茶文化交流的平台,吸引了众多茶商、茶友和游客集会,促进了普洱茶交易以及普洱茶文化的传播和普及。

易武镇依托丰富的茶文化和美丽的自然风光,开发了茶旅融合的文化旅游产业项目,实现了普洱茶产业体系的延伸。在普洱茶文化体验旅游项目中,游客可以在易武镇参观古茶园,体验采茶、制茶、品茶等活动,感受具有在地性的普洱茶文化魅力。易武镇还通过建设茶文化博物馆、茶马古道等旅游设施,进一步在当地营造在场性的文化消费、体验的场景。通过对人文、生态资源的整合,易武镇在保护当地原生的文化和自然环境的基础上不断发展古茶山、茶马古道、民族茶文化观光旅游和体验旅游,并逐步从"观光旅游"向"度假旅游"转变,进而向"文化旅游"转变。①

综上,在易武镇的普洱茶特色产业发展过程中,政府、企业、社会组

---

① 《易武镇基本情况》,勐腊县人民政府网站,2023 年 8 月 7 日,https://www.ynml.gov.cn/ywz/82716.news.detail.dhtml?news_id=1472181。

织机构等主体作用得到发挥，各主体聚焦于普洱茶文化产业体系建设的产业逻辑，追求资本投入的效率，通过多元化、综合性的产业业态建设，在开发传统茶文化资源价值的同时，不断创新发展当地普洱茶文化。参与特色农业发展过程的各主体的决策行动也会相互影响，在帮助当地实现经济发展、产业振兴的同时也促进特色茶文化与地方性文化深度融合，促进了乡村以文化产业赋能乡村振兴从而推动经济社会现代化发展。

（四）普洱茶特色农业驱动易武镇现代化

1. 普洱茶特色农业驱动易武镇农村现代化

通过发展普洱茶产业，打造普洱茶文化品牌，易武镇的特色普洱茶产业为当地乡村实现绿色发展，改善乡村居住环境和面貌提供了有力支持。易武镇特色茶产业通过实施绿色转型、保护古茶园等措施，促进了生态环境的保护和可持续发展，确保了茶叶生产、加工与自然环境的和谐共生。茶文旅融合发展的模式，有利于完善农村基础设施，在保留乡村自然生态生活交往环境的同时可以改善乡村人居环境，也能进一步提升易武镇的地方形象。

从乡村经济和社会发展的角度来看，发展普洱茶特色农业可以促进易武镇的乡村经济结构和土地利用模式得到优化，使得易武镇地区的茶产业资源配置突破传统低利润原材料输送到外地城市市场、本地劳动力外流的困境，充分盘活当地劳动力，将原材料和市场留在当地，使消费活动发生在当地，促进易武镇乡村产业类型由传统农业经济走向现代化发展的人文经济。

从文化保护传承的角度看，特色普洱茶产业的发展促进了对易武当地茶文化与民族民俗文化的活态传承，促使文化能够更好地融入当地乡村社会的现代化发展中。普洱茶产业的特色化发展，能够提供乡村现代化治理的非制度化支持，辅助正式管理制度，提高管理效率，探寻更符合乡村社会发展特点的管理方式。通过发展特色农业，易武镇区域内的乡村合作效果显著，有利于易武镇乡村凝聚力的增强和自我管理能力的提升。

2. 普洱茶特色农业驱动易武镇农民现代化

精品茶叶产业对普洱茶文化资源价值的开发，以及对茶文化与地方性文化的融合共生的强调，使得更多的农民积极参与到当地特色茶文化的传承、传播过程中，通过生产、销售具有更高文化附加值的普洱茶产品，获得更高的利润，有了稳定的收入，促进自己生活水平的提升。

作为主体参与特色普洱茶产业的发展，易武地区的传统农民的身份由原来单一种植茶叶，获取普洱茶产品初级生产环节的微薄利润的茶农，逐渐转向能够通过参与茶产品精品化加工、参与文化赋能茶产品和服务的过程，成为获得更多除农业收入以外的其他类型收入的新茶农。在参与普洱茶特色农业发展的过程中，茶农身份得到转变，本地农民主体的工作性质和内容变得更加丰富。

易武镇普洱茶特色产业的繁荣发展，不仅为易武当地人提供了职业转型机会，更吸引了外地人口流入，使区域外部种茶、制茶的相关人才和劳动力集聚起来。茶旅融合的进一步发展，将更多乡村旅游业发展所需的人才吸引到易武的同时，能够盘活传统意义上的非优质劳动力，调整当地劳动人口的结构。

易武镇普洱茶产业的发展，增加了农民收入，有助于增强当地居民对普洱茶文化的认同感和归属感。随着特色茶产业的进一步繁荣，易武镇居民从事茶叶种植、加工和销售的比例越来越高，茶叶成为他们生活的重要组成部分。这种以茶为生，以茶叶促增收的模式，有利于激发当地居民对普洱茶文化价值的认同并且在行动上表现出传承和传播茶文化的意愿。易武镇的农民主体不仅是普洱茶文化的传承者，也是普洱茶文化的创造者。

（五）普洱茶特色茶产业促进易武镇乡村文化振兴

易武镇的特色茶产业凭借得天独厚的自然生态和气候条件，以及历史悠久的古茶树资源和普洱茶种植加工技术，正走向精品化发展的道路，通过打造"古六大茶山之一"、"普洱茶"、"七子饼茶"、滇藏"茶马古道"发源地等文化符号，易武镇普洱茶具备了文化内涵价值较高的文化产品属性，并且通过开发茶旅融合的文化旅游产业项目，实现了普洱茶产业体系的延伸，使特色茶产业具备了文化产业的发展属性。易武镇的普洱茶文化品牌建设和文化符号塑造的实践过程，促进了特色茶产业的可持续发展，推动了乡村文化振兴。

特色茶产业的文化产业化发展对促进易武镇乡村文化振兴发挥着至关重要的作用。通过挖掘和传承易武镇的传统普洱茶种植、加工文化，特色普洱茶产业为易武镇乡村文化注入了新的活力，增强了乡村文化的自信心和凝聚力。特色普洱茶产业的发展带动了乡村传统茶文化和地方文化的复兴和创新，提升了乡村农产品转变为文化产品的市场价值和影响力，吸引了更多的游客和投资者，从而促进了乡村旅游等产业的发展。同时，特色普洱茶产业的繁荣也为乡村传统意义上的非优质劳动力提供了更多的就业和创业机会，有助于解决乡村人口流失问题，吸引人才和劳动力回流，推动乡村经济和社会的全面发展。通过特色普洱茶产业的引领，易武镇乡村文化振兴不仅能够保护和传承乡村的历史茶文化脉络，还能够激发乡村文化的创新潜力，实现乡村文化的可持续发展。

二　"云咖"文化驱动新寨村特色咖啡产业促进乡村文化振兴

（一）新寨村咖啡文化历史演进与基本情况

新寨村隶属云南省保山市隆阳区潞江镇，地处潞江镇北边，距隆阳区70公里。东邻怒江，南邻禾木，西邻腾冲，北邻芒棒，西倚世界自然遗产高黎贡山，属亚热带干热河谷气候，全村耕地面积 4023.124 亩，人均耕地面积 1.838 亩；林地面积 17573 亩。[①] 新寨村辖区面积 16.59 平方公里，共有 9 个村民小组、4 个自然村，全村 2082 人，其中农业人口 2010 人，劳动力 1206 人，其中从事第一产业的人数 1122 人。[②] 有傣、傈僳、白、彝等多个世居民族。新寨村距潞江镇政府所在地 10 公里，到镇道路为柏油路，交通方便。

新寨村地处集高山、平坝、河谷"立体气候"于一体的干热河谷地区，

---

① 《点赞丨云南省农文旅融合示范案例（九）——保山市隆阳区潞江镇新寨村》，腾讯网，2024 年 1 月 9 日，https://new.qq.com/rain/a/20240109A06CK000。

② 《点赞丨云南省农文旅融合示范案例（九）——保山市隆阳区潞江镇新寨村》，腾讯网，2024 年 1 月 9 日，https://new.qq.com/rain/a/20240109A06CK000。

当地的干热河谷气候全国少有，极适宜种植小粒咖啡。这里土壤肥沃、日照充足、雨量适中，昼夜温差大，全年基本无霜；产出的咖啡颗粒均匀饱满、气味清新、香气浓郁、浓而不苦、香而不烈且略带果味。[1] 新寨村所产的小粒咖啡，是中国唯一咖啡系列中国地理标志保护产品。[2]

新寨村咖啡种植的历史十分悠久，可以追溯到 1952 年，当时是一些傣族农民开始种植咖啡，并以新寨为主要种植区域。新寨咖啡在种植初期，主要是卖给苏联，苏联解体后缺少销售渠道，再加上当地的交通不发达，新寨咖啡很难远销，只能在当地销售。在 20 世纪 50 年代以后，随着交通运输业的发展，新寨咖啡开始走向外部市场，直到雀巢公司来到云南，云南的咖农们开始走规模化路线，逐渐形成了规模化种植的局面。到了 20 世纪90 年代，雀巢在云南引进了产量高、不易生病的卡蒂姆品种，这种咖啡豆口感一般，主要用于制作速溶咖啡。虽然这让云南的咖农们增加了收入，但也让云南咖啡被打上了低价的标签，云南产的咖啡豆在市场上卖不出高价。和其他农作物一样，咖啡种植也存在"错配"现象，咖农们难以应对市场波动。

2012 年，咖啡豆价格低迷，当地村民不愿意种咖啡了，想改种其他农作物。当时村干部们轮番去村民家里劝说，他们认为问题不在于种植环节，而在于没有和市场建立有效的沟通渠道。村里先是请了农业专家来开展培训，让村民学习如何更专业、高效地种咖啡，还找来了深圳的企业负责人，按照对方的要求采摘、晾晒、加工，约定的价格是 60 元一公斤，比当时咖农自己卖的价格翻了 10 倍。最后，村里的 1 万多亩咖啡田都保住了。村民们意识到，只有走精品化路线，才能通过种咖啡获得更多收入。

现如今，新寨村作为最早开展产业化种植咖啡的地区，经过不断努力，成为公认的全世界最优质咖啡主产区之一。[3] 咖啡产业也成为新寨村的主导

① 《保山市隆阳区重塑咖啡产业链——这粒咖啡正飘香》，云桥网，2022 年 6 月 10 日，http://www.yunnangateway.com/html/2022/ynnews_0610/88278.html。

② 傅华平、罕光杰：《潞江镇，产业花开幸福来》，《保山日报》2023 年 2 月 18 日。

③ 《隆阳区咖啡产业走出融合发展新步伐》，保山市人民政府网站，2023 年 7 月 28 日，https://www.baoshan.gov.cn/info/1037/9764914.htm。

产业，全村规模化咖啡种植面积占总耕地面积的95%，全村咖啡豆产量4200余吨，实现农业产值1.2亿元，年收入7000多万元。新寨村通过引进企业、建立合作社、发展电子商务等方式，推动咖啡产业的规模化、品牌化和多元化发展，有效提升了农民的收入水平。近年来，新寨村依托"保山小粒咖啡"地理标志品牌，推动咖啡产业向精品咖啡转型升级，用新理念、新业态、新模式推动咖啡种、加、销融合发展[1]，被农业农村部认定为全国"一村一品"示范村，也被誉为"中国咖啡第一村"。[2]

目前，新寨村的咖啡产业发展到了以"精品咖啡庄园"系列文化产业业态引领特色咖啡文化旅游大力发展的阶段。凭借政府、企业、社会组织等外部主体的推动和支持，一系列精品咖啡庄园逐年扩大、增建中。不论是精品化的咖啡种植还是开发"精品咖啡庄园"系列文化旅游，新寨村通过"云咖"品牌文化的建设，将舶来的咖啡文化与当地文化进行融合，以特色咖啡文化带动乡村文化振兴，促进了当地农业、农村、农民的现代化。

（二）新寨村咖啡文化与地方文化互动

活态传承是将文化以生动活泼的方式持续传递和发展下去，而非仅仅作为静态的展品或记录存在。活态传承可以确保文化的连续性、保持文化的活力、促进文化创新、增强民族认同感和文化自信、促进文化多样性、推动文化和社会经济的协调发展，是文化得以延续的重要方式，它不仅关乎文化本身的保存和弘扬，也关系到民族精神的传递、社会的和谐与进步以及文化多样性的保护。

新寨村通过发展咖啡特色农业，促进了咖啡文化与当地文化的活态传承和融合共生。首先，咖啡与当地生活方式、艺术表现、节庆活动的融合，促进了当地居民的日常生产生活中咖啡文化的融入和活态传承；其次，新寨村通过各种文化旅游活动的举办，如咖啡旅游文化节、咖啡冲煮赛等，同时辅以创新形式的新媒体、互联网传播技术，吸引了大量游客和咖啡爱

---

[1]　《隆阳区咖啡产业走出融合发展新步伐》，《保山日报》2023年7月27日。
[2]　《保山市隆阳区重塑咖啡产业链——这粒咖啡正飘香》，云桥网，2022年6月10日，http://www.yunnangateway.com/html/2022/ynnews_0610/88278.html。

好者参观品鉴，促进了咖啡文化的传播，使得新寨村的咖啡通过"绿色云咖""云南小粒咖啡"等品牌文化效应，形成了面向区域外的代表性文化符号。随着咖啡产业的发展，新寨村的乡村文化得到了创新和创造。咖啡庄园、文化体验馆等设施的建立，为传统咖啡文化的传承提供了新的平台，也促进了村民们将咖啡元素融入传统菜品、民宿经营中，自主创造出新的乡村文化形态，促进了当地特色咖啡文化的创造性转化和创新性发展。

新寨村的咖啡文化包括咖啡的种植、加工、品鉴等内容，这些文化的悠久历史传承和区域差异产生的文化价值，丰富了新寨咖啡的文化内涵，咖啡文化通过融入当地农民的生产生活成为新寨村当地的文化符号和生活方式的代表，产生了深度体验特色咖啡文化的吸引力。

新寨村依托当地独特的咖啡文化资源，打造了"云南小粒咖啡""绿色云品"等新寨咖啡文化IP。还通过举办特色咖啡文化活动，开发文化旅游体验消费项目，成功地将咖啡产业与旅游业相结合，并通过多元化媒体的利用，深入挖掘和宣传咖啡产业发展的先进典型事例，提升了新寨咖啡的知名度和美誉度。其还将咖啡文化与地方性民族文化、饮食文化等相结合进行文化创意创造。村民创建的农家咖啡文化体验小院既能开展咖啡产品的生产和销售活动，将咖啡加工体验、咖啡文化展示、咖啡旅游观光、咖啡产品销售融合为一体，也能为游客提供"一站式"咖啡文化体验服务[1]，还能将咖啡文化与餐饮文化相结合，如推出咖啡炖土鸡、咖啡花炖蛋等特色菜品，进一步提升咖啡产业的融合度和文化附加值。

（三）"云咖"文化赋能新寨村特色咖啡产业现代化

从供给侧来看，新寨村小粒咖啡的种植、加工技术水平日益提高，近年来，村里涌现出了以新寨咖啡有限公司为代表的咖啡企业，成立了新寨咖啡专业合作社，以"公司+合作社+农户"的模式，统一品种、统一种植技术、统一生产资料、统一收购、统一加工，逐渐走上了规模化、规范化

---

[1] 段如婷等：《保山咖啡新寨村干热河谷生态环境保护与可持续发展案例研究》，《全球变化数据学报》（中英文）2021年第3期。

的道路。① 另外，新寨村还构建了咖啡"选、种、采、加"一体化、全链条、高质量发展模式②，积极推广水肥一体化、智慧农业等技术，使种植水平有效提升，所种咖啡品质得到有效保障。新寨村还定期邀请农科院专家、农艺师通过技术讲座、现场观摩指导等培训提升种植技术水平。③ 在加工过程中，从脱皮、脱胶、干燥等环节实行精细化加工，通过这些方面的把控使新寨咖啡达到精品咖啡的标准④，使得新寨村生产的咖啡豆从过去的几块钱 1 公斤变为如今的几十块一公斤。⑤ 在品牌文化的赋能下新寨村开展精品化咖啡生产，提升了当地咖啡的品牌影响力和附加值，为发展咖啡特色农业的产业融合路径奠定了产品品质基础。

以政府、企业为主导打造的"云咖"文化品牌，其文化赋能作用表现为新寨村通过引导咖农采用订单式收果、分级定价、精细加工等方式，严格把控咖啡质量，使优质咖啡生豆的价格显著提升。同时，新寨村依托"保山小粒咖啡"的地理标志品牌，推动咖啡产业向精品咖啡转型升级，实施品种改良、种苗培育等措施，有效提升种植水平和咖啡豆产量。通过干部培训、技术支持等措施，提升咖农的种植、管理能力。依托省农科院的技术支持，实施咖啡品种改良，推广水肥一体化、智慧农业等技术，有效提高咖啡的产量和质量。

通过企业、社会组织、咖农联合主导的特色农文旅融合发展模式，新寨村立足咖啡文化资源禀赋，发挥赋能作用，按照"十百千万"进行整体规划，即建设 10 个咖啡庄园，100 户农家咖啡小院，1000 亩咖啡精品基地，10000 亩咖啡园。通过举办咖啡旅游文化节、咖啡冲煮赛、国际专家论坛等

---

① 《"乡约"高黎贡》，新浪网，2019 年 1 月 10 日，https://finance.sina.com.cn/roll/2019-01-10/doc-ihqfskcn5629035.shtml。

② 《保山市隆阳区重塑咖啡产业链——这粒咖啡正飘香》，云桥网，2022 年 6 月 10 日，http://www.yunnangateway.com/html/2022/ynnews_0610/88278.html。

③ 《保山市隆阳区重塑咖啡产业链——这粒咖啡正飘香》，云桥网，2022 年 6 月 10 日，http://www.yunnangateway.com/html/2022/ynnews_0610/88278.html。

④ 博华平、罕光杰：《潞江镇，产业花开幸福来》，《保山日报》2023 年 2 月 18 日。

⑤ 博华平、罕光杰：《潞江镇，产业花开幸福来》，《保山日报》2023 年 2 月 18 日。

活动，打造新寨咖啡文化 IP①，提升了村庄的知名度。新寨村以建设全国乡村旅游重点村为契机，积极争取项目，投入资金 150 余万元，建成咖啡庄园一座，建成集咖啡加工体验、咖啡文化展示、咖啡旅游观光、咖啡产品销售、旅游餐饮和住宿服务于一体的咖啡体验馆 5 个②，开展咖啡园主题乐跑、自行车越野赛活动，建成 20 公里专业自行车越野赛道一条，带动村民发展乡村民宿、农家乐 9 家，连续举办 3 次咖啡文化节，以及多场咖啡冲煮赛、鲜果采摘赛、国际专家论坛等文化旅游活动，实现年接待游客 10 万余人次，逐步发展成为集咖啡观光、手工体验、农家休闲于一体的旅游目的地，被省文旅厅推荐为"全国乡村旅游重点村"。③ 各族群众在这里共居共学、共建共享、共事共乐，有效促进各民族文化相互欣赏、交流交融，民族团结进步的文化基础不断筑牢。④

新寨村以保山打造"世界一流旅游目的地"为引领，积极建设乡村自然生态环境，完善基础设施，突出咖啡文化空间建设特色，目前已被评为3A 级旅游景区和云南省旅游名村。

2017 年兴建的一号咖啡庄园位于新寨村村委会旁，名为"奇腾咖啡庄园"。这是一家集咖啡冲泡、体验、研学、销售、会议等于一体的咖啡庄园，年接待游客和研学团体达 10 万人次，被誉为"新寨村咖啡的开始""新寨村精品咖啡的领头雁"；二号庄园建在万亩咖啡园里，成为网红打卡地；三号庄园集星空帐篷、悬崖民宿、智慧农业等观光休闲业务于一体；四号庄园与深圳大学共建咖啡图书艺术馆，为咖啡产业寻根铸魂。2022 年

---

① 傅华平、罕光杰：《潞江镇，产业花开幸福来》，《保山日报》2023 年 2 月 18 日。
② 《"中国咖啡第一村"的产业振兴之路：淡去丝丝苦 换来万千甜》，保山要闻百度百家号，2020 年 6 月 18 日，https://baijiahao.baidu.com/s? id = 1669828617282373836&wfr = spider& for = pc。
③ 《保山市隆阳区重塑咖啡产业链——这粒咖啡正飘香》，云桥网，2022 年 6 月 10 日，http://www.yunnangateway.com/html/2022/ynnews_0610/88278.html。
④ 《保山：隆阳区潞江镇新寨村 | 民族团结共进步 绘就美丽乡村新画卷》，http://mp.weixin.qq.com/s? _biz = MzAwODY3ODUyNA = = &mid = 2650128452&idx = 8&sn = c617f53522c6186e 29739a6e29d197e1&chksm = 836a5d57b41dd441b5cd73d4d7c507c9ca29eda992b0 ec94e86bcd0af 8a5224102d58501921e&scene = 27。

在上海对口帮扶项目支持下，新寨村建成鲜果加工厂和游客服务中心，2023年兴建的五号庄园将把新寨的咖啡销往世界各地。① 目前，新寨村通过三产融合发展，成为集文化体验、旅游康养于一体的旅游目的地，是名副其实的"中国咖啡第一村"。②

总结新寨咖啡特色农业的现代化发展过程可以发现，正是云南省科研人员、咖农、政府、企业等主体的共同努力，"保山小粒咖啡"才逐渐发展成为当地重要的经济作物，获得了一系列荣誉③，并通过咖啡品牌文化建设，以及文旅融合，为咖啡产业特色化发展赋能。

（四）咖啡特色农业驱动新寨村现代化

1. 咖啡特色农业驱动新寨村农村现代化

要想推动新寨村的咖啡特色农业实现有序发展，需要有良好生态环境的支持。通过推广绿色有机种植、采取"精品咖啡+热带水果"立体套种模式，新寨村咖啡产业实现了绿色、可持续发展。这不仅保护了生态环境，还将这种生态理念融入地方文化建设中，使新寨村的生态文化更加丰富，也为村民提供了更多与自然和谐共生的生活方式。

咖啡庄园建设还有利于促进咖啡生态文化融入当地生产生活，通过完善游客服务中心、旅游厕所、交通环线等旅游配套设施，在为游客提供更好的文化旅游体验的同时，也改善了当地村民的居住环境。

新寨村特色咖啡农业的发展对改善乡村治理具有多方面的积极影响，为农民主体参与特色产业的发展、发挥主体性作用提供了机会，这种参与性能够增强村民的积极性，强化社区凝聚力和村民的身份认同，为乡村治理提供社会文化基础。

---

① 《隆阳区咖啡产业走出融合发展新步伐》，保山市人民政府网站，2023 年 7 月 28 日，https://www.baoshan.gov.cn/info/1037/9764914.htm。

② 《"中国咖啡第一村"的产业振兴之路：淡去丝丝苦 换来万千甜》，保山要闻百度百家号，2020 年 6 月 18 日，https://baijiahao.baidu.com/s? id =1669828617282373836&wfr = spider&for = pc。

③ 段如婷等：《保山咖啡新寨村干热河谷生态环境保护与可持续发展案例研究》，《全球变化数据学报》（中英文）2021 年第 3 期。

2. 咖啡特色农业驱动新寨村农民现代化

新寨村咖啡特色产业发展使得精品咖啡庄园等产业业态集聚，巨大的发展潜力吸引了更多年轻人对当地文化产生自觉、自信，开始回乡创业，为乡村文化注入了新的活力。同时，当地在传统农业、工业生产逻辑中被视为非优质劳动力的人口得以通过传承文化及提供文化创意和服务参与到产业发展中，优化了乡村劳动力结构。

村民主体积极参与文化传承与创造促进新寨村咖啡特色农业的成功发展，推动咖啡文化积极融入地方性文化。从最初的咖啡种植户到现在的咖啡文化传播者，村民们在咖啡产业链的每一个环节都能找到自己的位置，发挥主体性作用并以此为荣。部分农民主体实现了思想上认识、了解本地咖啡文化，并认同咖啡文化的价值；行动上自觉在日常生活、经营活动中融入当地咖啡文化，并积极主动对外传播。这促使新寨村部分村民的身份从传统种植咖啡获取微薄利润的咖农，转变为特色咖啡产业发展的重要主体，并发挥主体性作用，为文化活态传承与创新创造促进产业繁荣发展提供内生动力。咖啡特色农业极大地调动了咖农的积极性。2018 年以来，新寨村共带动村内 9 家农户开起了农家咖啡小院，产业覆盖全村 502 家农户，覆盖率达 100%，群众收入从 8000 元增加到 2.2 万元，显著提升了农民的收入水平。[①]

新寨村通过提升产品的文化附加值，促进咖农增收。同时通过咖啡种、加、销融合发展，实现了农业产业链的延伸，拓展了咖啡产业的经营范围，创造了新的经济增长点，为村民提供了更多就业和创业机会，为农户提供了更多收入来源，调整了收入结构，使经营性收入、工资性收入占比提高。

（五）特色咖啡产业现代化促进新寨村乡村文化振兴

新寨村的特色咖啡产业通过将咖啡文化与新寨村地方文化融合，打造出绿色"云咖"高品质咖啡文化品牌，并通过"保山小粒咖啡""中国咖啡第一村"等文化符号，为新寨村咖啡增加文化附加值，使新寨村咖啡具备

---

① 傅华平、罕光杰：《潞江镇，产业花开幸福来》，《保山日报》2023 年 2 月 18 日。

文化产品的属性。同时，新寨村通过建设精品咖啡庄园的方式，走咖旅融合道路，建设咖啡文化体验空间和场景，形成咖啡文化展示、体验的业态集聚状态，以精神文化体验的消费需求带动产业发展，使特色咖啡产业具备了文化产业的发展属性。在咖啡文化的演化和融入当地方面，特色咖啡产业的发展发挥了创造性转化和创新性发展的作用，促进咖啡文化更好地融入新寨村地方文化，进入当地农民的生产生活中，进而促进了乡村文化振兴。在文化品牌和文化符号建设方面，特色咖啡产业的发展促使咖啡、咖啡文化成为新寨村的代表和象征，使集聚在新寨村的精品咖啡庄园成为咖啡文化的载体，促进了乡村文化振兴。

在文化资源挖掘与保护方面，新寨村特色咖啡产业的发展首先对乡村的传统文化资源和外来的咖啡文化进行深入探索和融合，包括引进咖啡的种植、加工技术，传承咖啡品鉴文化等，这些资源是实现新寨村乡村文化振兴的宝贵财富。在文化产品创新方面，在保证文化资源的基础上，新寨村特色咖啡产业通过创新设计和现代技术的应用，将传统文化产品转化为符合现代审美和市场需求的商品，赋予了咖啡不同于农产品的文化产品属性，并将其与现代营销手段相结合，创造出新颖的文化体验产品。在文化品牌建设方面，新寨村特色咖啡产业打造出了具有地域特色的文化品牌，提升了乡村文化的知名度和影响力，吸引了更多的关注和投资。在文化旅游开发方面，新寨村特色咖啡产业与旅游业相结合，开发出以咖啡文化体验为主题的旅游产品，吸引游客深入新寨村的咖啡庄园，体验当地的咖啡文化和生活。在乡村文化推广方面，新寨村咖啡特色农业的繁荣发展，能够增强乡村居民对本地咖啡文化的认同感和自豪感，同时培养一批懂得传统文化和现代市场运作的人才，为乡村文化的传承和发展提供人才支持。在文化经济融合方面，新寨村特色咖啡产业的发展还带动了乡村经济的多元化，如通过咖啡文化产品的生产和销售，为乡村创造新的经济增长点，同时也为乡村居民提供了更多的就业机会。在政策支持方面，政府和社会各界的支持也是新寨村特色咖啡产业促进乡村文化振兴的重要保障，包括政策扶持、资金投入、技术指导等。通过上述途径，新寨村的特色咖啡产业不仅能够保护和传承乡村的传统文化，吸纳融合外来的咖啡文化并实现本地化、特色化发展，还能够促进乡村经济的发展和社会的进步，推动乡村文化的全面振兴。

第三节　对云南特色农业现代化与乡村文化振兴的反思

一　现实问题：乡村文化振兴的农民主体实践脱嵌于特色农业发展

在目前云南特色农业的发展过程中，不少地区的特色农业发展模式是"政府+企业+合作社"。从特色农产品的供给端来看，政府在特色农业发展中起到引导和支持的作用，其可以制定相关政策，提供资金支持和税收优惠，鼓励特色农业的发展，还负责建立和完善市场监管体系，保障特色农产品的质量安全，维护市场秩序。龙头企业在特色农业产业链中扮演核心角色，其通过与合作社建立稳定的购销关系，可以形成利益共同体，负责产品深加工、品牌建设、市场开拓等，延伸产业链，提升产品文化附加值。科研机构和高等院校提供技术支持与人才，通过研发新品种、新技术，提高特色农业的科技水平，通过培训和教育，增强农户的科技意识并使其掌握生产技能。从特色农产品的消费端来看，消费者的需求驱动特色农业的发展，消费者对健康、绿色、有机产品的需求对特色农业的优质化、精品化发挥了促进作用。

在这样的发展模式下，关于特色农业发展的讨论主要关注企业资本投入、市场消费拉动、政府政策扶持、社会组织技术支持等外部主体力量的作用，遮蔽了农民主体参与特色农业生产发挥主体性作用的重要性。这将引发乡村特色产业发展农民主体缺失的问题，使乡村特色产业发展的可持续性受到挑战。具体问题表现在以下两方面。

（一）思想上：以农民为主体进行文化创意创造的程度不高

在易武镇特色普洱茶产业和新寨村咖啡产业发展的现实情况中茶叶和咖啡的品牌文化建设仍然主要依靠企业和政府等外部主体力量完成，农民主体活态传承的特色文化对品牌文化建设的贡献率低。

根据"中国乡村社会大调查"补充调研的结果来看，云南乡村大多数村民思想上对当地的特色文化认识、了解程度不高，对文化价值的开发利用意识不足，表现在行动上就是很少有人能够积极主动地以当地值得开发或已经有成熟开发经验的特色文化为主要对象，进行创业活动。这反映出乡村特色农业发展中农民对当地特色文化认识、了解不足，对文化价值认同度不高，进行创业活动的基础条件薄弱的问题，是影响农民发挥主体作用进行文化创意创造的关键。

（二）行动上：农民主体对特色农业现代化发展参与度不足

农民主体认识、了解当地特色文化并认同特色文化价值的意识难以为特色农业文化品牌建设奠定良好的文化创意基础，农民在当地特色农业文化品牌建设过程中参与度不足，或者只参与到产业中简单生产和服务的阶段。根据现实情况来看，易武镇的茶农和新寨村的咖农大多还只聚焦于茶叶、咖啡产品的生产和加工阶段，对于运用高科技拓展宣传、销售渠道，对产品进行文化创意营销等参与度不足。在"绿色云品"的建设过程中，农民主体在思想上还没有广泛意识到文化品牌建设的重要意义，没有意识观念的基础和确切的操作指导难以完成品牌确立以及申报材料准备、提交等工作，他们很少参与农业文化品牌建设工作。从全省来看，村民文化品牌建设的意识大多不强，这从侧面反映了在乡村特色农业的文化产业化发展中，农民主体的参与程度不高的问题。

二　未来展望：以农民为主体提供驱动乡村文化振兴的内生动力

以农民为主体，鼓励其参与文化振兴的全过程，尊重他们的主体地位，充分发挥其创造性和主动性，激发其传承和发展本土文化的动力，对通过发展特色农业促进乡村文化振兴意义重大。在现代化特色农业发展的主体实践逻辑中，农民发挥着传承和创新当地文化的重要作用，通过活态保护和传承利用这些文化资源，农民参与到文化产品的创造和推广中，能够对特色传统文化进行创造性转化和创新性发展。农民参与到乡村文化旅游的发展中,可以通过提供乡村文化体验、民宿服务、民俗表演等形式,保证特色文化的体验真实感。保证乡村产业发展、乡村建设的主体始终是农民,就保证了乡村特色产业发展的可持续性。具体可以从以下两个方面进行展望。

(一)思想上:增强农民自觉进行文化创造的意识

特色文化普及是增强农民对当地特色文化及其价值的认识和理解的有效方式。开展文化节庆活动,鼓励农民参与,能够增强他们对本土文化的自豪感和归属感,如通过文化传承活动,让村民亲身参与并体验;通过开展乡村文化体验项目,让村民在实践中感受文化的魅力;通过社区讨论、文化讲座等形式,增强村民对本土文化价值的认同感。

提高当地文化在国内外的影响力和认可度,能够增强村民的文化自豪感。要鼓励村民在保持文化传统的基础上进行创新,如结合现代元素创作新的文化产品;建立文化交流平台,促进村民与外界的文化交流;利用多种媒介普及文化知识,提高村民的文化素养;培养和支持乡村文化能人,让他们成为文化传播的带头人。政府应出台相关政策,支持农产品文化产业化发展,为村民提供文化创新和创业的激励,吸引村民从文化发展中获得实际利益。在文化认同的社区建设层面上,要通过建立文化认同感,增强村民之间的凝聚力和归属感。逐步增强村民对本土文化的认识、了解和自豪感,巩固他们进行文化创意创造的意识基础,为自主参与特色农业现代化发展,树立文化品牌奠定文化态度基础。

(二)行动上:吸引农民主体进入特色农业现代化发展体系

鼓励和支持农民参与到特色农业的全产业链中,从生产到加工、销售等各个环节,建立农民参与的激励机制,出台奖励和补贴政策,激励农民参与品牌建设。对于积极参与特色文化产业发展并取得成效的农民,给予表彰和奖励。对于积极参与文化活动和文化创新的村民,给予物质和精神上的奖励。最重要的是要以发展特色农业能够切实提高农民收入,调整收入结构的现实作用吸引农民主体积极参与。

充分利用社会组织的力量提供技术和市场知识培训,帮助农民掌握现代营销技能，提高他们对高科技技术的应用能力，并建立长效的农民培训和教育机制，不断增强农民的科技意识和生产技能，教育内容应包括现代农业技术、市场分析、品牌营销等多方面知识。要加强农民与龙头企业之间的合作关系，形成利益共同体，共同开发市场。通过合作，农民可以学习企业的先进管理和营销经验，提高自身的发展能力，奠定驱动乡村特色农业现代化发展的内生动力基础，使农民主体实践逻辑显现于产业发展逻辑中，在保持乡村社会特征的前提下，为乡村产业发展嵌入乡村社会运行的中国式现代化持续提供内源性动力。

第八章　民族民间工艺赋能乡村文化
振兴的云南实践

传统民族手工艺是全面推进乡村文化振兴的重要抓手，也是完成和实现中国式现代化的重要组成部分。习近平总书记指出"中华优秀传统文化是中华民族的突出优势，中华民族伟大复兴需要以中华文化发展繁荣为条件，必须大力弘扬中华优秀传统文化"[1]，强调"推动中华文明创造性转化、创新性发展"是指导传承发展中华优秀传统文化的重要方针。云南省是25个少数民族的生活家园，少数民族传统手工艺不仅是云南多民族共同书写的艺术篇章[2]，更是传统民族文化的符号代表和物质载体。本章借助"中国乡村社会大调查"所得数据资料及实地调查研究、DATGS，以云南省新华村与碗窑村为案例，探讨其民族民间工艺赋能乡村文化振兴的发展模式，为民族民间工艺发展提供宝贵的云南经验。

第一节　民族民间工艺的发展背景与云南实践

一　发展民族民间工艺的宏观背景与政策体系

（一）发展民族民间工艺的宏观背景

中国式现代化是马克思主义基本原理同中国具体实际相结合、同中华

---

① 《〈习近平总书记系列重要讲话读本〉：六、创造中华文化新的辉煌——关于建设社会主义文化强国》，人民网，2014 年 7 月 9 日，http://opinion. people. com. cn/n/2014/0709/c373228 - 25258047. html。

② 周爱萍：《旅游业背景下云南少数民族传统手工艺保护与传承》，《思想战线》2011 年第 S2 期。

优秀传统文化相结合的产物。在马克思主义基本原理同中华优秀传统文化相结合这"第二个结合"的过程中，"博大精深、灿烂辉煌的中华优秀传统文化表达着中华民族最深层的精神追求和最独特的精神标识，是中国式现代化的强大精神力量和软实力"。① 中共中央办公厅、国务院办公厅印发的《关于实施中华优秀传统文化传承发展工程的意见》要求，"坚持创造性转化和创新性发展，使中华民族最基本的文化基因与当代文化相适应、与现代社会相协调"。② 因此，坚持"双创"方针，关键是把握好继承与创新的关系，处理好传统文化与当今时代的关系。非物质文化遗产作为中华优秀传统文化的重要组成部分，蕴含着极为丰富的文化价值，"双创"方针则为非物质文化遗产的保护、传承和发展提供了重要的路径指引。对非物质文化遗产进行创造性转化，需要结合当今时代特点和要求，对当下仍存在借鉴意义的表现形式和文化内涵进行改造；非物质文化遗产的创新性发展，需要我们跟随时代的脚步，对其所蕴含的文化内涵进行丰富和完善。③ 传统民族民间工艺作为非物质文化遗产中的重要形式，理应参与到中华传统文化的现代化发展进程中。

根据联合国教科文组织 2003 年在《保护非物质文化遗产公约》中的定义，民族民间工艺所代表的"传统的手工艺技能"属于非物质文化遗产范围，其非物质文化属性包括传承性、社会性、无形性、活态性等特征。2017 年由文化部、工业和信息化部、财政部制定的《中国传统工艺振兴计划》，将"传统工艺"界定为"具有历史传承和民族或地域特色、与日常生活联系紧密、主要使用手工劳动的制作工艺及相关产品，是创造性的手工劳动和因材施艺的个性化制作，具有工业化生产不能替代的特性"。④ 国际与国内在定义中都强调传统手工艺的传承性、文化性、特色化与生活化等

① 《王培洲：在"两个结合"中推进中国式现代化》，中共广东省委党校（广东行政学院）网站，2022 年 9 月 20 日，https://www.gddx.gov.cn/xyxw/llsd/content/post_9444.html。
② 《〈关于实施中华优秀传统文化传承发展工程的意见〉答记者问》，中国政府网，2017 年 2 月 6 日，https://www.gov.cn/zhengce/2017-02/06/content_5165873.htm#2。
③ 李智：《坚持文化"双创"助力非遗传承发展》，《贺州学院学报》2021 年第 2 期。
④ 郑琳、李思明、麻丽娜：《中国传统工艺振兴中创新应固守的核心要素的研究》，《民博论丛》2020 年第 00 期。

特征。传统手工艺是发源于乡村，依靠手工劳动进行生产的工业形式，它既能形成产业聚集，带动就业，又能推进农、工、服务产业链协同发展。[①]乡村发展传统工艺，有利于彰显村落文化特色，带动乡风文明建设，是传承中华优秀传统文化的重要手段，也是促进乡村经济转型发展的重要内容。[②]传统手工艺作为文化遗产的重要组成部分，承载了丰富的历史信息。民族民间工艺作为以民族文化为重要支撑的传统手工艺，具有传统手工艺的基本特征，同时更强调文化的展现与文化意义的传达。民族民间工艺通过一系列复杂的程序，将文化符号印刻在不同材质的器物之上，将文化与生活的关系具象化。这使得民族民间工艺品能够将文化的在地性充分表达，从而实现工艺品之间的差异化发展。具有代表性的工艺，会被评为非物质文化遗产，以此进一步推动民族民间工艺的发展。作为非物质文化遗产的民族民间工艺不仅是民族历史与记忆的物质载体，也成为脱贫攻坚和乡村振兴的一个支撑点。[③]云南民族民间工艺（包括非遗传统美术类和传统技艺类）通过"双创"转化，不仅能够实现工艺产业的转型升级，同时也能为工艺的保护和传承带来支持。文化意蕴与特色产品让民族民间工艺能够构建文化消费空间，从而带动农村、农民与传统产业的发展。因而，民族民间工艺在乡村文化振兴中，不仅是一种经济活动，更是一种文化传承的方式，是中国乡土文化情感和记忆的凝结。

（二）发展民族民间工艺的政策体系

习近平总书记在贵州考察时指出："特色苗绣既传统又时尚，既是文化又是产业，不仅能够弘扬传统文化，而且能够推动乡村振兴，要把……民族传统文化传承好、发展好。"[④]围绕国家对非物质文化遗产的工作方

---

① 肖虹：《乡村文化振兴语境下贫困地区传统工艺品牌营造路径研究——以湘西传统印染工艺为例》，《广西民族大学学报》（哲学社会科学版）2020年第5期。
② 刘垚、沈东：《乡村振兴中政府赋能传统工艺的策略探析》，《中国行政管理》2021年第5期。
③ 潘鸿飞：《利用传统手工艺推进乡村振兴路径浅析》，《河南教育学院学报》（哲学社会科学版）2019年第4期。
④ 《让古老苗绣"绣"出幸福美好新生活》，中国青年网，2023年5月5日，https://wen-hua.youth.cn/whyw/202305/t20230505_14497890.htm。

针即"保护为主、抢救第一，合理利用、传承发展"①，国家与地方相继出台一系列政策，支持民族民间工艺的发展。2017年，中共中央办公厅、国务院办公厅出台《关于实施中华优秀传统文化传承发展工程的意见》，强调中华优秀传统文化的重要性，并提出传承发展的总体目标和主要内容，包括核心思想理念、中华传统美德和中华人文精神的传承。② 这也成为民族民间工艺发展的目标与思路。同年，《中国传统工艺振兴计划》发布，该计划明确要求建立国家传统工艺振兴目录、扩大传承人队伍、加强培训及学科专业建设、提升产品质量、拓宽销售渠道、加强行业组织建设、促进社会普及教育、开展国际交流与合作等任务。③ 2022年，文旅部、国家乡村振兴局等部门联合印发《关于推动文化产业赋能乡村振兴的意见》，该意见提出要实施中国传统工艺振兴计划，推动传统工艺在现代生活中广泛应用，推动手工艺特色化、品牌化发展，培育形成具有民族、地域特色的传统工艺产品和品牌。随着国家层面对民族民间工艺发展体系的逐步完善，地方政策也同样构建起推动民族民间工艺发展的政策体系。2018年，云南省政府办公厅转发省文化厅等部门的《云南省传统工艺振兴行动计划》，该计划认为振兴传统工艺，有利于传承和发展各民族优秀传统文化，增强文化自信；有利于增强传统工艺传承人的传承积极性，培养后继人才；有利于激发创造活力，传承濒危或退化的优秀工艺和元素；有利于发挥手工劳动的创造性，培育和弘扬精益求精的工匠精神；有利于扩大城乡就业创业，促进文化消费，实现精准扶贫，助推乡村振兴。④ 2022年，云南省委办公

① 《中共中央办公厅 国务院办公厅印发〈关于进一步加强非物质文化遗产保护工作的意见〉》，《国务院公报》2021年第24号，https://www.gov.cn/gongbao/content/2021/content_5633447.htm。

② 《云南省人民政府办公厅关于转发省文化厅等部门云南省传统工艺振兴行动计划的通知》，云南省人民政府公报，2018年第13期，https://www.yn.gov.cn/zwgk/zcwj/yzfb/201911/t20191101_184124.html。

③ 《国务院办公厅关于转发文化部等部门〈中国传统工艺振兴计划〉的通知》，中国政府网，2017年3月24日，https://www.gov.cn/zhengce/content/2017-03-24/content_5180388.htm。

④ 《云南省传统工艺振兴行动计划》，昆明市文化和旅游局网站，2018年8月21日，https://whhlyj.km.gov.cn/c/2018-08-21/3333109.shtml。

厅、省人民政府办公厅印发《关于进一步加强非物质文化遗产保护工作的实施意见》，提出推进实施中国传统工艺振兴计划，加强各民族优秀传统手工艺保护和传承，推动传统美术、传统技艺、传统医药及其他传统工艺在现代生活中的广泛应用。[①] 同年，云南省版权局印发《云南省版权工作"十四五"规划》，提出进一步加强对民族文艺工艺的运用转化，支持版权创新创造，打造以"金、木、土、石、布"为核心的优秀版权产品；加强非遗文化挖掘整理和保护运用，实现规模化生产，形成有较大影响力的版权品牌。从以上政策中不难看出，云南省针对民族民间工艺，从其发展的不同方面，出台支持或保障政策，以此推动民族民间工艺在中国式现代化下实现"双创"发展，并为乡村文化振兴提供方向与思路。

二 云南民族民间工艺的类型特征与发展状况

（一）云南民族民间工艺的类型概述

云南传统民族民间工艺的分类方法多样，可以从不同的角度进行划分。根据《云南民族民间文学艺术》一书中的分类[②]，以民族文化特征划分，如氐羌系、百越系、苗瑶系、百濮系、汉系、突厥系等，每个民族的工艺品都带有该民族独特的文化印记和审美风格。以用料划分，从民族民间工艺品使用的材料来看，可以分为土、竹、木、金、银、铜、铁、漆、布、石等类型，不同的材料赋予了工艺品不同的质感和外观。以用途划分，按照工艺品的用途，可以分为家具、器物、乐器、装饰用品、镇邪用品、玩具等类型，这些工艺品在日常生活中承担着不同的功能和象征意义（见表8-1）。

云南的传统民族民间工艺品品种丰富，这些工艺品不仅在日常生活中有实用价值，也是艺术欣赏和收藏的对象。

---

① 《中共中央办公厅 国务院办公厅印发〈关于进一步加强非物质文化遗产保护工作的意见〉》，《国务院公报》2021年第24号，https://www.gov.cn/gongbao/content/2021/content_5633447.htm。

② 黄泽：《云南少数民族传统工艺研究的几个问题》，《民族艺术研究》2003年第6期。

表 8-1　云南民族民间工艺品的类型

竹器	竹制器具（如竹编、草编、餐具、烟具）和竹制乐器（如芦笙）
木器	木制工具、器具、木雕、建筑构件以及木制乐器（如木鼓、象脚鼓等）
金属器	刀具、金银饰品、铜鼓、青铜工艺品、斑铜工艺品以及锡工艺品等
陶器	傣族原始几何印纹陶、藏族陶器以及瓦猫（瓦当、脊饰）、砖雕等
染织	白族扎染，苗族蜡染，织锦（壮、傣、景颇）以及毛织品（毛毯、查尔瓦、披星戴月坎肩等）
剪纸	傣族寺庙剪纸和苗族民间剪纸
刺绣	彝族刺绣、苗族刺绣以及纹样、荷包、香包、绣球等
石器	大理石工艺品、石雕以及佛教石窟造像及石刻等
特殊工艺品	如房门、寨门、寨心桩、面具、吞口、虎头鞋、灶神像以及玛尼石、甲马纸等

（二）云南民族民间工艺的发展状况

云南省作为中国多民族"大杂居，小聚居"的地区，拥有丰富的民族文化资源和多样的民族手工艺传统[1]，在得天独厚的自然条件下孕育出"金、木、土、石、布"民族民间工艺品特色文化产业。近年来，云南省在民族民间工艺产业的发展上取得显著成就，这些成就不仅体现在产业规模的扩大、产值的增长，还体现在品牌的打造、市场的拓展以及文化的传承和创新上。

云南省民族民间工艺产业在产业规模和产值上呈现稳步增长的态势。2016 年，云南以"金、木、土、石、布"为核心的民族民间工艺美术品产业实现增加值 117.92 亿元，占文化产业增加值的 26%。[2] 2018 年，以"金、木、土、石、布"为代表的云南特色文化产业增加值近 700 亿元，占全省GDP 的 3.05%。[3] 民族民间工艺产业已经成为云南省地方经济发展的重要组成部分，民族民间工艺美术品的价值也逐渐受到市场认可，对促进地方经

---

[1]　黄泽：《云南少数民族传统工艺研究的几个问题》，《民族艺术研究》2003 年第 6 期。

[2]　《云南文旅十年｜云南文化产业建设硕果累累谱新篇》，澎湃新闻网，2022 年 8 月 15 日，https://www.thepaper.cn/newsDetail_forward_19461582。

[3]　《云南加快构建现代化产业体系系列新闻发布会·旅游文化业发展专题发布会》，云南省人民政府网站，2020 年 8 月 18 日，https://www.yn.gov.cn/ynxwfbt/html/2020/zuixinfabu_0818/3310.html。

济发展发挥着积极作用。

云南省积极打造民族民间工艺品牌，通过品牌效应让民族民间工艺品能够走出国门。在政府的支持和推动之下，云南省培育了一批有民族特色的传统工艺知名品牌，如鹤庆银器、会泽斑铜、永仁石砚、个旧锡器、大理石器、白族扎染、彝族刺绣等。云南通过建立省级传统工艺振兴目录，加强传统工艺传承人培训，提升传统工艺产品的整体品质和市场竞争力，拓宽传统工艺产品的展示营销渠道，不断提升民族民间工艺品品牌实力。在品牌效应下，云南民族民间工艺在国内的知名度不断提高，并在手工艺美术品市场中有了一定的影响力。在市场拓展方面，云南民族民间工艺积极融入"一带一路"建设。政府从政策、环境等方面支持民族民间工艺企业"走出去"，以此通过品牌构建与推广，并在政府的引导下扩大民族民间工艺品的出口量，使云南省的民族民间工艺产品在国内外市场上更具竞争力。

此外，云南省为民族民间工艺文化的传承积极提供政策与资金扶持。截至 2021 年，云南省共有 125 位国家级非物质文化遗产代表性传承人，其中传统技艺、传统美术类别的国家级非物质文化遗产代表性传承人分别有 22 位和 7 位（如寸发标、母炳林、陈绍康等大师）。国家级非物质文化遗产代表性传承人类别共有 10 个，传统技艺、传统美术类别的传承人分别占云南省国家级非遗传承人总人数的 17.6% 和 5.7%；云南省共有 145 个项目在国家级非物质文化遗产代表性项目名录里，其中传统技艺、传统艺术类别的国家级非物质文化遗产代表性项目分别有 24 项和 6 项，国家级非物质文化遗产代表性项目类别共有 10 个，传统技艺、传统美术类别的项目分别占云南省国家级非遗代表性项目的 16.5% 和 4.1%。①"十三五"期间，云南省依托民族文化"百名人才"培养工程，扶持全省 100 名民族民间文化传承创新带头人，涵盖服饰、雕刻、金属工艺、造纸、刺绣、扎染、蜡染、彩绘、陶瓷、乐器制作等手工艺产业领域。这些带头人不仅积极传承传统工

---

① 《国家级非物质文化遗产代表性项目代表性传承人》，中国非物质文化遗产网，https://www.ihchina.cn/representative.html。

艺，还不断探索民族民间工艺创新方式。

（三）云南民族民间工艺的基本特征

民族民间工艺作为传统手工艺的一种形态，更强调民族文化在工艺中的表现。云南的民族民间工艺受到省内少数民族文化的影响。生物多样性造就民族文化多元性，催生出差异性的民族民间工艺形式。同时，这些工艺在民族文化的传承中得以保存，历史各阶段工艺在相互融合之下，形成了如今的工艺形式。云南少数民族传统工艺反映出的特征包括乡土性、传承性、融合性，这是云南民族民间工艺的文化塑造、内在发展、外在演进的本质特征。

由于云南民族民间工艺深深植根于乡土社会的土壤之中，因此其具有鲜明的乡土性特征。乡土社会以农业为主要产业，生产力水平较低，生产方式多为家庭作坊式，社区村落相对封闭。在这样的社会背景下，工艺品的生产往往是自给自足的。这种特征使得云南民族民间工艺在材料选择、制作工艺、产品功能等方面都具有鲜明的民族乡土特色。各族人民的发展程度差异，导致他们在工艺工具运用上以及添加的修饰上都有很大的差别，形成多样的民族民间工艺品。工艺品的创作者世世代代都生活在这片美丽富饶的土地上，每一件工艺品都透露着浓厚的云南地域差异的气息，是这片土地上孕育的文化生命。

传承性是云南民族传统工艺的一大特征。民族民间工艺是各民族祖祖辈辈历史性发展的见证，也是民族精神的延续。旧时代的封闭性使得各族人民只能用最简单的办法将民族的信仰、风俗通过工艺制作的方式记录并传承下去。在工艺传承中，需要特定的传承人传承手艺，并形成一定的师徒传承关系和性别分工。在家庭作坊中有父子相传的；有拜师学艺的；有传子不传女的；有传女不传子的；有不重性别的等。[①] 同时云南在教育体系中加强对民族民间工艺的传承和教育，通过设立相关专业课程和工作坊，培养一批既懂技艺又具备创新能力的新一代工艺人才，为民族民间工艺的

---

① 黄泽：《云南少数民族传统工艺研究的几个问题》，《民族艺术研究》2003年第6期。

传承与发展注入新鲜血液。

云南民族民间工艺的融合性体现在多个层面，包括文化融合、技艺融合、市场融合以及与现代生活的融合。云南拥有 25 个世居少数民族，各民族之间在长期的共同生活和交流中，相互借鉴和吸收了对方的文化元素，使得民族民间工艺在保持各自特色的同时，也融入其他民族的文化特征。这种文化的交融性使得云南的民族民间工艺呈现出多样性和包容性。云南的民族民间工艺在发展过程中，不仅保留了各自的传统技艺，还通过相互学习和创新，实现了技艺上的融合。随着市场经济的发展，云南民族民间工艺开始面向更广阔的市场，不仅要求工艺品有传统文化的内涵，还要适应现代消费者的审美和需求。因此，许多工艺品在设计和制作上开始进行创新，将传统工艺与现代生活紧密结合，提升产品的市场竞争力，使传统工艺在现代生活中焕发新的活力。

云南民族民间工艺的乡土性、传承性和融合性是其文化价值的重要体现，也是其在现代社会中得以持续发展的关键。通过不断地传承、保护、融合与创新，云南的民族民间工艺不仅能够得到更为科学与合理的发展，并且能够赋能乡村文化振兴，为其带来新的发展思路。

第二节　云南民族民间工艺赋能乡村文化振兴的样本案例

基于"中国乡村社会大调查"，本节在此选取在民族民间工艺赋能乡村文化振兴发展模式中具有代表性与典型性的两个调查点，即以鹤庆县新华村、建水县碗窑村为例，阐述其实践发展路径，探讨民族民间工艺在乡村文化振兴中所能发挥的作用。新华村以技艺赋能乡村文化振兴，将民族文化与传承的技艺进行融合，以此带动民族民间工艺产业的融合发展，进而构建乡村文化振兴下的现代化产业格局，推动农村、产业与农民的现代化；碗窑村以陶艺赋能乡村文化振兴，其独特的民族民间工艺与民族文化、现代审美的融合，提升了陶产业的文化附加值，实现了更高的经济与社会效益，推动了农村、产业与农民的现代化发展。新华村与碗窑村，通过技艺与陶艺赋能乡村文化振兴，以民间工艺表现文化，传达文化乡土内涵，并在传承中不断地融合发展，形成较为成熟的民族民间工艺赋能乡村文化振兴的模式，在云南省众多民族民间工艺发展中具有典型性与代表性。进而，以新华村与碗窑村为例展开民族民间工艺赋能乡村文化振兴的样本案例讨论，可以为中国式现代化下云南乡村文化振兴探索更多可能的路径。

一　"小锤敲过一千年"：新华村银器工艺赋能乡村文化振兴实践

云南省鹤庆县新华村历经四十多年的发展，搭建起从原料到制作，再到销售的完整银器生产网络，形成"一村一品""一户一业""前店后坊"的生产格局。新华村探索出一条以技艺为核心的乡村文化振兴道路，构建起民族民间工艺与乡村文化旅游的融合发展模式。新华村在充分挖掘特色手工技艺、民族文化资源和生态资源的基础上，将技艺优势转化为经济优势，因地制宜推动优势资源的开发与转化，从而推动其成为一个具有典型意义的以特色手工技艺为代表的民族工匠村，成为以手工技艺推动乡村全面振兴的典型个案。[①]

（一）新华村的历史演进与基本情况

大理州鹤庆县草海镇新华村位于鹤庆县西北部凤凰山脚下，是集田园风光、民居民俗和民族手工艺品生产加工于一体的特色白族村寨。新华村旧称石寨村，亦名石寨子，相传三国时诸葛亮曾经在村后的凤凰山建石寨屯兵，因而得名。而据康熙《鹤庆府志》记载，此地早在明清就有"石寨村"之名。"新华"是 1961 年改的新村名，寓新生荣华之意。从唐代南诏起，新华村已有 1000 多年的历史，曾是茶马古道的必经之地。这里至今还保存着类似古长城的石城墙和石寨古遗址。当地村民除了具有鹤庆白族的民俗民风外，还有近千年的银铜器民族民间工艺品的生产历史，所制作的

---

① 秦会朵、范建华：《文化产业助力乡村全面振兴的内在逻辑与实践路径》，《理论月刊》2022 年第 6 期。

民族民间工艺品，不论工艺还是规模，在省内都是独一无二的。①

新华村总面积 53.2 平方公里，距丽江 39 公里，距丽江机场 12 公里，海拔在 2000~2300 米，下辖南邑、北邑、纲常河 3 个自然村，6 个农民小组，14 个生产合作社；共有 1157 户 5280 人，白族占总人口的 98.5%，是一个典型的白族寨子。全村耕地总面积 2965.90 亩，人均耕地 0.56 亩，主要种植水稻、苞谷、蚕豆、大麦等作物；拥有林地 1057.00 亩，其中经济林果地 58.80 亩，人均经济林果地 0.01 亩，主要种植梨、苹果等经济林果。②

新华村，这个拥有深厚历史底蕴的村落自 2000 年起因其传承悠久的手工艺传统、别具一格的民俗风情以及迷人的田园景致，被文化部和中国村社发展促进会分别命名为"中国民间艺术之乡"和"中国民俗文化村"，5 年后新华村再获殊荣，被评为"云南十大名镇"。新华村的"小炉匠"自唐代南诏国时期就开始加工金银铜等金属手工艺品，至今已有 1000 多年的历史，村内的万亩草海湿地和清澈甘醇的农家泉眼与独具地方民族特色的建筑风格交相辉映，使得新华村既不乏江南水乡的柔美，也具有民族地区文化特色。2009 年 12 月 28 日，国家旅游局正式批准"银都水乡"新华村为国家 4A 级旅游景区，而该村的主导产业银铜器手工艺产业 2013 年销售总额达到 2688.00 万元。新华村正致力于发展具有民族特色的工艺品加工产业，并计划进一步扩大手工业的规模。到 2023 年，新华村以其独特的自然与文化魅力，被选为"中国美丽休闲乡村"之一，成为人们向往的休闲旅游目的地。

（二）新华村银器的文化构建与赋能模式

1. 新华村银器工艺的文化基因

（1）新华村银器工艺的历史脉络

根据《册府元龟》记载：公元 829 年，南诏攻成都时带回四川工匠，

---

① 周爱萍：《旅游业背景下云南少数民族传统手工艺保护与传承》，《思想战线》2011 年第 S2 期。
② 《新华村（4A）》，大理州人民政府网站，2021 年 3 月 17 日，https://www.dali.gov.cn/dl-rmzf/c101724/201906/d8b998c261c745268a6fb8ea331d8c22.shtml。

这些工匠为新华村带来了先进的金银加工技术,新华村逐渐成为云南铜银器手工艺的中心之一。明代,新华村的银器加工工艺在洪武年间得到进一步发展。中原汉族洪姓参将率军在新华村屯戍,屯军中有擅长冶炼和铜银加工的工匠,新华村农民学习并传承了这些技艺。新华村的发展也与茶马古道的繁荣密切相关,茶马互市的兴盛促进了新华村及其所在鹤庆地区的商业发展。清代,鹤庆五金行业和造纸业迅速发展,推动了鹤庆商人对外交流。清代中后期,鹤庆商帮成为云南四大商帮之一,商号遍布中国大中城市,部分商号还扩展到南亚和东南亚国家。民国时期,战乱导致鹤庆商帮逐渐衰败,曾经的辉煌被历史浪潮所淹没。改革开放后,新华村的工匠群体在改革开放中重整旗鼓,成为佼佼者。2014 年,鹤庆银器锻制技艺被列为国家级非遗项目。2018 年,寸发标、母炳林两位大师被列为鹤庆银器锻制技艺的国家级非遗传承人,寸发标荣获"中国工艺美术大师"称号。新华村的银器工艺不仅是一种经济活动,更是一种文化传承,这种传承方式不仅包含了技艺的传授,还蕴含了生活态度、价值观念和民族文化。

(2) 新华村银器工艺的民族特征

新华村白族人在长期的生产生活中形成了独特的民族文化和社会结构,这些特点在村落的社会交往、民间互助组织以及工艺传承等方面得到了充分的体现。新华村白族有着"打干亲"的习俗,这是一种"拟亲属"社会关系的发展。通过为新生儿寻找外姓男子作为"干爹",并通过举办仪式结成亲家,从而将业缘和血缘联结起来,形成没有血缘关系的利益共同体。这种拟制血亲关系在日常生活中能够实现人际和谐和互通有无,在商业往来中能够共同交流工艺经验和分享商业信息,增强了村落的社会资本应对社会风险的能力。在群体社会关系方面,新华村形成了以村社为依托,以血缘、地缘和业缘为纽带的民间互助组织——帮辈。帮辈组织跨越家庭关系,成为群体身份认同的标识,内部成员之间互相帮助,对外共同处理村落事务。随着市场经济的发展和乡村生计方式的改变,很多传统的自组织逐渐瓦解,但新华村的帮辈组织在稳定村落关系,解决老人、妇女和儿童的后顾之忧方面发挥了重要作用。而民族民间技艺的传承也在其中进行。

传统的首饰技艺传承方式是师徒制,年轻人从小跟随师傅学习手工艺,通过长期的实践和师傅的指导,逐步掌握技艺。随着时代的发展,新华村的传统观念也在转变,无论男女,只要有意愿学习手工艺,都可以得到传授。如今,新华村农民们在维护传统的同时,也积极适应外部环境的变化,使新华村的民族文化和社会结构呈现独特的活力和韧性。

2. 新华村银器工艺的文化特征

(1)新华村银器文化的乡土性

新华村的银器文化是乡土文化的一个重要组成部分,它不仅体现了当地白族人民银器锻制的精湛技艺,还蕴含了丰富的民族文化和历史传统,这种技艺的传承和发展见证了当地社会的历史变迁和文化积淀,成为乡土文化中不可或缺的一部分。新华村的银器不仅是艺术品,它们也紧密联系着当地居民的日常生活。从生活用品到宗教法器,从装饰品到礼品,银器在乡土文化中扮演着重要角色。在新华村,银器制作不仅是工匠个人的技艺展示,也是社会交往和文化传承的重要媒介。工匠们通过走村串寨的"小炉匠"活动,不仅传授技艺,也传播文化,增强社区内的联系和认同感。新华村的银器文化是乡土文化的重要组成部分,它不仅展现了当地人民的智慧和创造力,也成了连接过去与现在、传统与现代的桥梁,是乡土文化活力的重要体现。

(2)新华村银器文化的融合性

在新华村白族文化中,"走夷方"是独特的民族习俗,促进了银器文化的融合发展。"走夷方"指以白族为主的民族工匠们,为谋生离开家乡,到其他民族地区甚至跨越国境,从事手工艺品的制作和修补工作。在这个过程中,银器工艺品所承载的文化,表现为多民族文化意义上的整合与多元的社会价值。"走夷方"的银匠们在各地的生活和工作经历,使他们与当地民族建立了深厚的友谊。他们不仅以银器制作为生计,更通过自己的手艺和作品,促进不同民族之间的文化交流和理解。鹤庆银匠在藏区不仅学习了藏族精湛的银器锻打、錾刻、鎏金等技艺,同时也将藏族的宗教信仰和审美情趣融入自己的作品中,制作出既有白族特色,又有藏族风情的银器。

这些银器作品不仅在技艺上达到高水平，更在文化上实现多元融合。"走夷方"所带来的外部银器文化使得鹤庆银器文化得以传播和发展，银器成为连接不同民族文化的桥梁，成为多元文化交融的象征。

（3）新华村银器文化的生活化

要在"深入挖掘中华优秀传统文化的思想观念、人文精神、道德规范"以及"推动中华优秀传统文化创造性转化、创新性发展"的指导下，让传统文化"活"在当下，走进生活，融入生活，涵养人们的精神。① 新华村的银器文化来自农民日常生产生活，是其重要表现形式。银器不仅被用于制作传统的首饰和装饰品，还广泛用于制作日常生活中的器皿和工具，如银碗、银筷和银酒具。这些银器不仅具有实用性，还承载着民族文化的象征性意义。在新华村，银器与当地的社会习俗和节庆活动紧密相关。例如，在婚礼、节日庆典或宗教仪式中，银器常作为礼物或祭祀用品，象征着财富、纯洁和神圣。银器的使用和赠送成为社会交往和文化传承的一部分，增强了人们之间的情感联系和社区的凝聚力，新华村的银器文化则成为村民文化认同的重要标志。

3. 新华村银器工艺赋能乡村文化振兴模式

新华村的银器工艺文化为当地的银器产业提供了文化内涵，为文化产品的高附加值保驾护航。银器工艺文化和地方性民族、自然文化为新华村银器产业赋能，提高了银器产品的文化附加值，促进银器产业与新华村旅游业融合发展，实现乡村特色产业繁荣发展。同时其也可以整合当地各方资源，在新华村银器工艺的未来传承、传播中发挥作用，吸引当地甚至外地越来越多的对银器工艺感兴趣的人口进入新华村的银器产业。劳动力和人才的流入促进了银器技艺的创新和传承，奠定了银器工艺文化由传承主体进行创造性转化和创新性发展的基础，有利于银器工艺文化与新华村地方性文化的共同发展，为实现乡村文化振兴提供内生动力。

在发展模式上，新华村依托"鹤庆银饰锻制技艺"国家级非物质文化

---

① 李长庚：《让优秀传统文化"活"在当下》，央广网，2018 年 6 月 21 日，http://news.cnr.cn/native/gd/20180621/t20180621_524278037.shtml。

遗产以及独具特色的高原水乡风光，以传统工艺为基础，形成"一户一品、前店后坊""散户+公司""电商销售"的新兴产业态势，走出了独具特色的"1+2+3"的乡村旅游振兴发展之路。新华村通过融合技艺赋能乡村文化振兴，探索民族民间工艺在乡村文化振兴中的发展模式。融合技艺让新华村产出的银器，在"形"上更加丰富，在"图"上能够表现更多的文化含义与民族情怀。在银器文化与民族文化相融合的地方文化体系下，通过技艺的应用，逐步地实现传统文化的创新性发展与创造性转化。在技艺的文化表达方面，融合技艺让银器的文化内涵不再局限于地方（新华村、鹤庆县）与单一民族文化（白族），而能够将不同地域、民族的文化符号嵌入到银器之中。这让银器作为文化载体的功能得到延伸，让银器不再是简单的器皿，更多的是作为文化的表现形式。在技艺的文化创新方面。文化与银器所达成的连接，让多样化的民族文化为银器的打造提供了广阔的空间，在技艺的历史传承中，文化也同样得到传递。总结来看，正是各方主体的协同合作，使新华村的银器工艺文化、品牌为当地银器产品提高了文化附加值，促进银器手工业和当地旅游业繁荣发展，进一步为新华村乡村文化振兴提供内生动力。

（三）技艺赋能乡村文化振兴推动新华村产业现代性转换

近年来，鹤庆县围绕新华村银器手工艺产业，整合县域政策、资金、人才、土地等资源，通过打造银器文化产业园，建设新华银器小镇、银器文化博物馆、银器直播基地等，倾力打造新华村"银器工艺之都"，推动了新华村银器手工艺产业、文化旅游产业快速发展，促进新华村全面振兴与现代化发展。

2020年在鹤庆县政府的推动下，新华村实施银器文化产业发展项目——三中心一基地，即银器手工艺集中研发和设计中心、银器手工艺文化研学和教育培训中心、银器手工艺非遗传承展示中心和重点院校相关专业教学实践基地，研发、设计、研讨、教学、展示等多种方式并举。新华村积极促进产业互动，吸引国内外政府、学校、企业、传承人在基地或工作室中开展交流活动。2017年11月11日文化部、云南省文化厅、大理州人民政府、中央美术学院、云南艺术学院、鹤庆县李小白文化传承有限公司签约挂牌成立大理传统工艺工作站——鹤庆基地。2019 年 11 月新华村举行英国当代金属艺术家群展，同年春寸银匠工坊的寸彦同入选并参加由清华大学雪花秀"非遗"保护基金主办的"文化之美·金有所属"云南传统金属工艺传承与创新人才培养研修班，并赴日本考察传统工艺品产业振兴协会、东京艺术大学、日本知名博物馆，以及金工、漆器、锡器等传统工艺工坊。同时新华村银器与文化旅游相互带动发展。首先，鹤庆县开创性建立新华村"一会三中心"〔草海镇新华民族手工艺品协会、鹤庆县旅游购物退（换）货监理中心、鹤庆县旅游服务投诉受理中心和鹤庆县银饰品检验检测鉴定和质量认证中心〕旅游市场综合监管模式，充分发挥行业协会作用，实行集中办公，提升服务能力和服务效率。其次，打造特色小院，创新转型升级方式。鹤庆县在新华村开创性打造特色客栈、特色餐厅、休闲文化小院、大师院、银器工坊、特色店铺等 6 种类型"特色小院"，将文化、手工艺、旅游产品和服务等要素功能与院落人文景观紧密融合，促进旅游产品供给要素的进一步融合创新。在产业赋能方面，新华村以电商赋能银器产业与文化旅游。在"中国淘宝村"龙头示范引领下，新华村建立了鹤庆县电子商务公共服务中心、鹤庆县双创中心等创业孵化平台，免费为返乡创业人员提供电商培训、手工艺培训、共享办公、直播带货培训等服务，促进"手工艺+旅游""手工艺+电商"的进一步融合发展。在互联网的加持下，2021 年，新华银器小镇在网络上活跃着银器商家 122 家，订单商家 130 户，有 15 户已形成规模，年销售收入 30 万元以上，全年线上零售总额达 5.64 亿元。① 在银器产业与文化旅游的结合之下，银器产业带动新华村农民增收致富，带动乡村旅游产业发展，全村累计新增就业 1575 人，2022 年接待海内外游客 161.06 万人次，实现旅游业总收入 21.39 亿元。在产业管理方面，新华村积极完善相关产业管理条例，积极发挥基层党组织、

---

① 《小锤叮当 敲响铸牢中华民族共同体意识最强音——鹤庆县新华银器小镇民族团结进步创建工作典型材料》，鹤庆县人民政府网站，2022 年 7 月 4 日，http://www.heqing.gov.cn/dlzhqx/c105841/202207/6e1863d92ea645d28161574e354a3592.shtml。

行业协会、民间组织的引领示范作用，带动全村群众依靠发展乡村旅游业致富，形成农民自我管理与协会自律管理相结合的乡村旅游治理模式。新华村依靠民族民间工艺，将银器产业与文化旅游融合发展，以文化为内生动力，促进产业现代化升级转型。

（四）银器锻制技艺赋能新华村农民农村价值挖掘与建设

新华村作为民族民间工艺赋能乡村文化振兴的代表，不仅推动了工艺产业现代化转型，还在农民主体塑造与农村现代化建设方面展现出显著的作用。截至 2021 年 7 月，新华村银器锻制技艺代表性传承人共有 82 人，包括 2 名国家级工艺大师、3 名省级大师、9 名州级大师和 68 名县级大师。新华村的民族手工艺通过家族传承、师徒制等方式培养了大量人才，如寸发标、母炳林等国家级工艺美术大师，这些人才的涌现和技艺的传承是文化振兴的重要保障。随着国家对非物质文化遗产保护的重视，新华村银器工艺得到了政府和社会的关注与支持。一些银器工艺师傅被认定为非物质文化遗产传承人，享受政策扶持和资金支持。当地教育体系也开始将银器工艺纳入教学内容，通过开设相关课程和工作坊，培养年轻一代的兴趣和技能，为银器工艺的传承提供了制度化的保障。政府则与私营企业合作，将新华村打造成国家 4A 级旅游景区新华村银器小镇，着力打造"小锤敲出大团结"民族团结进步创建工作品牌。清华大学、中央美术学院等 14 所高校先后"落户"新华银器小镇，建立实训基地，100 多位身怀绝技的"新新华人"入驻小镇。2021 年，鹤庆新华银匠村电商直播基地成立，快手、抖音直播基地入驻新华银匠村。新华村基地免费提供直播基础培训，一对一进行开店、短视频、直播运营等指导，推动传统行业转型升级，拓宽当地匠人的销售渠道，提升本地就业率。目前，该基地已开展了 3000 余人次的培训，签约孵化 90 名以上主播，服务入驻基地企业 50 家以上，年均销售额逾 4000 万元。农民在政府引导、企业支持之下，获得在技艺、运营、销售等不同层面的培训，不断地挖掘自身的价值，并深度参与到银器与文化旅游融合产业中，促进了农民的主体实践逻辑与产业逻辑的互嵌。

在农村建设方面，随着文化旅游业的兴起，新华村不但激发农民参与提供旅游服务的积极性，更促进旅游产品供给要素的进一步融合创新，有效弥补了新华村在住宿、餐饮方面的要素短板，并且通过高效率的垃圾、污水处理机制更好地推动新华村银器手工业与当地旅游业的融合发展。新华村通过"一事一议"程序组建南邑村村民自治理事会，制定《新华南邑村村民理事会章程》和村规民约，有效推动新华村的地方特色乡村治理体系建设，促进乡村的现代化发展。新华村以银器手工艺文旅融合发展为契机，挖掘新华村的独特优势，注重乡村自然环境的生态涵养功能加快转化、休闲体验功能高端拓展、文化传承功能有形延伸，打造富有新华村文化特色、体现和谐和顺和美的宜居宜业美丽休闲乡村，不断满足现代化乡村建设需要和人民群众对美好生活的向往，助力全面推进乡村振兴。

二　"陶在城中、城中有陶"：碗窑村紫陶赋能乡村文化振兴实践

云南省红河州建水紫陶是中国四大名陶之一，距今已有 3500 多年历史。位于建水城北的碗窑村，被列入第三批中国传统村落名录，是目前国内原始手工制陶工艺保存最完整的"作坊式"村落之一。碗窑村在紫陶产业发展中不断创新、不断突破，在传统陶艺的基础上积极探索"艺术陶+生活陶"，形成"紫陶+"跨界联动效应，实现从"一片陶"到一条产业链的转型。碗窑村紫陶成为碗窑村与建水县城"城乡一体化发展"的物质连接载体，使碗窑村成为中国式现代化发展背景下乡村文化振兴实践的典型案例。

（一）碗窑村历史演进与基本情况

碗窑村位于建水县城北约 1.5 公里处，土地面积 6.7 平方公里，截至 2022 年全村共有 9 个村民小组 986 户 3154 人。① 碗窑村的制陶历史可追溯到 4000 多年前，有着"陶器之乡"的美称。碗窑村村后张家沟后山，蕴藏着丰厚的五彩陶土，为建窑烧陶提供了优质的原料。古时碗窑村分为上下窑两个片区，虽然都以烧造陶瓷为生，但在品种的分类上各有侧重。在漫

---

① 《源于泥土"窑"望千年碗窑村》，云南省博物馆微博，2022 年 6 月 14 日，https://weibo.com/6058924556/LxGXZ4UIK。

长的封建社会时期，明代临安府的设立让建水窑业快速兴起，碗窑村也因烧制陶瓷器皿而得名，鼎盛时期的碗窑村可谓"一城陶器半城窑"，至今碗窑村内仍保留着十余座古窑遗址。其中建水窑遗址是云南已知的古窑址中规模最大（现保护面积为 130.58 亩）、持续时间最长、保存丰富且比较完整的古窑址，在中国陶瓷史中占有特殊的地位，具有重要学术价值。[①] 1987年，建水窑遗址被列为云南省第三批省级重点文物保护单位。而后碗窑古村、碗窑新村共 40 万平方米被纳入建水县"一核"规划建设，形成集生态、文化、休闲和旅游于一体的文化旅游聚集区以及紫陶产业配套聚集区。该区以紫陶产业为主体，建成紫陶创业园、紫陶博物馆、紫陶百工坊等项目，打造出国家 3A 级旅游景区紫陶街、蚁工坊等创新业态。2020 年园区入选国家级文化产业示范园区，被国家版权局评为 2020 年度全国版权示范园区（基地），成为云南唯一被授予两项国家级"示范性"称号的县域产业园区。园区形成了集创意、生产、展示、市场于一体，与建水古城、紫陶小镇、旅游景区互动对接的发展格局，有力推动了地方经济社会发展，实现陶城共建模式，带动碗窑村与建水县城一体化发展。

（二）碗窑村紫陶的文化构建与赋能模式

1. 碗窑村紫陶工艺的历史脉络

紫陶是建水县的民间传统工艺品，被誉为"中国四大名陶"之一，以独特的艺术风格和深厚的文化底蕴而闻名，是中国民间艺术的瑰宝。碗窑村圆通寺内有一块制于康熙四十一年（1702 年）的《奉本府清军府明文》石碑，该石碑记载："碗窑名虽一窑，内分上下，烧造器皿，各不相同。上窑烧造者缸、盆、瓶、釜；下窑烧造者碗、碟、盅、盘。"20 世纪 50 年代以前，碗窑村制陶人以及龙窑窑户均以家庭为单位进行陶器生产制作，各家拥有各自的龙窑，多以家户姓氏及窑址所在地命名，如袁家窑、洪家窑、

[①] 戴宗品、王筱昕等：《新发现 | 云南青花何时创烧？建水窑址首次发掘揭示红河流域制瓷技术体系的整体面貌》，文博中国微信公众号，2020 年 12 月 15 日，https://mp.weixin.qq.com/s?_biz = MjM5ODI3NzkzOQ = = &mid = 2651582099&idx = 1&sn = 3157233579e930bd0ddf6df96427cc51&chksm = bd3268cf8a45e1d98964749994f54c47bf3a90ce960283264132e97d54a8ddc0c1f4c02523e6&scene = 27。

老潘家窑等，还有以烧制者籍贯命名的窑，如湖广窑。从 20 世纪 70 年代开始，云南各级文物工作者就开始对建水窑进行研究考察，在这众多的古窑址中，规模较大的当数建水碗窑村古窑址，这里分布着 10 多个依山势走向而建的元、明、清到民国时期的古龙窑遗址。碗窑村中遍布着宋、元、明、清时期的各种古窑遗址，地下堆积着大量的不同时期的青釉、青花、粗陶等器物残件。1980 年，中央工艺美术学院专家联合建水工艺美术陶厂对碗窑村遗址进行考古梳理并总结出了建水窑"宋有青瓷、元有青花、明有粗陶、清有紫陶"的发展脉络和承继关系。碗窑村古窑遗址也被确立为滇南地区古窑址中规模最大、品种最全、时间最早、延续最长、保存最完整的民窑窑口。① 随着陶艺的发展，在 2008 年，建水紫陶烧制技艺被列入国家级非物质文化遗产代表性项目名录；2019 年，建水县被命名为"中国紫陶之都"。目前，全村有 266 户生产和销售土陶器，年产土陶器 12 万余件，主要土陶器有缸、盆、罐、碗、钵、壶等，品种多样、质地细腻、造型独特，具有较强的观赏价值和使用价值。

2. 碗窑村紫陶工艺的文化特征

紫陶作为中国陶瓷文化中的一颗璀璨明珠，不仅承载着深厚的历史和文化，更以其独特的艺术魅力和工艺技术，成为中华民族传统文化的杰出代表。碗窑村紫陶的融合性和乡土性，则是中华优秀传统文化创造性转化和创新性发展的重要体现。

碗窑村紫陶文化的融合性主要表现在中国传统文化与少数民族文化的紧密结合上。从元代开始，山水、人物、梅兰竹菊等中国传统图案就成为紫陶的主要装饰题材。紫陶的"彩泥刻填工艺"是其最大的特点之一，工匠们在陶面上书写绘画，通过刻填工艺，将中国传统书画艺术的魅力通过陶泥再现出来。建水紫陶集实用性与观赏性于一身，采用"断简残贴"的艺术手法、"淡艳"装饰效果和无釉磨光工艺，谱写出书法艺术与紫陶加工工艺结合的完美乐章。陶艺与传统文化的融合，一方面使陶艺艺术性得到

---

① 聂磊明、吴雨亭：《建水紫陶文化探源》，《红河学院学报》2019 年第 6 期。

提升，另一方面使传统文化表现形式更加多样化。建水紫陶大师马成林等艺术家擅长以青铜文化为题材，创作出反映古滇青铜文化的紫陶作品。当代艺术家们在紫陶作品中融入少数民族故事、文字、图案等装饰题材，展现了建水紫陶与地域文化的紧密联系。

碗窑村紫陶文化的乡土性表现在紫陶的主要原料是当地特有含铁量高的紫色泥土。古今窑址群和标本堆积几乎遍布碗窑村，附近望城坡、团坡、高家坟、黄家冲蕴藏着丰富的瓷土和泥浆土，笔架山则盛产"碗花石"。依山临水，加上丰富的原料来源，使得碗窑村烧造陶瓷千年不断，形成了乡土特有的紫陶技艺文化。[①] 紫陶的制作工艺独特，以当地特有的紫色陶土为原料，经过精心筛选和泥、制型、雕刻、烧制等多道工序，制成形式多样、文化意蕴深厚的陶器。

3. 碗窑村陶艺工艺赋能乡村文化振兴模式

建水县碗窑村通过深挖紫陶文化的历史底蕴，实现了非物质文化遗产的活态传承，在保持传统工艺精髓的基础上，不断进行技术创新和产品开发，提高产品的市场竞争力，以适应现代市场的需求，实现了"生活陶"向"艺术陶"的转变。碗窑村通过建立陶艺学校或工作坊，提供陶艺培训和教育，培养新一代陶艺师，确保陶艺技艺的传承和发展，建水县则着力打好"师承体系""联动培训""院校培养"三张牌，促进人才培养和产业需求全方位融合，为紫陶产业工业化、标准化、规模化发展提供人才保障和智力支持。目前，建水县共培育"中国陶瓷艺术大师""国家级非遗传承人""大国工匠"等国家级大师3名，省级各类工艺美术师、陶瓷艺术大师94名，建水紫陶烧制技艺传承人68名，2607人获人社部门颁发的劳动技能证书，911人获工艺美术师职称，通过院校培养每年为紫陶产业输送各类人才近500人。[②] 同时建水县将陶艺文化与旅游相结合，开发陶艺体验旅游项目，吸引游客参与陶艺制作，体验陶艺文化。建水县政府

---

① 葛季芳：《云南建水窑的调查和分析》，《考古》1987年第1期。

② 《小紫陶大产业，建水紫陶为何如此备受青睐啊，原因在这……》，澎湃新闻网，2022年8月30日，https://www.thepaper.cn/newsDetail_forward_19696766。

通过各种渠道宣传建水紫陶，建立品牌形象，提高知名度，扩大市场影响力，而碗窑村利用政府的政策支持和资源整合能力，为陶艺产业的发展提供良好的外部环境，在紫陶产业发展中开拓国内外市场，建立多元化的销售渠道，包括线上商城、专卖店、展览销售等。近年来碗窑村定期组织村民举办陶艺文化节、陶艺比赛等活动，提升建水县碗窑村的文化氛围，吸引更多人的关注和参与。建水县也在城市规划和建设中融入陶艺元素，如陶艺主题公园、陶艺装饰的公共设施等，实现"陶在城中、城中有陶"的和谐共生。

总体来看，正是政府、企业、村组织、农民等各方主体的共同参与，促进了碗窑村土陶文化赋能产业振兴，又以产业发展保证了文化的传承，各方主体共同提供了碗窑村产业发展现代化和乡村文化振兴的内生动力。

（三）陶艺赋能乡村文化振兴推动碗窑村产业现代性转换

碗窑村是国内原始手工制陶工艺保存最完整的"作坊式"村落之一，村里现有超过 2/3 的农户加入紫陶行业，2022 年村集体经济收入突破 500 万元。碗窑村产业的现代性转换主要集中在以陶艺赋能乡村文化振兴上，通过县域产业的整合发展带动乡村产业。随着紫陶产业的快速发展，建水县抢抓直播经济发展机遇，通过整合项目资金，在设备上更新迭代、在服务上升级加力，搭建起建水紫陶抖音直播基地，以电商平台拓展紫陶企业销售渠道，助力紫陶产业蓬勃发展。目前建水县累计培育紫陶类电商人才1500 余人，孵化紫陶电商商户 240 余户，年销售额 300 万元以上的达到 14户，连续两年紫陶产品网络零售额突破亿元。2018 年以来建水县 3 个贫困乡、56 个贫困村、13439 户 51208 名贫困人口全部如期脱贫。[①] 截至 2023年，建水县登记注册的紫陶生产销售企业和个体户达 2650 户，实现紫陶产值 70 亿元，同比增长 40%。[②] 2020 年建水紫陶国家级文化产业示范园区正式获批，建成紫陶实训基地 4 个，发放"紫陶贷"5100 万元，惠及园区

---

① 2018~2022 年《云南统计年鉴》、建水县 2018~2022 年国民经济和社会发展统计公报。
② 《建水县情简介》，建水县人民政府网站，2024 年 3 月 27 日，http：//www.hhjs.gov.cn/zjjs/jsgk/202403/t20240327_683990.html。

132 户个体工商户和小微企业，线上销售 9.5 万余件，价值 5100 万元；2019 年建水县成立建水紫陶国家级文化产业示范园区管理委员会，发放"紫陶贷"1578.2 万元。随着建水紫陶文化产业园在碗窑村原有基础上改造建成，其产业规模不断扩大，产业链不断延伸，园区经济效益实现快速增长；2017～2019 年，园区生产销售企业从 1028 家增加到 1631 家，紫陶产业年产值从 17.25 亿元增长到 34.06 亿元，年均增速 32%，从业人员从 2.2 万人增加到 3.61 万人，园区辐射带动以建筑、制造、电力等为主的建水县第二产业近 15 亿元。同时，通过产业融合发展，带动全州旅游发展；2019 年红河州文化产业增加值达 186.3 亿元，占全州 GDP 的 8.42%、占全州第三产业的 17.7%，在全省 16 个州市中排名第二。建水县碗窑村具有的"古窑+现代手工作坊+原住民"的"活化遗存"，刷新了中国陶瓷考古的纪录，是中国陶瓷的"活态遗产"；2021 年建水紫陶文化产业园区上榜"全国版权示范园区"，荣获"中国紫陶之都"称号，上海交通大学—建水紫陶联合研究中心揭牌运行；2022 年实施建水紫陶创意园提升改造工程，4 家紫陶企业入选省级非遗工坊；2023 年建水县入选全省唯一一个国家文化和旅游市场信用经济发展试点地区，碗窑村被评定为 2023 年云南省最美乡愁旅游地。全年共接待国内外游客达 1426.62 万人次、实现旅游总收入 178.39 亿元，同比分别增长 21.08%、39.51%；大力推动跨境旅游发展，接待越南等外国游客 20 万余人次，旅游业从"门票经济""观光经济"向综合消费经济逐步转变。① 建水县政府坚持将紫陶产业与文化旅游融合发展，紫陶数字赋能中心、紫陶文化产业协同创新基地建成投用，成功举办第五届上海—云南建水国际陶瓷柴烧艺术节等系列活动，与上海交通大学、云南大学、红河学院等多所高校签订合作协议并建立实训基地，赴北京、上海等国内大中城市和越南等地推介展销，与三星堆博物馆合作推出紫陶文创产品，碗窑村紫陶从而被推向更大的市场。

---

① 《建水县情简介》，建水县人民政府网站，2024 年 3 月 27 日，http://www.hhjs.gov.cn/zjjs/jsgk/202403/t20240327_683990.html。

（四）陶艺赋能碗窑村农民农村主体塑造与建设

碗窑村通过陶艺文旅融合的发展路径，促进当地农民身份的转变、收入结构的调整和收入水平的大幅度提升。2015 年建水县政府对碗窑村进行棚户区改造，完成碗窑老村部分搬迁，提供 550 亩易地搬迁用地，项目共改造 866 户，拆除部分不符合规划的建筑，通过重建以及对传统建筑风貌的恢复改造，形成清代古建群，已打造成为集"紫陶工艺品生产、销售、紫陶文化传播、休闲购物"于一体的紫陶产业集聚区。碗窑村与紫陶商业街、蚁工坊等形成了集创意研发、作坊体验、定制生产、会展演艺、售后服务于一体的一条龙式公共产业平台，构建了生活陶、工业陶、艺术陶"三位一体"的产品体系，巩固提升了"中国紫陶之都"的区域公共品牌形象，带动建水县域整体发展。为抓实紫陶文化产业园区的建设，建水县先后投入超 200 亿元建成了紫陶博物馆、龙窑生态城、紫陶街、紫陶里等多个产业发展基础设施项目，吸引了更多人才集聚，通过紫陶连接实现碗窑村与建水县的"城乡一体化"发展。

同时建水县引进 1000 余名国内外书画艺术家、现代雕塑大师为紫陶产业发展出谋划策，在传统陶艺基础上积极探索"艺术陶+生活陶"双轮驱动发展模式，拓宽陶茶融合、陶电融合、陶咖融合等应用领域，形成"紫陶+"跨界联动效应。实施"紫陶+小家电"战略，开展紫陶慢炖锅、养生壶、恒温杯等产品研发设计，有效推动"紫陶+小家电"创新融合发展，实现从"一片陶"到一条产业链的转型。如今，碗窑村紫陶已经成为建水县的一项支柱产业，一批批技能产业人才汇聚，一个个实训基地、个人工作室的成立，为建水高质量发展提供了强有力的人才支撑。目前，全县登记注册的紫陶生产销售企业和个体户达 2500 余家，辐射带动紫陶相关从业人员近 5 万人。紫陶，作为中国传统陶瓷文化的重要组成部分，不仅是一种物质文化遗产，更是一种生活方式和文化认同的体现。建水县通过建立紫陶产业学院、实训基地，与中国美术学院等院校合作，形成了立体人才输送模式，为乡村文化振兴提供了人才保障，同时在这一过程中，碗窑村外来匠人与本地匠人的交流，不仅促进了技艺的传承与创新，也加深了不同文化之间的理解与融合。

建水紫陶以其独特的地理标志和深厚的文化底蕴，被誉为"体如铁、明如水、亮如镜、声如磬"的艺术瑰宝，而碗窑村的发展离不开当地政府对紫陶产业的支持和推广。近年来，建水县紫陶园区管理委员会继续开展"走出去""引进来"发展战略，大力宣传建水紫陶。碗窑村立足区位优势，围绕土陶文化这个最大资源，从"陶"做起、借"陶"作文、以"陶"破局，育"陶人"、展"陶艺"、兴"陶旅"，推动碗窑村实现美丽"窑变"，变成了鲜花飘香、陶瓷驰名、人民幸福的美丽村庄。

第三节　云南民族民间工艺赋能乡村振兴的反思

一　云南民族民间工艺现代化发展中双创的困境

根据云南省工艺美术行业协会的抽样调查和"中国乡村社会大调查"调研补充资料，云南省60万民族民间工艺从业人员中，受教育水平在初中以下的占70%，拥有大专及以上学历的仅占5%。这表明大多数手工艺人的文化教育水平不高，这在一定程度上限制他们对新技术、新理念的接受能力和创新能力。由于文化水平的限制，许多手工艺人未能接受系统的专业技术培训，他们在使用新材料、新工艺、新设备等方面的能力受限，这影响了手工艺产品的质量提升和创新发展。文化水平不高的手工艺人在设计创新、品牌建设、市场开拓等方面的能力相对较弱，这导致许多手工艺品缺乏创意和文化深度，无法系统保护民族民间工艺文化特色，人才缺乏成为制约云南传统手工艺发展最直接的因素。

而文化素养的不足也导致手工艺人在知识产权保护方面的意识不强，不清楚如何利用法律手段保护自己的创意和作品，这使得许多原创手工艺品容易被仿冒，影响手工艺市场的健康发展。云南民族民间工艺的传承多依赖口头教授和个人经验传授，缺乏系统的文化教育和专业培训，这种传统的传承方式在一定程度上限制了手工艺的现代化发展和创新，也导致部分传统文化流失，使得部分产品最终走向同质化、单一化。

　　同时由于云南省地域广阔，不同地区的经济发展水平、文化背景和自然资源条件存在差异，手工艺发展不均衡。一些地区如剑川狮河村（木雕）、鹤庆新华村（银器）、陇川腊撒村（户撒刀）等因地理位置、文化传承等优势而发展较快，而其他一些地区则相对滞后。某些民族传统手工艺如白族扎染、剑川木雕等因其较高的知名度和市场需求，实现了一定的产业化和市场化，而其他一些民族手工艺则因缺乏市场推广、创新不足等，未能实现有效的产业发展。在一些发展较好的手工艺行业中，收益分配也存在不均衡现象。例如，某些技艺高超的手工艺者或企业可能获得较高收入，而大多数普通从业者则收入较低。同时，产业发展制约因素众多，如金、银、铜以及优质木材等原材料的市场价格波动、税收政策调整，都会给生产银铜产品和木雕产品的农民个体户、企业带来市场生存和发展的风险。

二　云南民族民间工艺现代化发展中双创的路径

　　文化振兴是乡村振兴的"根"与"魂"，是乡村全面振兴的支撑力量。[1] 云南民族民间工艺在乡村振兴中扮演着多重角色，传统手工艺不仅为农村地区提供了经济上的支持，同时也为乡村文化振兴战略赋能。手工艺最大的价值被认为在于日常使用而产生的造型与对美及情感的追求与表达[2]，但在现代化发展过程中，注入了手工匠人血汗的传统民族民间工艺品被认为带有了人性的温度，因此在现代化的工艺市场中与机械标准化生产的工艺品形成差异。在云南乡村文化振兴的实践道路中，传统民族民间工艺不仅是民族历史与文化的物质载体，同时也是新华村与碗窑村实现产业振兴的前提。

----

[1]　宋小霞、王婷婷：《文化振兴是乡村振兴的"根"与"魂"——乡村文化振兴的重要性分析及现状和对策研究》，《山东社会科学》2019 年 4 期。

[2]　马佳：《手工艺的生命力：对建水紫陶业进程的人类学研究》，博士学位论文，云南大学，2017。

传统手工艺在历史上是乡村经济的一个重要组成部分。特别是云南，传统手工艺伴随云南历史，从远古时代走到现代。① 随着传统农业经济的衰弱，许多地区的经济模式开始向多元化转变，传统手工艺为农村地区提供稳定的收入来源。在某些地区，特色手工艺品的生产与销售已经成为主要的经济活动，传统手工艺不仅能够为乡村提供经济支持，同时更能赋能乡村振兴。手工艺能耗小、成本低、就业灵活，适合居家就业和分散式生产，在一定程度上解决了人口外流造成的空心村和留守儿童问题。传统手工艺产业兴旺则人丁兴旺，人丁兴旺才能真正实现乡村振兴。②

新华村和碗窑村分别通过"民间自发＋政府利用""政府主导"两条路径实现乡村民族文化自觉、文化自信与文化自强，实现依托民族手工艺发展县域视角下的城乡一体化与现代化。新华村银器自身产业的发展带动了周边乡镇的银器加工销售，形成了产业集群；建水紫陶产业在政府推动下，促进了当地旅游业和文化产业的融合，发展了地方经济，帮助当地民众实现增收，这些产业的发展促进了当地社会结构的优化和组织创新。新华村银器产业的发展依托于传统的"帮辈"社会关系，形成紧密的社会网络和合作机制；建水紫陶产业通过建设文化产业园区，整合城乡资源，推动了城乡一体化发展。新华村银器产业、碗窑村紫陶产业在中国式现代化发展的背景下，依托产业发展，从封闭走向开放，从传统走向现代，将现代科技与传统技术创新结合。同时随着互联网技术的发展利用电商平台拓展市场，实现传统产业与现代电子商务的结合，这不仅为产品销售提供了新的渠道，也为乡村振兴提供了新的思路。这些产业的发展增强了当地民众的文化自信，促进了民族团结，展示了民族文化的魅力，是实现乡村文化振兴的可行道路。

在中国式现代化发展中，人们对工作的选择不仅考虑物质层面，也考虑精神层面的需求。手工艺作为一种艺术化的生产模式，能为劳动者带来

---

① 徐写秋：《云南民族民间工艺历史发展态势》，硕士学位论文，昆明理工大学，2007。
② 《陈岸瑛 | 手工艺赋能乡村振兴的优势与潜能》，澎湃新闻网，2022 年 4 月 7 日，https://www.thepaper.cn/newsDetail_forward_17501542。

获得感和幸福感。民族民间工艺品以其独有的形式记载着民族神话和历史传说，凝聚着族群认同。手握技艺的乡村匠人，不仅获得了相应的物质回报，也获得了工作的尊严和精神的满足，在他们的指尖实现着地方乡土文化的创造性转化和创新性发展。

第九章 云南"国门文化"建设与乡村文化治理实践

　　云南省，作为中国深入实施"一带一路"倡议的前沿阵地及中国面向南亚、东南亚的重要边境，其"国门文化"建设承载了深远的意义。这一建设不仅响应了习近平总书记在考察云南时提出的"三个定位"重要指示，即将云南打造为我国面向南亚东南亚的辐射中心、共建共享的开放平台和多民族文化交流的示范区，而且成为主动对接"一带一路"、贯彻落实国家战略的重大举措。具体而言，"国门文化"是指在"一带一路"倡议及乡村振兴战略背景下，由云南省于 2020 年 7 月 1 日率先提出的文化建设概念。这一时间节点与巩固拓展脱贫攻坚成果同乡村振兴有效衔接的时间一致，"国门文化"建设旨在更好地保护和振兴边境地区的独特文化，并得到了中央政府的认可与政策支持。随后，这一新的文化建设策略逐步在全国边境省份推广，不仅保障了国家的文化安全和边疆的稳定，而且促进了边境地区的经济社会发展。利用独特的地理优势和丰富的文化资源，云南"国门文化"建设成为乡村振兴战略中的一项重要内容和特色，为脱贫攻坚后的乡村振兴注入了新的动力。其既是脱贫攻坚的成果，又是"一带一路"展示的窗口，是有效解决边境移民之间文化交流和人员交流问题的重要载体。通过完善边境地区的文化基础设施，举办丰富多样的文化节庆活动，促进了跨国文化交流与合作，"国门文化"建设逐渐成为现代乡村文化建设的典型。

第一节　云南"国门文化"建设的研究背景与意义

　　中国陆域边境线总长约 2.28 万公里，与 14 个陆地邻国接壤，是世界上陆上邻国最多、陆地边界最长的国家。边境口岸主要分布在辽宁、吉林、黑龙江、内蒙古、甘肃、新疆、西藏、云南、广西9省区。这些区域涵盖了45个地级行政区划单位和约140个县级行政区划单位，分别与朝鲜、俄罗斯、蒙古国、哈萨克斯坦、吉尔吉斯斯坦、塔吉克斯坦、阿富汗、巴基斯坦、印度、尼泊尔、不丹、缅甸、老挝、越南14个国家接壤。在中国广阔的边境线上，绝大部分分布的是乡村，这些乡村在独特的地理基础和历史背景上，与邻国居民有着长期的历史渊源和频繁的交往，形成了独特的乡村文化现象。这些乡村通常具有鲜明的文化特征，为跨国文化交流提供了天然的平台。云南省与越南、老挝、缅甸三国接壤，边境线总长4060公里，覆盖8个州市，包括3个地级市（保山市、临沧市、普洱市）和10个县级市（泸水市、腾冲市、瑞丽市、芒市、景洪市、蒙自市、个旧市、开远市、弥勒市、文山市）。全省有25个边境县，边境乡镇110个，边境行政村374个，以及25个边境口岸。①

通过科学规划和资源整合，"国门文化"建设在云南省已经取得了显著成效。云南省不仅完善了边境地区的文化基础设施，夯实了边境"国门文化"的阵地，而且还成功搭建了对外文化交流合作的平台，积极打造了边境"国门文化"的新亮点。这些努力在促进文化与旅游的融合、增进云南与邻国的文化交流与友谊、展示中国文化形象等方面做出了积极贡献。云南各地根据自身实际情况，因地制宜地制定了具有地方特色的"国门文化"建设策略，不仅丰富了边境地区各族群众的文化生活，而且增进了中国与边境国家之间的情谊，搭建了新的文化交流与沟通平台。

本章的重点在于探讨云南省如何将"国门文化"建设与乡村文化振兴结合起来，强调"国门文化"作为云南乡村文化振兴的重要内容和特色。在这一框架下，云南的"国门文化"建设不仅是促进跨境地区文化交流合作的重要途径，更是维护和巩固国家边疆文化安全、促进边疆民族地区乡村振兴的关键。"国门文化"建设的生动实践，体现了其对乡村文化治理模

---

① 《兴村固边探滇疆——云南省现代化边境村建设观察》，《农民日报》2024年2月28日。

式的创新与实践。这种治理模式以文化为核心，通过挖掘和利用本土文化资源，激发了乡村的内生动力，为乡村文化振兴提供了新的思路和模式。在上述研究背景的基础上，本章明确提出了以下研究问题：云南"国门文化"建设的现状、成效、经验和问题是什么？这一建设有哪些启示性的意义？对于云南乡村文化振兴以及全国乡村振兴有何重要影响？通过具体案例的分析，本章着重探讨了如何通过激发乡村的内生动力，通过自下而上的文化活动和社会实践，实现乡村社会经济的可持续发展，从而为乡村文化治理提供新的思路和模式。

这些研究问题的答案对于深入理解国门文化在地方和国家层面的战略意义至关重要。为了有效地回答这些问题，本书采纳了"中国乡村社会大调查"的数据和分析结果，大调查的数据对进一步分析回答上述问题提供了科学性的支撑。"中国乡村社会大调查"是一项首先针对云南省乡村居民的大规模综合社会调查，后续计划在其他省份以类似模式展开。作为云南大学"双一流"建设的重要项目，该调查于2022年10月正式启动，最终涵盖了云南省42个县（市、区）、348个行政村的9000多个农户家庭，采集了9144个有效样本。在调查设计初始，调研团队即将"国门文化"的研究内容纳入其框架。在抽样阶段，项目采用了分层、多阶段与人口规模大小成比例（PPS）的概率抽样方法，以云南省129个县（市、区）为总体，按照贫困县、自治县、边境县、山区县、城市化率和人均GDP等指标进行内隐分层抽样。在最终抽选的42个县级行政单位中，有21个位于8个边境州市，已达到半数。同时，"中国乡村社会大调查"在设计时采用了以县域为视角的创新方法，这一方法不仅突破了传统社会调查通常只关注村居而忽视更广泛社会结构的局限，而且也与云南"国门文化"建设的空间布局紧密相关。正如研究背景中所述，"国门文化"建设的主要阵地大部分分布在乡村，这一空间布局特点与CRSS采用的县域视角高度契合。这种视角使得调查能够更加深入地分析国门文化在县域乃至更广泛的乡村地区的实施效果和影响力，提供了一个宏观和微观相结合的分析框架。通过在云南省的42个县级行政单位进行深入的调查，CRSS收集了大量涵盖"国门文化"

实施的社会、经济和文化数据。这些数据不仅揭示了"国门文化"建设在各个县域中的表现和影响，也反映了乡村振兴与文化发展的互动情况。特别是在边境县市和乡镇，"国门文化"的推广和实施对于促进当地经济社会发展、加强民族团结以及提升区域文化的吸引力和竞争力发挥了重要作用。

本章借助 DATGS 整合了 CRSS 数据中与"国门文化"相关的资料。DATGS 通过其"6+1"综合数据库架构，不仅整合了 6 个核心数据库，还提供了一个全新的数据分析与文本生成人工智能系统，为本章的知识生产提供了强有力的支持。在本书研究过程中，DATGS 通过数据接入层有效地收集和维护了各种数据源，并由持久化层存储这些数据。业务逻辑层对乡村振兴五大维度与民族共同体进行了深入分析。核心算法层应用自然语言处理和机器学习技术开展了量化与质性分析的混合研究。结果展示层通过可视化工具生成清晰、易懂的报告。该系统的科学性和技术能力，使本书能够深入探讨云南"国门文化"建设如何与乡村文化振兴相结合。因此，在本章的知识生产过程中，有相当部分功劳归属于 DATGS，其显著提高了研究效率，并为研究者提供了创新的空间和方法。

第二节　云南"国门文化"建设现状

在云南省边境的 8 个州市中，保山市、德宏州、临沧市、普洱市、西双版纳州、红河州、文山州及怒江州，通过独特且创新的"国门文化"建设活动，展现了文化的多样性与丰富性，不仅丰富了云南省的文化景观，也为地方经济和社会发展开辟了新路径。这些活动不仅包括对文化基础设施的建设和文化节庆的举办，还深入到了文化艺术交流、民族文化的传承与保护，以及文化与经济的融合发展等领域。这样的文化建设实践，实际上是对文化资本的积累，同时也是激发地方内生动力的有效方式，为文化及经济的可持续发展奠定了坚实的基础。本节将围绕保山市、德宏州、临沧市、普洱市、西双版纳州、红河州、文山州及怒江州在"国门文化"建设中的具体实践和成果展开讨论（见表 9-1）。

表 9-1 云南"国门文化"建设现状

州/市	建设现状	建设特色
保山市	基层文化站点建设,民族画创作队伍组建,傈僳族展览馆和工艺品销售店开设,文化传承和创新基地建立	维护文化多样性,促进文化交流合作,保护文化遗产,利用文化资源促进地方发展
德宏州	构建多层次"国门文化"交流中心和友谊广场,加强与南亚东南亚国家的文化联系,举办国际民族文化节庆活动	通过独特的战略和创新性实践,构建全方位文化交流网络,培养国际性文艺演出队伍
临沧市	与新华书店合作建立"共享阅读区",实施"国门书社"工程,开展跨国文化交流活动,建立"文化睦邻"窗口	利用地理优势加强中缅文化交流,深刻理解文化资本,有效利用文化建设推动乡村治理和区域发展,注重跨国文化交流合作
普洱市	加强"国门书屋"硬件配备,推进文化主题交流广场建设,举办丢包节等文化节庆活动,推动数字文化资源发展	加强文化基础设施建设,注重跨国文化交流合作,推动数字文化资源建设
西双版纳州	举办澜沧江国际公开水域游泳抢渡赛,打造节庆品牌,建设"国门书社之云上乡愁书院暨'边境之窗'澜湄驿站"	举办国际公开水域游泳抢渡赛等活动提高地区国际知名度,通过文化节庆活动促进文化旅游融合。打造节庆品牌,利用数字技术和媒体平台推广"国门文化"
红河州	建设"国门文化"基础设施,如文化交流中心和友谊广场,实施"国门文化形象工程",探索文化睦邻新路径	精心设计和实施基础设施项目,加强文化传承与创新,促进文化互鉴和增进民间友好,促进与邻国文化交流合作
文山州	实施"红旗飘飘"工程,新建村级为民服务中心和村民活动场所,编制旅游线路规划,举办区域性文化活动	实施文化服务项目与跨境旅游规划,通过文化活动强化民族团结和文化传承,提高地区文化吸引力
怒江州	投资建设"国门第一村"片马村,保护和传承民族文化,提供文化体验活动,促进文化旅游融合发展	深刻理解文化与经济可持续发展,投资文化基础设施提升旅游吸引力和经济潜力,打造富有民族特色的"国门第一村",促进城乡联动

一 保山市:文化多样性保护的基层特色实践

以滇滩镇、明光镇、猴桥镇为代表的基层文化保护工作充分体现了保山市在维护文化多样性、促进文化交流合作、保护文化遗产,以及利用文化资源促进地方发展等方面的积极探索与实践。在滇滩镇,文化站和综合文化服务中心的建设为居民提供了丰富的文化活动和学习平台,促进了文化传承和创新。民族画创作队伍、傈僳族展览馆和工艺品销售店的建立丰富了当地文化形式，提高了文化产品市场价值，增强了社区对本土文化的自豪感。明光镇建成的 15 个活动场所、文化大院和国门广场，为傈僳族等民族提供了举办节庆活动的重要场所，促进了社区文化生活的繁荣，吸引了游客，推动了文化旅游发展。猴桥镇通过投资建设刀杆广场、傈僳族风情街和民俗博物馆，为居民和游客展示了丰富的民族文化，促进了文化与旅游的融合。木城彝族傈僳族乡的文化设施建设，包括民族文化广场、村级综合文化服务中心和农家书屋，以及活跃的文艺演出团体，为居民提供了丰富的文化活动和学习机会，并为跨境边民提供了重要的公共文化服务。

二　德宏州：多层次文化交流的创新实践

德宏州在云南省的"国门文化"建设中展现了其独特的战略和创新性实践，德宏州通过构建多层次的"国门文化"交流中心和友谊广场，不仅加强了与南亚东南亚国家的文化联系，还促进了地方文化资本的积累，激发了地区内生动力，推动了文化和经济的可持续发展。德宏州通过建设州级、县级及口岸的"国门文化"交流中心，并在盈江县、陇川县、瑞丽市建设友谊广场，形成了三级"国门文化"示范工程。这一文化交流网络为当地居民和游客提供了丰富的文化交流机会，展示了德宏州多样的民族文化与艺术。德宏州还通过举办国际民族文化节庆和国际性文化交流活动，提升了文化外向度，加强了与南亚东南亚国家的文化合作，增强了地区文化自信和社会认同感。此外，德宏州积极培养熟悉南亚东南亚文化艺术的本地人才，打造国际性文艺演出队伍，进行国际巡演，展示文化资源和艺术魅力，促进文化传播与交流，实现了从文化资本到经济资本的转化，为德宏州经济的可持续发展提供了动力。

三　临沧市：文化资本利用与乡村治理新模式探索

临沧市特别是镇康县的各项活动和项目展现了其对文化资本的深刻理解和有效利用，以及如何通过文化建设来推动乡村文化治理和区域发展的新模式。临沧市通过与新华书店合作建成"共享阅读区"和实施"国门书社"工程，丰富了文化设施并提升了文化服务水平。同时，实施"国门大舞台"和"国门文化广场"工程①，以及依托南伞口岸国门公园的"麻栗坝乡愁·中缅阿数瑟"胞波文化旅游形象工程，强化了文化资本的物质基础，促进了文化与旅游的融合，提高了文化吸引力和竞争力。临沧市还注重跨国文化交流与合作，通过举办"中缅共庆中国新年·七彩云南走进缅北""泰北慰侨访演文化交流""镇康县国际'阿数瑟'山歌会"等活动，增强与邻国的文化互鉴和理解，增进了友谊，促进了合作。这些活动不仅展示了丰富的民族文化和艺术，还为文化旅游产业的发展提供了动力。此外，通过建立"文化睦邻"和"国门文化"窗口，利用南伞刺树丫口 3A 级景区等文化和旅游资源，临沧市开发了沿边乡村旅游线路，建成旅游小康村，展示了文化旅游融合促进经济和社区发展的模式。

2021 年，临沧市沧源县班洪乡、班老乡 9 个边境村的 10 位老支书给习近平总书记写信，汇报佤族人民摆脱贫困、过上好日子的情况，表达了世世代代跟着共产党走、把家乡建设得更加美丽富饶的坚定决心。习近平总书记回信勉励他们发挥模范带头作用，引领乡亲们永远听党话跟党走，唱响新时代阿佤人民的幸福之歌。习近平总书记指出，老支书们长期在边境地区工作生活，更懂得边民富、边疆稳的意义。脱贫是迈向幸福生活的重要一步，要继续抓好乡村振兴、兴边富民工作，促进各族群众共同富裕，促进边疆繁荣稳定。习近平总书记希望老支书们继续发挥模范带头作用，引领乡亲们建设好美丽家园，维护好民族团结，守护好神圣国土，唱响新时代阿佤人民的幸福之歌。老支书们的模范带头作用以及习近平总书记的回信，展示了文化在凝聚人心、促进民族团结方面的强大力量，体现了文化在维护社会稳定和谐中的重要作用。

四　普洱市：文化基础设施建设与数字资源开发创新

普洱市在云南省"国门文化"建设中采取了多元化和创新性的策略，

---

① 《把临沧建成最美丽的地方｜镇康：让边城更加美丽迷人》，搜狐网，2020 年 9 月 23 日，https://www.sohu.com/a/420366989_100021362。

通过加强文化基础设施建设、促进跨国文化交流活动，以及推动数字文化资源的发展，显著提升了地方文化资本利用效能，激发了地区内生动力，为文化和经济的可持续发展提供了坚实基础。在江城县，普洱市通过加强"国门书屋"的硬件设施建设，并推进勐康口岸文化主题交流平台、中老越三国界碑景点文化平台和"国门文化"友谊广场等重点项目的建设，提升了公共文化服务水平。这些文化设施不仅为居民提供了丰富的文化交流平台，还成为文化传承和创新的重要基地。普洱市还注重跨国文化交流，通过在中老越三国轮流举办丢包节等文化活动，促进了边境地区的文化交流与经济发展。此外，普洱市在数字文化资源建设方面展现了创新意识，通过江城县文化馆微信公众号与"云南公共文化云"平台的互联互通，开设"国门文化"专栏，构建了一个内容丰富的数字文化服务平台，方便群众获取数字文化资源，促进了数字文化服务的普及和发展。

五　西双版纳州：国际赛事及品牌节庆打造与文旅融合发展

自 2012 年以来，西双版纳州成功举办了六届澜沧江国际公开水域游泳抢渡赛，吸引了大量国内外参赛者和游客，提升了其国际知名度。通过这些国际活动，西双版纳州促进了文化交流与经济发展，并增强了地区文化自信。此外，西双版纳州打造了"东方狂欢节——泼水节"和"澜沧江·湄公河流域国家文化艺术节"等品牌节庆，丰富了居民和游客的文化生活，促进了文化旅游融合，推动了地方经济可持续发展。在基础设施方面，勐腊磨憨口岸的"国门书社之云上乡愁书院"与勐海县打洛镇的"国门文化"文艺汇演网络直播活动，利用数字技术推广"国门文化"，提升了地方文化资本利用效能。2017 年西双版纳州文体广电局与四国联合指挥部共建的"国门文化"体育服务中心落成①，进一步加强了与周边国家的文化和体育交流，促进了跨国文化合作，展示了"国门文化"在国际交流和地方发展

---

① 《文体广电信息第 44 期——州文体广电局与四国联合指挥部共建"国门文化体育服务中心"正式落成》，西双版纳州人民政府网站，2017 年 5 月 12 日，https://www.xsbn.gov.cn/wtgdj/60335.news.detail.dhtml？news_id=1029320。

中的积极作用。

六 红河州：文化传承创新与文化睦邻实践

通过一系列精心设计的基础设施项目和文化交流活动，红河州不仅加强了文化传承与创新，还促进了与邻国的文化交流与合作，奠定了文化和经济可持续发展的基础。红河州建设了河口"国门文化"交流中心、河口县国门友谊广场和金平县"国门文化"交流中心等设施，为边境地区的文化交流和民间友谊活动提供了重要平台。特别是河口县"国门文化形象工程"建设的成功，成为国家公共文化服务体系示范项目，丰富了边境文化活动，提升了边民文化生活质量，深化了与邻国的文化交流，探索了文化睦邻的新路径。这些实践展示了红河州在整合地方文化资本方面的努力，激发了地区内生动力，促进了文化与经济的融合发展，推动了地方经济社会的全面进步。

七 文山州：公共文化服务提升与跨境文旅发展

文山州富宁县通过实施农村党员"红旗飘飘"工程，投入 2000 万元，新建了 6 个村级为民服务中心和 140 个村民活动场所①，极大地丰富了农村文化生活，提升了公共文化服务水平。这些设施惠及党员和群众，为地方文化活动的开展提供了坚实基础，增强了地区文化活力和凝聚力。同时，文山州还编制并实施了中国田蓬—越南同文旅游线路规划，打造了田蓬特色集镇及爱国主义教育路线，增强了地区文化吸引力，促进了跨境文化交流与旅游发展。此外，文山州积极举办斗牛节、花山节、跳宫节等区域性文化活动，弘扬民族文化，促进文化传承与创新，增进民族团结，加深与邻国的文化交流与友谊。这些努力成功整合了地方文化资本，激发了地区内生动力，促进了文化与经济的可持续发展，为乡村文化治理提供了新范式。

---

① 《富宁县以"七边"工程建设为抓手打造边陲国门重镇》，文山州人民政府网站，2020 年 4 月 1 日，http://www.ynws.gov.cn/info/1122/269263.htm。

八 怒江州：民族文化传承与文化资源转化

怒江州通过其"国门文化"建设项目，在丰富地方文化资本和激发地区内生动力方面展现了显著成效，特别是在片马镇的实践中体现了对文化与经济可持续发展的深刻理解。怒江州的片马镇，因其独特的地理位置和历史背景成为云南对外开放的重要窗口，并在"国门文化"建设方面取得了重要进展。自被列为省级内陆开放口岸以来，怒江州政府投入 1300 万元，在中缅边境打造了富有民族特色的"国门第一村"①，有效利用了地区文化资源，提升了地方文化资本利用效能。片马镇片马村通过建设目瑙纵歌广场、太阳广场、月亮广场、民族民俗文化展览馆、特色商店和文化活动室等设施，不仅在保护和传承民族文化方面取得了显著成就，还为居民和游客提供了丰富的文化体验，增强了文化吸引力和经济发展潜力。此外，片马镇转型为环境优美、宜居宜游的景颇特色旅游村寨②，证明了"国门文化"建设在激发内生动力、推动文化旅游融合发展中的重要作用。片马镇政府通过打造"边境风情旅游村"和"鲜活多彩景颇村"，有效促进了城乡联动，加强了文化与经济的融合，为边境地区的经济社会全面发展提供了新的动力。

8 个州市在"国门文化"建设的过程中，通过保护和传承非物质文化遗产，不仅丰富了本地的文化内涵，也提升了地区的文化吸引力和竞争力，这是对地方文化资本的直接增值。更重要的是，这种对文化价值的重视，在地区层面激发了居民对本土文化的自豪感和认同感，进而促进了社会凝聚力和文化自信的增强。此外，这些州市在"国门文化"建设的过程中所展现的创新意识和活力，正是内生动力发挥作用的直观体现。无论是建设文化站点、举办国际文化节庆活动，还是文化和旅游的深度融合，

① 《云南边境小镇欲打造旅游"国门第一村"》，中国网，2017 年 6 月 3 日，http://www.china.com.cn/news/2017-06/03/content_40957866_5.htm。
② 《怒江"国门第一村"展新颜 生态良好 产业繁荣 民族团结》，云南网，2018 年 7 月 14 日，https://yn.yunnan.cn/system/2018/07/14/030021397.shtml。

都有效地促进了文化的交流和经济的发展，显示了"国门文化"建设在促进地方发展和国际文化交流中的深远影响及其在乡村文化治理中的示范作用。

第三节 云南"国门文化"建设的具体实践

——以红河州为例

在红河州的"国门文化"建设实践中，我们可以深入探索如何通过增强地方的文化资本来激发地方的内生动力，进而促进文化和经济的可持续发展。红河州的实践展现了将文化资源转化为推动社会经济发展的内生资源的实践过程。

一 完善基础设施

红河州的"国门文化"建设实践，在持续增加公共文化投入和完善基础设施网络方面持续发力。通过这一系列举措，红河州不仅显著提升了基本公共文化服务的标准化和均等化水平，而且有效实现了地方的物质与非物质文化资本的增值。在物质文化资本方面，红河州的做法体现在对公共文化设施的大规模投资和建设上。截至 2021 年，红河州成功实施了包括州图书馆、州博物馆在内的多个文化设施提升改造工程，以及新建县图书馆和村文化活动室等项目。这些基础设施的建设和改造，不仅极大地拓展了群众的文化活动空间，也为贫困地区提供了必要的文化设备，进一步扩大了文化服务的覆盖范围和深度。作为文化设施网络的一部分，红河书院的建设，为文化交流和学术研讨提供了优质平台。在非物质文化资本方面，红河州通过多元化的文化活动和服务，有效地挖掘和活化了地方文化资源。各级公共文化服务机构不断创新服务模式，如图书馆实行的"你选书，我买单"服务，以及文艺院团的"送戏下乡"等举措，极大地满足了群众多样化的文化需求。此外，红河州依托其丰富的民族文化和历史文化，组织和举办了一系列传统节庆活动，如哈尼长街宴、彝族火把节等，这些活动不仅提高了地方文化的可见度和影响力，也为社区成员提供了展示自身文化身份的平台，促进了民族文化的传承和创新。

二　保护文化遗产

红河州在"国门文化"建设实践中，对于少数民族文化遗产的保护和传承尤其引人注目。红河州通过制定和实施一系列措施，比如《红河哈尼族彝族自治州非物质文化遗产项目代表性传承人保护条例》的颁布实施，不仅为文化遗产的保护提供了法律保障，同时也为非物质文化遗产传承人的社会地位和经济待遇提升提供了支撑。这些措施的实施，确保了文化遗产得到有效地保护和合理利用，使之成为活生生的文化资本，而不是尘封的历史。进一步地，红河州通过建立非物质文化遗产保护机构和传承点，以及扶持各级传承人开展传承活动，有效地将文化遗产转化为公共文化服务的重要内容。这种转化不仅提高了公众对少数民族文化遗产的认知度和参与度，也促进了地方文化的多样性和活力。特别是通过组织如哈尼长街宴、彝族火把节、苗族花山节等特色文化节庆活动，红河州不仅活化了传统文化，也吸引了大量游客，推动了文化旅游产业的发展，实现了从文化资本到经济资本的有效转换。此外，红河州还重视利用数字化手段保护和传承文化遗产，通过建设数字化平台，使文化遗产的传播不受时间和空间的限制，为更广泛的公众提供了了解和学习少数民族文化的机会。这种方法不仅拓宽了文化遗产的传播途径，也为文化遗产的保护和利用提供了新的思路。

三　文化交流合作

通过一系列创新且富有成效的文化活动，如中越跨国春节联欢晚会、瑶族盘王节、中越边境苗族花山旅游节等，红河州不仅强化了与越南等邻边国家的文化联系，也为边境地区的文化自信和社会认同感注入了新的活力（见表9-2、表9-3）。红河州在加强国际文化交流合作的过程中，充分发挥了其地理和文化的双重优势，将丰富的民族文化资源转化为促进地区文化交流和经济发展的重要动力。这些文化交流活动不仅提高了红河州文化的外向度，也促进了文化旅游产业的繁荣，实现了文化资本向经济资本的有效转换。特别是在促进睦邻友好方面，通过缔结边境友好村寨、定期举办跨国文化节庆活动，红河州有效地促进了边境地区文化和谐，加深了与邻边国家人民之间的文化互鉴和理解，构筑了和平稳定的边境文化环境。此外，红河州利用数字化平台进行文化传播，为边境文化交流合作开辟了新渠道，提高了文化交流的效率。通过建立与国际友好城市的数字化交流平台，红河州在国际上有效地推广了本地的特色文化和旅游资源，吸引了更多国际游客和文化交流活动，进一步增强了地区的国际影响力和竞争力。通过这些具体的实践和努力，红河州的"国门文化"建设不仅丰富了边境地区的文化生活，促进了文化和经济的融合发展，也为促进国际文化交流合作提供了有力的示范，展现了文化资本在促进国际友好交流与文化互鉴中的重要作用。

红河州的"国门文化"建设实践，展示了文化资本如何在地方治理和经济社会发展中发挥核心作用，为乡村文化治理提供了一种新的模式和方向。红河州通过完善基础设施、保护文化遗产以及促进文化交流合作，有效地积累了文化资本，促进了文化与经济的融合发展。首先，通过系统性的基础设施建设和公共文化服务，红河州加强了物质文化资本和非物质文化资本的双重积累。图书馆、文化馆的改造升级和文化活动室的建设，不仅提高了公共文化服务的覆盖率和质量，也为广大群众提供了更好的文化享受，强化了民众对本土文化的认同感和自豪感；其次，红河州对文化遗产的保护和传承工作，特别是对少数民族文化遗产的关注，不仅保存了珍贵的历史文化遗产，而且通过文化遗产的活化利用，推动了文化旅游产业的繁荣。这种从文化资源到经济增长的转换，体现了文化资本在地区发展中的实际价值；最后，红河州通过对外文化交流合作，加强与周边国家的文化联系，探索了文化睦邻的新途径。丰富多彩的跨国文化活动不仅增进了国际友谊，实现了文化互鉴，也为地方文化旅游和对外经贸合作开辟了新的空间。这种国际文化交流的深化，进一步展示了文化资本在提升地区国际影响力和竞争力中的作用。

　　综合来看，红河州的"国门文化"建设实践，有效地展示了如何利用文化资本增强地区的文化自信、社会认同感以及推动经济发展，为乡村文化治理和经济社会可持续发展提供了新的样本与范式。这种以文化资本为核心的治理策略，不仅在红河州得到了成功实践，也为其他地区提供了宝贵的经验和启示，证明了文化在促进地方经济社会发展中的重要性。

表 9-2　红河州边境地区政府组织的对外文化交流活动项目

序号	项目名称	地点	内容
1	中越跨国春节联欢晚会	中国河口与越南老街	2016 年：河口与老街党政领导第 16 轮会谈，双方达成共识，共同轮流举办"中越跨境春节联欢晚会" 2017 年：首届"跨国春节联欢晚会"在中国河口成功举办，获得好评 2018 年 2 月：第二届中国河口—越南老街跨国春节联欢晚会在越南老街市举行，中越友谊得到进一步巩固 2019 年 1 月 30 日：第三届中越跨国春节联欢晚会在河口成功举办，受到广泛关注，并登上央视新闻 2020 年 1 月 14 日：第四届"友谊之桥"跨国春节联欢晚会在越南老街成功举办，节目内容丰富，展示了中越两国的文化特色
2	中越图书交流	河口县民族图书馆	2009 年 4 月，河口县民族图书馆与越南老街市图书馆签订了第一个五年合作交流协议。内容包括每年定期举行交流活动，双方交换出版物、互赠图书等。截至 2019 年，此项活动已连续举办 11 年，每年定期举行两次交流活动，互赠图书 100 册，举行联欢会。截至 2021 年，河口县民族图书馆已向越南老街市图书馆赠送包括中国文学、历史、哲学和旅游等方面知识类的图书共计 1100 余册
3	"红河的月亮"中越中秋诗歌朗诵会	河口县森林公园	由州文化和旅游局和河口县委、县政府主办，2019 年 9 月 12 日晚，在河口县森林公园联合举行"红河的月亮"中越中秋诗歌朗诵会。朗诵会以中文和越语朗诵中越两国关于中秋节的经典诗词，并配以歌舞乐。此次活动是中越双方首次举办诗歌交流活动，对深入学习贯彻习近平外交思想，积极推动中华传统文化"走出去"有着积极的意义
4	中国·绿春哈尼十月年长街古宴文化旅游节	绿春县	绿春县在举办一年一度的中国·绿春哈尼十月年长街古宴文化旅游节活动时，邀请越南莱州省勐谍县部分党政领导前来参加活动

表9-3　红河州边境地区民间对外文化交流活动项目

序号	项目名称	地点	内容
1	中越民族节庆交流活动	河口县	瑶族盘王节：河口县是云南省唯一的瑶族自治县，每年盘王节，河口县都会举办隆重的活动，并邀请周边瑶族县市同胞以及越南瑶族同胞参加盘王节庆典活动。盘王节是瑶族祭祀祖先盘瓠的重大节日，海内外的瑶族同胞都十分重视这一民族祭典。每年的农历10月16日，瑶族男女老少都要穿上自己民族的节日盛装，聚集在一起唱歌、跳舞，欢度盘王节 中越边境苗族花山旅游节："花山节"也叫"踩山节"，是苗族人民纪念苗族祖先蚩尤的传统节日。每年农历正月初三至初六，举办者会在山上立一根花杆，前来参加节日活动的人们围在花杆下，开展祭花杆、唱古歌、爬花杆比赛、跳芦笙舞、武术表演、斗牛、对唱山歌等活动。中越边境苗族花山旅游节每年在桥头乡老街子村举办，届时中越两国苗族同胞会聚集河口桥头乡边境村寨，共同庆祝节日
2	边境友好村寨交流活动	河口县	2013年12月12日：中国河口桥头乡老卡村与越南花龙乡罗锅井村签订边境友好村寨协议 2015年5月16日：河口县蚂蝗堡农场田房队与越南曼楼乡那罗村4组缔结边境友好村寨，每年举办文化交流活动 2016年12月12日：中国河口桥头乡包茅寨村与越南猛康镇老寨村签订边境友好村寨协议，双方每年轮流主办友好村结义座谈会，总结结义成果，共谋双边发展
3	中越边境文化长廊群众文化联欢活动	河口县森林公园	每逢重大节假日，河口城区内25支群众文艺队与越南文艺队就在中越边境文化长廊开展文化交流活动，做到"节节有活动、月月大联欢"，每年开展群众文化交流活动20余场。每年"世界卫生日""国际禁毒日""世界艾滋病日""国际劳动妇女节"等国际性节日，中越双方都会不定期互相邀请开展文艺活动，突出活动交流主题，共享发展成果。群众文艺队会邀请越南老街文艺队一起联欢，或者受邀参加越南老街文艺队的文化活动，两国民间文艺队交流频繁，推动了中华文化"走出去"，增进了两国人民之间的友谊。交流中，双方始终秉承"长期稳定、面向未来、睦邻友好、全面合作"的方针，在政治、经济、文化、教育、卫生等领域不断深化交流与合作，实现了互信互鉴、互联互通、互助互利，有力地促进了双方经济社会各项事业的建设和双边睦邻友好关系的全面发展

第四节　云南"国门文化"建设的多维策略

云南省的国门文化建设体现了一种多维策略的实施,旨在通过文化资本的积累,激发地方的内生动力,并推动文化与经济的可持续发展。这些策略涉及基础设施建设与公共空间开发、节庆艺术宣传与文化遗产保护、文化资源驱动与跨境旅游发展以及数字平台开发与人文交流合作。各州市的实践展示了云南如何利用其独特的地理和文化优势,通过创新和策略性的方法,促进了文化交流,增强了民族文化的认同感,同时开辟了新的经济发展路径。这些多维策略不仅为乡村文化治理提供了新的样本与范式,也为其他地区提供了可借鉴的经验和启示,展示了文化在推动社会和谐与地区发展中的核心价值和重要作用。

一　基础设施建设与公共空间开发

在探讨云南省"国门文化"建设的多维策略中,基础设施建设与公共空间开发的实践不仅是物质文化发展的重要支柱,也是推动文化传承与创新的关键动力。通过具体案例分析,我们可以深入理解这一策略如何作用于文化与经济的可持续发展,以及在乡村文化治理中的示范作用。

德宏州通过构建州级、县级、口岸"国门文化"交流中心,创建了一个覆盖广泛的文化交流网络。这些中心不仅提供了丰富的文化交流活动,增强了民族文化的内在活力,还促进了与南亚东南亚国家的文化互动,加深了对跨境文化的理解和尊重。这种文化交流与合作的深化,进一步激发了地区内生动力,为地方社会经济发展注入了新的活力,实现了文化资本向经济资本的转换。普洱市通过加强"国门书屋"的硬件配备,不仅丰富了公共文化服务体系,还提高了公民文化素养和参与度。这种基础设施的建设与升级,为居民提供了更好的阅读和学习环境,促进了知识的普及和文化的传播。同时,通过数字化服务平台的建设,普洱市有效地利用了新媒体技术,拓宽了文化服务的覆盖范围和影响力,进一步促进了文化资本的积累。保山市以腾冲市猴桥镇国门新村和龙陵县木城乡木城社区的"国门文化"示范项目为重点，推进全市公共文化服务体系"标准化、均等化、数字化、社会化、制度化"建设，构建了县、乡、村三级公共文化设施网络横到边、纵到底的公共文化服务体系，极大地丰富了群众的文化生活，对边境文化环境的稳定发挥了重要作用。陇川县以 1995 年国家扶持的"边疆万里文化长廊"投资项目——拉影文化中心为基础，通过安装资源共享工程设备和建设农家书屋、对外提供电子阅览服务等手段，对拉影文化中心进行了升级。2011 年，正式挂牌创建的拉影国门书社集电子阅览室、流动书屋、农文网校、老年大学教学点、边境村寨示范点等于一体，成为中缅陆路运输道路上的一道亮丽风景，进一步促进了我国的边境地区文化交流合作。镇康县将公共文化空间设施建设与文化队伍培育相结合，依托县内图书馆、文化馆、7 个乡镇综合文化站、76 个农家书屋、158 个文化活动室以及 280 块文化体育活动场地，每年安排专业教师到挂钩乡（镇）、联系村（点）进行辅导培训，积极选派文艺骨干参加各级各类培训学习，提高基层文化队伍服务水平，为当地的经济发展提供了充足的人才支撑。

这些基础设施的建设和公共空间的开发，不仅为民众提供了文化活动和交流的物理空间，更重要的是，它们促进了文化的传承与创新，增强了地区文化自信和社会认同感，提升了地方的文化吸引力和竞争力。通过这种方式，云南省的各州市在"国门文化"建设中展现了如何通过文化资本的积累，激发地方的内生动力，促进文化及经济的可持续发展，同时为乡村文化治理提供新的样本与范式。这些实践不仅反映了地方对文化建设的重视，也展示了文化在推动地区和谐与发展中的核心价值和重要作用。

二 节庆艺术的薪火相传与文化遗产保护

在云南省"国门文化"建设的实践中，通过组织文化节庆与民族文化活动，以及大力推动文化艺术交流与保护，共同构成了一种活化地方文化资本的融合策略。这种策略不仅彰显了地方文化的独特魅力和价值，也促进了文化与经济的可持续发展，展示了乡村文化治理的新模式和新途径。

西双版纳州通过成功举办澜沧江国际公开水域游泳抢渡赛和泼水节等文化节庆活动，有效地利用了民族文化和自然资源，不仅增强了人们对西双版纳文化多样性的理解和认同，还吸引了大量国内外游客，促进了文化旅游业的繁荣。这些活动的成功举办，展现了如何通过大型文化活动激发地区的内生动力，促进地方经济的发展，同时提升地区在全球文化领域中的地位。德宏州通过对全州民族民间文化资源全面、系统的调查，不仅建立了一套详细的文化遗产档案，还按照国家、省、市、县四级分类，明确了保护对象，确立了特殊保护措施，对非物质文化遗产传承人给予政治荣誉和经济保障。这种做法不仅保护了珍贵的文化遗产，还激活了文化资源，提高了文化遗产的社会效益和经济效益，为文化旅游产业发展提供了新的动力。与此同时，保山市的实践则侧重于文化艺术的交流与保护。通过组建民族画创作队伍和建立傈僳族展览馆，保山市不仅保护和传承了珍贵的民族文化遗产，还为当地艺术家提供了展示才华的平台，增强了社区成员对本土文化的自豪感和归属感。特别是镇康县对"阿数瑟"歌舞这一具有上千年历史的地域民间民俗文化的保护与传承，通过申报国家级非物质文化遗产，不仅保护了这一珍贵的文化遗产，还增强了民族文化的认同感和自豪感。县政府依托"阿数瑟"文化，积极打造与之相关的文化活动和旅游项目，将其融入"国门文化"建设中，不仅使其成为推动中缅文化交流的桥梁，也成为促进地方经济发展的重要资源。这些努力表明，通过对文化艺术的积极投入和保护，可以有效地积累地方文化资本，增强地区的文化自信和社会认同感，为乡村文化振兴奠定了坚实的基础。

这种将文化节庆与民族文化活动，以及文化艺术交流与保护相结合的策略，体现了云南省在"国门文化"建设中的创新意识与智慧。通过这样的融合策略，不仅丰富了地方的文化景观，也开辟了促进地方经济和社会发展的新路径。更为重要的是，这种策略的实施，展现了文化资本在促进乡村文化振兴和地方发展中的关键作用，为其他地区提供了可借鉴的经验和启示，展示了文化在推动社会和谐与地区发展中的核心价值和重要作用。

三 文化资源驱动与跨境旅游发展

在云南省的"国门文化"建设中,文化与经济的融合发展显现为一种重要策略,通过将丰富的文化资源转化为推动地方发展的经济资本,各州市实现了文化旅游产业的繁荣和文化产品的市场化。特别是文山州的田蓬特色集镇建设和怒江的"国门第一村"旅游村寨的建设,不仅彰显了地方文化的独特魅力,也为地区经济的可持续发展开辟了新路径。

文山州通过实施农村党员"红旗飘飘"工程和投资 2000 万元建设田蓬特色集镇,成功地将地方的文化资源和历史遗产转化为促进地方经济发展的重要资产。这些措施不仅增强了地方的文化吸引力,吸引了更多的游客和文化爱好者,也激活了当地的文化产业和旅游市场,促进了地方经济的增长。此外,通过举办斗牛节、花山节、跳宫节等文化节庆活动,文山州不仅丰富了当地社区的文化生活,也通过这些活动吸引游客,进一步促进了文化与经济的融合发展。怒江的"国门第一村"旅游村寨建设项目,则是一个将文化资源与乡村旅游深度结合的典范。通过打造具有民族特色的旅游村寨(片马村),怒江不仅保护和传承了珍贵的景颇文化,也创新性地将文化遗产转化为促进地方经济发展的重要资源。这种以文化为核心的旅游开发模式,不仅让游客获得了独特的文化体验,也为当地居民创造了就业机会和增加了收入,推动了地方经济的可持续发展。

此外,在云南省的"国门文化"建设策略中,跨境旅游的发展不仅体现了文化与经济融合的实践,而且凸显了文化资源在促进地区发展和跨国文化理解中的重要作用。文山州富宁县、红河州河口县和西双版纳州通过各自的文化特色和地理优势,成功打造了各具特色的跨境旅游品牌,这些品牌不仅促进了地方经济的增长,也为文化交流和民族认同感的增强提供了有效途径。

文山州富宁县依托田蓬口岸的区位优势,积极打造了以"一口岸一边贸,一山一镇"为重点的田蓬特色集镇。该策略不仅促进了边境贸易和商贸物流的发展,还通过迷人的边关风情吸引了大量游客,使田蓬成为云南省边贸最活跃、边境旅游最响亮的特色小镇。通过细致的规划和投资,田蓬特色集镇成为文化与经济发展相结合的成功案例,展现了地方文化资源转化为经济资本的潜力。红河州河口县利用其作为国家一类口岸的地位,通过一系列文化旅游品牌活动,如中越跨国春节联欢晚会,加强了与越南的文化交流与合作。这些活动不仅增进了两国人民之间的友谊和理解,也为河口县的跨境旅游发展注入了新的活力。依托于铁路口岸和公路口岸的便捷交通,河口县成功地将文化活动作为媒介,推广了跨境旅游,并借此促进了地方经济和社会发展。西双版纳州通过依托边境公共文化设施发展跨境旅游,成功打造了"东方狂欢节——西双版纳泼水节"等文化旅游品牌。这些品牌活动不仅丰富了当地和国际游客的文化体验,也促进了文化旅游产业的发展,进而推动了地方经济的增长。特别是,勐腊(磨憨)利用重点开发开放试验区等政策优势,进一步提高了西双版纳州作为面向东南亚的重要枢纽的地位。通过这些实践,文山州、红河州和西双版纳州展示了如何有效利用各自的文化和地理优势,通过跨境旅游促进文化资本向经济资本的转换,同时促进跨国文化交流与理解,为地区的经济社会发展提供了新的动力和方向,展现了文化在促进地区和谐与发展中的核心价值和重要作用。这些案例展示了云南省在"国门文化"建设中如何有效地利用文化资源,通过创新实践促进文化与经济的融合发展。

四 数字平台开发与人文交流合作

在云南省的"国门文化"建设中,数字化平台的开发与人文交流显得尤为关键,这不仅促进了"国门文化"的传播和影响力的扩大,也为跨国文化理解和合作提供了新的途径。特别是在"十三五"期间,云南省充分利用边境口岸的文化辐射效应,通过建设基础设施和塑造文化品牌,打造了多层次、多元化的文化交流与合作渠道。对此,普洱市、怒江州、德宏州和江城县的实践尤为突出,它们不仅完善了物理平台的基础设施,还通过打造文化品牌和利用国家项目扶持,将"国门文化"融入数字经济中,为文化资本的积累和传播开辟了新渠道,为文化交流和合作提供了坚实的政策和人文基础。

普洱市通过与"云南公共文化云"平台的合作，建立了"国门文化"建设专栏，这不仅使得文化资源的获取更为便捷，也大幅提升了"国门文化"的可见度和影响力。这种数字化的做法，利用现代信息技术手段，实现了对传统文化资源的保护、整合和创新利用，使得文化传播不受时间和空间的限制，让更多人能够接触和了解云南独特的"国门文化"。此外，普洱市的数字文化服务平台通过提供电子书报阅读、数字文化培训和数字文化活动等服务，极大地丰富了公众的文化生活，提高了公民的文化素质和参与度。这种服务的提供，不仅促进了文化的普及和教育，也为地方文化资本的积累提供了新的途径，促进了文化与经济的可持续发展。怒江州以片马口岸为重点，建设了村文化活动室、戏台等设施，为中缅边民共度节庆活动提供了充足的物理空间。这种基础设施的建设，不仅丰富了边境地区的文化生活，也促进了中缅两国人民之间的文化交流和理解，增强了民族和地区间的认同感。德宏州通过举办中缅胞波狂欢节、傣族泼水节等一系列国际民族文化活动，成功地塑造了多个文化品牌。这些活动不仅增强了德宏州文化的吸引力和影响力，也加深了各民族之间的血脉联系，为"国门文化"建设提供了人文基础。依托多民族聚居的有利条件，德宏州全方位、多层次地开展国际文化交流活动，有效扩大了德宏文化和中华民族文化对周边国家的影响。江城县利用数字技术，建设了数字文化服务平台①，这不仅使文化资源的获取更加便捷，也为中、老、越三国间的友好合作提供了优质的数字文化交流平台。通过对音频、视频、图片等重要资源的数字化加工及策划定制，江城县为群众提供了分类展示、多维度检索的线上服务，有效地促进了文化的普及和教育。

这些州市在数字文化资源开发方面的成功实践，展现了文化资本理论在数字时代的应用价值。通过有效地利用数字技术和媒体平台，不仅可以保护和传承文化遗产，也可以创新性地推广"国门文化"，增强文化内容的

---

① 《云南江城：打造边境文化阵地 擦亮"国门文化名片"》，中国网，2021 年 3 月 24 日，http://union. china. com. cn/txt/2021-03-24/content_41507964. html。

传播力和影响力。这种做法为乡村文化振兴和文化治理提供了新的视角和方法，展现了在全球化与数字化背景下，如何利用文化资源推动地区发展的重要性和可能性。

第五节　云南"国门文化"建设：困难与疏解建议

云南省在推进"国门文化"建设的过程中，面临着多重挑战，包括缺乏整体规划、跨界合作机制不健全、文化创新与传播机制的欠缺以及基础设施建设薄弱与公共文化服务体系不均衡等问题。这些问题不仅影响了文化交流的持续性和深入性，也限制了"国门文化"建设的整体效果与影响力。尽管云南省拥有丰富的民族文化资源和独特的历史遗产，但如何在有效保护和传承这些文化遗产的同时，探索与时俱进的传播方式和创新路径，成为一项紧迫的任务。针对这些问题，云南省需要采取系统化的对策，不仅加强系统化规划和建立跨界合作机制，促进文化的创新传播，还需要解决基础设施建设薄弱和公共文化服务体系不健全的状况，以实现文化与经济的可持续发展，推动边境地区乃至整个省域的文化繁荣与社会进步。

一　整体规划和跨界合作机制

云南省的"国门文化"建设作为促进边境地区文化与经济发展的重要策略，其实质是一项复杂的系统工程，涵盖了文化、旅游、教育、外交等多个领域，需要跨部门、跨行业的广泛参与和深度合作。然而，从目前的实践情况来看，该建设项目在规划和执行层面存在两个显著的问题：一是缺乏整体性的规划和系统性的推进机制；二是跨界合作机制不完善。这些问题不仅影响了文化交流的持续性和深度，也制约了"国门文化"建设的整体效果和影响力。

云南省"国门文化"建设的推进缺乏统一的指导和协调，导致各地在实践过程中多有重复和同质化的现象。尽管各地积极探索和实践，但由于缺乏统一的规划和协调，资源配置不够科学，活动形式和内容缺乏创新，难以形成特色和亮点，进而影响了"国门文化"建设的效果。从建设的内容来看，无论是公共文化设施的建设、文化产品的供给、交流平台的搭建，还是内容形式的创新和常态化机制的建立，都显示出明显的碎片化特征。这种碎片化不仅减缓了建设的进度，也降低了建设的效率和质量，制约了"国门文化"的深入发展和广泛传播。此外，与周边国家如越南、老挝等的文化交流合作虽已取得一定成果，但这些合作往往是间断性、项目化的，缺乏长效机制的支撑，影响了文化交流的持续性和深入性。跨界合作的不稳定性体现在合作项目的选择和实施上，缺少长期规划和持续投入。例如，麻栗坡县通过天保—清水口岸的开放促进了与越南的文化经济交流，但这种交流更多依赖于临时项目和活动，如"中越（天保）国际商贸旅游交易会"，而缺乏持久的交流平台和制度安排。此外，合作机制的不成熟也反映在跨国文化合作的法律、政策框架上。虽然云南省与边境国家在一些领域达成了文化交流的共识，但在实际操作中，双方缺乏足够的法律和政策支持，以及解决可能发生的跨文化冲突和问题的机制，增加了合作的不确定性。

　　针对这些问题，首要任务是加强系统化的规划，确立统一的"国门文化"建设指导思想和行动框架。这需要云南省政府出台具有指导性的政策文件，明确"国门文化"建设的总体目标、核心内容和基本要求，形成全省统一的行动方针。此外，应建立跨部门协调机制，整合文化、旅游、外事等相关部门的资源和力量，避免资源浪费和工作重复，同时推动建设内容的创新和多样化。在跨界合作方面，云南省应积极与周边国家协商，建立更为稳定和长期的合作框架。这包括但不限于签订文化交流合作协议、建立常态化的交流平台和会议机制。同时，应探索建立跨国文化项目的共同资金池，以保证项目的持续性和稳定性。在法律和政策层面，双方应共同研究和解决合作中可能出现的法律问题，确保文化交流和合作活动在一个明确和稳定的法律环境中进行。此外，为了提升"国门文化"建设的系统性和整体性，云南省需要加大对文化基础设施建设的投入力度，促进公共文化服务体系的完善。同时，通过举办文化节庆、艺术展览、学术研讨等多样化活动，丰富边境地区的文化生活，提升地方文化软实力。在此基础上，结合地方特色和文化资源，开发文化旅游产品，推动文化资本向经济资本的转化，促进地方经济的多元化发展。

总之，通过加强系统化规划、完善跨界合作机制、投资文化基础设施和创新文化交流形式，云南省的"国门文化"建设将能够有效促进边境地区的文化与经济发展，实现文化和旅游的深度融合，增强边境地区的国际交流与合作能力。

二　文化创新与传播机制

云南省在"国门文化"建设中面临的另一个关键问题是缺乏文化创新与传播机制。云南以其丰富的民族文化和深厚的历史遗产闻名，这些独特的文化资产是该地区不可估量的宝贵资源。然而，在全球化背景下，传统文化面临前所未有的挑战和机遇。既需要有效保护和传承这些文化遗产，又需要在现代社会中重新增强其活力和吸引力。尽管云南省已经在与越南、老挝等周边国家的文化交流中取得一定进展，但这些努力同时揭示了其在传统文化的创新传播和转化上的不足。快速变化的全球文化环境要求传统文化不仅要得到保护和传承，还需通过创新的方式进行重新包装和推广，以满足现代社会的需求。目前，云南的文化资产传播和利用主要停留在传统层面，缺乏与现代科技和传播手段的有效结合，使得这些文化遗产在当代社会中未能充分发挥其潜在价值。

要解决这些问题，云南省需要在"国门文化"建设中平衡传统文化与现代创新的需求。这需要建立一个全面的文化资产管理与创新体系，确保传统文化的有效保护、传承和活化利用。通过制定科学的规划和政策，加强对传统文化遗产的研究和分类，可以更好地理解各民族文化的核心价值和传承需求，从而制定更加精准和有效的保护措施。此外，云南应积极探索传统文化的现代表达和创新路径。利用数字化技术如虚拟现实（VR）、增强现实（AR）和人工智能（AI），可以为传统文化提供新的展现形式和传播渠道，增强其在现代社会中的吸引力和影响力。例如，通过构建数字化的文化展示平台，不仅能够为公众提供沉浸式的文化体验，也能够实现文化教育的创新，吸引更多年轻人参与到传统文化的学习和传承中来。数字化展馆、虚拟博物馆等可以通过 VR、AR 技术重现历史文化场景，让更多人即使在家也能体验到云南的文化魅力。

加强文化创意和文化产业的发展对于传统文化的创新转化也至关重要。通过搭建文化创意孵化平台，支持文化企业和创意工作室的发展，鼓励艺术家、设计师和手工艺人将传统文化元素与现代设计理念相结合，开发出符合现代消费需求的文化产品和服务。这不仅有助于传统文化的传承和推广，也能为地方经济带来新的增长点。此外，结合现代传播手段，如社交媒体、网络直播等，举办在线文化节、虚拟展览等活动，可以拓宽传统文化的传播途径和受众范围，吸引年轻一代的关注和参与。另外，加强对文化创意和数字技术领域人才的培养和引进，为传统文化的创新转化提供人才支撑。通过设置专门的教育课程和工作坊，教育年轻一代如何将传统文化与现代科技相结合，激发他们对传统文化创新的热情和想象力。

通过上述对策的实施，云南省可以有效解决"国门文化"建设中传统与创新的平衡问题，不仅保护和传承了丰富的民族文化遗产，也使这些文化在新时代焕发新的光彩，为地区的社会经济发展提供强有力的文化支撑和新的动力。

三　基础设施建设与公共文化服务

基础设施建设薄弱与公共文化服务失衡是云南省在"国门文化"建设中面临的一个显著问题。由于跨境地区的经济和社会发展相对滞后，长期以来文化基础设施建设投入不足，设施建设进展缓慢、规划不合理及管理维护不到位。尽管政府加大了对于文化设施的建设力度，例如通过田蓬口岸加强与越南的文化交流，但由于财政收入和经济发展水平的限制，整体投入仍显不足，公共文化服务设施的建设和更新进度远远不能满足需求。此外，云南省在推进基本公共文化服务均等化过程中，存在统筹兼顾不全面的问题，特别是在服务民族地区、边境地区群众和农村留守人员等特殊人群时，存在明显的服务盲点，导致整体效能不高。各州市之间在财政、交通基础设施、开放程度以及群众思想观念等方面的差异，也使得公共文化基础设施建设和群众文化活动在区域间和群体间发展不均衡。

为解决这些问题，云南省需要采取多维度的综合策略，以加强基础设施建设和优化公共文化服务体系，同时促进更广泛的社会参与、文化的均衡发展和多元化的资金支持。首先，加大财政投入力度和实现资金筹集的多样化是应对基础设施建设薄弱的关键。政府应优先将"国门文化"项目列入重点发展计划，增加专项资金支持，争取中央财政专项资金，统筹用好省级财政资金，加大州市、县（市、区）资金投入力度，整合文化惠民项目资金，确定中央和省级对新建文化口岸交流中心、改造提升文化口岸交流中心、建设"国门文化"友谊广场、建设"文化睦邻示范区"等项目的补助标准。积极推进各州市公共文化设施补短板、强弱项工作，新建和改造一批图书馆、文化馆、国门书社、文化服务中心等。同时，建立多元的投融资机制，鼓励和撬动社会资本进入"国门文化"建设及相关领域，通过独资、合资、参股、联营、合作及特许经营等方式参与基础设施建设、文化产业项目开发、文化产品生产经营和文体赛事运营，提高建设效率，增强私人投资的积极性。

针对公共文化服务体系的不均衡问题，需要强化服务内容的设计与规划，特别是扩大对民族地区、边境地区及其他特殊人群的文化服务覆盖范围，确保文化服务内容的多样性和包容性。这包括开发针对性强、具有地方特色的文化产品和活动，利用数字化手段拓展服务范围和深度，如建立在线文化平台，提供虚拟展览、在线演出等服务，使文化服务无地域限制，更好地满足不同人群的需求。同时，推动地方政府之间的文化资源共享和协同发展，通过建立跨区域文化合作机制，促进资源的优化配置和有效利用，缩小各地区之间在文化服务供给上的差异。这要求政府部门加强横向联系，协调推进区域间的文化项目合作，共同开发文化活动，分享文化资源。依托边境公共文化服务体系和沿边跨国的文化资源市场，云南省应积极培育文化企业、文化创意园区和文化旅游融合景区等，发展边境地区的文化旅游产业。通过重点培育特色文化街区和集市，注重融入具有时代特色、中国特色的优秀文化，助力面向南亚东南亚的文化贸易和合作交流，盘活和挖掘边境地区的文化和旅游资源，培育文旅新产品、新品牌和新业态，促进边境州市、县市的协同发展。另外，强化监管和评估机制也是确保文化建设有效性的重要措施。通过建立健全的监测评估体系，对文化建设项目的进展、效果以及公众满意度进行定期评估，可以及时调整和优化策略与措施，确保文化建设项目能够真正满足公众的文化需求，促进公共文化服务的均等化和标准化。

通过这些综合策略的实施，云南省能够在"国门文化"建设中有效应对基础设施建设薄弱和公共文化服务体系失衡的问题，促进文化的可持续发展，为边境地区乃至整个省域带来更加丰富和多元的文化体验。

作为推进乡村文化振兴和社会全面进步的战略举措，云南省"国门文化"建设的深入实施，不仅彰显了其在激发地区内生动力、促进文化治理现代化方面的重大价值，而且成为连接传统与现代、本土与全球的重要桥梁。这一策略的核心在于充分发掘和利用云南独有的地理优势和丰富的民族文化资源，通过建设和谐的文化交流平台，加深了云南与周边国家的文化联结，促进了区域内的文化互鉴与和谐共生。

云南省"国门文化"建设不仅致力于保护和传承丰富多彩的民族文化遗产，还积极探索文化资源的现代化利用，焕发了地区文化的生机与魅力。通过精心策划的文化节庆活动、文化交流合作项目等，云南不仅增强了自身的文化吸引力，还促进了国内外文化的广泛交流与深入理解，为构建人类命运共同体贡献了独特的文化力量。"国门文化"建设通过挖掘和整合地方特有的文化资源，如民族民间工艺、传统音乐、民俗节庆等，开发了一系列具有地方特色的文化产品和服务。这些文化产品和服务不仅丰富了乡村的文化生活，更吸引了大量游客，促进了旅游业的发展，为当地居民提供了多样化的就业机会和创收途径。此外，文化产业的发展还激发了当地居民的创业热情，推动了乡村经济的多元化发展，有力地促进了文化与经济的互促互进。

从文化治理的角度看，"国门文化"建设的实践为乡村文化治理提供了新的思路和范例。通过引入现代化的文化管理理念和技术，云南省不仅提高了文化服务的效率和质量，还增强了公众对文化活动的参与度和满意度；此外，云南省通过"国门文化"建设促进了文化立法和政策创新，建立了一套更为完善的文化保护和发展机制，为其他地区提供了可借鉴的经验和模式；同时，通过积累地方的文化资本，不仅激发了乡村地区的内生动力，还促进了乡村社会的和谐稳定。例如，通过建立文化交流平台、开展文化教育项目等措施，有效提升了乡村居民的文化自信和认同感，促进了社会主义核心价值观的传承和实践。这些措施也促进了文化治理体系和治理能力的现代化，提高了乡村治理的科学性和有效性，为推动乡村全面振兴和可持续发展提供了坚实的文化支撑。

展望未来，"国门文化"建设的方向和战略应聚焦于更为广泛和深入的国际文化合作，以及文化与科技融合的创新探索。这要求云南不仅要继续加强与周边国家在文化领域的交流与合作，更要拓展合作的深度和宽度，探索更多元化的交流形式和合作模式。例如，可以通过举办国际文化节、艺术展览、学术研讨会等活动，增进云南与其他国家和地区的文化互鉴和学术交流。同时，利用数字化技术的优势，建设跨境文化交流数字平台，这不仅能够突破地理和时间的限制，还能提高文化交流的互动性和参与度，从而提升文化交流的效率和广泛性。此外，为了给"国门文化"建设提供更加坚实的支撑，云南省需要继续优化政策环境，完善投资结构，通过政策引导和激励措施，鼓励私人企业、非政府组织和国际机构参与到文化项目的投资和运营中来。这不仅能够为"国门文化"建设提供更多元化的资金来源和创新的管理经验，也能够促进公私合作模式在文化领域的广泛应用，激发市场活力，推动文化产业的繁荣发展。同时，面向未来，"国门文化"建设的研究和实践应更加关注可持续性和长效性问题。这包括如何在全球化背景下保护和传承民族文化，如何在经济全球化和文化多样性之间找到平衡点，以及如何构建开放、包容、互鉴的文化交流体系。通过深入研究这些问题，云南不仅能够为自己的文化和经济发展探索出更加科学和有效的路径，也能够为全球文化交流与合作提供有益的经验和模式。

综上所述，"云南国门"文化建设通过其在文化保护、经济发展和治理现代化方面的综合作用，不仅提升了云南的地区文化影响力，也为乡村振兴和社会全面进步提供了有力支持。展望未来，云南"国门文化"建设将继续深化文化交流合作，探索文化与经济融合发展的新模式，为促进全球文化多样性与人类社会的和谐发展贡献更多智慧和力量。

第十章　云南乡村文化振兴中的特色小镇

文化振兴如何推进乡村全面振兴？云南省以文化为抓手的特色小镇建设，提供了通过文化振兴推进乡村全面振兴的"云南经验"。云南省以文化为抓手的特色小镇建设，一方面将特色文化与经济业态、社会发展、生态保护等有机融合，实现一定区域内的乡村全面振兴；另一方面将特色文化融入特色小镇的产业规划、整体景观与游客体验，有效回应我国特色小镇建设过程中的"同质化"问题。"中国乡村社会大调查"特别关注到云南特色小镇的发展，通过典型抽样、"定性+定量"相结合的材料收集与分析、特色小镇专题调研等方式，探索以文化为抓手建设特色小镇的"云南经验"。

第一节　中国式现代化背景下的特色小镇

特色小镇是我国推进新型城镇化与实现乡村全面振兴的一个重要模式。[1]"抓特色小镇建设大有可为，对经济转型升级和新型城镇化建设具有重要意义。"[2] 作为连接城市与农村且有别于传统乡镇行政区划的新型区域发展单元，特色小镇是指在特定区域内，以某一特色产业为核心[3]，挖掘和整合地方资源，具有鲜明特色和竞争优势的小镇，能够实现区域内经济、政治、社会、文化与生态的协同可持续发展。[4]

---

① 李培林：《新型城镇化背景下小城镇发展的新议题》，《社会发展研究》2024 年第 1 期。
② 《国家发展改革委规划司推广有关地区推进特色小镇规范健康发展和新型城镇化建设的典型经验》，国家发展改革委网站，2020 年 10 月 20 日，https://www.ndrc.gov.cn/xwdt/ztzl/xxczhjs/ghzc/202012/t20201225_1260315.html。
③ 陆佩等：《中国特色小镇的类型划分与空间分布特征》，《经济地理》2020 年第 3 期。
④ 方叶林等：《中国特色小镇的空间分布及其产业特征》，《自然资源学报》2019 年第 6 期。

一　特色小镇对我国经济社会发展的重要意义

特色小镇这一概念最初起源于欧美，如法国普罗旺斯小镇、瑞士达沃斯小镇、西班牙胡斯卡小镇、美国杰克逊牛仔小镇等。在中国，特色小镇从 2014 年开始获得广泛关注；早期以浙江杭州的云栖小镇为代表，后在全国范围内涌现。特色小镇在中国式现代化进程中扮演着举足轻重的角色，其不仅是推动脱贫攻坚、共同富裕的有力抓手，也是促进产业升级、新型城镇化建设、乡村全面振兴以及基层治理现代化的重要平台。①

第一，发展特色小镇有助于巩固脱贫攻坚成果并实现共同富裕。特色小镇的建设不仅为当地居民直接提供就业机会，提高居民收入水平；同时能够增加地方财政收入，为公共服务、社会保障等提供更多资源支撑。"中国乡村社会大调查"通过对样本县（市、区）与样本村所拥有的特色小镇调查发现，特色小镇的经济社会发展整体水平总体高于其他区域。

第二，发展特色小镇有助于推动乡村产业升级与绿色转型。特色小镇的建设可以促进乡村传统产业转型升级，培育新兴产业和高端产业；同时，特色小镇在发展中多关注发展绿色产业和循环经济，推动经济社会生态的可持续发展。"中国乡村社会大调查"所选取的弥勒太平湖森林小镇，通过生态修复和环境治理，不仅提升了当地环境质量，为居民提供更好的生活条件；同时还创造了具有一定品质的艺术景观，实现了从石漠化土地到绿水青山的转变。

第三，发展特色小镇有助于新型城镇化建设与乡村全面振兴。特色小镇因其在升级传统产业、完善基础设施、提升公共服务水平、改变区域整体面貌、增进民生福祉等领域的重要贡献②，成为新型城镇化与乡村全面振兴的重要动力。例如"中国乡村社会大调查"所调查的文山州的普者黑水乡小镇，其通过基础设施改造、民族文化挖掘和特色民居建设等项目，实

---

① 《促进特色小镇规范健康发展》，《经济日报》2023 年 8 月 9 日，第 11 版。
② 张祚、刘晓歌：《从小城镇到特色小城镇：中央—地方与区域视角下的政策设计与量化评价》，《中国软科学》2023 年第 6 期。

现了产业深度融合，显著推动了当地城镇化进程与乡村全面振兴。

第四，发展特色小镇有助于提升城乡基层治理的现代化水平。特色小镇的建设需要发挥各级党组织、各级政府、基层城乡社区、相关企业、社会组织、地方能人以及广大群众等多元主体在区域性经济体建设中的作用，在特色小镇的规划建设、运行维护、长期收益、可持续发展等方面形成多元主体共同参与的治理格局。借此，特色小镇建设能够有效提升城乡基层治理的现代化水平，继而为中国式现代化、乡村全面振兴、新型城镇化提供有效支撑。

二　特色小镇相关政策的三个阶段

2016 年，国家发展改革委将"特色小镇"定义为"不同于行政建制镇和产业园区的创新创业平台"①；2018 年国家发展改革委等部门进一步明确"特色小镇是现代经济发展到一定阶段产生的新型产业布局形态，是规划用地面积一般为几平方公里的微型产业集聚区，既非行政建制镇、也非传统产业园区"。② 同时，住房和城乡建设部、国家发展改革委、财政部等国家相关部门相继出台了若干文件以推动特色小镇的培育与发展，相关文件的出台可以划分为三个阶段。

第一，初期培育阶段。2016 年，住房和城乡建设部、国家发展改革委和财政部联合发布《关于开展特色小镇培育工作的通知》，决定在全国范围内开展特色小镇的培育工作；其中明确了特色小镇培育工作的指导思想、原则、目标和要求，计划至 2020 年在全国培育 1000 个左右的特色小镇。③

---

① 《国家发展改革委关于加快美丽特色小（城）镇建设的指导意见》，国家发展改革委网站，2016 年 10 月 31 日，https：//www.ndrc.gov.cn/xxgk/zcfb/tz/201610/t20161031_963257.html。
② 《关于印发全国特色小镇规范健康发展导则的通知》，国家发展改革委网站，2021 年 9 月 30 日，https：//www.ndrc.gov.cn/xxgk/zcfb/tz/202109/t20210930_1298529.html？code＝&state＝123。
③ 《住房城乡建设部 国家发展改革委 财政部关于开展特色小镇培育工作的通知》，住建部网站，2016 年 7 月 20 日，https：//www.mohurd.gov.cn/gongkai/zhengce/zhengcefilelib/201607/20160720_228237.html。

同年，住房和城乡建设部公布了第一批 127 个中国特色小镇①，并在随后陆续对特色小镇的建设、认定及推荐的标准等做出规范。

第二，探索发展阶段。2017 年，住房和城乡建设部发布了《关于保持和彰显特色小镇特色若干问题的通知》，针对特色小镇在建设过程中存在的"特色小镇无特色"问题，提出"尊重小镇现有格局、不盲目拆老街区""保持小镇宜居尺度、不盲目盖高楼""传承小镇传统文化、不盲目搬袭外来文化"② 等原则，将保持和体现特色作为特色小镇重要认定标准。同年，住房和城乡建设部公布了第二批 276 个国家级特色小镇名单。③

第三，科学规划阶段。2020 年，国家发展改革委发布的《关于促进特色小镇规范健康发展的意见》明确了特色小镇未来发展的指导思想、基本原则、主要任务与组织实施。④ 2021 年国家发展改革委等 10 部门联合出台的《全国特色小镇规范健康发展导则》围绕特色小镇发展定位、空间布局、质量效益、管理方式和底线约束等方面提出操作指引，并根据产业类型对特色小镇进行了九大分类：先进制造类、科技创新类、创意设计类、数字经济类、金融服务类、商贸流通类、文化旅游类、体育运动类、三产融合类。⑤

三 "特色小镇无特色"：特色小镇的同质化问题

截至 2020 年，我国各类特色小镇有 1000 个左右，其中包括国家级特色小镇 403 个（其中，2016 年 127 个，2017 年 276 个），各省推进建设的特色

---

① 《住房城乡建设部关于公布第一批中国特色小镇名单的通知》，住建部网站，2016 年 10 月 14 日，https://www.mohurd.gov.cn/gongkai/zhengce/zhengcefilelib/201610/20161014_229170.html。
② 《住房城乡建设部关于保持和彰显特色小镇特色若干问题的通知》，住建部网站，2017 年 7 月 10 日，https://www.mohurd.gov.cn/gongkai/zhengce/zhengcefilelib/201707/20170710_232578.html。
③ 《住房城乡建设部关于公布第二批全国特色小镇名单的通知》，住建部网站，2017 年 8 月 28 日，https://www.mohurd.gov.cn/gongkai/zhengce/zhengcefilelib/201708/20170828_233078.html。
④ 《国务院办公厅转发国家发展改革委关于促进特色小镇规范健康发展意见的通知》，中国政府网，2020 年 9 月 25 日，https://www.gov.cn/zhengce/content/2020-09/25/content_5547095.htm。
⑤ 《关于印发全国特色小镇规范健康发展导则的通知》，国家发展改革委网站，2021 年 9 月 30 日，https://www.ndrc.gov.cn/xxgk/zcfb/tz/202109/t20210930_1298529.html? code = &state = 123。

小镇有 600 余个。① 同时,"特色小镇无特色",即特色小镇的同质化现象,成为当前特色小镇发展过程中的主要障碍。2017 年住房和城乡建设部下发的《关于保持和彰显特色小镇特色若干问题的通知》中明确指出"部分地方存在不注重特色的问题"。② 特色小镇的同质化具体表现为产业规划、整体景观、游客体验等方面的同质化。③

第一,产业规划同质化。当前,许多特色小镇在产业规划中大都选择"互联网+""旅游+""康养""度假""休闲"等热门领域,或至少选择上述一种或几种"概念"为自身发展提供方向。但这些产业规划未能与特色小镇自身的产业结构、区域经济、自然禀赋、历史人文等充分结合,甚至有些产业定位只是为了盲目跟风而没有考虑到特色小镇实际的产业承接能力,这无形中消解了特色小镇在产业规划中的差异化优势,难以实现地域经济社会的可持续发展。

第二,整体景观同质化。一是简单复制其他特色小镇模式,许多小镇在规划建设时,往往缺乏对本地自然风貌和文化特色的考虑,简单复制其他成功小镇的建筑风格和景观设计,导致景观风貌趋同,缺乏独特性和辨识度。二是直接照搬城市建筑风格与形制,许多特色小镇在新建筑设计与地标性建筑设计过程中,直接照搬大城市的建筑风格或城市著名地标性建筑的形制,导致建筑风貌趋同,失去了原有的特色和韵味。三是盲目跟风现代规划设计符号,许多特色小镇为追求现代化和时尚感,在建设过程中追求"大、洋、怪"的现代与后现代建筑风格,忽视了与周围环境的协调,使得整体景观显得突兀和不和谐。四是景观设计服膺于商业化逻辑,部分特色小镇在景观规划中仅以效益最大化为目标,而忽视了当地自然地理、生态环境与文化内涵的保护与可持续发展。

第三,游客体验同质化。一是整体特色体验不足,由于特色小镇产业

---

① 陈豪芳:《2020 年中国特色小镇行业发展现状研究,政府规划投资进一步提升》,华经情报网,2021 年 4 月 9 日,https://www.huaon.com/channel/trend/703490.html。

② 《住房城乡建设部关于保持和彰显特色小镇特色若干问题的通知》,住建部网站,2017 年 7 月 10 日,https://www.mohurd.gov.cn/gongkai/zhengce/zhengcefilelib/201707/20170710_232578.html。

③ 黄静晗、路宁:《国内特色小镇研究综述:进展与展望》,《当代经济管理》2018 年第 8 期。

经营和整体景观的趋同，游客在小镇中往往难以感受到独特的文化氛围和地域特色，游客体验单调乏味，难以形成口碑传播和二次消费。二是特色互动体验不足，许多特色小镇都推出了相似的旅游互动活动，如民俗表演、手工艺体验、打卡拍照等；这些活动虽然具有一定的吸引力，但过于重复和单一，使得游客在多个小镇中体验到的内容大致相同。三是特色服务体验不足，特色小镇在游客服务方面也存在趋同性，如特色小吃、纪念品店、网红酒店等；这些设施虽然满足了游客的基本需求，但缺乏创新和特色，使得游客难以收获更多差异化服务。

第二节　云南省特色小镇的发展现状

如何应对当前特色小镇发展过程中的同质化问题，实现特色小镇有特色？通过"中国乡村社会大调查"的实证材料我们发现，云南省以文化为抓手的特色小镇正在形成可供借鉴的模式——通过发掘每个地区独特的文化特色，如历史、传统和习俗等，能够赋予云南特色小镇独特的魅力与个性，助力特色小镇构建完整的文化产业链，实现特色小镇经济、社会、文化、生态的可持续发展。基于此，本部分首先总结了云南特色小镇的发展现状，包括顶层规划、基本类型等。然后在下一部分通过介绍三个云南特色小镇的典型案例，以期归纳特色小镇建设的"云南经验"。

一　云南特色小镇的基本情况

2017 年，云南省发改委、省住建厅、省财政厅联合发布《云南省特色小镇创建名单》，标志着云南特色小镇建设的开始；其中包括 105 个全省重点建设的特色小镇，分为"国际水平"、"全国一流"与"全省一流"三个层次（见表 10-1）。

2018 年，云南省人民政府发布了《关于加快推进全省特色小镇创建工作的指导意见》等系列文件，对云南特色小镇建设做出了明确规定。一是发展定位，明确指出特色小镇建设要"紧扣我省多样的民族文化、众多的古城古镇……紧紧围绕旅游文化产业发展这条灵魂和主线"。[①] 二是运营模式，坚持"政府引导、企业主体、群众参与、市场化运作"。三是支持保障，提供建设用地、加大财政支持力度、拓宽融资渠道等。[②] 四是风险管控，针对潜在的地方债务风险和房地产化倾向明确规定"不通过政府违规举债来建设、不搞变相房地产开发"。五是建设标准，对用地辐射面积、投入产出效益、基础设施建设等制定了合理化的指标，并建立了以地方税收、企业收入、就业人数的增长为依据的多元评价体系。六是管理机制，采取"有进有退、优胜劣汰"的动态清单管理，由省发展改革委等相关部门组织专家开展考核评估，通过"自查自评、第三方评估、随机抽查、综合考核、结果联审"的方式进行。[③]

表 10-1 云南省特色小镇名单

单位：个

市/州	国际水平特色小镇	国家一流特色小镇	省级一流特色小镇	合计
昆明市	——	斗南花卉小镇、嘉丽泽高原体育运动小镇	"云上云"双创小镇、凤龙湾阿拉丁小镇、官渡古镇、轿子雪山小镇、九乡旅游小镇	7
曲靖市	——	爨文化小镇	陆良蚕桑小镇、鲁布革布依风情小镇、麒麟爱情小镇、罗平油菜花小镇	5
昭通市	——	大山包极限运动小镇	水富大峡谷温泉小镇、盐津豆沙关丝路古镇、彝良小草坝天麻小镇、镇雄以勒小镇	5
玉溪市	——	澄江广龙旅游小镇	澄江寒武纪小镇、新平嘎洒花腰傣风情小镇、华宁盘溪橘乡小镇、峨峨古镇、通海杨广智慧农业小镇	6
保山市	——	和顺古镇	腾冲启迪冰雪双创小镇、昌宁红茶小镇、施甸摆榔金布朗风情小镇、腾冲玛御谷温泉小镇、善洲小镇、高黎贡山摄影小镇、腾冲银杏小镇、永子围棋小镇	9

① 《云南省人民政府关于加快推进全省特色小镇创建工作的指导意见》，云南省人民政府网站，2018 年 10 月 26 日，https://www.yn.gov.cn/zwgk/zcwj/yzf/201911/t20191101_184057.html。
② 《云南省人民政府关于加快特色小镇发展的意见》，云南省人民政府网站，2017 年 4 月 1 日，https://www.yn.gov.cn/zwgk/zcwj/yzf/201910/t20191031_183842.html。
③ 《关于印发云南省特色小镇规范健康发展管理细则的通知》，云南省人民政府网站，2023 年 1 月 9 日，https://www.yn.gov.cn/zcwjk/html/2023/wjkformal_0419/29116.html。

续表

市/州	国际水平特色小镇	国家一流特色小镇	省级一流特色小镇	合计
丽江市	丽江古城	泸沽湖摩梭小镇	黎明丹霞小镇、锦绣丽江小镇、华坪芒果小镇、永胜清水古镇	6
普洱市	——	思茅普洱茶小镇	景迈普洱茶小镇、思茅洗马湖科学家小镇、宁洱那柯里小镇、普洱汇源小镇、西盟佤部落、澜沧酒井老达保乡村音乐小镇、孟连勐阿小镇	8
临沧市	——	翁丁葫芦小镇	勐库冰岛茶小镇、凤庆滇红小镇、鲁史茶马古文化小镇、南美拉祜风情小镇、临翔区昔归普洱茶小镇	6
大理州	大理古城、巍山古城	沙溪古镇、喜洲古镇	鸡足山禅修小镇、龙尾关小镇、剑川木雕艺术小镇、诺邓古镇、双廊小镇、鹤庆新华银器艺术小镇、祥云云南驿小镇	11
迪庆州	——	香格里拉月光城	高原冰酒小镇、梅里雪山小镇	3
楚雄州	——	彝人古镇	"元谋人"远古小镇、光禄古镇、南华野生菌小镇、侏罗纪小镇	5
怒江州	——	丙中洛小镇	贡山独龙风情小镇、傈僳风情小镇、罗古箐普米风情小镇	4
文山州	——	普者黑水乡	古木三七小镇、广南坝美世外桃源小镇、八宝壮乡小镇	4
西双版纳州	——	橄榄坝傣族水乡、勐仑小镇	基诺风情小镇、勐巴拉雨林小镇、易武古镇	5
德宏州	——	瑞丽畹町小镇	梁河南甸傣族水镇、芒市航空小镇、芒市咖啡小镇、姐告跨境电商小镇、陇川民族风情小镇、大盈江万塔小镇	7
红河州	哈尼梯田、临安古城	红河水乡、建水西庄紫陶小镇	红河"东方韵"小镇、沪西城子古镇、屏边滴水苗城、碧色寨滇越铁路小镇、哈尼土司文化小镇、金平蝴蝶谷小镇、弥勒可邑小镇、弥勒太平湖森林小镇、个旧大屯特色制造小镇、河口瑶族盘王小镇	14
合计	5	20	80	105

注：其中，丽江古城、哈尼梯田为世界文化遗产地；大理古城、巍山古城、临安古城为国家级历史文化名城。

资料来源：《〈云南省特色小镇创建名单〉新闻发布会》，云南省人民政府网站，2017 年 6 月 30 日，https://www.yn.gov.cn/ynxwfbt/html/2017/shengzhibumen_0630/312.html。

二　云南特色小镇的类型分析

在地理分布上，目前云南特色小镇分布于三大区域：一是以丽江、大理、保山等为中心的滇西（滇西北）聚集区，二是以昆明、玉溪、红河交界为中心的滇东聚集区，三是以西双版纳为中心的滇南聚集区。

在产业类型上，云南省特色小镇主要以地方自然风光、少数民族和历史文化为基础，大力发展旅游业；在 105 个云南特色小镇中，以第三产业为主的特色小镇数量占 72%。同时，按主导产业的不同，云南特色小镇可以分为：农业型、工业型、服务型和知识型四大类。①

影响特色小镇分布的主要有四个因素：一是经济发展水平，特色小镇的分布与云南经济发达区域大致吻合②；二是道路交通等基础设施，大部分特色小镇都嵌入在铁路和高速公路等交通网的缓冲区域③；三是地形水文等自然条件，多数特色小镇分布在海拔较低的山地和山间盆地地区，并表现出明显的亲水性④；四是人文历史资源，红河、大理等少数民族集中区的特色小镇数量名列前茅。

第三节　云南省特色小镇的典型案例

"中国乡村社会大调查"的调查研究成果表明，乡村文化振兴的"云南经验"一个重要特征是以文化为抓手的特色小镇建设。以文化为抓手的云南特色小镇，突破了既往我国特色小镇建设过程中的同质化困境，即以乡村文化为抓手的特色小镇建设，在产业规划、整体景观与游客体验三个方

---

① 左峻源等：《云南省特色小镇的类型划分与空间分布特征分析》，《湖南师范大学自然科学学报》2023 年第 5 期。
② 杨强、焦敏、陈亚鞏：《基于 GIS 的云南特色小镇空间布局及影响因素分析》，《云南地理环境研究》2021 年第 3 期。
③ 杨君杰等：《云南特色小镇空间结构及影响因素分析》，《西南林业大学学报》（社会科学）2023 年第 1 期。
④ 左峻源等：《云南省特色小镇的类型划分与空间分布特征分析》，《湖南师范大学自然科学学报》2023 年第 5 期。

面呈现了与既往特色小镇不同的去同质化特征，有效实现了云南乡村在经济、文化、社会与生态等方面的协同可持续发展。

以文化为抓手的云南特色小镇，具体呈现三种不同路径：一是对历史传统文化的延续，二是民族特色文化的再生，三是现代性文化与地方性文化相融合。三种不同路径共同构成了乡村文化振兴的"云南经验"。为更好地理解上述三种路径，本节选取了三个比较具有代表性的特色小镇进行介绍：一是保山市腾冲市的和顺古镇，二是大理州的喜洲古镇，三是红河州弥勒市的红河"东风韵"小镇。

一　保山市腾冲市和顺古镇

（一）和顺古镇的地理、人口与产业

和顺古镇，隶属云南省保山市腾冲市，位于腾冲市城区西南 3 公里。和顺古镇始建于明代，古名"阳温暾"；因有小河绕村而过，明代地理学家徐霞客称其为"河上屯"；清代康熙年间改称"河顺"，后取"士和民顺""云涌吉祥、风吹和顺"等寓意雅化为"和顺"。[①] 古镇中天寺一块立于康熙三十二年（1693 年）的石碑记载道："河顺"意为"河顺乡，乡顺河，河往村前过"。康熙四十一年（1702 年）永昌郡守在其编纂的《永昌府志》中改称为"和顺乡"。[②]

在地形上，和顺古镇四面环山，镇区为马蹄形坡地，全镇面积 17.4 平方公里；地势起伏平缓，海拔落差小，小镇区域内最高海拔 2190 米，最低海拔 1580 米。在气候上，属亚热带季风气候类型，年平均气温 15.2℃，气温适宜；年平均降水量 1425.4 毫米，雨量充沛，旱雨季分明。

在行政规划上，和顺古镇辖十字路、水碓、大庄 3 个行政村，包括下属的 8 个自然村。全镇总人口 7000 余人，其中归侨和侨眷约占全镇人口的 60%。[③]

---

① 刘旭临：《逝去的繁荣与制造的古镇——一个西南边陲侨乡的景观重塑》，博士学位论文，厦门大学，2020。
② 梁洁：《人类学视野中的和顺侨乡》，硕士学位论文，中央民族大学，2009。
③ 刘旭临：《逝去的繁荣与制造的古镇——一个西南边陲侨乡的景观重塑》，博士学位论文，厦门大学，2020。

从和顺走出并侨居海外的侨民约 3 万人，主要分布于缅甸、新加坡、印度、泰国等 13 个国家和地区。[①]

和顺古镇按照"产业兴旺、生态宜居、乡风文明、治理有效、生活富裕"的总要求，围绕"旅游富民兴镇"目标[②]，形成了以传统文化与外来文化相融合的"和顺经验"。截至 2020 年 5 月，和顺古镇全镇完成固定资产投资 3.67 亿元，和顺古镇西巷建设、大盈江流域综合治理项目和特色小镇征地工作有序开展[③]；2006 年和 2024 年和顺古镇先后被评为"国家 4A 级旅游景区""国家 5A 级旅游景区"。2019 年至 2020 年上半年，和顺古镇全镇接待游客 98 万人次，实现旅游收入 1.39 亿元，分别增长 20% 和 15%；旅游收入与旅游就业为和顺居民提供了更多经济来源。[④]

和顺古镇在建设过程中重视传统文化的发掘与传承。如以党建引领宗祠文化，收集整理家风家训及优秀传统文化典故，培训优秀传统文化和乡风文明引领人，推出研学经典路线，修复古老建筑，建设家风文化长廊等。先后获得"中国第一魅力名镇""国家级历史文化名镇""国家环境优美乡镇""国家文化产业示范基地"等多项荣誉。

（二）历史上人口迁徙与边境贸易带来的文化交融

和顺古镇的悠久历史，尤其是历史上的人口迁徙和边境贸易，构成了和顺独具特色的地方文化。

1. 历史上人口迁徙所带来的文化交融

和顺最早的世居民族为佤族，明代时，汉族官兵因屯田驻边扎根于此。《明史·太祖本纪》有如下记载："明洪武十五年（1382 年），蓝玉、沐英攻大理，分兵鹤庆、丽江、金齿，俱下。"[⑤]

---

① 梁洁：《人类学视野中的和顺侨乡》，硕士学位论文，中央民族大学，2009。
② 《保山市人民政府关于加快特色小镇发展的实施意见》，保山市人民政府网站，2017 年 7 月 3 日，https://www.tengchong.gov.cn/info/1756/4852953.htm。
③ 《和顺镇 2020 年政府工作报告》，腾冲市人民政府网站，2020 年 6 月 30 日，https://www.tengchong.gov.cn/info/9596/4067053.htm。
④ 《和顺镇 2020 年政府工作报告》，腾冲市人民政府网站，2020 年 6 月 30 日，https://www.tengchong.gov.cn/info/9596/4067053.htm。
⑤ 明代时，今腾冲等地称为腾越，隶属金齿司。上述"金齿"即指今腾冲和顺一带。

最早在和顺屯田驻边的军人,以原籍四川巴县(现重庆市巴南区)的寸、刘、李、尹、贾五大姓氏为主;随后相继有湖南刘氏、江西杨氏、河南许氏等姓氏定居于此。最早的五大姓氏以及随后的刘、杨、许等姓氏的宗谱中均记载了其从其他省份移民到腾冲的历程。例如寸氏、刘氏、李氏的族谱中都有明确的从四川巴县移民至云南腾冲屯边的历史:《和顺寸氏宗谱》记载:"我寸氏始祖讳庆,其原籍系四川重庆府巴县梁滩里寸家湾人氏,自明洪武二十二年(1389 年)奉旨钦调来滇,随至永昌腾冲守御千户所";《和顺刘氏宗谱》中记载:"我刘氏始祖继宗公者,原籍为四川重庆府巴县梁滩里刘家坡。乃于明洪武二十三年(1390 年)奉命从征,选充总旗";《李氏宗谱》中记载:"肇始祖黑师波公祖居四川巴县,转移重庆府寸家湾李家巷大石板,洪武十五年(1382 年)随沐英、蓝玉、傅友德从征至腾,奉命移民,家于和顺。"①

早期陆续迁徙而来的 16 个姓氏,在和顺经过姓氏通婚、人口繁衍、家族分支等演化,逐步形成了现今和顺"寸、刘、李、尹、贾、张、杨、钏"八大宗族的基本格局。② 人口迁徙对和顺的社会文化产生了深远影响。人口流出地的家谱宗祠、建筑风格、节庆民俗、生活方式等在和顺扎根流传。

其一,在宗族文化上,寸、刘、李、尹、贾、张、杨、钏八大姓氏的宗祠矗立于和顺环村主干道旁,其内供奉着各氏族的先祖牌位;每逢清明,各族子孙均聚于祠堂举办隆重的祭祖典礼。

其二,在街巷布局上,和顺古镇的街巷主要包括一条环村主干道,三条主巷以及若干纵横交错的里巷。街巷的命名多与宗族姓氏或籍贯有关,如三条纵贯南北的主巷分别为:李家巷、大石巷、大尹巷;镇内不同区域的命名亦是如此,如寸家湾、尹家坡、张家坡等。③

---

① 转引自刘旭临《逝去的繁荣与制造的古镇——一个西南边陲侨乡的景观重塑》,博士学位论文,厦门大学,2020。
② 刘旭临:《"有形"与"无形":和顺古镇之宗族景观》,《中南民族大学学报》(人文社会科学版)2017 年第 5 期。
③ 刘旭临:《逝去的繁荣与制造的古镇——一个西南边陲侨乡的景观重塑》,博士学位论文,厦门大学,2020。

其三，在建筑风格上，保留了"闾门"这一传统建筑结构。"闾门"即乡里或里巷的门，是移民主观划分的地理边界，亦是社会边界的象征符号。通过"闾门"，屯军与边民、移民与世居民众、汉族与少数民族等不同社会身份的居民群体被区分开来。[1]

2. 历史上边境贸易所带来的文化交融

和顺北部毗邻缅甸，当地居民自古就有"走夷方"的传统。作为西南丝绸之路上最大的侨乡，和顺本地居民自古便至缅甸、泰国等国家谋生，由此形成了历史悠久的马帮文化、侨乡文化。[2]

西南地区早在西汉年间便存在一条丝绸之路，以四川为起点，途经大理、保山、腾冲，随后进入缅甸、印度，延伸至阿富汗；和顺古镇所在的腾冲地区，是这条西南丝绸之路上贯通边境内外的重要交通枢纽。明代以前的商贸历史难以考究，而自明以降，滇缅贸易便渐成规模；至明末清初，滇西一带就出现了中外互市和地域性商帮。早期入缅经商的和顺人多往返两地之间，行商多于坐贾；清代中期"走夷方"达至高潮，商铺逐渐成为主要形式，和顺商人与在缅华侨共同开设的跨国商号有 200 余家。[3] 19 世纪末，缅甸成为英属印度的管辖省，大量英印缅货物入境，冲击腾冲本地的贸易市场[4]；腾冲逐步被纳入世界贸易体系，商品种类更为丰富，实现了从传统农产品向轻工业品的过渡。

大量华侨在取得商业成功后，将获取的财富反哺家乡的社会文化建设，从而推动了整个和顺地区的经济文化发展。1949 年以后，"走夷方"的商业模式逐步消失，但 400 多年的跨国商贸传统已经镌刻在和顺人的日常生活之

---

① 刘旭临：《门闾之望：和顺古镇的记忆与认同》，《贵州社会科学》2016 年第 3 期。
② 黄玲：《道之生生：线路遗产视域下的道路景观——以滇缅通道和顺古镇为考察对象》，《青海民族研究》2017 年第 4 期。
③ 刘旭临：《逝去的繁荣与制造的古镇——一个西南边陲侨乡的景观重塑》，博士学位论文，厦门大学，2020。
④ 黄玲：《道之生生：线路遗产视域下的道路景观——以滇缅通道和顺古镇为考察对象》，《青海民族研究》2017 年第 4 期。

中，并形塑了当地的社会文化生活。[1]

一方面，"走夷方"的滇缅商贸实现了两地经济与文化的互动。频繁的经济互动与丰富的商品贸易不仅促进了和顺当地经济发展，同时也增强了和顺地方文化的多样性与兼容性。例如，和顺图书馆、洗衣亭、宗祠、民居等建筑均为在外经商的华侨回乡修建，因此融入了南亚、东南亚及西欧等地的建筑风格[2]；又如，日常商业互动也带来了更多文化互动，缅甸、印度等地的习俗与社会文化开始在和顺产生影响。

另一方面，"走夷方"的跨境贸易通过嵌入传统社会关系网络而实现，继而形成了和顺独具特色的华侨文化、马帮文化。首先，和顺人通过"宗亲、家族、乡邻"的社会网络，获得资源、信任与信息，参与到跨境商贸活动之中，实现经济上的收益。[3] 同时，通过社会网络在跨国贸易中获得收益的商人，会投身、投资于既往的社会网络，福泽乡间，形成了"反哺"模式。[4] 例如，在滇缅公路开通以前，滇缅两地的商贸往来主要依靠人背马驮，随着运输量增大，逐渐形成了固定的马帮；作为早年的主要交通运输方式，马帮文化贯穿在和顺老一辈人的日常生活中并延续至今，和顺逢年过节的祭品中仍有供奉马帮的"马草""马料"等。

二 大理州喜洲古镇

（一）喜洲古镇的地理、人口与产业

喜洲古镇位于云南省大理州大理市，是重要的白族聚居区。喜洲古镇历史悠久，古称"大厘"，是白族先民"河蛮"的聚居地；隋唐时期该地区成为南诏国的都城之一，成为当时云南的政治、经济、文化、军事重镇。

---

① 姜太芹、姜毅霞：《和顺古镇的族群记忆与旅游文化空间构建》，《温州大学学报》（社会科学版）2019 年第 2 期。

② 姜太芹：《和顺古镇的历史记忆与族群认同》，《民族论坛》2017 年第 5 期。

③ 黄玲：《道之生生：线路遗产视域下的道路景观——以滇缅通道和顺古镇为考察对象》，《青海民族研究》2017 年第 4 期。

④ 刘旭临：《逝去的繁荣与制造的古镇——一个西南边陲侨乡的景观重塑》，博士学位论文，厦门大学，2020。

"喜洲"的称谓从元代开始形成，沿用至今。

在气候方面，喜洲古镇东邻洱海、西靠苍山，属亚热带季风气候区，气候温和；降水充沛，年平均降水量 1050 毫米；日照充足，年平均日照时长 2200 小时左右；温度适宜，年平均气温在 15℃ ~ 20℃；无霜期长，年无霜期约为 217 天；植被茂密，森林资源丰富，森林面积 12480 亩。①

在地形方面，喜洲古镇位于大理坝子中部，地处洱海平原，平均海拔 1900 米，较大理州略低，地形呈西高东低，四面环山，具有独特的高原湖泊风光；喜洲古镇的土壤肥沃，适宜农业生产，主要农作物有水稻、玉米、蔬菜等，同时也是大理市重要的农业生产基地之一。

在交通方面，喜洲古镇位于大理州大理市北部，滇藏公路、大丽线、环海西路穿境而过，是大理环洱海旅游线路的必经之处；距大理机场 47 公里；水路交通网可达周边的双廊镇、大理古城、上关镇、海舌生态公园等地。②

在人口方面，喜洲古镇在行政规划上下设 13 个村委会，54 个自然村。2019 年末，全镇总户数 20201 户、总人口 68571 人。镇内居民以白族为主，占比 90% 以上，此外还居住着汉、回、纳西、傣、彝族等 15 个民族的居民。③ 喜洲古镇保留了丰富的白族文化传统和民俗习惯，镇内的白族民居建筑风格独特，具有浓郁的民族特色。

2002 年起，喜洲古镇依托其文化生态资源和独特地理位置，开始进行开发建设；2016 年，喜洲古镇被国家三部委共同认定为第一批中国特色小镇，成为全国特色景观旅游名镇。近年来，喜洲古镇先后获得中国首批"中国村庄名片"和"中国十大古村"等称号。④

旅游业是当地的经济支柱。2023 年大理州接待海内外游客 9530.3 万人

① 杨玉洁：《边远少数民族地区特色小镇培育研究》，硕士学位论文，西南交通大学，2018。
② 杨玉洁：《边远少数民族地区特色小镇培育研究》，硕士学位论文，西南交通大学，2018。
③ 杨玉洁：《边远少数民族地区特色小镇培育研究》，硕士学位论文，西南交通大学，2018。
④ 《大理州大理市喜洲镇喜洲村》，云南省文化和旅游厅网站，2024 年 4 月 6 日，https://dct. yn. gov. cn/html/2404/03_ 34089. shtml。

次，同比增长 67.4%；实现旅游业总收入 1603.4 亿元，增长 104.7%。① 喜洲古镇的传统院落，文化遗迹精品游线，甲马木刻版画、羊毛毡、古法造纸、扎染等白族民间传统手工技艺等，成为喜洲古镇旅游产业的重要支撑。

文化产业是喜洲古镇的另一项重要产业。例如大理蓝续绿色文化发展中心带领当地居民在继承与发展传统扎染文化的基础上形成了特色扎染产业，每年带动当地 3000~4000 名白族妇女参与扎花、拆花等工作。扎染产品通过散布在周城、喜洲、双廊等地的商铺对外销售，产业链的年产值达 7000 多万元。②

在农业方面，喜洲镇人民政府积极鼓励农业企业在古镇周边流转土地，种植绿色、有机、原生态的农作物，打造田园综合体。截至 2019 年 10 月，喜洲镇流转 1.4 万亩土地开展生态种植，鼓励支持 18 家新型农业经营主体发展花卉、车厘子、猕猴桃等生态观光农业，累计接待游客 80 多万人次。③

（二）少数民族特色文化的传承与创新

自 2016 年特色小镇建设以来，喜洲古镇以地方少数民族文化为依托，为特色小镇注入了丰富的文化内涵和独特的民族魅力。白族文化作为喜洲古镇的核心特色，通过多种形式的传承与创新得以发扬光大。

其一，举办多种形式的文化活动，增强了游客的参与感和体验感。例如，每年的"三月街"民族节和"蝴蝶会"等传统节日活动吸引了大量游客前来观光。这些节庆活动不仅展示了白族丰富的民俗文化，还为游客提供了亲身体验白族文化的机会。如白族"三道茶"表演、扎染技艺展示、洞经音乐和唢呐表演等活动，深受游客喜爱。

其二，借助现代科技手段，增强了文化旅游产品的吸引力和竞争力。

---

① 《政府工作报告——2024 年 1 月 31 日在大理白族自治州第十五届人民代表大会第四次会议上》，大理州人民政府网站，2024 年 3 月 30 日，https://www.dali.gov.cn/dlrmzf/zfgbml/202404/40034e999a63405cb694b9d217ba9909.shtml。
② 《大理州大理市喜洲镇喜洲村》，云南省文化和旅游厅网站，2024 年 4 月 6 日，https://dct.yn.gov.cn/html/2404/03_34089.shtml。
③ 《喜洲镇积极探寻农业转型之路》，大理市人民政府网站，2019 年 11 月 21 日，http://www.yndali.gov.cn/dlszf/c103334/201911/bee4aa7ffc1544fa8da047e3b808de9a.shtml。

2019 年 4 月"一部手机游云南"App 平台"喜洲版块"正式上线运行；通过景区名片优化编制，景区直播设备安装，导游导览解说优化，精品智慧线路推荐等方式，尽可能增强游客的个性化体验。①

其三，积极推动白族传统工艺的传承与创新，打造民族文化品牌。例如，喜洲的白族扎染和刺绣享誉国内外；当地政府通过开办扎染技能培训班和刺绣工艺展示等活动，培养了一批优秀的手工艺传承人与手工产业；目前，喜洲古镇的周城村成为白族扎染的重要基地，拥有 1 位国家级非遗传承人，近十位省、州、市级非遗传承人，村中从事扎染经营的有近百户，直接从业者近 1000 人，周边村庄间接从业者 2000 多人，年销售收入 7000 多万元。②

其四，依托白族文化资源，推出了一系列文化创意产品。例如，喜洲粑粑作为白族传统美食，通过现代包装和品牌推广，成为深受游客喜爱的特色食品；此外，喜洲古镇还开发了以白族民居为主题的精品民宿，将传统建筑与现代化的旅游设施相结合，既保留了白族建筑的独特风格，又提升了住宿的舒适度和便利性；同时，喜洲古镇的文化创意产业不仅增强了旅游产品的多样性，也为当地居民提供了更多就业和创业机会。

其五，结合少数民族文化符号，提升农产品的附加值和市场竞争力。喜洲古镇大力发展绿色生态种植，将生态农业融入地方文化产业品牌建设，推出"喜米""喜油""喜酒"等生态农产品品牌；不仅在国内市场广受欢迎，还远销日本、英国、美国、加拿大等多个国家和地区；据统计，目前喜洲古镇生态农业年产值达到数亿元，其中 80% 以上的产品销往国际市场。③

三 红河州弥勒市东风韵小镇

相较于和顺古镇与喜洲古镇的悠久历史，始建于 2014 年的东风韵艺

---

① 《大理市喜洲镇着力打造白族风情第一镇》，大理日报新闻网，2020 年 10 月 28 日，https://www.dalidaily.com/content/2020-10/28/content_4956.html。
② 《大理喜洲：旅游活镇 产业富民》，云南省人民政府网站，2021 年 8 月 22 日，https://www.yn.gov.cn/yngk/lyyn/lydt/202108/t20210822_226752.html。
③ 《大理市喜洲镇着力打造白族风情第一镇》，大理日报新闻网，2020 年 10 月 28 日，https://www.dalidaily.com/content/2020-10/28/content_4956.html。

术小镇则相对年轻。如果说和顺古镇代表着跨时间、跨区域的经济与文化交融，喜洲古镇代表了传统与现代、文化与生态的和谐共生，那么东风韵小镇则代表了传统记忆与现代理念相融合，多元主体共同参与的特色小镇。①

（一）东风韵小镇的基本情况与产业布局

东风韵小镇前身是位于弥勒西南 8 公里的国营东风农场。弥勒国营东风农场始建于 1958 年，原隶属于云南省农垦总局，以种植葡萄与柑橘为主。东风韵小镇于 2014 年开始在东风农场的基础上规划建设，逐步形成以原创艺术旅游产业为中心，以葡萄产业为基础，以康养产业为配套，生态农业、休闲养生、文化旅游三大产业融合发展的产业融合示范基地。②

在交通上，东风韵小镇位于昆明"一小时"经济圈内，两条高速公路过境；距弥勒高铁站仅 2.8 公里，从昆明至弥勒 27 分钟可达；弥勒市通用机场已通航，连接两广至全国。③ 在人口方面，东风韵小镇为非建制镇，故此地并无世居民众居住。在投资主体方面，东风韵小镇由云南省城乡建设投资有限公司、红河州兴旺农业开发有限公司以及弥勒市城市建设投资开发有限责任公司共同投资建设。项目自 2017 年开工建设，2017～2019 年三年总投资 37.88 亿元。

2019 年，东风韵小镇实现主营业务收入（含个体工商户）14964.10 万元，年均增长 25.2%；税收收入 1571.82 万元，年均增长 15.2%；就业人数 11733 人，年均增长 15%。④ 2023 年，弥勒市全年接待游客人数突破 1500 万人次，实现旅游收入 170 亿元以上，均创历史新高。⑤ 其中，东风韵小镇

---

① 彭艳玲等：《弥勒市生态旅游发展现状及对策》，《西南林业大学学报》（社会科学）2019 年第 2 期。
② 薛晶、马洁艳、朱权：《弥勒市特色小镇建设的实践》，《农村经济与科技》2020 年第 4 期。
③ 高菲：《基于生态修复技术下弥勒东风韵小镇创意园区山地景观设计》，硕士学位论文，昆明理工大学，2020。
④ 弥勒市人民政府《红河"东风韵"艺术小镇创建方案（2017—2019 年）》，未公开资料。
⑤ 《政府工作报告——在弥勒市第三届人民代表大会第四次会议上》，弥勒市人民政府网站，2024 年 2 月 5 日，http://www.hhml.gov.cn/zfxxgk_15889/fdzdgknr/zfgzbg_15910/2024 02/t20240205_677566.html。

为弥勒市的旅游经济提供了重要支撑，在小镇建设后的5年间，累计接待游客500万人次，为社会提供了600余个就业岗位。

"艺术文化"是东风韵小镇的特色标签。首先，小镇聚集了以罗旭为代表的艺术家与艺术爱好者，以艺术建筑群为载体，通过举办各类文化艺术相关的论坛交流、培训活动、作品展销等活动，营造小镇文化氛围，推动小镇文化艺术产业的规模化和聚集化发展。其次，小镇围绕艺术文化特色实现"艺术文化+"多产业融合发展，形成"艺术文化+创新""艺术文化+互联网""艺术文化+特色农业""艺术文化+健康产业"的四个主要产业集群，实现文化产业的创新发展。再次，以文化艺术促进特色小镇建设，在文化人才培养、文化氛围营造、基础设施建设、多元产业融合、生态环境保护、整体景观打造、游客特色体验等方面紧密围绕小镇文化特色，以文化振兴推动乡村全面振兴。最后，将文化艺术纳入特色小镇的创新体制，一方面坚持"政府引导、社会投资、市场运作、群众参与"的运营模式，另一方面探索"艺术家+企业家"合作的 PPP 开发新模式，凸显艺术家在小镇文化艺术特色化发展中的重要作用。

在具体的小镇规划中，东风韵小镇的各个功能区都彰显了艺术文化特色。小镇规划总面积 4.8 平方公里，其中，实际可建设用地 3.15 平方公里，水域及高原特色现代农业种植区 1.65 平方公里；核心区面积 1.1 平方公里。小镇的功能区划具体可以分为九大类型：艺术观光类、文化交流类、创业创新类、康体疗养类、互动体验类、户外探险类、田园风光类、运动休闲类、滨水休闲类（见表 10-2）。

表 10-2　东风韵小镇的九大功能区[①]

功能类别	具体项目
艺术观光类	万花筒艺术馆、农垦博物馆、半朵云餐厅、印章房商业广场、象罔艺术酒店
文化交流类	罗旭工作室、海男书院、美国查理钢琴学院

① 弥勒市人民政府《红河"东风韵"艺术小镇创建方案（2017—2019年）》，未公开资料。

续表

功能类别	具体项目
创业创新类	青年艺术家创业园（包括画家工作室、作家诗人工作室、影视工作室、戏剧创作工作室、音乐创作工作室、平面创意设计工作室、科研工作室、舞蹈工作室、陶艺工作室、书法工作室）、艺术院校实习基地、阿里巴巴电商中心（包括农产品交易平台推介会、农产品电商峰会创新论坛）、大学生创业示范中心、东南亚南亚记者培训中心
康体疗养类	养老养生中心（包括养老公寓、养生度假村、私人定制养生会所、森林SPA、疗养民宿）
互动体验类	牛哆啰音乐农庄酒店（包括乐器制作DIY工作室、花园音乐剧场、动感农场主题体验园、亲子农庄餐厅、乐谱主题酒店）、红酒庄园、葡萄系列产品加工厂
户外探险类	金飞豹探险庄园（包括攀岩、探险俱乐部）、房车俱乐部及房车营地、滨湖露营地（包括户外烧烤、篝火晚会、水上蹦极）
田园风光类	薰衣草主题公园、普洱茶庄园、葡萄庄园
运动休闲类	时尚运动庄园（包括乒乓球馆、网球馆、瑜伽馆、游泳馆、溜冰馆、室外跑马场）、森林慢跑步道
滨水休闲类	环湖栈道观光、环半岛湖、水上餐厅、湿地公园、水上夜游

（二）现代艺术与地方文化的有机融合

东风韵小镇的特色在于将现代艺术与地方文化的有机融合，其中较具代表性的是将现代艺术与地方历史传统农业所形成的文化符号相融合。东风韵小镇既往所属的国营东风农场，有较好的传统农业基础，尤其是在葡萄种植、红酒加工等领域具有一定的品牌影响力；小镇在将既往传统农业符号融入现代、后现代建筑的设计，将传统农业经济与文化艺术产业相融合方面特色明显——农垦博物馆是其中的典型。东风韵小镇的农垦博物馆，作为云南农垦系统的首家博物馆，以东风农场的建立为背景，讲述了第一代农垦人在东风这片曾经荒无人烟的土地上开垦荒地、建设家园的故事，展示了东风农场的发展变化，着重反映当年的下放干部、知识青年、军管人员、本地居民等在东风农场耕耘的历史。农垦博物馆建筑面积1580平方米，以"围垦造田""青春年华""改革开放"三大板块形成农垦物品展示区、纪念相册展示区、纪念影视播放厅等区域；"围垦造田"与"青春年华"两个板块沿着东风农场农垦事业的发展脉络，通过实物、照片和文字材料，呈现了"上山下乡"时期知青的工作和生活；"改革开放"板块则展现了东风农垦人振兴东风农场，建设"东风波尔多"的过程，并展望了未来东风韵小镇的发展前景。

　　艺术家参与下的特色小镇建设构成了东风韵小镇的一大特色。东风韵小镇的设计师罗旭1956年出生于弥勒本地的一个小商人家庭，16岁之后先后在瓷器厂与建筑队工作，虽然其并未接受过专业的艺术科班教育，但后来逐渐成为小有名气的艺术设计师。2016年，罗旭开始主持并参与东风韵小镇的设计。2021年，东风韵小镇的两处建筑设计获得国际大奖：一是东风韵小镇的雕塑建筑"半朵云"获2021年德国"红点最佳设计奖"；二是东风韵小镇的"美憬阁"酒店，获2021年美国"HDAwards奖"。在东风韵小镇的设计上，罗旭基于当地的文化因素，将地方历史与社会环境融入特色小镇建设，充分展现了弥勒的乡土文化。首先，在建筑材料上选择当地烧制的红砖作为主要材料。这既是对弥勒传统砖石厂的一种回望，也是对人与自然、建筑与自然和谐共处的美好展望。其次，在造型设计上，罗旭展现了自身对弥勒特色文化的理解。部分建筑形态模仿自然物体，如艺术建筑"巢"打破了传统建筑的四方形状，而更具包容性。最后，在内容设计上，罗旭将弥勒农垦文化融入特色小镇建设，设计建造农垦博物馆以此致敬弥勒的农垦文化。此外，罗旭还利用鲜明的色彩，大胆的表现手法，强烈的视觉冲击力，以及独特的光学玩具万花筒形式，将艺术与生活、艺术与旅游完美融合。同时，除设计师罗旭之外，还有许多艺术家也参与到了东风韵小镇的建设之中，如作曲家万里，词作家蒋明初等。

　　坚持"政府引导、企业主体、群众参与、市场化运作"的原则，充分发挥市场在资源配置中的决定性作用①为东风韵小镇的建设提供了支撑。2017年，云南省建设投资控股集团下属子公司云南省城乡建设投资有限公司进入东风韵小镇投资开发，建成后由云南建设投资集团下属子公司红河

---

① 《红河州人民政府关于做好特色小镇创建工作的实施意见》，红河州人民政府网站，2017年5月24日，http://www.hh.gov.cn/zfxxgk/fdzdgknr/zfwj/zfwj/hzf/201907/t20190709_353072.html；《云南省人民政府关于加快推进全省特色小镇创建工作的指导意见》，云南省人民政府网站，2018年10月26日，https://www.yn.gov.cn/zwgk/zcwj/yzf/201911/t20191101_184057.html。

兴旺农业有限公司运营管理。

东风韵小镇的一则宣传词中写道:"它有着浓烈的原创艺术气息和时代印记……这里的一切都是原创的、是有生命力的、是连接世界的。东风韵充满了文化艺术的原创力量。"如其所说,以原创艺术文化旅游产业为中心、生态农业为基础、康养产业为配套的东风韵小镇,将弥勒传统农垦文化与现代文化艺术有机结合,在"艺术家+企业+政府"的协同参与中成功地将特色文化融入小镇发展的路径之中,为特色小镇的发展提供了"东风韵模式"。

四 以文化为抓手建设特色小镇的"云南经验"

特色小镇是中国式现代化进程中推进新型城镇化并实现乡村全面振兴的重要途径。本章的三个案例共同体现了特色小镇的"云南经验"——以文化为抓手的特色小镇建设,不仅可以实现特色小镇区域内经济政治社会文化生态的协调运行,同时也可以有效解决我国特色小镇建设过程中的"同质化"问题。通过三个典型案例的分析可以发现,以云南省文化为抓手的特色小镇又可细分为三个类型:一是结合人口迁徙与边境贸易历史过程发展而来的特色小镇,二是结合少数民族日常生活与文化符号发展而来的特色小镇,三是结合现代艺术与传统文化,且多元主体参与的特色小镇。

(一)结合人口迁徙与边境贸易历史过程发展而来的特色小镇

云南省边境地区的特色小镇,深受历史背景、移民文化和边境贸易文化的影响,形成了别具一格的本土文化。本章所重点介绍的和顺小镇,以历史文化传承和外来文化融合为核心,在发展过程中,重视保护和利用历史文化资源,旨在打造具有地方特色的文化旅游目的地。首先是历史文化的保护与利用,和顺小镇深入挖掘和保护本地历史遗产,通过修复古建筑、举办传统文化节庆等方式,保持其历史文脉的连续性,同时吸引游客体验独特的历史文化氛围。其次,将"走夷方"的历史所带来的外来文化融入当地的历史文化和旅游产业之中,以开放、包容的态度实现了文化的传承和创新。从而形成了以历史文化传承与外来文化融合为核心的特色小镇模式。

在云南,结合历史过程中人口迁徙与边境贸易发展而来的特色小镇还有很多。例如，河口瑶族盘王小镇，其位于河口县，这个小镇深受瑶族先民文化的影响，保留了原始的农耕文化和古朴的民居；由于地处中越边境，也深受越南文化的影响，这种文化的交融在小镇的各个方面都有所体现；边境贸易的活跃也为这个小镇带来了独特的经济和文化活力。又如畹町镇，是瑞丽市的一个边境小镇，与缅甸隔河相望；作为中缅贸易的重要通道，畹町拥有丰富的边境贸易历史和文化。这种贸易活动不仅促进了当地经济的发展，也带来了文化的交流和融合；在畹町，可以清晰地看到缅甸文化和中原文化的双重影响，这在小镇的建筑、饮食、节庆等方面都有所体现。此外，勐仑镇和磨憨镇也是值得关注的边境小镇，勐仑镇是傣族文化的聚集地，因靠近边境，与邻国有着密切的贸易往来，贸易活动也为小镇带来了独特的文化氛围；磨憨镇则作为中老边境的重要贸易点，融合了多国文化元素，形成了独特的边境小镇风貌。

（二）结合少数民族日常生活与文化符号发展而来的特色小镇

云南省作为中国少数民族聚居最为集中的地区之一，孕育了众多具有鲜明民族特色的小镇。本章所重点介绍的喜洲古镇，聚焦于民族文化的保护与旅游开发。该小镇以白族文化为特色，通过生态保护和民族文化的结合，打造成为旅游休闲类特色小镇。首先是民族文化的保护与展示，喜洲古镇通过保护白族的传统村落、民族服饰、节日庆典等文化，使白族文化成为吸引游客的独特资源。其次是生态旅游的发展，结合白族文化与当地生态资源，发展生态旅游，如生态徒步、民族文化体验等，同时注重生态环境的保护，避免过度开发。从而形成了以自然生态景观和少数民族文化为核心的特色小镇模式。

在云南，结合少数民族日常生活与文化符号发展而来的特色小镇还有很多。例如，西双版纳勐仑小镇，是傣族文化的代表；这里的建筑风格以傣族传统建筑为主，错落有致的竹楼、精美的雕刻和独特的屋顶设计随处可见；勐仑小镇还保留着丰富的傣族歌舞、节庆活动和手工艺品制作技艺，为游客提供了视觉与听觉的特色体验。又如，红河州的弥勒可邑小镇，以彝族文化为主题，展现了浓厚的彝族风情；这里的彝族民居采用独特的土木结构，色彩艳丽，装饰精美；小镇内还设有彝族文化展览馆，陈列着丰富的彝族历史文物和民俗用品，让游客能够深入了解彝族文化的独特魅力。再如，丽江古城，是纳西族文化的聚集地；古城的街道依山傍水修建，以红色角砾岩铺就，是中国民居中具有鲜明特色和风格的类型；丽江古城内的木府、五凤楼等古建筑群，以及纳西族传统的东巴文化和纳西古乐，都吸引了无数游客前来探寻纳西族的深厚底蕴。此外，香格里拉独克宗古城，作为藏区的重要城市，也是藏族文化的瑰宝；古城内的建筑风格、宗教氛围以及藏族歌舞、节庆活动等都充分展示了藏族文化的独特魅力；独克宗古城还是茶马古道上的重要节点，见证了藏族与其他民族文化交流与融合的历史。

（三）结合现代艺术与传统文化，且多元主体参与的特色小镇

还有一批云南特色小镇，融合了现代艺术与传统文化，并吸引国家、市场与社会多元主体参与其中。本章所重点介绍的东风韵小镇，侧重于传统农垦文化与现代文化艺术产业的结合与发展，通过现代创意与传统文化的结合，推动小镇经济和文化的双重发展。首先以地方传统农垦文化和社会环境为基础进行小镇设计，以弥勒东风农场旧址为基础建设农垦博物馆，推动农垦文化的传播与发扬；以地方砖窑厂的红砖为建筑基调建设万花筒等现代艺术建筑，使现代艺术完美融入当地社会环境。从而形成了以传统农垦文化和现代文化艺术相结合的特色小镇模式。

相似类型的云南特色小镇还有很多。例如，大理州的双廊小镇，既保留了白族传统的建筑风格和文化习俗，又积极拥抱了现代文化和艺术；白族的传统民居与现代化的艺术工作室、咖啡馆相融合，形成了一种独特的文化氛围。又如，丽江市的束河古镇，是纳西族文化的发源地之一；古镇保留了纳西族的传统建筑和文化遗产，如古老的油纸伞、纳西刺绣等；随着旅游业的发展，束河古镇也融入了现代元素，如特色客栈、手工艺品店等，为游客提供了丰富的文化体验。再如，红河州的建水古城，既保留了古老的建筑风格和传统文化，又融入了现代元素和外来文化；古城内的传统手工艺品店、特色小吃摊以及现代化的娱乐设施等，共同构成了一个多元化的文化空间。

（四）特色小镇未来发展的相关建议

特色小镇的核心竞争力在于其"特色"二字，根据"中国乡村社会大调查"所归纳的云南特色小镇经验，我们对未来特色小镇的发展提出以下几点建议。

第一，重视文化在特色小镇"特色化"过程中的作用。特色小镇的核心竞争力在于其独特性，而文化是塑造这种独特性的关键因素。因此，在特色小镇的发展过程中，应高度重视文化的作用，将文化作为特色小镇"特色化"的灵魂。深入挖掘和传承本地文化，打造独具特色的文化品牌，使特色小镇在激烈的市场竞争中脱颖而出。

第二，在特色小镇的规划中充分挖掘本地特色文化。在特色小镇的规划中，应充分挖掘和利用本地特色文化资源，将其融入产业规划、整体景观设计和游客体验中。例如，可以依托当地的传统手工艺、特色节庆、民俗活动等文化资源，发展文化创意产业和旅游产业，打造具有地方特色的文化产品和服务。同时，在景观设计上，应注重保护历史文化建筑和传统风貌，营造出具有浓郁地方特色的空间氛围。

第三，重视将本地文化与外来文化、传统文化与现代文化有机融合。在特色小镇的发展过程中，应注重将本地文化与外来文化、传统文化与现代文化进行有机融合。通过引入外来文化和现代文化元素，为特色小镇注入新的活力和创意，同时保持本地文化的独特性和魅力。这种融合不仅可以丰富特色小镇的文化内涵，还可以吸引更多不同年龄层次的游客，促进特色小镇的可持续发展。

第四，重视社会组织、地方能人、艺术家在特色小镇发展中的重要作用。社会组织、地方能人和艺术家是特色小镇文化建设的重要力量。他们具有丰富的文化素养和创造力，能够为特色小镇的文化发展提供有力的支持。因此，应重视与这些群体的合作与交流，鼓励他们积极参与到特色小镇的文化建设中来。例如，可以邀请艺术家在特色小镇进行创作和开设展览，或者与地方能人合作开展文化传承和创新项目，共同推动特色小镇的文化繁荣发展。

第十一章 云南省乡村文化振兴中的民俗文化

党的十八大以来，习近平总书记高度重视中华优秀传统文化的保护、传承和利用。2016年，习近平总书记在哲学社会科学工作座谈会上强调"加强对中华优秀传统文化的挖掘和阐发，使中华民族最基本的文化基因与当代文化相适应、与现代社会相协调"。①作为一种与上层社会文化相对应的社会文化现象，民俗文化又被称为"人民的生活文化"、"人民的风俗习惯"或"民间文化"。在社会发展的历史长河中，民俗在劳动人民的生产生活中孕育而生，不仅是民族智慧与文明的结晶，而且能够代代相传，并在这一过程中实现新的发展和演绎，成为民众智慧的体现。通常，民俗文化涵盖物质民俗、社会民俗和精神民俗三大领域。物质民俗包含了生产方式、交通工具、服装饰物、饮食、民居等；社会民俗涵盖风俗习惯、社会结构、生活礼仪等；而精神民俗则包括宗教信仰、伦理道德、民间口头文学、民间艺术、游艺竞技等方面。这些看似朴实无华的民俗文化，实际上是中华民族极其宝贵的文化资源。

民俗文化作为社会文化的一部分，不仅体现了一个地区的历史传承和文化积淀，还深刻影响着当地居民的社会行为和价值观。在云南省乡村文化振兴过程中，民俗文化既是资源，也是动力，在增强社区凝聚力、促进社会参与、增强居民幸福感等方面发挥着不可替代的作用。本章基于文献梳理，从节庆民俗和乡风民俗两个角度切入，旨在探讨民俗文化助力云南省乡村文化振兴的实践路径。首先，本章将分析云南省的节庆活动，探讨这些节庆活动如何在作为重构乡村社会空间关键一环的情感秩序中发挥作

---

① 《习近平著作选读》第1卷，人民出版社，2023，第480页。

用。其次，将探讨云南省民俗文化在社会规范和行为模式中的作用，特别是其如何通过制度化的文化实践和社会互动，推动乡村社会的道德重塑和行为规范的现代化转型。进一步地，本章将探讨云南省民俗文化在乡村文化振兴中的实践路径，特别是其在推动乡村在中国式现代化进程中淬炼内生动力时发挥的积极作用。通过梳理云南省的实践经验和具体案例，揭示民俗文化如何通过创造性转化和创新性发展，推动乡村社会的自主发展和可持续振兴。

第一节　云南省乡村节庆空间的情感实践

云南是一个节庆文化大省，几乎月月有节庆。各个民族特色节日也多被认定为国家级非物质文化遗产，有组织的节庆演绎活动更是构成了一幅丰富多彩的社会文化长卷。在云南乡村社会大调查的村居问卷中，共有 348 个村庄参与调查，其中 69.8% 的村庄或社区拥有独特的地方民俗节日。在这些村庄中，平均节庆个数为 2.47 个（中位数为 2 个），平均放假 6.82 天（中位数为 5 天）。几乎所有的村庄都欢迎其他民族的民众参与节庆活动。在这些节庆活动中，一年中地方民俗节日的平均举办天数约为 7 天，其中最长的节庆活动达到了 41 天。

一　云南省乡村节庆类型

云南省乡村节庆活动的类型可以基于节庆活动的主题和内容进行划分，大致可以分为以下七类。民俗风情类节庆以各民族独特的民俗风情和生活方式为主题，如西双版纳傣族泼水节、大理州巍山彝族火把节、傈僳族刀杆节等。这些节庆活动通常包含丰富的民族特色，展现了云南多元文化的魅力。文化娱乐类节庆以现代娱乐文化形式为主，辅以其他形式的表演、参观等，如大理州蝴蝶会、迪庆州德钦县新春弦子节等。这类节庆活动通常结合了传统与现代元素，吸引了大量游客参与。体育休闲赛事类节庆以体育赛事和休闲活动为主，如各类民族体育竞技、户外休闲活动等。这类

节庆活动旨在促进身心健康和地方旅游的发展，如彝族的赛装节。地方特
色物产类节庆是以展示和推广地方特色物产为主题的节庆活动，如各种农
产品展销会、地方美食品尝会等。这类节庆活动有助于提升地方特产的知
名度和市场影响力，如大理的白族三月街民族节。历史文化类节庆以展示
和传承地方历史文化为主要内容，如南诏文化节、哈尼梯田文化旅游节等。
这类节庆活动通常结合了文化论坛、历史展览等多种形式，旨在弘扬和保
护地方传统文化。商贸展销类节庆是以促进地方商贸发展为目的的节庆活
动，如昆明泛亚国际民族民间工艺品博览会、西双版纳的澜沧江·湄公河
流域国家文化艺术节等。这类节庆活动通常包含商品展销、经贸洽谈等内
容，是推动地方经济发展的重要平台。旅游会展类节庆是以旅游推广和会
展为主要内容的节庆活动，如昆明国际文化旅游节等。这类节庆活动通常
结合了旅游推介、文艺表演等多种形式，旨在提升地方旅游品牌的知名度
和吸引力。这些分类不仅体现了云南省乡村节庆活动的多样性，也反映了
节庆活动在促进地方经济、文化和社会发展方面的重要作用。

二　云南省乡村节庆的民族构成

云南省是中国民族多样性最为丰富的省份之一，拥有 25 个世居少数民
族，其中 15 个为云南特有。2020 年人口普查显示，云南少数民族人口
1563.6 万人，占全省人口 33.12%。截至 2022 年，云南省民族宗教事务委
员会认证了 25 个世居少数民族传统节日（见表 11-1）。所以，每个民族都
有自己独特的文化和节庆活动，这些活动不仅是各民族的文化娱乐方式，
也是中华民族的历史传承、生活方式和价值观念的重要载体。

表 11-1　云南省 25 个世居少数民族主要传统节日

民族	节日	时间	民族	节日	时间
彝族	火把节	农历六月二十四	藏族	藏历新年	藏历正月初一
白族	三月街节	农历三月十五	布朗族	桑衎新节	傣历六月中旬
哈尼族	十月年节	农历十月	布依族	六月六节	农历六月初六

续表

民族	节日	时间	民族	节日	时间
壮族	三月三节	农历三月初三	阿昌族	阿露窝罗节	农历九月初十（现调整为三月二十日左右）
傣族	泼水节	农历清明前后	普米族	吾昔节	农历十二月初六
苗族	花山节	农历正月	蒙古族	那达慕节	农历十一月
回族	开斋节	伊斯兰教历十月初一	怒族	仙女节	农历三月十五
傈僳族	阔时节	农历十二月初五至次年正月初十	基诺族	特懋克节	农历腊月
拉祜族	葫芦节	农历十月十五	德昂族	泼水节	农历清明后
佤族	新米节	农历八月十四	水族	三月三节	农历三月初三
纳西族	三朵节	农历二月初八	满族	颁金节	农历十月十三
瑶族	盘王节	农历十月十五	独龙族	卡雀哇节	农历腊月
景颇族	目瑙纵歌	农历正月十五	—	—	—

在云南省的非物质文化遗产保护工作中，对各民族的节庆保护占据着重要地位。这些节庆不仅是民族文化的重要组成部分，也是民族认同和传承的重要方式。云南省高度重视各民族节庆的保护工作，通过四级非物质文化遗产代表性项目和传承人名录体系的建立，将各民族的节庆纳入名录中，进行系统保护和传承。同时，云南省还注重节庆与现代社会的融合，推动节庆文化的创造性转化和创新性发展，使之成为满足人民群众精神文化需求的重要资源。通过这些努力，云南省的节庆文化得以传承和发扬，为中华民族文化宝库增添了独特的魅力。

在深入分析云南省的非物质文化遗产节庆项目时，我们注意到彝族拥有的节庆项目数量非常可观，多达25个。这一数量与彝族在云南的广泛分布密切相关。彝族的聚居地遍布楚雄州、红河州、普洱市、昆明市的禄劝县和寻甸县、曲靖市的会泽县和宣威市、大理州的巍山县、文山州的西畴县和马关县、玉溪市的峨山县，以及迪庆州的维西县等多个地区。相比之下，白族主要集中在大理州，其节庆数量为8个。同时，哈尼族、壮族、纳西族的非遗节庆项目数量也相对较多，均超过4个（见表11-2）。尽管其他民族的非遗节庆项目数量较少，但每一项都承载着独特的文化意义和价值。

如表 11-2 所示，云南省节庆活动的非遗传承内容丰富多彩，涵盖了祭祀祈福、庆祝丰收（如哈尼族的十月年节、佤族的新米节）、纪念历史事件或人物（如纳西族的三朵节）、宗教庆典（如回族的开斋节），以及展示民族文化和技艺的节日（如藏族的藏历新年、蒙古族的那达慕节）等。这些活动不仅为当地民众提供了丰富的文化生活，也为外界了解云南各民族提供了窗口。在这些节庆活动中，我们可以感受到各民族对自然、祖先和历史传统的敬畏，以及他们对幸福生活的向往和追求。这些乡村节庆成为云南省民族文化的重要组成部分，也是民族文化旅游的重要资源。此外，节日的时间分布在整个农历年和公历年中，有的还涉及民族历法，显示了云南各民族时间观念的差异和多样性。

表 11-2　云南部分少数民族非物质文化遗产节庆项目

单位：个

民族	节庆数量	非遗节庆项目名称
彝族	25	祭火习俗（阿细祭火）；阿卓节；老滔村"赶鸟"习俗；彝族立秋节；"绑神猴"习俗；彝族"六月六"习俗；彝族开新街；彝族"德培好"习俗；彝族祭祖灵；彝族祭山神；彝族祭龙；天峰山歌会；彝族朝山会；尝新节；荞菜节；彝族草马节；彝族桑沼哩节；火把节；跳宫节；赛装节；插花节；二月八节；哑巴节；彝族六祖分支祭祖仪式；彝族粑粑节
白族	8	雨露白族正月灯会；栽秧会；尚旺节；白族太平节；耆英会；白族绕三灵；三月街；石宝山歌会
哈尼族	6	矻扎扎节；哈尼族仰阿那；祭寨神林（哈尼族阿批突）；哈尼族九祭献；哈尼族长街宴；祭寨神林
壮族	6	九龙山祭祀；赶花街；皇姑节；尝新节；女子太阳节；陇端节
纳西族	5	祭署习俗；纳西族祭天习俗；纳西族祭天习俗（纳西族祭天仪式）；纳西族（摩梭人）转山节；三多节（也叫三朵节）
傈僳族	4	傈僳族刀杆节；阔时节；澡塘歌会；傈僳族纳么黑吉
傣族	4	花街节；傣族喊月亮；傣族关门节、开门节；泼水节
藏族	4	梅里神山祭祀；赛马会；藏族"百谐"祭祀礼仪；藏族祭山跑马节
德昂族	2	德昂族浇花节；德昂族龙阳节

民族	节庆数量	非遗节庆项目名称
怒族	2	怒族如密期；怒族"仙女节"
拉祜族	2	拉祜族葫芦节；拉祜族"搭桥节"
普米族	2	普米族"拈达则"封山仪式；普米族吾昔节
苗族	2	苗族"闹兜阳"；苗族花山节
佤族	1	佤族贡象节
基诺族	1	特懋克节
布朗族	1	布朗族山康茶祖节
景颇族	1	景颇族目瑙纵歌节
独龙族	1	独龙族"卡雀哇"节
瑶族	1	瑶族盘王节
阿昌族	1	阿露窝罗节

三　云南省乡村节庆的地域分布

地处中国西南边陲的云南，与缅甸、老挝、越南三国接壤，长达 4061 公里的国境线横跨其中。地形自北向南逐级下降，形成了高山、高原、丘陵、河谷等多种地貌。错落有致的地理环境显著影响了各民族的风俗习惯，尤其是他们的居住分布情况。例如，白族和壮族多居住在平原地区；傣族和阿昌族则生活在低热的河谷地带；彝族和哈尼族常见于半山区或偏远山区；苗族多在高寒山区落户；而藏族和普米族则聚集在滇西北的高原地带。

从上面的分析中，我们可以清晰地看到云南省节庆资源的丰富性和分布的广泛性。其中，综合类节庆和农事类节庆活动在云南省呈现出一种独特的带状分布模式，从滇西北地区一路向滇东南地区伸展。这种分布模式与云南省的农业生产带以及地理气候条件紧密相关，反映了农业活动与季节性节庆之间的内在联系。商贸类节庆主要集中在滇中东地区，这一趋势与该区域的经济活力、交通便捷和市场繁荣紧密相关。纪念类节庆活动遍布全省，凸显了其在地方文化中的核心地位和深远的文化影响力。

云南省的地理环境对其节庆的分布情况产生了深远的影响。由于印度板块与欧亚板块的持续碰撞和相互作用，云南的地貌呈现出从西北向东南的自然梯度变化，覆盖了横断山脉、云贵高原以及滇东南丘陵区等多个地理区域。这一地质结构塑造了云南独特的气候特征，形成"一山有四季，十里不同天"的现象，同时为众多珍稀、特有的生物种类提供了一个天然栖息地。在云南省，山地和丘陵地区是许多少数民族聚居的地方，孕育了许多与山有关的节庆。如集中在云南东南部的苗族花山节，节日期间，苗族人会身着盛装，聚集在山上的花山场，进行对歌、跳芦笙舞等活动，展现对山的崇拜与热爱。又如纳西族三朵节以祭祀山神"三朵"为中心，祈求山神保佑。而哈尼族矻扎扎节的内容主要包括祭祀山神和盛大歌舞，山被视为文化的重要组成部分。

作为中国河流密集度最高的省份，云南汇集了金沙江、澜沧江、怒江等多条重要河流。纵横交错的水脉贯穿省内多样的地理景观，成就了很多关于"水"的节庆和习俗。其中，云南傣族、景颇族的泼水节是因"水"而生的著名节庆，相互泼水、浴佛、赛龙舟等活动都是围绕"水"展开的。云南壮族把春节称作"吉节"，是壮族隆重的岁首节庆，男生要到河边捡鹅卵石，姑娘要去抢新水。佤族的年节又叫新水节、迎新水和接新水。傈僳族的澡塘歌会又被称作"春浴迎春"，核心活动之一就是洗浴，人们相信水可以洗去过去一年的辛劳和疾病。

云南的地理多样性与独特的农业生产方式紧密交织，共同塑造了丰富多彩的节庆文化。在山区，哈尼族人民以其精湛的梯田农业技术著称，他们巧妙地利用山地地形，修建了层层叠叠的梯田。这种农耕方式不仅充分利用了有限的土地资源，也体现了他们对自然环境的深刻理解和尊重。哈尼族的十月年节便是对这种农业智慧的庆祝，也是对山神和水神赐予丰收和水源的感激之情的表达。在云南的热带地区，如西双版纳，其热带气候和充沛的降水为咖啡、香蕉等热带作物的种植提供了理想条件。傣族的关门节和开门节便与这些作物的种植周期紧密相连，成为对自然恩赐的丰收的庆祝和对未来收成的祈愿。在这些节庆活动中，傣族人通过祭祀仪式和泼水节等传统习俗，不仅表达了对自然的感恩之情，也体现了对民族文化的传承和对未来美好生活的向往。通过这些节庆，云南人民将他们的生产方式、信仰和价值观融入了庆祝活动中，展现了他们对自然和文化的深刻理解与尊重。

四　云南省乡村节庆的发展现状

节庆活动不仅是云南民俗文化传承的重要载体，也成为地方政府、企业、媒体和社会组织共同参与的文化产业项目。2018年，《云南省人民政府办公厅关于促进全域旅游发展的实施意见》明确指出要大力开发精品节庆、演艺、会展旅游产品，重点打造20个云南特色节庆活动。"十四五"时期，云南省民族宗教事务委员会深入实施民族文化保护传承和"双百"工程，创新发展民族文化，策划一批民族节庆、民族演艺和文化旅游等扶贫项目，充分发挥文化扶贫功效。为了扶持人口较少的民族加快发展，2019年，云南省民族宗教事务委员会还利用民族工作专项资金对24个世居少数民族节日活动进行补助，支持民族乡、民族自治县开展群众性民族传统节庆文化活动。除了节庆组织资金扶持，云南省还积极对世居少数民族节日进行非遗申报。2021年，特懋克节、三朵节和阔时节入选第五批国家级非物质文化遗产代表性项目名录。

在推进乡村节庆创造性转化、创新性发展的过程中，云南省各级政府的角色主要体现在政策制定、资金支持和活动规划等方面。首先，云南省加强财政资源统筹，加大文化领域的投入力度，为节庆演艺活动的开展提供了必要的财政支持。2022年，云南省政府实施了《"州、市人民政府举办大型节庆活动"奖补实施细则》，对游客参与度较高的节庆活动，省财政会给予每个活动50万元的补助。其次，政府还负责对节庆演艺活动的质量和安全进行监管，并通过建设文化设施、培养文化人才等方式，为节庆演艺活动的长期发展提供基础保障。最后，通过建立非物质文化遗产保护中心和民族文化博物馆等机构，组织高等院校和科研单位对民族节日的庆祝活动进行系统性的整理和研究，解读传统民俗的当代价值。这不仅丰富了当地的文化生活，也为乡村旅游和文化产业的发展提供了新的动力。

五 乡村节庆空间重构中的情感秩序

云南省的乡村节庆不仅是展示民俗文化的重要平台，更是地方政府、企业、媒体和社会组织共同参与的文化产业项目。在这些节庆活动中，多元主体的协作形成了复杂而富有层次的情感秩序。政府提供政策支持，企业和媒体进行宣传推广，社会组织则负责具体的组织和实施，形成了多方协作的良性互动。这种互动不仅使得节庆活动成为文化传承的载体，也极大地促进了当地经济和社会的发展。由此，政府通过出台相关政策支持节庆活动，企业和媒体借助节庆活动进行品牌推广，社会组织则在组织和实施过程中注重参与者的情感需求，通过精心设计的活动环节来调动参与者的积极性。

节庆文化的溯源是情感唤醒的重要途径。在乡村节庆中，通过重现传统的节庆仪式和活动，可以唤醒人们的历史记忆和文化认同。通过泼水（泼水节）、爬刀杆（刀杆节）、土主巡游（米线节）、龙舟竞赛等传统活动，能够让当地居民重新感受到祖辈们的生活方式和价值观，从而增强对本土文化的认同感。这种情感的唤醒不仅有助于文化传承，也能增强社区的凝聚力，促进社会的和谐发展。在这一过程中，传统文化的溯源不仅是对历史的回顾，更是对当代文化认同的一种重建。这种情感的唤醒通过具体的节庆活动得以实现，并在此过程中形成了一个具有共同情感认同的文化共同体。

节庆组织策划中的情感控制是保证节庆活动顺利进行的关键。节庆活动的成功离不开情感的调动和控制。在组织策划过程中，需要充分考虑到参与者的情感需求，通过精心设计的活动环节，激发参与者的情感共鸣。通过音乐、舞蹈、饮食等元素的巧妙融合，可以营造出欢乐祥和的节日氛围，吸引更多人参与。节庆活动中的情感控制不仅是通过正向情感的调动来吸引参与者，还需要通过有效的管理和组织来避免负面情感的产生。在大型节庆活动中，安全和有秩序至关重要，因此应通过严格的安保措施和科学的活动安排，确保活动在和谐有序的氛围中进行，从而达到文化传播和经济发展的双重目标。

第二节　节庆的情感向度：以西双版纳
州的泼水节为例

西双版纳州位于中国云南省南部，是一个多民族聚居的地区，其中傣族是主体民族。西双版纳的地理环境独特，位于热带雨林气候区，拥有丰富的植被和生物多样性。这里的热带雨林、河流、瀑布和湖泊等自然景观吸引了大量游客。此外，西双版纳的经济以旅游业为主，同时也在积极发展农业和林业。随着经济的快速发展，西双版纳的社会基础设施和公共服务也在不断完善，为当地居民和游客提供了更好的旅行和生活环境。西双版纳的节庆活动丰富多彩，其中最著名的就是傣族的泼水节。每年4月，傣族人民都会欢庆泼水节，这是一个具有深厚文化内涵和宗教意义的节日。在泼水节期间，人们会互相泼水，象征着洗去过去一年的不幸和疾病，迎接新的一年的好运和健康。此外，西双版纳还有许多其他节庆活动，如佛诞节、傣族的孔雀舞节等，这些活动都体现了傣族文化的独特魅力。

关于泼水节的起源说法众多，涉及宗教、历史、农耕等多个方面。[①] 据学者研究，泼水节最初是一种宗教仪式，与小乘佛教密切相关。大约在13世纪末至14世纪初，佛教传入缅甸，然后传入云南傣族地区。因此，泼水节在云南傣族地区具有几百年的历史。各种说法都有一定的依据，这反映了泼水节丰富的文化内涵和深厚的历史底蕴。泼水节在傣族地区有着广泛

---

① 关于泼水节的起源，目前学术界存在多种观点。一种观点认为，泼水节起源于印度，与小乘佛教和婆罗门教密切相关。泼水节最初是婆罗门教的一种宗教仪式，后来传入佛教，成为纪念佛教创始人释迦牟尼的节日。随着婆罗门教和小乘佛教的传播，这一风俗广泛传播到南亚和东南亚地区。另一种观点认为，泼水节是由波斯传入的泼寒胡戏发展而来的。泼水节起源于波斯的"泼寒胡戏"，后沿着丝绸之路传入中国，逐渐演变成泼水节。还有一种观点认为，泼水节原本是傣族及东南亚各国的新年节，与历法、农业生产有密切关系。因此，泼水节被广泛认为是佛教化、世俗化了的农耕节日。此外，泼水节的起源还与一个流传广泛的傣族传说有关。传说中，七个傣族姐妹杀死了凶恶的魔王，为洗净身上的血迹，每年都会泼水庆祝。因此，泼水节成为纪念这七位姐妹的传统节日。

的影响,被认为是傣族最隆重的节日。泼水节不仅是一项传统的宗教活动,还逐渐演变成了一场盛大的狂欢节。泼水节期间,人们会相互泼水,以庆祝新年的到来。泼水节不仅对傣族人民具有重要意义,还对加强民族团结、促进社会经济发展具有积极作用。当前,泼水节被列为国家级非物质文化遗产,受到国家的高度重视和保护。

一 泼水节的节庆仪式内容

泼水节,这个深植于傣族宗教信仰和社区团结的传统节日,在历史的长河中不断演变,逐渐融入现代社会的节庆文化中。最初,这一节日是在家庭和社区内部举办的,包括浴佛、丢包求偶、象脚舞和孔雀舞、赛龙舟、放高升以及祭祀等活动,每一项都蕴含着深厚的文化意义和宗教色彩。随着时间的推移,泼水节的活动在现代社会中经历了变革,节庆仪式变得更加开放和商业化,场景布置也变得更加多样化和现代化,吸引了全球游客的目光,甚至出现了以表演为主的商业泼水秀。泼水节已不仅是傣族人民心中的节日盛事,也成为云南省乃至全球华人社区关注的文化盛宴。

每年的泼水节,傣族人民通过一系列丰富多彩的庆祝活动,展现了自己独特的民族风情,促进了民族团结,并推动了地方旅游业的蓬勃发展。以 2023 年西双版纳景洪泼水节为例,活动安排融合了传统与现代元素,既有庆祝大会、传统龙舟赛、民族特色堆沙、斗鸡表演、万人齐放孔明灯、赶摆活动等传统项目,又有泼水狂欢、电音活动等现代创新。这些活动不仅传承了傣族的历史文化,还使得泼水节更加贴近现代人的生活方式,同时吸引更多年轻人的参与(见表 11-3)。

表 11-3 2023 年西双版纳景洪泼水节活动安排

序号	活动名称	活动时间	活动地点
1	庆祝大会	4 月 13 日 13:00~16:30	景洪市江边观礼台
2	传统龙舟赛	4 月 13 日 13:10~16:30	景洪市江边观礼台前澜沧江水域

序号	活动名称	活动时间	活动地点
3	民族特色堆沙、斗鸡表演	4月13日 18：00~22：00	景洪市告庄西双景滨江大道罗摩岛入口、曼贺暖村南
4	万人齐放孔明灯	4月13日 20：00~22：00	主会场：景洪市江边观礼台 分会场：景洪市龙舟广场、告庄西双景滨江大道
5	赶摆活动	4月13日 （全天）	景洪市澜沧江边南岸步行道
		4月14日 11：00~18：00	景洪市龙舟广场观礼台前
6	"迎圣水·送吉祥"泼水节取水仪式	4月15日 9：00~10：00	景洪市江边取水台
7	"东方狂欢节"泼水狂欢活动	4月15日 11：00~16：00	泼水主场地：景洪市泼水广场 泼水点：景洪市城区主要街道
8	电音泼水狂欢	4月15日 9：00~16：00	景洪市告庄西双景主干道、罗摩岛广场
		4月15日 17：30~23：00	景洪市告庄西双景湄公河·六国水上市场（FUN SIX 六国音乐现场）

在云南，各级政府和文化部门积极组织泼水节活动，使得傣族的传统习俗、民间艺术、宗教信仰等得到了广泛的传播和展示。通过文化展览、民族服饰秀、美食节等多样化的节目内容，泼水节不仅成为展现傣族文化魅力的窗口，也成为推动地方经济发展的重要动力。这些活动的成功举办，不仅丰富了当地居民的文化生活，也吸引了众多国内外游客前来观光旅游，提升了傣族文化的影响力。学校和社区在泼水节期间还会组织各种文化教育活动，如傣族历史文化讲座、非物质文化遗产展示等，增强了青少年对傣族文化的认识和了解，为传承和保护傣族文化打下了坚实的基础。社区居民的积极参与，使泼水节成为社区凝聚力和向心力的体现，激发了社区文化的活力，促进了社区的和谐发展。如今，泼水节已经成为一个连接傣族人民与世界的文化桥梁，不仅是云南省文化多样性和民族团结的生动体现，也是傣族文化传承与创新的典范。通过传统与现代的完美结合，泼水节展现了傣族文化的独特魅力，为地方旅游业带来了新的发展机遇，同时

也加深了人们对傣族文化的认识和尊重。

二　泼水节的组织策划模式

泼水节在云南傣族地区具有悠久的历史和丰富的文化内涵,其组织策划模式多种多样,共同推动了泼水节的发展。以云南西双版纳为例,首先,政府每年都会组织一年一度的泼水节活动,属于开放型模式。政府负责泼水节的整体策划和组织工作,包括活动的时间、地点、流程等。此外,政府还会邀请各寨子参与,共同庆祝泼水节。其次,商业运营模式在泼水节中也发挥着重要作用。以傣族园有限公司为例,傣族园有限公司采用"公司+农户"的发展模式,由公司出资,当地居民担任演员,在泼水广场举行每天两场的"天天泼水节"表演。这种模式下,公司负责泼水节活动的策划、组织和运营,通过商业运作来吸引游客,从而推动当地经济发展。再次,在民间传承的过程中,各寨子会自发组织泼水节活动。以云南德宏州为例,当地寨子会自行安排泼水节的传统活动,如浴佛、丢包求偶、象脚舞和孔雀舞等。这种模式强调民俗传承,充分展现了泼水节的文化内涵。最后,泼水节的组织策划可能采用多种模式相结合的方式。云南西双版纳的泼水节,政府会与商业运营者合作,共同策划和组织泼水节活动。这种模式下,政府负责宏观调控,商业运营者负责具体实施,双方共同推动泼水节的发展,为游客呈现了一场场精彩纷呈的文化盛宴。

作为西双版纳州一项重要的传统民俗活动,泼水节的组织策划工作是确保活动顺利进行的关键。根据西双版纳州泼水节的相关材料,泼水节的组织策划流程大致可以分为以下四个阶段。①筹备阶段:在西双版纳州,泼水节的组织筹备工作主要由政府部门负责,其会提前确定活动的时间、地点,制定详细的活动方案和预算,并成立专门的组织筹备小组。在此阶段,政府部门需要考虑活动的规模、参与人数、安全措施等因素,以确保活动的顺利进行。②宣传阶段:在泼水节活动前,政府部门会通过各种渠道和方式,如电视、网络、报纸等进行广泛宣传,以吸引更多的参与者。其还会在公共场所悬挂宣传标语,以营造浓厚的节日氛围。③实施阶段:

在泼水节当天，政府部门会根据事先制定的方案进行场地布置，确保活动现场的安全有序。同时，其还会组织各种表演和比赛，丰富活动内容，增加趣味性。④总结阶段：活动结束后，政府部门会对整个活动进行总结，撰写活动报告。其会分析活动的成功之处和不足之处，为未来的泼水节组织策划提供参考。

同时，西双版纳州政府积极推进现代公共文化服务体系建设，为泼水节提供公共服务保障，确保了活动的顺利进行。在人才队伍方面，西双版纳州通过实施"文化名家工程"和"少数民族人才培养工程"等文化人才工程项目，培养了一批文化艺术领域的领军人物和本土少数民族文化艺术人才，为泼水节的策划和组织提供了强大的专业人才支持。在文旅产业方面，西双版纳州以"国际化、高端化、特色化、智慧化"为发展原则，推动旅游业的高质量发展，为泼水节创造了优越的旅游环境和设施。智慧旅游如"一部手机游云南"项目的建设，为游客提供了更加便捷的旅游体验。西双版纳州还通过举办澜沧江·湄公河流域国家文化艺术节等活动，吸引了国际艺术家和民间艺术团体的参与，构建了文化艺术交流的平台，增强了泼水节的国际影响力。总之，西双版纳州泼水节的组织策划模式充分展现了该地区的文化魅力，通过多方面的努力，其将泼水节打造成为一个国际知名、民族特色鲜明、文化内涵丰富的盛大节庆活动。

三　泼水节活动中的情感体验

（一）泼水节活动中的集体狂欢仪式

在泼水节庆祝活动中，人们以集体的方式庆祝节日，通过相互泼水等方式，营造了一种欢乐、和谐的氛围。这种氛围让人们忘却了日常生活中的烦恼和压力，进入了一种无忧无虑、尽情享受的状态。在这个时刻，人们不再拘泥于身份和地位，而是以平等的姿态相互交流和互动，形成了一种独特的交融状态。这种集体狂欢仪式不仅增强了人们的归属感和凝聚力，还促进了不同民族之间的交流和理解，使泼水节成为一个民族团结与和谐的象征。

（二）泼水节活动中的释放与宣泄

在日常生活中，人们常常面临各种压力和束缚。在泼水节这一天，人们可以尽情地释放这些压力，摆脱日常生活的束缚。通过泼水、嬉戏等活动，人们可以宣泄心中的烦恼，获得一种解脱和愉悦。这种释放与宣泄的情感体验让人们感到轻松和愉快，也使得泼水节成为一个释放压力、追求快乐的节日。

（三）泼水节活动中的超越与颠倒

仪式过程理论强调了仪式在转变个体状态和社会结构中的作用。作为一种仪式过程，泼水节通过将参与者从日常状态转变为仪式状态，打破了日常生活中的社会结构和规范，创造了新的社会现实，进入一种颠倒的状态。在泼水节活动中，人们不再受限于血缘、地域、社会地位等因素，通过互相泼水、嬉戏，超越了日常的身份和角色的束缚，进入了一种平等和亲近的状态。这种状态让人们感受到自由和快乐，也促进了社会结构的更新和转变。

（四）泼水节活动中的自我更新与交融

在日常生活中，人们往往戴着面具生活。而在泼水节这一天，人们可以卸下这些面具，回归真实的自我。通过泼水节活动，人们可以重新审视自己的生活，反思自己的行为，从而实现自我更新。同时，泼水节活动也拉近了人与人之间的距离，使人们的关系更加密切。这种自我更新与交融的情感体验让人们感到亲切和温暖，也使得泼水节成为一个寻找真实自我的节日。

总之，泼水节活动中的情感体验丰富多样，包括集体狂欢、释放与宣泄、超越与颠倒以及自我更新与交融等。这些情感体验使得泼水节成为一个富有魅力和吸引力的节日，不仅体现了当地人民的生活态度和价值观，还促进了不同文化之间的交流和理解。

第三节　云南省乡村文明建设中的移风易俗

乡村文明建设是乡村振兴和现代化进程中的重要组成部分，旨在提升农村居民的生活质量和文化素养。随着城市化进程的推进,乡村地区面临着人口外流和传统文化流失等问题,乡村文明建设成为解决这些问题的关键手段。通过加强基础设施建设、改善教育和医疗条件、推动文化活动的开展,乡村文明建设不仅提高了农村居民的物质生活水平,还丰富了他们的精神文化生活。在乡村文明建设中,民俗文化扮演着不可或缺的角色。民俗文化作为乡村居民生活的重要组成部分,包含了丰富的传统知识、习俗和艺术形式。它不仅是乡村社区的精神纽带,也是村民身份认同的重要来源。通过保护和传承民俗文化,乡村文明建设可以在现代化过程中保持乡村独特的文化魅力,增强社区凝聚力和居民归属感。同时,民俗文化的传承与创新也为乡村经济发展提供了新的动力,旅游业和文化产业的兴起正是其体现。乡村文明建设与民俗文化的结合,不仅提升了乡村的整体形象和吸引力,还为农村地区的可持续发展提供了新的路径。

　　基于云南乡村社会大调查的数据分析,图 11-1 展示了村规民约在 9 个方面的约束力分布情况,包括婚嫁习俗、生育习俗、丧葬习俗、随意占用公共道路、随意占用公共空间、不爱护公共环境卫生、破坏生态环境、赌博和喝酒。数据显示,村规民约在大多数方面具有较强的约束力。具体而

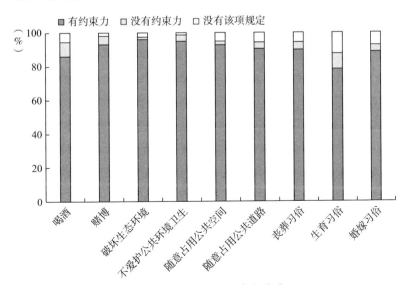

图 11-1　村规民约约束力统计

言，在不爱护公共环境卫生和破坏生态环境方面的约束力最强，有超过92.00%的受访者认为这些方面的村规民约有约束力。在随意占用公共道路和随意占用公共空间的行为方面也显示出较高的约束力，分别为90.5%和88.72%的受访者认为有约束力。相对而言，其在喝酒和生育习俗方面的约束力相对弱一些，分别有85.46%和79.53%的受访者认为这些方面有约束力。

移风易俗作为云南乡村文明建设的重要组成部分，旨在通过改变陈旧落后的风俗习惯，提升乡村社会的文明程度。这一过程涵盖了生产方式、生活方式到精神文明建设的全面转变，其核心在于破除低效、高污染的传统生产方式，倡导绿色高效的生产方式；摒弃落后的生活方式，树立简约适度、低碳绿色的生活方式。近年来，随着现代化、市场化和城镇化进程的加快，云南的农村地区也在积极推进移风易俗，通过改变传统的不良习俗，推动乡村的全面振兴和可持续发展。

一　结合政策引导和村规民约，推广婚丧习俗新风尚

婚丧习俗的移风易俗是社会文明进步的重要标志。通过提倡文明婚礼和丧礼，杜绝封建迷信和铺张浪费行为，可以推动整个社会的文明进步，树立良好的社会风尚。婚礼作为人生的重要仪式之一，承载着丰富的文化内涵和社会意义。然而，传统婚俗中存在的一些陈规陋习，例如早婚、豪华婚礼、天价彩礼等，不仅浪费资源，还可能增加家庭经济负担，甚至引发社会矛盾。一些烦琐仪式如杀雄鸡洒血、放爆竹等，虽然在传统婚礼中有其文化意义，但在现代社会中却显得不合时宜。这些仪式不仅浪费资源，还可能对环境造成影响。在移风易俗的过程中，倡导文明、简朴的婚礼仪式，祛除封建迷信和不必要的浪费行为，有助于树立文明新风。

天价彩礼是现代社会中一个突出的婚俗问题。在一些地方，彩礼的金额不断攀升，给许多家庭带来了沉重的经济负担，甚至导致婚姻破裂。图11-2展示了在村规民约具有不同约束力的情况下，彩礼金额的分布差异。通过有约束力、没有约束力和没有该项规定三种情形下的彩礼金额，可以直观地看到没有村规民约约束的乡村，彩礼的均值达到了8.3万元。移风易

俗的一个重要内容就是反对天价彩礼，提倡合理的婚嫁礼仪，强调婚姻的本质是两人的结合和家庭的和谐，而不是经济上的交易。

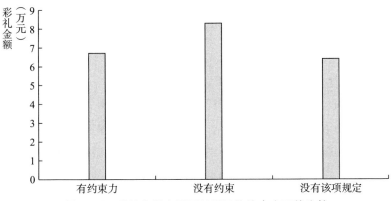

图 11-2　彩礼金额在不同村规民约约束力下的比较

　　在云南省的实际经验中，推广婚丧习俗新风尚是一个多层次、多维度的系统工程，需要政策引导和村规民约的双重保障。村规民约是推广婚丧习俗新风尚的重要抓手，是移风易俗相关政策在基层落实的具体实践路径之一。云南省各地通过制定和实施村规民约，将婚丧习俗改革的要求具体化、制度化，确保政策在基层的有效落实。龙陵县勐糯镇勐糯社区居民委员会制定的村规民约规定，婚丧嫁娶必须于婚礼前三日内、丧事结束后五日内到社区治保委员会报备，婚事宴请总人数控制在 200 人以内，丧事宴请规模也要规范控制。这些具体规定有助于遏制婚丧事宜中的铺张浪费和奢靡之风，推动婚丧习俗的简化和文明化。此外，村规民约通过奖惩机制，增强了村民的自觉性和参与度。酒房乡旧寨村的村规民约规定，凡违反村规民约的村民，在本年度不得参与"文明户"等评选，屡教不改的将受到批评教育或其他惩戒措施。这种奖惩机制不仅增强了村规民约的约束力，还提高了村民的自觉性和参与度，推动了婚丧习俗的改革。村规民约还通过宣传教育和群众参与，营造了良好的社会氛围。如保山市龙陵县鱼塘垭口社区的村规民约规定，村民要严格遵守文明新风和食品安全相关要求，倡导喜事新办，丧事简办，禁止红白喜事大操大办。通过宣传教育和群众参与，村规民约不仅增强了村民的文明意识，还推动了婚丧习俗的改革。

在顶层设计的基层落实方面，云南省采取了一系列措施，确保移风易俗政策的有效实施。以丧葬习俗的移风易俗工作为例，云南省出台了相关法律法规和政策文件，为丧葬习俗改革提供了法律依据和政策支持。2019年，云南省政府办公厅发布《关于进一步加强和规范殡葬管理工作的通知》，该通知结合云南省实际，进一步明确了殡仪馆管理、经营性公墓管理、农村公益性公墓管理、殡葬服务收费和市场监管等内容。2022年，施甸县相关部门收集了辖区内139个村（社区）的村规民约，其中，每个村（社区）的村规民约都涉及丧葬活动的管理、惠民丧葬措施以及违规行为的处罚内容。这些政策和村规民约不仅有助于节约土地资源，保护生态环境，还能有效遏制丧葬陋习，推动丧葬习俗的文明化。此外，云南省还通过宣传教育和舆论引导，营造良好的社会氛围。通过电视、广播、微信公众号等传播平台，加强正面宣传教育，引导群众树立文明、节俭的婚丧观念。例如，陆良县民政局积极配合云南省电视台录制全省清明节殡葬改革工作宣传片，开展"清明宣传月"活动，倡导人民群众丧事简办、文明祭扫。

二 结合在地民俗文化，丰富乡村精神文明生活

云南省各级政府定期举办丰富多样的文化活动，如民族歌曲和舞蹈大赛，有效利用其民族传统文化资源。这些活动不仅丰富了居民文化生活，增强了民族文化认同，还吸引了众多游客，提升了云南文化的知名度。表11-4数据显示，2022年，云南省举办了1.18万场文化演出和0.55万个展览。为传承民族文化，云南省成立了民族歌班、文化教学班和表演队，系统培训民族歌舞。这些团队不仅在当地演出，还参与国内外交流，扩大了民族文化影响力。

表11-4 云南群众文化事业发展情况（2018~2022年）

年份	艺术活动		群众文化事业	
	演出场次（万场）	国内观众人次（万次）	办展览（万个）	观展人次（万人次）
2018	4.98	2569.95	0.44	123.68

续表

年份	艺术活动		群众文化事业	
	演出场次（万场）	国内观众人次（万次）	办展览（万个）	观展人次（万人次）
2019	7.57	3539.40	0.52	142.87
2020	2.49	1298.97	0.59	152.32
2021	0.69	495.09	0.42	101.32
2022	1.18	867.87	0.55	104.56

随着信息技术的发展，云南省积极利用互联网、多媒体影视、社交网站、客户端等多功能平台，通过广泛、精准的宣传，提升民间文化艺术的影响力和知名度。云南省通过网络平台及时发布文化活动信息，充分发挥新兴媒体的作用，有效推动中国民间文化艺术之乡的发展。2021 年 1 月 1 日至 11 月 10 日，云南公共文化云微信公众号共发布信息 1661 条，总浏览量达 44.69 万次；云南公共文化云平台共开展直播活动 249 场，浏览量达 1063.67 万次，平台新增注册用户 64922 人，发稿总数 21597 篇，浏览量为 1264.5 万次；文化馆官方微博共发布信息 154 条，浏览量为 193.9 万次。

根据"中国乡村社会大调查"数据，云南村民对本村特色文化的了解和认可程度较高，尤其是对本村特色文化价值的认同度非常高（见图 11-3）。具体来看，在"了解本村的特色文化"方面，超过一半的村民表示比较同

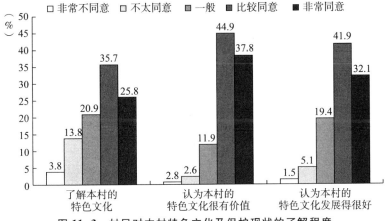

图 11-3　村民对本村特色文化及保护现状的了解程度

意或非常同意，而只有少数村民表示非常不同意。这表明大多数村民对本村的文化有较深的了解。在"认为本村的特色文化很有价值"方面，大多数村民表示认同，少数持否定态度。这表明大部分村民认可本村特色文化的价值，认为其具有重要的文化意义和经济潜力。对于"认为本村特色文化发展得很好"，大部分村民表示肯定，但仍有一些人持保留意见。通过多种措施，云南省充分利用其丰富的民族传统文化资源，推动乡村文明建设，提升民族文化的影响力和认同感。这些措施不仅丰富了乡村地区的文化生活，还在促进社会主义核心价值观的建设和民族文化的传承创新方面发挥了重要作用。

三　推广健康生活方式，促进人与环境和谐相处

在乡村推广健康生活方式，促进人与环境和谐相处，是当前云南省乡村振兴的重要目标之一。这个目标的实现不仅需要改善人居环境，还要注重生态环境的保护和修复。根据图 11-4 数据，乡村居民普遍认为 2018～2022 年人居环境和生态环境得到了显著改善。在人居环境方面，66.91% 的受访者表示环境大幅改善，26.82% 的受访者也感受到了一定程度的改善，只有少数人认为没有变化或有所恶化。相比之下，人们对生态环境的改善情况更加乐观，绝大部分受访者对生态环境的改善表示肯定，认为环境明显变好或有所改善的比重超过了 80%。这表明云南省在改善人居环境和保护生态环境方面取得了显著成效，居民对环境改善的感知普遍较积极，体现了政府在推动环境治理和提升生活质量方面的努力和成就。总的来说，这些数据反映出云南省在实现人与自然和谐共生方面的积极成果。下文将进一步总结云南省在乡村振兴中改善人居环境和生态环境的举措。

首先，改善人居环境是推广健康生活方式的关键。云南省通过实施农村人居环境整治三年行动计划（2018～2020 年），在这一方面取得了显著成效。这个计划主要集中在农村垃圾治理、污水处理和村容村貌提升等方面。在垃圾治理方面，云南各地因地制宜地确定了农村生活垃圾处理模式，逐步建立健全了村庄保洁体系，到 2022 年，基本实现了村庄生活垃圾和生产

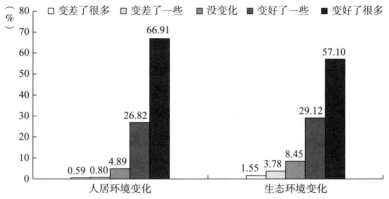

图 11-4　对 2018~2022 年人居环境与生态环境变化的观点

垃圾的全收集全处理。例如，普洱市的景迈茶山村落针对垃圾治理采取了"户清扫、组保洁、乡镇清运处理"的模式，有效解决了生活垃圾问题。此外，云南在污水治理方面也采取了多种措施，有条件的地区推进了城镇污水处理设施向城镇近郊农村的延伸，在离城镇较远的村庄则建设了污水处理设施。这些措施不仅改善了村庄的卫生条件，还为村民创造了干净整洁的生活环境，使得乡村居民的健康水平得到了显著提升。

其次，对生态环境的保护和修复是实现人与自然和谐相处的重要保障。云南省在这方面也做了大量的工作，特别是在乡村生态系统的构建和保护方面。例如，德宏州通过构建"三带两廊一网多斑块"的生态安全空间格局，全面加强了重点生态功能区的保护。在"三带"中，大娘山生态带、打鹰山生态带和高黎贡山生态带形成了重要的生态屏障，保护了当地的生物多样性。在"两廊"中，以瑞丽江、大盈江生态岸边带为核心，构建了生物多样性及物种迁徙的生态廊道。在"一网"中，三江四河组成了河流廊道网络系统，保护了重要的水资源和湿地生态系统。这些生态保护措施不仅恢复了生态系统的功能，还提升了生态服务的价值，为村民提供了清新的空气、洁净的水源和良好的生态环境。同时，生态环境的改善也为乡村旅游的发展创造了良好的条件，吸引了大量游客前来观光体验，从而促进了当地经济的发展。

第四节　民俗文化助力乡村文化振兴的实践路径

在探讨云南省民俗文化在乡村文化振兴中的实践路径时，特别要关注其在推动乡村在中国式现代化进程中淬炼内生动力时所发挥的积极作用。本节总结了 4 点云南经验，旨在揭示民俗文化如何成为乡村振兴和现代化进程中的核心动力之一。

一　促进乡村经济发展，避免民俗文化的过度商业化

在云南省的乡村振兴过程中，民俗文化的保护与传承不仅丰富了村民的精神生活，还为当地的经济发展提供了新的动力。云南省有许多成功的案例，如大理的白族三月街和丽江的纳西古乐等，这些文化活动不仅丰富了当地的旅游资源，也为当地居民带来了可观的经济收入。然而，在促进经济发展的同时，避免民俗文化的过度商业化是一个需要慎重对待的问题。政府和社区在推动民俗文化产业化的过程中，应注重保护民俗文化的核心价值，避免纯粹为了商业利益而对文化进行过度包装和改造。例如，在发展旅游业时，可以通过建立文化保护区、举办传统节庆活动、开展文化体验项目等方式，让游客在体验民俗文化的同时，尊重和理解其深厚的文化内涵。通过这样的方式，不仅可以有效避免民俗文化的过度商业化，还能在保留传统文化的基础上，实现乡村经济的可持续发展。

二　增强乡村社区凝聚力，传承民俗文化的社会教育功能

民俗文化在增强乡村社区凝聚力和传承社会教育功能方面发挥着独特的作用。在云南省，通过开展各类民俗活动，乡村居民不仅能够重温传统文化，还能在参与中增强彼此之间的情感联系。特别是，以节庆为主的民俗活动通过共同参与和分享传统习俗与地方性知识，增强了村民对自身文化的认同感和归属感。此外，民俗文化活动在增强乡村社区凝聚力方面，不仅体现在对活动本身的参与上，还体现在文化传承和社会教育功能上。

通过组织民俗文化讲座、手工艺培训班等活动，云南省让年轻一代在学习过程中理解和传承传统文化的精髓。这种形式的社会教育，不仅促进了民俗文化的传承和发展，还推动了乡村社会的和谐与稳定。

三　保护与传承优秀民俗，推动其创造性转化和创新性发展

在保护和传承优秀民俗文化的基础上，推动其创造性转化和创新性发展，是实现乡村文化繁荣的重要路径。云南省在这方面进行了多次探索，通过将传统民俗文化与现代元素相结合，形成了具有地方特色的文化产品和旅游项目。传统的手工艺品通过现代设计师的创新设计，成为具有市场竞争力的文化商品；传统的节庆活动则通过现代科技手段的融入，增强了其表现力和观赏性。为了推动民俗文化的创新性发展，云南省积极从政策支持、社会参与和市场运作三个方面入手开展工作。通过这样的创造性转化，不仅保护了优秀的民俗文化遗产，还为其注入了新的生命力，推动了乡村文化产业的创新性发展。

四　以民俗文化符号为载体铸牢中华民族共同体意识

在云南乡村文化中，民俗文化符号以其独特的形式和丰富的内涵展现出强大的生命力，不仅成为连接过去与现在、传递文化价值的重要媒介，还在铸牢中华民族共同体意识中发挥着不可忽视的作用。云南省作为一个多民族聚居的地区，各民族文化的交融和共存，使民俗文化符号成为不同民族之间的文化纽带。在乡村节庆中，民俗文化符号的传承不仅是文化的延续，更是在现代社会背景下的文化再创造。这些符号通过具体的节庆活动得以传承和发扬，成为增强民族认同感和共同体意识的重要载体。例如，火把节、泼水节等传统节庆活动，通过独特的仪式和丰富的活动内容，不仅吸引了大量游客，也增强了当地居民对自身文化的自豪感和认同感。通过以民俗文化符号为载体，云南省积极铸牢中华民族共同体意识，促进了各民族间的团结和融合。

结语　新时期云南乡村文化振兴的经验、问题与展望

　　截至 2023 年底，云南省常住总人口为 4673 万人，其中城镇常住人口 2473 万人，比 2022 年末增加 46 万人；乡村常住人口 2200 万人，比 2022 年末减少 66 万人；城镇化率 52.92%，比 2022 年末提高 1.2 个百分点。① 在城镇化率不断提高的时代背景下，云南省目前仍有接近一半的人口常住在乡村。云南的乡村在区域社会的现代化建设中，具有极其重要的地位和作用。在云南乡村广阔的山水土地上，传统文化、地方文化得以创生、承续，多民族群体得以繁衍，多元文化得以交往交流交融；在千里边疆上，乡村更是发挥着戍边守国门、促进睦邻友好、实现文明互鉴的重要功能。民族、边疆和乡村，是云南社会发展的底色，也是特色。

　　在建设中国式现代化的进程中，乡村振兴发挥着重要的平衡、协调功能，在突破城乡二元对立、实现一体化发展中发挥着重要作用，乡村振兴包括多方面的内容，其中，乡村文化振兴是乡村振兴的重中之重，文化调适人与环境、人与社会的关系，文化塑造社会群体、构建社会结构、规范社会秩序、凝聚内生力量。云南乡村社会民族多元、环境复杂，但在乡村文化振兴方面其一直凸显着民族"三交"的历史延续、边疆稳定安全、多样性文化和谐共生、生态文明和社会发展相互促进等成效。本书以社会学调查研究的视角，以"文化自觉"和"从实求知"的基本理念，总结概括云南众多乡村文化振兴的经验，为整个中国的乡村现代化提供参考借鉴，同时尝试回应中华民族传统文化在现代化进程中该怎么办的问题。

---

① 《4673 万人！2023 年云南省常住人口主要数据公报发布》，云南省人民政府网站，2024 年 3 月 30 日，https://www.yn.gov.cn/sjfb/sjyw/202403/t20240330_297490.html。

一　乡村现代化的中国路径

现代化最早起源于欧洲，随着资本主义的掠夺和扩张，占据巨大先发优势的欧洲国家以资本主义发展模式定义了"现代化"的概念，随着发展中国家的崛起，现代化等同于西方化的观点被推翻，以中国为首的发展中国家正积极探索与本国文化基础和社会结构相适应的现代化道路。在现代化的进程中，乡村和乡土文化不可避免地受到冲击。回顾欧美及拉丁美洲国家乡村的发展过程，其先是经历了"乡村的终结"，大规模消灭了农村和乡土文化，大量农民进城，带来了极速扩张的城市化和超大规模城市，超过了现代城市结构和规划的承载能力，以至于后来出现了"逆城市化"及"反城市化"浪潮，大量中产阶层搬离城市中心，居住到城乡接合部乃至郊区乡村，由此对郊区重新进行现代化改造，供中产阶层或富人居住，而城市中心则居住了大量收入极低的贫民，甚至形成"贫民窟"。中国的乡村现代化进程与西方道路不同，原因在于文化的差异，中华文明绵延数千年从未断绝，乡土文化构成了中国社会运行的底层逻辑，完全摆脱中国传统文化，走全盘西化的道路，在近代已经被证明完全不可行。从中国城市化的发展趋势来说，尽管中国的城市化率仍在逐年增长，但很难达到欧美或拉美国家的程度，未来预计中国仍会有超过 3 亿人生活在乡村，与县城形成一体化发展模式。中国传统乡土文化仍然具有非常旺盛的生命力。费孝通先生提出的"文化自觉"，便是希望中国人能对自己的文化有"自知之明"，同时突破西方的价值和话语体系、反思"西方文化中心主义"，避免落入西方的文化霸权主义陷阱，同时增强对文化转型的自主能力，取得文化选择的自主地位。[①] 由此，中国式现代化之下的乡村发展和文化振兴，必定要走中国特色的道路，在此云南可以作为一个具有参考价值的样本，探索中国式的乡村现代化路径。

在云南开展乡村社会调查时我们发现，乡土文化在现代社会也能焕发

---

① 苏国勋：《社会学与文化自觉——学习费孝通"文化自觉"概念的一些体会》，《社会学研究》2006 年第 2 期。

出勃勃生机,其背后有着深刻的社会发展演变规律。以社会学的视角来看,在中国传统社会,社会生产和生活相对分散且封闭,呈现出涂尔干所描绘的机械团结的特征,乡土文化作为一种整合机制,起到非常重要的社会整合作用。当工业社会骤然来临,打破了传统封闭的小农生产环境后,传统的农业、手工业生产方式被工业大规模生产模式所颠覆,农民不得不涌入工业集中的城市区域寻找生存机会。此时的乡村面临衰落凋零的危机,工业化形成了一套新的社会结构,与乡土社会的旧有模式完全不相匹配,乡土文化的整合作用被城市新的生产方式、有机团结和法团主义所取代,因此也面临消解的风险。因此西方发达国家出现了"乡村的终结"。当人类社会进入后工业时代和信息时代,以往大规模工业生产的集中模式逐渐衰退,数字信息技术大大消除了时间和空间的约束,信息交流极度通达,个体的自由度极大彰显,经济发展和社会进步主要依靠科技创新和数字信息技术的进展,此时工业社会的组织结构反而变成了一种发展的阻碍。在后工业时代,社会中原子化个体的现象越来越突出,人类社会从大规模集中模式重新变得分散开来,如何发展一种文化模式将新时代的个体再次整合到一起、连接到一起?传统乡土文化恰恰能够提供可参考的模式,如对乡愁的呼唤,以及深入骨髓的孝道观念始终让中国人重视父母亲情。在云南,无论是"耕读传家"的鹤庆县新华村,还是"茶文化"一脉相承的景迈山,都通过传统乡土文化将人凝聚起来、连接起来,开展独具文化特色的乡村现代化建设,乡土文化中的智慧为新时代社会与个体的整合提供了一个值得思考的方向。

中国乡村现代化发展的另一个特点是"县乡一体",即以县域为中心整合乡村产业及文化、人才、教育资源。通过在云南的调查我们发现,中国乡村的现代化发展需要以县域为视角,乡村振兴包括文化振兴一定是以县域为载体的。县域从概念上可以定义为以县城为中心、以乡村为腹地的地域空间。作为国家治理的基本单元,县域居于工业与农业、城市与乡村、国家与社会的关键节点,具备有效推进乡村振兴的载体功能和支点作用,县级党委是乡村振兴的一线指挥部。在现代化历史情境中,每个乡村是无法自我实现振兴的，必须从县域的视角统筹看待和研究乡村振兴，将县域作为乡村振兴的平台和实现城乡一体化的着力点。例如城市化的确在一定程度上使乡村面临"空心化"的问题，单独的乡村很难提供从小学到中学的全套教育体系，乡村学校的孩子大多数都转移到县城中学就读，农民就业也需要更广阔的县域环境提供工作机会。同时，通过调查发现，云南很多县域形成了独特的"县域文化"，即以县情为依据，以开发本地历史文化资源为重点，以建设现代文明为方向，以人民群众为主体的一种特定文化现象。县域文化是一种区域文化，它的核心是植根于区域文化土壤和民众心灵中的价值观念，与县域经济发展紧密相连。因此，必须将县域作为支撑乡村发展的中台系统，以县乡一体、城乡一体的模式，才能更好地实现乡村振兴，统筹实现乡村现代化。

此外，中国乡村现代化尤其重视生态环境的保护，乡村文化振兴和生态振兴紧密结合。在"绿水青山就是金山银山"的理念之下，云南展开了一系列促进文化与自然生态共生的实践，将文化资源与自然生态资源进行有机融合，实现了产业的绿色化转型和升级，促进了文化与自然生态的共生发展。例如云南彝族的普者黑村，构建了"民族文化—地方文化—自然生态"的文化体系，以文化旅游带动了自然生态保护与传统产业的转型升级。良好的生态环境是农村可持续发展的根本。通过保护和改善乡村环境，如水资源、土壤、空气和生物多样性，可以促进生态系统和农业生产的可持续发展。这不仅关系到农民的生产生活条件，也是乡村文化得以传承和发展的物质基础。在云南，生态振兴与文化振兴深度融合，形成"有一种叫云南的生活"的新文化形态，极大地促进了乡村旅游产业的发展和文化活动的开展，吸引大量游客，为乡村文化的传播和振兴提供了重要的平台，助力实现农村、农民、产业的现代化。

二　从"多元一体"到"一体多元"（"一体多元"与文化融合）

"多元一体"理论深刻影响了中国近几十年的民族理论与实践工作。1988 年 8 月，费孝通先生在香港中文大学做的一次著名讲座中提出了中华民族"多元一体"理论，次年整理成《中华民族的多元一体格局》一文正式发表，引起了巨大反响，得到了社会各界的普遍认可，为认识中华民族和文化提供了有力的工具。在多元一体格局中，中华民族是由56个民族共同构成的民族实体，是相互依存的、统一而不能分割的整体，具有更高层次的民族认同意识。"多元一体"突出了中华民族的统一性，也强调了中华文化的完整性。"多元"，是指各民族文化在保有中华文化共性的同时，也展现出了各自的民族特性，正是由于多民族文化的这种多样性，中华文化这个大花园里才呈现出了异彩纷呈的景象，但"多元"的前提是"一体"，各民族文化应始终紧密围绕着中华民族这个大家庭，必须坚持中华文化共性和个性的有机结合与统一。

费先生"多元一体"理论的提出，契合了当时国际政治格局剧烈变动的大背景，在东欧剧变、苏联解体的浪潮中，"多元一体"为中国统一的多民族国家确立了理论基础和指导思想，起到了民族整合与缓和矛盾的作用。但任何理论都有适应的范围和周期，当前国内外环境产生了新的变化，中国综合国力稳居世界第二，却也面临"百年未有之大变局"。"多元一体"格局尽管强调"一体"基础上的"多元"，但却并未特别明确中华民族作为共同体的本质属性，这就导致在民族文化工作中存在过于强调多元的趋势。而需要注意的是，"多元"并不必然导向"一体"，一体的实现需要一定的时空条件以及组织与制度条件，如果忽视这些条件，多元可能走向碎片化甚至极端化，反过来对"一体"构成巨大的挑战。因此，将社会群体的"差异性"和民族及地方的"多元性"作为逻辑起点，并不必然导向政治共同体"一体"的理想结果，可能存在一种离心力，走向更为碎片化的后果。① 随着中国式现代化进程加速，原有的社会基础发生了结构性变化，阶级话语和民族话语无法整合所有的社会政治力量，在此必须凸显中华民族共同体的重要性，同时基于当前的国际局势，"一体"亦需要上升到人类命运共同体的高度，因此，中国需要采用共同体的话语叙事，将"多元一体"

---

① 郭台辉：《"多元一体"与"一体多元"——中华民族研究的两个命题》，《思想战线》2022年第3期。

转变为"一体多元"，强调"多元"之中的内聚力、向心力和基本共识，实现中华民族共同体的共生共荣。这也是云南乡村文化振兴的顶层理论转向和宏观话语背景。

从乡村振兴的范畴来看，通过长期的实地调查研究我们发现，云南乡村发展的优势恰恰在于文化上的"一体"，由于云南在地理、生态、民族、文化等方面呈现出多元化特点，似乎一提到云南和云南的民族文化，就会与多样性和丰富性建立联系，但云南民族文化和乡土文化的本质属性在于"一体"，"一体"就是文化交融、和而不同，就是"美人之美、美美与共"。这在实地调查中有大量鲜活的案例，云南如此多的民族和不同民族支系，生活在一个空间之中，并未出现明显的矛盾和冲突，反而各民族的文化习俗、生活惯习有机地融合在一起。例如傣族的泼水节，非常有名，实际上现在不只傣族，很多其他民族也有泼水节，民族节日的界限在模糊化；还有彝族的火把节，同样扩展到很多其他民族之中，或者在别的节日活动里增加火把节的相关庆典活动。在云南，不同民族的文化是可以共享的，可以相互借鉴乃至直接"拿来"使用，在这里并不存在民族文化的排他性，各民族文化和而不同，又彼此交融，并且对这种状态有着一定程度的"文化自觉"，构成一个文化上的共同体，形成了基本的共同体意识，这个共同体就是中华民族共同体。正是如此，云南的民族文化才能焕发出勃勃生机，成为闻名海内外的旅游休闲胜地，如果没有文化的这种包容性，民族文化就很难与当地的原生态的自然风光进行联动，创造独属云南的"去有风的地方"。同时，由于多元文化的汇聚与包容，云南的传统文化才能更好地传承与创新，赋能各种文化产业，开展相关文化治理，建构优秀的"国门文化"，加深云南与周边国家的文化联结，促进区域内的文化互鉴与和谐共生。

因此，云南乡村文化振兴的关键在于"一体多元"，"一体"不仅为云南乡村长期的"多元"发展提供了必要的养分和支持，还能够在一定程度上避免"多元"之间的混乱，从宏观上引导并规范其发展方向。那么云南为什么能发展出高度整合的、"一体多元"的文化图景呢？其关键在于云南自近代以来长期存在的"文化自觉"，也即费孝通先生所说的"美人之美，各美其美，美美与共，天下大同"，这 16 字箴言在云南乡村民族文化的融合发展和乡村文化振兴的进程中，得到充分的体现。费先生的这四句话亦有内在的逻辑性和层次性。首先是每个个体、群体或民族，在日常生活的知识规范中，能认识到自身文化的渊源、精华和糟粕，建立一定的"文化自觉"，这即是"美人之美"。同时不同民族在同一个空间中生活，必须在对他者文化认知的基础上相互理解和尊重，"美人之美"与"各美其美"是一个不断互动和建构的社会过程，在与他者的互动互惠中达到对他者文化的认知和理解，再由他者反观自身形成更高层次的文化自觉。① 纵观云南的历史和现状，各民族对他者文化的认知和理解达到了一种非常高的境界，其中亦包含了基于实用主义的生存法则，即凡是有利于自身生存和发展的都可以得到包容与理解，这与儒家文化"和而不同"与"经世致用"的哲学观念影响亦有关联。"美美与共"需要在"各美其美"和"美人之美"充分互动融通的基础上才有可能实现。云南各族人民长期以来在理解中华文化和各民族文化的关系上，形成了"一体多元"的基本共识，这种共识是云南乡村文化振兴和乡村现代化的重要推动力量。最后正如习近平总书记所言："要正确把握中华文化和各民族文化的关系，各民族优秀传统文化都是中华文化的组成部分，中华文化是主干，各民族文化是枝叶，根深干壮才能枝繁叶茂。"②

三 乡村文化振兴的内生动力与实践经验

自 2016 年中央一号文件《关于落实发展新理念加快农业现代化实现全面小康目标的若干意见》中明确提出"增强农村发展内生动力"开始，连续 6 年的中央一号文件都对中国乡村的内生发展提出了明确要求，党和国家长期重点关注乡村振兴的内生动力问题。增强农民的主体意识，充分发挥农民的主体作用，激活乡村文化建设的内生动力，是实现乡村文化振兴的

---

① 赵旭东：《构建一体多元的中华民族共同体意识》，《贵州大学学报》（社会科学版）2021年第 6 期。
② 《习近平谈治国理政》第 4 卷，外文出版社，2022，第 246 页。

关键举措。激发内生动力的关键是形成文化上的自觉，对传统文化、民族文化产生充分的认知、进行适度的反省，"明白它的来历、形成过程，所具有的特色和它发展的趋向"①，乡村文化振兴的内生动力需要建立在对本土文化自觉的前提之上。在调查中我们发现，云南的乡村民族文化具有很强的包容性，各民族居民形成了"一体多元"的基本共识，在此基础上，云南乡村文化振兴的内生动力较好地被激发出来。总体来说，云南乡村文化振兴以县域为视角，激发村民自治活力，推动地方村民构建文化认同，以参与构建内生发展的行动基础，依托创新性行动驱动乡村文化内生发展。云南的经验显示，激发乡村发展的内生动力，要尊重农民的主体地位，发挥他们的积极性和创造力；要发挥基层党组织的引领带动作用，厘清基层治理中多元主体的边界和权责；通过农耕习俗、传统习惯、节庆事件等精神文化要素营造地域感，构建地方性知识体系；内生动力的激发离不开外力的作用，"文化自觉"与"开放包容"是中华文化的典型特点，要注重以外部动力催生转化内在动力，促进乡村文化的转化与创新。

以激发乡村文化振兴的内生动力为核心，云南在文化产业发展、公共文化服务、文化与生态共生发展、文化赋能传统农业、"国门文化"建构、民俗文化与特色小镇建设等方面取得了一系列较为典型的发展成果。

第一，以文化为引领、整合资源，发挥乡村文化产业联系带动作用。云南的文化振兴不仅受到文化资源种类和丰富程度的影响，而且深受当地政府政策和市场机制的驱动。在某些地区，文化产业已成为推动经济发展的重要力量，文化及相关产业的增加值显著提升。同时，强烈的文化自信和积极的文化态度能够有效促进当地文化旅游和手工艺品市场的繁荣，形成乡村文化振兴的内生动力。云南对乡村特色文化产业发展进行了积极的实践与探索，强调利用地方和民族文化资源，促进乡村文化传承与创新，促进乡村现代化的整体发展。从整体来看，云南乡村特色文化产业发展在资源保护与利用、基础设施建设、文化活动开展和文化旅游发展等方面取

---

① 费孝通：《孔林片思：论文化自觉》，生活·读书·新知三联书店，2021，第172页。

得了显著成效，具体体现在文化旅游业对节庆资源的开发运用和特色小镇的建设方面，实现了文化与经济的双重振兴。

第二，着眼民生、强化服务，构建云南特色的乡村公共文化服务体系。在云南多民族聚居的背景下，云南乡村公共文化建设备受关注。在具体实践中，云南公共文化建设不仅注重文化设施网络的扩展和完善，也更加重视服务效能的提升和文化活动的多样化供给。通过广播电视"村村通"和"户户通"以及总分馆制的全面推进，云南省为乡村居民搭建了丰富的文化服务平台。此外，新时代文明实践活动、全民阅读、全民艺术普及、群众文化活动和体育健身活动的广泛开展，使乡村文化生活更加活跃，激发了农民的自主性，对乡村文化产生认同感。云南乡村公共文化服务体系在产业、人才、文化、生态和组织等多个维度赋能乡村振兴。

第三，尊重自然、重视生态，承续文化与自然共生的云南传统。云南乡村文化与自然生态共生是其乡村文化振兴中的重要内容，也是推动实现中国式现代化的路径之一。云南民族文化与自然生态之间的共生关系，以乡土文化为内生动力，推动生态文明建设，实现文化与生态的双重发展，并通过文化资源与自然资源的融合，实现产业的绿色化转型和升级，为中国乡村现代化提供了云南路径和智慧。

第四，跨界融合、多产联动，推动文化与特色农业深度融合发展。乡村文化赋能特色农业是云南乡村文化振兴中的特色。通过典型案例我们发现，文化可以赋能传统农业向特色农业转型，实现特色产业的在地化发展，以文化特色提高农业产品的文化附加值和农民收入，促进农村与农民的现代化发展，是云南乡村文化振兴与产业振兴的重要路径。从云南全省来看，文化赋能特色农业发展是全域性的。发挥乡村特色文化的赋能作用是乡村现代化的重要命题，对此云南提供了一个非常好的参考样本。

第五，戍边守门、文明互鉴，推进"国门文化"建设保障边疆安定。作为中国深入实施"一带一路"倡议的前沿阵地及中国面向南亚东南亚的重要边境省份，云南省"国门文化"建设的战略意义突出。云南省通过深入实施"国门文化"建设，发掘和利用云南独特的地理优势和丰富的民族文化资源，建设文化交流平台，加深了云南与周边国家的文化联结，促进了区域内的文化互鉴与和谐共生。同时，"国门文化"建设通过其在文化保护、经济发展和治理现代化方面的综合作用，促进了文化治理现代化，为乡村振兴和社会全面进步提供了有力支持。

第六，云南文化旅游是推动乡村现代化发展的重要途径。文旅融合是云南乡村振兴的重要抓手，本书总结了云南推动文化旅游的典型经验。首先是丰富多样的民俗文化，云南乡村民俗文化空间的重建，是文化意义和情感价值的生产过程，通过情感表达、互动和交流，民俗社会空间的重构增强了文化认同感和归属感，激发了乡村文化振兴的内生动力和农民的主体性，为乡村社会的发展和文化传承提供了重要的情感支撑。其次是特色小镇发展，云南通过挖掘地域文化资源、促进文化创新，推动生态与文化的有机结合，以及对地方传统文化的保护与利用，为全国特色小镇建设提供了"云南经验"，展示了乡土文化在乡村全面振兴中的重要作用。

四　云南乡村文化振兴面临的问题与展望

（一）云南省乡村文化振兴中存在的问题

云南省乡村文化振兴取得了较为显著的成就，但在推进过程中，从整体到各个县域，仍然存在一些需要引起重视的问题。

第一，云南乡村文化资源分布不均，产业发展不平衡。云南文化资源的分布呈现出显著的多样性和地域性特征，不同县市区之间分布不均，影响了云南文化产业的发展水平和区域竞争力。从整体上看，滇中、滇南和滇西地区在文化资源和产业发展上优势日益明显，而滇东和滇西北地区相对落后。分县域来看，受资源禀赋、交通条件、政策支持等因素的影响，云南各地乡村的发展水平存在明显差异。某些地区如腾冲和大理，其丰富的文化资源吸引了大量旅游和文化投资，而许多县市区在乡村文化资源方面相对匮乏，对这些地区文化资源的开发和保护成为潜在需求。这体现了云南省文化资源的集中与分散的双重现象，因此改变这种不均衡的发展状况势在必行，需要通过政策干预和资源分配来进行合理的解决。

第二，公共文化服务供给与乡村文化需求不匹配，存在形式主义现象。在云南乡村文化振兴工作中，各级各部门都加大公共文化服务和产品的供给力度，但多以自上而下"大水漫灌"的方式为主，输送的文化服务和产品没有充分考虑当地村民的具体需求，公共文化服务的供给与群众的需求不能及时有效衔接，甚至出现供需错位问题，乡村文化需求的多样性没有得到充分重视。公共文化服务形式化问题突出，如乡村图书馆的使用率非常低，同时存在"文化搭台，经济唱戏"的现象，公共文化建设让位于经济效益，必然导致文化服务的形式主义。因此，如何将乡村公共文化服务落到实处，是值得进一步思考和探索的重要问题。随着社会经济的发展，乡村居民文化需求频繁且多样化，除了传统的娱乐和休闲活动外，更希望参与到广泛的文化交流之中，公共文化服务体系应充分响应乡村居民的实际需求。

第三，乡村优秀特色文化资源保护有待加强。云南乡村拥有丰富的物质和非物质文化遗产，包括传统建筑、民俗活动、手工艺等。但是，这些文化资源在保护和传承方面面临着挑战。随着现代化进程的加快，一些传统村落和文化景观被新建项目所取代，或进行了过度的旅游开发，导致原有文化资源被破坏或消失。非物质文化遗产如传统工艺、民间故事和节庆活动，也面临传承断代的问题。云南很多乡村在外来文化的冲击下发生着变迁，村寨的个性特点正在逐渐消失。不少乡村手工艺制品和珍贵实物难以得到妥善保护，农村现存的非遗传承人等文化主体生活状况并不理想。

第四，乡村文化创新与传播机制尚不健全。在云南乡村文化振兴过程中，缺乏有效的文化创新与传播机制是一个关键问题。快速变化的全球文化环境要求传统文化不仅应得到保护和传承，更需要通过创新的方式进行重新包装和推广，以满足现代社会的需求。尽管云南省拥有丰富多样的民族文化资源，但在如何使这些文化资源适应现代发展、如何通过创新手段提高其吸引力和影响力方面，仍然面临着诸多挑战。

第五，基层文化人才队伍建设不足。乡村文化振兴的人才队伍是推动乡村文化及产业发展的主导力量，目前云南乡村文化产业人才较为匮乏。云南乡村基层文化工作队伍能力相对较弱，文化干部多为兼职人员，年龄老化和知识结构日益陈旧，缺乏必要的业务指导和培训，难以适应乡村文化振兴新形势和新任务的要求。乡村文艺创作和表演人才及非物质文化遗产的传承人存在"后继无人"的现状。此外，部分民营和个体经营者以追求经济效益最大化为目的，收费高、内容良莠不齐的文化项目因监管不严，也为乡村文化振兴带来负面影响。人才匮乏已经成为制约乡村文化产业发展的重要因素。

（二）云南省乡村文化振兴的展望

云南乡村文化振兴是乡村振兴中的基础条件和关键内容，也是推动云南实现中国式现代化发展的重要路径。未来，云南乡村文化振兴将迎来新的发展机遇，需要以"一体多元"为核心指导思想，秉持"文化自觉"和"从实求知"的基本理念和工作态度，以多种方式激发农民的主体性和乡村文化发展的内生动力，并以县域为研究载体，实现文化与经济的双重振兴。政府有关部门将通过系统化的保护机制和多样化的传承方式，使传统建筑、民俗活动、手工艺焕发新的生命力，成为文化产业发展的重要驱动力。政府和社会各界也应加大对偏远和经济欠发达地区的资金和人才支持力度，优化资源配置，推动各地文化产业协调发展，缩小地区间的差距，形成多点开花、共同繁荣的发展局面。通过深入了解乡村居民的文化需求，相关主体也应提供多样化、精准化的公共文化服务，确保文化服务的供需匹配，提升居民的文化素养和生活质量。此外，文化创新与传播机制的完善将为云南乡村文化带来新的活力。通过拓展文化传播渠道，利用互联网和新媒体等现代传播手段，云南丰富的民族文化资源将得到更广泛的传播和展示，进一步提升其影响力和吸引力。文化基础设施建设的加强和专业人才的引进也将推动文化创意和创新不断升级，满足现代社会的需求。基层文化队伍的建设也将是云南省各级政府未来的重要任务，其应通过政策和资金的支持，系统的培训和指导，进一步提升文化干部的专业水平和工作能力，以吸引和留住优秀人才，确保基层文化工作的持续推进。综上所述，云南乡村文化振兴面临机遇和挑战，需要政府、社会、市场和乡村居民共同努力，通过加强政策引导、优化资源配置、促进产业合作等方式，推动乡村文化的均衡发展，全面推进乡村振兴战略。

图书在版编目(CIP)数据

中国式现代化与云南乡村文化振兴:中国乡村社会
大调查乡村文化振兴专题调研报告 / 胡洪斌等著 .
北京:社会科学文献出版社,2024.12. -- (民族地区
中国式现代化调查研究丛书). --ISBN 978-7-5228
-4559-3

Ⅰ. F327.74

中国国家版本馆 CIP 数据核字第 2024CJ1519 号

民族地区中国式现代化调查研究丛书

中国式现代化与云南乡村文化振兴
——中国乡村社会大调查乡村文化振兴专题调研报告

著　者 / 胡洪斌　杨　曦　郭茂灿 等

出 版 人 / 冀祥德
责任编辑 / 庄士龙
文稿编辑 / 陈　冲
责任印制 / 王京美

出　　版 / 社会科学文献出版社·群学分社 (010) 59367002
　　　　　 地址:北京市北三环中路甲 29 号院华龙大厦　邮编:100029
　　　　　 网址:www.ssap.com.cn
发　　行 / 社会科学文献出版社 (010) 59367028
印　　装 / 三河市龙林印务有限公司

规　　格 / 开　本:787mm×1092mm　1/16
　　　　　 印　张:24.5　字　数:360 千字
版　　次 / 2024 年 12 月第 1 版　2024 年 12 月第 1 次印刷
书　　号 / ISBN 978-7-5228-4559-3
审 图 号 / 云 S (2024) 12 号
定　　价 / 159.00 元

读者服务电话:4008918866